ALLES EINS

Wegweiser durch das »System Gott«

Martin Sagel

Den Menschen auf diesem Planeten

Für inneren und äußeren Frieden

ALLES EINS
Wegweiser durch das »System Gott«
Ethik und Spiritualität im 21. Jahrhundert
www.alles-eins.info

Umwelthinweis
Auf holz-, säure- und chlorfreiem Papier gedruckt, alterungsbeständig

Herstellung und Verlag
BoD - Books on Demand, Norderstedt, www.bod.de

Autor und Herausgeber
Copyright 2009, 2010, 2016: Martin Sagel, D-50171 Kerpen
Alle Rechte vorbehalten

Umschlaggestaltung
Birgit Schmitz, www.brandparc.de

Autorenfotos
Innenteil: Johann Lenz, www.goodpix.de
Umschlag: Patrick Rettler, www.patrickrettler.com

Printed in Germany
1. Auflage: Dezember 2009
2., überarbeitete Auflage: Oktober 2010
3., überarbeitete Auflage: Februar 2016
ISBN 9-783739-246680

Bibliografische Information der Deutschen Nationalbibliothek
Die Deutsche Nationalbibliothek verzeichnet diese Publikation in der Deutschen Nationalbibliografie; detaillierte bibliografische Daten sind im Internet über http://dnb.d-nb.de abrufbar.

Für meine Seele kommt Besuch,
ein schönes, wohlgewachsnes Buch.
Franz Karl Ginzkey

Du öffnest die Bücher und sie öffnen dich.
Tschingis Aitmatov

Die Zukunft gehört dem Buch und nicht der Bombe,
dem Frieden und nicht dem Krieg.
Victor Hugo

Bücher sind nur dickere Briefe an Freunde.
Jean Paul

Kein Buch ist so schlecht,
dass es nicht zu irgendeinem Teil nützen kann.
Plinius

Der Geist ist wie ein Fallschirm,
er funktioniert nicht, bevor er geöffnet wird.
Frank Zappa

Das Schreiben nähert uns Gott und unseren Nächsten.
Im Wort steckt Kraft.
Paulo Coelho

Die Kultur der Menschheit besitzt nichts Ehrwürdigeres als das Buch,
nichts Wunderbareres und nichts, das wichtiger wäre.
Gerhart Hauptmann

Welchen Leser ich mir wünsche? Den unbefangensten, der mich, sich und
die Welt vergisst und in dem Buche lebt.
Johann Wolfgang von Goethe

Die Erkenntnis, dass „ALLES EINS" ist, lässt tiefes Mitgefühl entstehen,
gegenüber allen anderen Wesen. Alles wird einem heilig,
Nächstenliebe wird selbstverständlich und nicht mehr ein auferlegter Zwang.
Martin Sagel

INHALT

TEIL EINS – EINLEITUNG 11
DANKSAGUNG 11
VORWORT 12
ZU DIESEM BUCH 16
WIE ALLES BEGANN 19

TEIL ZWEI – GRUNDLAGEN 25
ALLES EINS 25
DAS SYSTEM GOTT 31
ETHIK & SPIRITUALITÄT 37
DAS 21. JAHRHUNDERT 42
WELTPOLITIK & WELTFRIEDEN 48
WELTRELIGIONEN & WELTFRIEDEN 57
EXKURS ISLAM 65
DIE LEHRE VOM YIN & YANG 71
PANTHEISMUS / PANENTHEISMUS 77
AUSSERKÖRPERLICHE ERFAHRUNG 83
DAS JENSEITS 89
DIE UNIO MYSTICA 96
DIE KRAFT DER GEDANKEN 105

TEIL DREI – GEDICHTE, ZITATE, KOMMENTARE 114
ICH BIN 115
24 STUNDEN 118
DAS RAD DES LEBENS 123
DER TOD IST DAS ZIEL 129
SEI EIN WEISER ERFINDER 137
LEBEN IM JETZT 141
DIE ELEMENTE 146
ICH LIEBE ES 150
SEI WIE DAS TIER 156
SEI WIE DER BAUM 162
SEI WIE DAS WASSER 167
SEI WIE DIE PFLANZE 171
SEI WIE DIE SONNE 176
SEI WIE DER VOGEL 181
SEI WIE DER FLUSS 186
STILLE UND LÄRM 190
FREUDE AM LEBEN 195
SEI WIE DAS KIND 200

DER MITTELWEG 207
WAS, WENN...? 211
JESUS UND DIE WEISEN AUS DEM MORGENLAND 218

TEIL VIER – UMWELT, GESUNDHEIT, VEGETARISMUS 231
ZEHN GOLDENE REGELN FÜR DIE UMWELT 231
ZEHN GOLDENE REGELN FÜR DIE GESUNDHEIT 237
WARUM VEGETARISCH 251
EXKURS MILCH 272

TEIL FÜNF – WEISHEIT AUF DEN PUNKT GEBRACHT 275
HUNDERT KURZNACHRICHTEN VON MIKE 275
DIE BERGPREDIGT DES JESUS AUS NAZARETH 283
DAS LEBEN IST.. 283
SHINJIN-MEI – DAS EINE... 284
DIE DHARMA-WORTE.. 287
DIE WÜNSCHE GOTTES 287

TEIL SECHS – EMPFEHLUNGEN 288
BÜCHER 288
FILME 289
MUSIK 290
INTERNETSEITEN 290

TEIL SIEBEN – SCHLUSS 291
SCHLUSSBEMERKUNGEN & GEBETE 291
ABSCHLUSSZITATE... 293
LITERATURVERZEICHNIS 296
ÜBER DEN AUTOR.. 299

ICH
WIR
EINS
GOTT
STILLE
GEDULD
HINGABE
STAUNEN
ZULASSEN
LOSLASSEN
MITGEFÜHL
VEREINIGUNG
GELASSENHEIT
GERECHTIGKEIT
ES IST WIE ES IST
GLEICHGEWICHT
BEWUSSTES LEBEN
BEWUSSTES HANDELN
FREIHEIT VON GEDANKEN
BEDINGUNGSLOSES MITGEFÜHL
UNPERSÖNLICHES LEBEN
SELBST-BEWUSST-SEIN
UNIVERSELLE LIEBE
GEWALTLOSIGKEIT
NÄCHSTENLIEBE
LEBEN IM JETZT
GLEICHKLANG
EINFACHHEIT
ANNEHMEN
VERTRAUEN
ERWACHEN
HARMONIE
TOLERANZ
FRIEDEN
NEUGIER
DANKEN
FREUDE
LIEBE
JETZT
EINIG
SEIN

Musst in die Breite dich entfalten, soll sich dir die Welt gestalten;
in die Tiefe musst du steigen, soll sich dir das Wesen zeigen.
Friedrich von Schiller

Man kann laufen soweit man will,
man sieht überall nur seinen eigenen Horizont. *Max Eyth*

Wenn es gar so dunkel ist in deinem Leben, sieh doch einmal nach, ob es nicht
am Ende daher kommt, dass alle deine Fensterläden zu sind. *Johannes Kepler*

Wir philosophieren nicht, weil wir die absolute Wahrheit haben,
sondern weil sie uns fehlt und wir danach suchen. *Hans-Georg Gadamer*

Du sollst dich nicht nach einer vollkommenen Lehre sehnen,
sondern nach Vervollkommnung deiner selbst. *Hermann Hesse*

Ein Verstand, der die Füße in einem Sack von Vorurteilen stecken hat,
kann nicht nach dem Ziele laufen. *Bettina von Arnim*

Unsere Gesellschaften leiden mehr an der schrecklichen Arbeitslosigkeit
der Seele als an der materiellen Arbeitslosigkeit. *Erhard Busek*

Das Leben ist wie ein Fahrrad mit Zehngang-Getriebe. Die meisten Menschen
haben viele Gänge, die sie nie benutzen. *Charles Monroe Schulz*

Wer sich nicht bewegt, spürt die Fesseln nicht. *Annemarie Selinko*

Die meisten Leute planen ihre Ferien besser als ihr Leben. *Mary Kay Ash*

Von einem Menschen, der so ist wie ich, kann ich nichts lernen. *Eli Wiesel*

Die Menschen irren aber nicht, weil sie etwas nicht wissen,
sondern weil sie sich für wissend halten. *Jean-Jaques Rousseau*

Wer zur Quelle will, muss gegen den Strom schwimmen. *Chinesisches Sprichwort*

Probleme kann man niemals mit derselben Denkweise lösen,
durch die sie entstanden sind. *Albert Einstein*

Wahrheiten, die man ganz besonders ungern hört, hat man besonders nötig.
La Bruyére

Die Wahrheit wird dich frei machen. Aber zuerst macht sie dich wütend.
Gloria Steinem

Die „EINE WAHRHEIT" bleibt immer die gleiche,
nur die Verpackung ändert sich. *Martin Sagel*

TEIL EINS – EINLEITUNG

DANKSAGUNG

Ich danke meiner besten Freundin, welche seit einigen Jahren auch meine Ehefrau ist und mir immer den nötigen Freiraum für all meine Projekte gegeben hat, so wie für dieses Buch hier. Unseren beiden kleinen Söhnen möchte ich danken, denn sie geben mir viel Freude, und es gibt so unendlich viele Momente, die eine unbeschreibliche Bereicherung für das eigene Leben bedeuten. Es macht Spaß ihnen zuzusehen, wie sie sich in diese Welt einleben.

Zusätzlich darf ich den Besuchern und aktiven Teilnehmern meines Internetforums danken, denn ohne sie gäbe es dieses Buch jetzt nicht. Gemeinsam sind wir stark gewachsen über die Jahre, sowohl zahlenmäßig als auch geistig.

Von Herzen zu danken habe ich ebenfalls allen anderen Menschen, denen ich im Leben persönlich, in Buch- oder Filmform begegnet bin und die mir neue wesentliche Denkweisen vermittelt haben; positive wie negative Situationen, an denen ich wachsen konnte, Ansichten, die ich angenommen oder auch verworfen habe. Ohne all diese Menschen, vorneweg meine Eltern und Großeltern, wäre ich nicht so wie ich bin. Und auch das Buch würde sich nicht in dieser Form, wenn überhaupt, präsentieren.

Ein Dank vor allem an Mike, der ganz am Ende dieses Buches Erwähnung findet und den ich persönlich leider nie kennen lernen durfte. Durch ihn habe ich sehr viel gelernt. Seine 100 Kurznachrichten sind absolut lesenswert.

Besonderen Dank auch an meinen Chef, der mir ein so einmaliges Arbeiten von zu Hause ermöglicht, mit einem Geschäftskonzept, welches mir sehr viel Freiraum und Freizeit zum kreativen Denken, Arbeiten und freien Leben gewährt, noch dazu mit ordentlichem finanziellen Rückhalt.

Und natürlich allen, die aktiv an diesem Buch und seiner Gestaltung mitgewirkt haben, die mich mit Tipps, Korrekturen, guten Ideen und vielen Stunden Arbeit unterstützten. Erwähnt seien hier vor allem die vier Damen Sylvia, Daniela, Martina und Sabine. Ebenso sei noch gedankt den Lesern der ersten Auflagen, mit ihren unzähligen konstruktiven Rückmeldungen.

Allen sage ich: Herzlichen Dank!

> In jede hohe Freude mischt sich eine Empfindung der Dankbarkeit.
> *Marie von Ebner-Eschenbach*

VORWORT

Ich bin aktiv praktizierender evangelischer Christ. Ich fühle mich wohl in unserer kleinen Gemeinde, und das wird höchstwahrscheinlich auf lange Sicht auch so bleiben. Meine kulturelle Herkunft ist für den Leser dieses Buches allerdings nicht entscheidend, denn meine allgemeine Lebenseinstellung und gewonnenen Erfahrungen führten zu den zusammen getragenen Gedanken.

Aufgewachsen bin ich im katholischen Rheinland mit katholischem Kindergarten und Grundschule sowie moslemischen Schulkameraden. Mein größtes Hobby wurde im Laufe der Jahre das Reisen. Während andere ihr Geld für teure Autos, Markenkleidung oder Partys ausgaben, versuchte ich, mit möglichst wenig Geld so weit wie möglich um den Globus zu kommen. Dabei war ich immer ein offenherziger Beobachter. So führte mich meine Wissbegierde schon früh nicht nur in Moscheen, Synagogen und griechisch- sowie russisch-orthodoxe Kirchen in den jeweiligen Ländern, sondern auch in taoistische Tempel und buddhistische Klöster. Ich besuchte Meditationskurse in Thailand und in Shinto-Tempeln in Japan. Meine Reisen führten mich aber auch zu traditionellen Indianer-Stämmen Süd-, Mittel- und Nordamerikas und zu noch ursprünglichen Afrikanern wie den Ndebele oder der Zulu in Südafrika und den Buschmännern in Namibia.

Während der letzten 15 Jahre war es mir vergönnt, neben all den täglichen Aufgaben Zeit zu finden für mehr als 100 Bücher zu spirituellen Themen. Die Bibel, der Koran und auch viele verschiedene Religions- und Esoterik-Bücher brachten mir viele neue und wunderbare Erkenntnisse. Dazu kommen unzählbare Zeitungsartikel, Wissensmagazine, Hörbücher, Fernsehsendungen, Kinofilme, Internetforen sowie verschiedenste Fachwebseiten zu diversen Themen; und natürlich bereichernde Gespräche mit den unterschiedlichsten Menschen aus verschiedensten Kulturen, auf die ich besonders durch meinen Beruf oder auch durch meine Arbeit bei der Kirche immer wieder treffe.

Nicht zuletzt mein bereits im Oktober 2000 gegründetes Internetforum zu diesem komplexen Thema gab viele neue Denkansätze und führte mich zu den verschiedensten, ebenso spirituell interessierten Menschen, die immer zahlreicher wurden über die Jahre. Diese aktiven Mitglieder motivierten mich letztendlich auch, die zusammengetragenen Ideen und Gedichte in einem Buch zu veröffentlichen.

Immer wenn ich ein Buch zu Ende gelesen hatte, versuchte ich den Kern des Buches zusammenzufassen und war fasziniert von den starken Parallelen zwischen der Bibel, dem Koran, der Bhagavad Gita des Hinduismus und vielen anderen Weltanschauungen mehr. Dazu kamen Bücher wie der *„Kalender der Weisheit"* [2] von Leo (Lev) Tolstoi, der für mich mit seiner Zitatensammlung zum großen Vorbild wurde. Dieses Buch animierte mich ebenfalls, viele Zitate von großen Denkern aus verschiedensten Kulturen zu sammeln, die mit möglichst wenig Worten die Dinge auf den Punkt brachten. Aber in Büchern wie dem von Tolstoi fehlen aufgrund des Erstellungsjahres große Persönlichkeiten des Friedens wie Gandhi, Mandela oder Einstein und Schweitzer.

Wenige Tage bevor ich mit dem Schreiben begann fand ich dann auch ein außergewöhnlich gut passendes Zitat:

> Wenn es ein Buch gibt, das du wirklich lesen willst,
> aber das noch nicht geschrieben wurde,
> dann musst du es selbst schreiben.
> *Toni Morrison*

Und damit bringt sie auf den Punkt, was mich zu einer Art schriftlichen Fassung meiner Internetseite veranlasste. Meine spirituelle Seite hatte ich damals, mangels eines anderen Begriffs, einfach „PEGOWAHR" genannt:
P = Philosophie, E = Esoterik, G = Glauben, O = oder, WAHR = Wahrheit.

Ich bin ein Suchender, ein Beobachter oder Lernender, der immer wieder Verbindendes zu diesem Thema findet. Denn stets kreisen ganz offensichtlich die höchsten Gedanken der Kulturen und Denker der Geschichte um ein und denselben Kern; wenn auch in Details abweichend, in Nuancen unterschiedlich, aber ganz sicher alles als Teil der EINEN Wahrheit, die alles verbindet. (Philosoph = Griechisch „Freund der Weisheit")

Leider streiten die Menschen immer wieder darüber, wer nun im Recht ist, oft sogar mit Waffengewalt – im Kleinen wie im Großen. Oft höre ich von Extremisten und Fundamentalisten: *„Es kann nur eine Wahrheit geben!"* Und meine Meinung ist: Wenn es tatsächlich nur eine Wahrheit gibt, dann ist ALLES ein Teil der EINEN Wahrheit und nicht das Gegenteil davon!

Ich sehe das so: Betrachten wir ein Kirchenfenster mit verschiedenfarbigen Fensterscheiben, in Blei gegossen. Das Sonnenlicht scheint für alle gleich von außen und unentwegt in der gleichen Stärke, Temperatur und Menge. Im Innern jedoch kommt es durch den Unterschied der Tönung zu unterschiedlichen Kontrasten und Farbspielen. Derjenige, der unter dem gelben Fenster sitzt, könnte nun denken, dass die Sonne gelb ist, derjenige unter dem roten würde vielleicht denken, die Sonne scheine nur in Rot und der unter dem blauen und grünen entsprechend. Jedoch bleibt das, was von außen hereinscheint, stets gleich: Die Sonne. Dieses reine Licht zu entdecken sollte Ziel eines jeden sein, unabhängig der eigenen Religion, Konfession und Denkweise. Lesen Sie dazu das Höhlenbeispiel von Platon aus dem alten Griechenland.

Böses teilt, trennt und separiert. Gutes verbindet, vereinigt in Liebe und bringt Freude in die Welt. Jeder von uns kennt unzählige Beispiele dafür.

Meine Gedanken hier sollen die Menschen vereinen und auf das Wesentliche zurückbesinnen lassen. Religion kommt nicht umsonst von Re-Ligio = Rück-Verbindung (Re-Link). Eine Rückverbindung zu Gott ohne all unser dualistisches Denken in Schwarz und Weiß.

Warum soll nicht alles nebeneinander existieren können? Warum muss immer das eine absolut richtig und das andere absolut falsch sein? Das führte mich zum Panentheismus, eine der ältesten, wenn nicht sogar die älteste Lehre der Menschheit. Wenn man bereits eine Vorstellung von Gott hat, kann man sich durch andere Vorstellungen noch bereichern. Auch als Atheist muss man nicht im klassischen Bild vom alten Mann mit Bart verweilen. Gott kann ein Platzhalter wie das X in der Mathematik sein. Gott = Natur, Gott = Universum, Gott = Energie, Gott = Liebe und so weiter.

Wir atmen alle die gleiche Luft, leben unter der gleichen Sonne, auf dem gleichen Planeten, stammen höchstwahrscheinlich von der gleichen Urmutter ab und beziehen uns auf die gleichen ethischen Werte. Alles ist eins, warum ist das für uns Menschen so schwer einzusehen? Vielleicht hatten Sie jemals Gelegenheit einem Astronauten zuzuhören, der von seinen Erlebnissen und Eindrücken berichtet. Egal welcher Nationalität: Wenn sie da oben im dunklen All auf den herrlich blauen Planeten herunter blicken, sind sie alle fasziniert von diesem Frieden, den er ausstrahlt. Diese Mutter Erde, die uns zu einer liebgewonnen Heimat geworden ist, wirkt von oben, als gäbe es keine Grenzen, keine Kriege, keine Mauern und Zäune.

Man fragt sich: Warum streiten die sich da unten um dieses oder jenes? Warum arbeiten sie nicht zusammen am gemeinsamen Frieden und Fortschritt?

Ich hoffe sehr, dass Ihnen dieses Buch ein wertvoller Dünger für Ihr persönliches spirituelles Wachstum sein wird - dass es zur Vereinigung beiträgt. Es wäre mir eine Freude und ein besonders großes Geschenk, wenn es auch für den Leser zu einer Bereicherung wird, etwas im Innern bewegt und zum Frieden, innen wie außen, führt.

Ich wünsche dem Leser nun viel Vergnügen mit meinem „Wegweiser durch das System Gott"…
Genießen wir nun gemeinsam diesen Ausflug…

Unsere Gesellschaft ist reich an Waren, aber arm an Wahrem. *Ernst Ferstl*

Wir bedürfen der Verbindung mit großen Denkern,
um selbst zu Denkenden zu werden. *William Channing*

Die Kutte macht noch nicht den Mönch aus. *Römisches Sprichwort*

Ich war immer Atheist, bis ich erkannte dass ICH Gott bin. *Unbekannt*

Der Atheismus ist ein grausames und langwieriges Unterfangen,
ich glaube, ihn bis zum Ende betrieben zu haben. *Jean Paul Sartre*

Die Atheisten haben meist eine klarere und ausgefeiltere Vorstellung von dem Gott,
den es ihrer Meinung nach nicht gibt, als die Gläubigen. *Unbekannt*

Es gibt Zufälle, an denen noch die Fingerabdrücke Gottes haften.
Nikolaus Cybinski

Falls der Mensch Gott nicht erkennt und nicht begreift, so hat er noch kein Recht,
daraus zu schließen, es gäbe keinen Gott. Die gesetzmäßige Folgerung daraus ist nur
die, dass er noch nicht fähig ist, Gott zu erkennen und zu begreifen. Es gibt nur für
den keinen Gott, der ihn nicht sucht. Suche Ihn, und er wird sich Dir offenbaren.
Gott existiert nur für diejenigen, die ihn suchen. Fange an zu suchen:
Du wirst ihn in dir und dich in ihm finden. *Leo Tolstoi*

Menschenverachtung ist eine schlimme Form der Gotteslästerung. *Alfred Kerr*

Es gibt unzählige Definitionen von Gott.
Doch ich bete Gott nur als Wahrheit an. *Mahatma Gandhi*

Viel mehr Menschen müssen mit dem geistigen Existenzminimum
auskommen als mit dem materiellen. *Harold Pinter*

Eine Wahrheit kann erst wirken, wenn der Empfänger für sie reif ist.
Christian Morgenstern

Kühner, als das Unbekannte zu erforschen, kann es sein,
das Bekannte zu bezweifeln. *Hans Kasper*

Das Böse darf auch nicht gedacht werden. *Pelagus, englischer Mönch*

Es gibt keine Wunder für den, der sich nicht wundern kann.
Marie von Ebner-Eschenbach

Der Wille zu lehren ist ein Wille zu schenken. *Hans Margolius*

Weisheit in kleiner Münze ist, was Sprichwörter uns geben. *George Meredith*

ZU DIESEM BUCH

Nun ist also meine Recherchearbeit abgeschlossen, und vor mir liegt ein dicker Aktenordner voll mit Hunderten von Notizen, Skizzen, Ideen, Gedanken und Zitaten aus den letzten 15 Jahren. Alles fein säuberlich nach den jeweiligen Kapiteln geordnet. Schon lange frage ich mich, wie ich all das in eine für den Leser ansprechende, leicht verständliche Form bringe. Es soll nicht zu langatmig und bloß nicht langweilig, dafür aber möglichst abwechslungsreich und interessant, nicht zu theoretisch, aber auch nicht zu ausgeflippt sein. Es soll Spaß beim Lesen bereiten und deshalb in möglichst kurze Abschnitte unterteilt sein, die man immer mal zwischendurch lesen kann – kurze, moderne Happen. Ich merke schon jetzt, dass ich viele meiner klaren Gedanken weglassen, ganze Abschnitte streichen muss, weil der Platz in einem Buch begrenzt ist. Aber vielleicht haben wir ja mehr Platz in einem späteren Band...

Ursprünglich war eine reine Zitatensammlung ähnlich dem *„Kalender der Weisheit"* [2] von Leo (Lev) Tolstoi geplant. Trotz meiner Hochachtung für sein Werk fiel mir schon früh auf, dass entscheidende Persönlichkeiten späterer Jahre fehlten. Auch ich werde immer wieder, zwischen meinen eigenen Kommentaren, die großen Denker der Geschichte sprechen lassen.

Die Zitate beeindrucken mich immer wieder sehr, und man kann lange über jedes einzelne länger nachdenken. Eigentlich müsste man für jedes Einzelzitat eine Extraseite anlegen und eine Weile das Gesagte wirken lassen. Zu jedem Kapitel könnte ich im Prinzip ein eigenes Buch verfassen.

Schreiben ist eine Kunst, die nicht jeder beherrscht. Ob ich Sie angesprochen habe, können Sie am Ende des Buches selbst entscheiden. Ein Buch stellt immer ein Kunstwerk dar, welches dem Betrachter gefallen muss, ebenso wie in der Malerei, Fotografie oder Musik. Mein Leitfaden ist einfach: Aus all den Erkenntnissen möchte ich eine möglichst kompakte Zusammenfassung der Weisheiten schaffen. Gefällt Ihnen ein Kapitel nicht, spricht es Sie in diesem Moment nicht an, blättern Sie bitte zum nächsten weiter. Ich freue mich über jede Anregung und Kritik.

Wenn man alle Bücher der Welt als Gehwegplatten durch das «System Gott« betrachtet, so meine ich, einen gangbaren Weg über diese Platten gefunden zu haben. Ich habe mich sehr bemüht, mit möglichst wenigen Worten alle wichtigen Kulturen und Religionen zu Wort kommen zu lassen.

Mein Wegweiser ist nicht als Einzahl, also DER (allein gültige) Wegweiser zu verstehen, sondern vielmehr als ein von mir als Wanderer abgesteckter und gangbarer Weg auf einen Berggipfel – zu Gott. Ich kam von Norden, aus dem christlichen Mitteleuropa, diesen Berg hinauf; es mag aber eine ebenso gute

Strecke vom arabischen Süden oder vom buddhistischen Osten auf diesen Gipfel geben. In diesem Sinne verstehe ich auch Jesus Worte:

„Ich bin der Weg, die Wahrheit und das Leben!"

Die frühen Christen benutzten das Bild vom „Weg" als Bezeichnung für sich selbst. Sie nannten sich „Anhänger des (neuen) Weges." Und mein Buch ist voll von Wegweisern – allein über 1000 Zitate von großartigen Menschen.

Stellen wir uns einen Marktplatz vor, wo viele Straßen und Gassen enden – mitten im Herzen der Stadt (Gott). Wenn wir aus Norden in die Stadt kommen und nach dem Weg fragen, ist es verständlich, dass jemand sagt: „Das hier ist der Weg zum Markplatz. Der Weg heißt Christen-Weg." Wenn wir aber nun aus südlicher Richtung in die Stadt kommen wäre es doch totaler Unfug wenn uns jemand sagt: „Ihr müsst den Weg aus Norden nehmen, den Christen-Weg, das ist der einzig sinnvolle Weg." Wir würden einen gehörigen Umweg gehen, völlig unpraktisch und absolut unnötig.

Ganz nach dem Motto „Alle Wege führen nach Rom" ist auch meine feste Überzeugung, dass viele Wege zum Gipfel, zum Marktplatz, also zu Gott führen. Eine allein gültige Einzahl, von was auch immer, widerspricht meinem liberalen Weltbild. Es kann immer nur ein Teilstück der einen Wahrheit sein.

Meine Worte und Ideen sollen dem Leser wie ein Reiseführer dienen, der persönliche Eindrücke von meinem Weg möglichst objektiv filtert, um es den späteren Bergsteigern einfacher zu machen. Ich bin den Weg bereits gegangen und habe ihn abgesteckt. Ich weiß, dass mein Weg ein gangbarer Weg ist, denn ich habe die Wegweiser schon oft umstecken müssen, aber häufig kamen mir auch schon Wanderer entgegen, die dankbar für die Hinweise waren und sagten: „Vielen Dank, das hast du gut gemacht, es war eine echte Hilfe."

Ebenso wie ich immer wieder nach dem besten Weg befragt werde, suche auch ich nach Menschen, die bereits ganz oben am Gipfelkreuz waren und die mir auf dem Rückweg ins irdische Tal entgegenkommen. Ich befrage sie nach nützlichen Tipps und Hinweisen. Auch deren Wegweiser sind in diesem Buch hier enthalten. Aber: Immer unter der Berücksichtigung, dass jeder die Welt nach seinem kulturellen und religiösen Hintergrund deutet.

Das Wort Marktplatz oder Berggipfel wird in jeder Sprache anders geschrieben, der Inhalt aber bleibt gleich. Blau ist nicht richtiger als grün, rot nicht richtiger als gelb. Alles gehört zusammen, alles ist eins.

Über mehrere Monate hatte ich das starke Verlangen, die plötzlich über mich hereinbrechenden Gedanken – in Form von Gedichten – sofort zu Papier zu bringen. Gedichte im Sinne von „verdichteter" Information, also „in Form" gebrachte Gedanken. Inhalt, der auf den Punkt gebracht wird.

Zu Anfang waren die Gedichte da, dann suchte ich passende Zitate und Aphorismen in Zeitschriften, Magazinen, Büchern und Internetseiten etc. Erst hier im Buch werde ich nun anhand meiner Notizen versuchen, dazu meine eigenen Kommentare schlüssig zu formulieren.

Es wurde bereits kritisiert, dass ich doch viel zu jung sei und dazu ohne theologische Fachkenntnis, denn immerhin arbeite ich als Immobilienmakler und gelte darum schon als jemand, der diesem Thema doch absolut fern stehen müsste. Doch ich fühle mich wie ein Student, der nun eine Zwischenprüfung schreibt. Ich bin nicht der Professor, sondern schreibe bloß Klausur als Zusammenfassung des Gelernten. Ich möchte gerne meine spirituellen Erkenntnisse der letzten 15 Jahre mit den Lesern teilen.

Ich habe durch die Arbeit an diesem Buch auch mich selbst besser kennen gelernt – mein Ich, meine wahren Gedanken, mein Wissen, meine Einstellung zu den Dingen, meinen Standpunkt. Denn: Man muss Farbe bekennen, wenn die ganze Welt mitlesen kann, wie und was man denkt.

So ist der erste Teil eher sachlich zur Einleitung, für den Kopf – ich nenne ihn männlich. Der zweite Teil ist eher emotional, für das Herz – ich nenne ihn weiblich. Die letzten Abschnitte gelten der allgemeinen Information und Tipps für den Gebrauch im Alltag – also eher sachlich und handfest.

Ich möchte hiermit zum interreligiösen Dialog beitragen, zum besseren Verständnis und der Verständigung der verschiedensten Kulturen und Völker, der Förderung von Körper, Geist und Seele, ganz im Sinne des Wahren, Schönen und Guten. Mögen wir doch analog zum Titelbild die dunklen Wolken beiseiteschieben, um das eine klare Licht der Wahrheit hindurchscheinen zu lassen.

Ziehen wir die Rollos hoch und lassen die Sonne rein!

Schön ist eigentlich alles, was man mit Liebe betrachtet.
Christian Morgenstern

Die Wahrheit kommt mit wenigen Worten aus. *Laotse*

Information, die unsere Orientierung nicht verbessert, ist geistiger Ballast.
Hans-Jürgen Quadbeck-Seeger

So mancher akzeptiert die Kette in dem Glauben,
an ihrem Ende befinde sich der Rettungsanker. *Wieslaw Brudzinski*

Es erfordert oft mehr Mut, seine Ansicht zu ändern als an ihr festzuhalten.
Friedrich Hebbel

Herr, wohin sollen wir gehen? *Neues Testament [1], Johannesevangelium 6, 68*

WIE ALLES BEGANN

Es ist Mitte Juli 1995; ich sitze in einem Flugzeug von Deutschland nach Südafrika, und die folgenden 5 Wochen sollten mich – als einen von 90 Austauschschülern – für den Rest des Lebens prägen und verändern, denn auf dieser Reise erwartete mich eine Reihe von Schlüsselerlebnissen.

Es sind exakt 50 Jahre nach Kriegsende in Europa, 5 Jahre nach der Wiedervereinigung des geteilten Deutschlands, ein Jahr nach den ersten freien Wahlen am Kap der Guten Hoffnung, die Sowjetunion ist gerade untergegangen, China und Russland öffnen sich der Welt, die Weltwirtschaft boomt. Die Europäer einigen sich auf eine engere Zusammenarbeit in Form einer zukunftsweisenden Union und die Aufnahme vieler ehemaliger Ostblockstaaten. Und natürlich: Michael Schumacher aus unserem kleinen Dorf bei Kerpen wird zum zweiten Mal Formel 1-Weltmeister.

Für mich war die ganze Welt im Aufbruch in eine bessere Zukunft!

Zwei Wochen vor meinem zwanzigsten Geburtstag gehe ich erstmals allein auf Tour, ohne Eltern oder Lehrer, mit denen ich bisher die üblichen Reisen in europäische Nachbarländer per Auto, Bus oder Bahn erleben durfte. Es ist also nicht nur der erste Flug meines Lebens, sondern ich verlasse auch erstmals den heimischen Kontinent und dann gleich in eine fremde Zulu-Familie, die ich bisher nur dem Namen nach kenne.

Ich schaue aus dem Flugzeugfenster und erlebe während dieser Gedanken den schönsten Sonnenuntergang über den Alpen und 11 Stunden später einen ebenso wundervollen Sonnenaufgang über dem mir fremden Kontinent.

Ich bin groß geworden in einer der reichsten Regionen, in einem der reichsten Länder der Welt. Es herrscht seit 1945 Frieden und eine geringe Kriminalität, niemand muss hungern, die Menschen werden sehr alt, die Kindersterblichkeit ist niedrig, jeder erhält genug Geld zu einem komfortablen Leben – auch wenn man keine Arbeit hat – jedenfalls im Vergleich zu den meisten anderen Ländern der Erde. Die Infrastruktur ist bestens, nahezu jeder Erwachsene fährt ein eigenes Auto und es gibt mehr Mobiltelefone als Einwohner. Es herrscht absolute Meinungsfreiheit. Und trotzdem fragt man sich immer wieder nach dem Sinn des Lebens, will mehr von der Welt wissen.

Vielleicht führte mich gerade diese 1a-Situation dazu, in die absolute Armut abzutauchen, in die Townships von Johannesburg, ohne warmes Wasser, ohne geteerte Straßen, ohne Telefon, ohne vernünftiges Stromnetz und vieles mehr. Es gab Dinge, die wesentlich wichtiger waren in dieser Welt, und das lernte ich im Schnellstudium bei diesen Menschen voller Freude, Gelassenheit, Energie und absoluter Herzlichkeit. Die meisten der Austauschschüler kamen in reiche weiße Familien, aber ich wollte etwas anderes erleben. Ich wollte Afrika und ich erhielt Afrika! Was ich am prägendsten mit nach Hause nahm, war diese Lebensfreude, aber auch das Interesse an der Bibel und am gelebten Christentum.

Ärmste Menschen, die mir in ihrer Wellblechhütte ein Festmahl zubereitet haben, die mir ihr letztes Hemd gaben, nur weil sie sich freuten, dass sich ein Weißer erstmals in ihr Viertel verirrt hatte, der die Hand reicht, der im Frieden kommt. Und diese Menschen mit diesen strahlenden, herzlichen Augen, die mich an die Augen meiner Oma erinnerten, die sich selbst ein wiedergeborener Christ nannte, waren so unfassbar hilfsbereit und gastfreundlich, voller Dankbarkeit an jeden neuen Tag, den sie erleben durften. Sie erfreuten sich an den einfachsten Dingen, die in unserer Gesellschaft längst zur Selbstverständlichkeit geworden waren. Dinge, über die keiner mehr spricht.

Ich fragte mich damals, nachdem ich mit unfassbaren 19 Jahren mein erstes Buch – Nelson Mandelas *„Langer Weg zur Freiheit"* – gelesen hatte: Warum kann bei uns keiner Bibelsprüche auswendig zitieren? Warum besucht kaum jemand, außer an Weihnachten und vielleicht noch Ostern, zu Beerdigungen und Hochzeiten die Kirche, obgleich diese Einrichtung doch über fast 2000 Jahre unser Leben, unsere Kultur und Wissenschaft, unsere Gesetze, Politik und Wirtschaft ja sogar unseren Kalender und Alltag beeinflusst hat?

Grundsätzlich war mein Interesse an solchen religionswissenschaftlichen, philosophischen oder spirituellen Themen immer schon da. Das Vorbild Jesus wurde von meiner bereits erwähnten christlichen Oma immer stark gefördert. Ich selbst kämpfte jedoch gegen den Sokrates in mir, der ständig mit kleinen Sticheleien, provokanten Anmerkungen und unangenehmen Fragen Familie, Freunde und Bekannte auf die Palme brachte. Sokrates meinte, dass er durch seine philosophischen Fragen wie eine Hebamme das Kind die Wahrheit ans Licht bringen wollte. Durch Ironie wollte er Widersprüchliches aufzeigen und Sichergeglaubtes in Frage stellen. So wie beim alten Sokrates sind meine Anmerkungen natürlich lästig und doch verbirgt sich dahinter mein tiefer Wunsch, denjenigen die Augen zu öffnen für das **„Wahre-Schöne-Gute"**.

Ich wollte die Aufmerksamkeit immer schon auf das **„WESENtliche"** im Leben und auf die Förderung von Körper, Geist und Seele lenken. Weg vom täglichen Einerlei, raus aus dem Schneckenhaus und dem Hamsterrad. Einfach Freude am Leben empfinden. Ich bin deswegen längst nicht weiser als alle anderen Menschen, dennoch förderte ich den spirituellen Bereich in mir schon seit Kindertagen, während andere ihn ganz offensichtlich verkümmern ließen. Ich nahm mir also vor die Bibel von A bis Z zu lesen.

Nachdem ich dann später die Bibel vollständig gelesen hatte, fragte ich mich: War das schon alles? Schweigt Gott etwa seit 2000 Jahren zu uns? Ich dachte: Es gibt doch so viele andere Glaubensrichtungen und Weltanschauungen, die können doch nicht alle unrecht haben, oder? Ich wollte mehr wissen.

Also nahm ich mir vor, *jedes* Basiswerk zu jeder Weltreligion zu lesen und wo mich die Reise sonst noch hinführen sollte.

Ich schaffte fortan im Durchschnitt ein spirituelles Buch pro Monat neben den Dingen, die man sonst so liest und tut und bereiste im Schnitt drei Länder pro Jahr und verschiedene Inseln. Ich wurde zu einem aufmerksamen Beobachter. Während Freunde und Bekannte ihr Geld in andere Dinge investierten, suchte ich bereits nach dem nächsten Ziel auf dem Globus.

Vielleicht dadurch, dass meine Vorfahren aus verschiedensten deutschen Stämmen entwuchsen, habe ich mich von Anbeginn für die Herkunft, Sprache und kulturellen Eigenheiten der Menschen, die mir begegneten, interessiert. Schon zu Schulzeiten habe ich meinen moslemischen und anderen Klassenkameraden Fragen gestellt und versucht, Wörter der Sprachen zu erlernen.

So freute ich mich zu erfahren, dass es in Südafrika 11 Amtssprachen gibt, in Japan drei offizielle Schriftarten und ich dachte vorher, dass Belgien oder die Schweiz mit ihren drei bzw. vier Amtssprachen bereits vorbildlich seien in ihrer Integration. Multi-Kulti-Städte wie Amsterdam, Kapstadt oder London beeindruckten mich. Ich war natürlich auch geprägt von den Kriegserlebnissen und Soldatengeschichten meiner Großeltern sowie der Friedensbewegung der 1980er Jahre, dem Kalten Krieg mit drohendem mehrfachen Overkill unseres Planeten, den sich häufenden Umweltproblemen, der Explosion im Atomkraftwerk von Tschernobyl, dem Welthungerproblem, meinen jährlichen Besuchen in der DDR, ebenso Erfahrungen, die ich beim Besuchsdienst für die evangelische Kirche seit Mitte 2002 sammelte: Alte und weise Menschen, die viel erlebt hatten; Menschen die im Alter von 14 Jahren bereits in Gefangenschaft, Arbeitslager oder Konzentrationslager kamen. Auch die Anschläge vom 11. September 2001 in New York warfen bei mir neue Fragen auf.

Über viele zehntausend Kilometer bin ich nun gereist, wie eine Pilgerreise durch die ganze Welt. Es war aber vor allem eine innere Pilgerreise, man könnte sagen „Auf der Suche nach Gott". Ich wusste immer schon, dass „Er" da ist, ich wollte ihn nur besser kennen lernen und alle seine bunten Facetten erleben. Ich begegnete auf diese Art – fast immer im Zuge eines preisgünstigen, selbst organisierten Austausches – der Armut in Johannesburg, Caracas und Mexiko, ich sah den Reichtum in Los Angeles, Tokio oder Moskau, ich bewunderte schöne Architektur voller Harmonie in Kapstadt, London, Paris, Rom und Berlin. Ich lernte spirituelles Leben in Klöstern Griechenlands, Bangkok oder Kyoto, aber auch in Deutschland kennen, ich begegnete dem Liberalismus in Amsterdam, der Schweiz oder Panama, ich erlebte das harte Leben in Diktaturen wie in der DDR oder Venezuela. Ich spazierte durch kleine gemütliche Städtchen überall in Europa, fuhr durch großzügige Landschaften in Kanada, USA, Russland oder Namibia, besuchte antike Stätten in Griechenland, Türkei, England, Mexiko, Kambodscha oder Simbabwe. Alles zusammen fand ich in China. Ich lernte überall etwas über deren Religionen, Kulturen und Sprachen, über die Probleme im Land und den Fremdenhass und vieles mehr. Ich besuchte

Paläste, Kirchen, Synagogen, Moscheen und Tempel. Ich lernte fröhliche, interessante und lebensbejahende Menschen in allen Ländern überall auf der Welt kennen und schloss Freundschaften. Man kann übrigens sagen: Je ärmer sie lebten, je lebensfroher waren sie. Nach all diesen Reisen, die ich bisher unternahm, bin ich immer wieder fasziniert, wie abwechslungsreich und vielseitig unser schöner Planet doch ist. Überall war ich als Beobachter unterwegs. Aber ich hüte mich davor, die Lebensweisen und Religionen der Leute zu belächeln, zu beklagen oder zu verurteilen, sondern will sie einfach nur verstehen und kennen lernen.

Hier und da erhielt ich den Hinweis, dass das Sichtbare lediglich eine Illusion ist und dass es sinnvoll sei, sich frühzeitig dem Unsichtbaren zuzuwenden, dem Wesen der Dinge, Gott. Als Rationalist habe ich so etwas zwar abgelehnt, meine Neugier brachte mich aber, wie bei einem Kind, immer wieder dazu, es selbst zu überprüfen, zu beobachten und zu hinterfragen.

Ich erkannte, dass der Sinn des Lebens das Leben selbst ist oder wie die alten Griechen bereits sagten: Erkenne dich selbst. Ich erkannte, dass Gott überall ist, dass alles ein Teil von ihm ist, Teil der Schöpfung.

Einen weiteren großen Schub bekam ich durch meinen Leserbrief, der im populärwissenschaftlichen PM-Magazin veröffentlicht wurde. Er wurde im Heft 2/2000 abgedruckt und gleichzeitig zum Leserbrief des Monats gekürt. Auf diesen Brief bekam ich in kurzer Zeit mehr als 80 Zuschriften von den unterschiedlichsten Leuten. Die einen waren tiefgläubige Christen, die anderen waren absolute Atheisten, Buddhisten oder kühl-denkende Wissenschaftler, weitere waren Taoisten, die anderen einfach nur Skeptiker usw. Eine einzige Zuschrift erreichte mich per Post, Mike aus Düsseldorf hatte mich ausfindig gemacht, und er gab mir viele weise Ratschläge. Seine 100 Kurznachrichten findet man am Ende des Buches – Ich denke er spricht Wahrheit.

Ich selbst bezeichne mich als Liberalen, ein Freund des Mittelweges und möchte ein Lichtbringer sein. Alles was in irgendeine Richtung, in ein Extrem ausschlägt, kann nicht gut sein auf Dauer. Egal ob „links" oder „rechts", egal ob extrem moslemisch oder extrem christlich. Was soll das für ein Gott sein, der alle Menschen, die nicht an Jesus glauben, fallen lässt? Was sollen die Menschen machen, die noch nie etwas von Jesus Christus oder eben Mohammed etc. gehört haben oder nicht die Möglichkeit hatten in einem unfreien System? Sind das alles schlechte Menschen? Umgekehrt wären ja auch wir in dem anderen System schlechte Menschen. Niemand weiß, was wirklich die Wahrheit ist. Ich denke felsenfest, dass ALLES, wirklich ALLES ein Teil der ganzen Wahrheit ist. Unser Problem: Jeder versucht, seinen Teil der Wahrheit als alleinige hoch zu stilisieren. Das ist fatal, das ist das, was uns immer wieder den Ärger bringt. Was soll an einem groß- und gutherzigen Moslem oder Juden anders sein als an einem Christen? Was soll an einem, der in einem diktatorischen System das Beste versucht, schlechter sein als an einem, der in Deutschland, also Europa, seinen Glauben und Meinung frei ausleben kann?

Überall gibt es gute und weise Menschen, die von Gott berichten können, denn nach der Fertigstellung der Bibel hat Gott nicht geschwiegen!

Sicherlich ist die Bibel unser christliches Fundament. Aber warum kann man auf diesem Fundament nicht ein tolles Gebäude mit prächtigen Mauern, starken Säulen und einem herausragenden Dach errichten? Dieses Dach könnte die verschiedenen Farben der verschiedenen Kulturen annehmen...

Also ich persönlich agiere immer, als sei ich der Punkt in der Mitte eines Kreises (meines Universums?). Der Außenring des Kreises beinhaltet die verschiedenen kulturellen Ausschmückungen der einen, reinen Wahrheit. Ich betrachte sie mir in aller Ruhe, mit gleichem Abstand und mit gleicher Nähe, denn ich glaube, dass ALLE den gleichen Kern enthalten. Mal trete ich der einen Idee oder Ausschmückung näher, mal der anderen (siehe *„Was wenn"*).

Ich bin genauso auf dem Weg (Suche nach der Wahrheit) wie Sie es sind. Also jeder, der für sich erkannt hat, dass Glauben und Christsein nicht gleichzeitig etwas mit unseren traditionellen Kirchen (die viel nützliche Arbeit erfüllen) zu tun haben muss. Oder jeder, der fühlt, dass mehr hinter allem steckt.

Nach dem kleinen Erfolg meines Leserbriefes begründete ich im Jahr 2000 das Internetforum, um mich mit anderen Menschen auszutauschen. Daraus ergaben sich viele lehrreiche „Gespräche". Als meine Gedichte, die nach und nach folgten, ebenfalls Anklang fanden, war ich motiviert daraus ein Buch zu machen. Zwei Jahre habe ich nun Recherchearbeit geleistet, um meine Gedichte mit Zitaten oder Aphorismen zu bestärken und meinen persönlichen Kommentaren Inhalt zu geben. Ich bin gespannt, wie das Ergebnis aussieht...

Ich weiß nicht, ob man mich als Intellektuellen bezeichnen könnte (damit ist nicht intelligent gemeint). Es bedeutet ja lediglich, dass man sich etwas intensiver mit den Dingen beschäftigt als einfach nur die Intelligenz, über die man verfügt, anzuwenden. Sicher bin ich aber ein Philosoph, was ja auf Griechisch nur so viel bedeutet wie **„Liebe zur Weisheit"**.

Durch unsere Stadt führt der bekannte Jakobsweg nach Santiago de Compostela. Eine Stele für die Wanderer steht direkt an der katholischen Stiftskirche St. Martinus. Dass ich den gleichen Namen trage wie diese Kirche, in der unser selig gesprochener Gesellenvater Adolph Kolping (1813-1865) lehrte, ist Zufall, meinen Namen verdanke ich eher Martin Luther, der seinen Namen wiederum aufgrund des Namenstages vom kath. Heiligen St. Martin erhielt.

Die örtliche Buchhändlerin motivierte mich vor kurzem mit dem Leitspruch der Kolpingfamilie: **„Von Kerpen aus in alle Welt!"**

Ob mir das gelingt? Es wird sich zeigen...

Sei stark! Wirf´s in die Welt! Peter Altenberg

Was bedeutet Reisen? Ein Ortswechsel? Keineswegs!
Beim Reisen wechselt man seine Meinungen und Vorurteile. *Anatole France*

Die Welt ist ein Buch. Wer nie reist, sieht nur eine Seite davon. *Aurelius Augustinus*

Reisen ist das beste Mittel zur Selbstbildung. *Karl Julius Weber*

Die Wahrheit, die du glaubst und an der du festhältst,
nimmt dir die Möglichkeit, Neues zu hören. *Pema Chödron*

Wer glaubt, ein Christ zu sein, weil er die Kirche besucht, irrt sich.
Man wird ja auch kein Auto, wenn man in die Garage geht. *Albert Schweitzer*

Mein Vaterland ist die Welt, und Gutes zu tun, meine Religion. *Thomas Paine*

Weder besteht die Natur ohne Gott, noch Gott ohne die Natur.
Was nämlich ist die Natur anderes als Gott? *Seneca*

Es braucht großen Mut, um sich selbst öffentlich als einen Mann Gottes zu bezeichnen. „Gott" im Bestseller „Gespräche mit Gott – Band 1" Seite 223 [5]

Mein PM-Leserbrief „*Krieg: ein notwendiges Übel?*"
Zur Titelgeschichte aus dem Heft 12/1999 »Die Wissenschaft sucht Gott«
„Begeistert habe ich den oben genannten Artikel gelesen. Aktuell ist das Thema Gott nach wie vor. Nur schade, dass die Kirchen es nicht schaffen, dieses Thema modern zu verpacken. Die Theorie des Autors Peter Ripota »Gott = Energie« kam mir dabei nicht fremd vor. Auch ich arbeite seit längerem an einer Theorie und würde diese gerne später in einem Buch veröffentlichen.

Meine Theorie lautet ähnlich: »Gott = Natur«.
Man muss kein ausgesprochener Naturfan sein, um diese Theorie nachvollziehen zu können. Vielmehr ist ja alles, was wir täglich sehen, machen und fühlen, ein Teil der Natur. So z.B. sind auch Atomkraftwerke, Benzinmotoren oder Kunststoffverpackungen, wenn nicht direkt aus der Natur, so doch aus natürlichen Bestandteilen und vom Naturprodukt Mensch zusammengesetzt worden. Es ist also nicht nur ein Baum oder eine Blume ein Stück Natur. Sondern auch wir sind es und somit unsere Gedanken, Gefühle und unser Handeln, unsere Art Häuser zu bauen und unser Leben zu gestalten. Die Natur ist ja auch etwas Überdimensionales / Unfassbares sozusagen. Wir kennen noch lange nicht alle Einzelheiten, was uns und die Tiere verbindet oder was die Zusammenhänge im Kosmos (auch dieser ein Teil der Natur) betrifft. So verstehe ich selbst Krieg und schwere Krankheiten als Teil der Natur oder vielleicht notwendiges Übel im gesamten Prozess. So ist auch die Evolution und alles, was damit zusammenhängt, große politische Ereignisse und Sonderwege verschiedener Nationen, von der Natur herbeigeführt und gehört zum Gesamtkomplex."
Martin Sagel, Kerpen

TEIL ZWEI – GRUNDLAGEN

ALLES EINS

Glauben Sie an das Alte Testament sowie Adam und Eva, die vor ca. 6000 Jahren das Paradies bewohnten? Oder bevorzugen Sie die Evolutionstheorie, dass also Lucy (das älteste, besterhaltene vormenschliche Skelett mit aufrechtem Gang) vor 3,18 Mio. Jahren die Wälder Äthiopiens im Osten Afrikas verließ, um in der Savanne neuen Lebensraum zu finden?

Egal, was Sie glauben: Wenn Sie zum Ursprung zurückgehen, werden Sie feststellen, dass alle heutigen Menschen auf dem Globus von einer Urmutter und einem Urvater abstammen. Alle sind Brüder und Schwestern oder sagen wir Cousins und Cousinen. Ich als Freizeit-Genealoge kann Ihnen sagen, dass über wenige Generationen bereits eine ganze Menge Menschen aus einem ursprünglichen Paar entwachsen. Geht man davon aus, dass eine Generation ca. 30 Jahre dauert, benötigt man nur ca. 30 Personen (die Größe einer Schulklasse!) um 1000 Jahre zu überbrücken, rund 60 bis zum Jahre Eins.

Also stehen nur ca. 60 Väter und Mütter zwischen Ihnen und dem Geburtstag von Jesus aus Nazareth!

Wir können also davon ausgehen, dass wir mit jedem der aktuell lebenden 6,8 Milliarden Menschen auf der Welt, bzw. mit allen bisher gelebten ca. 110 Milliarden, verwandt sind – wenn auch über einige Ecken.

Wir auf der Erde haben es jedoch vorgezogen, immer wieder neue Abgrenzungen zu erfinden, warum wir eben nicht verwandt sein können mit diesem oder jenem. In jedem historischen Krieg wurde immer erst lange Propaganda betrieben, um dem Volk, besonders den Soldaten, einzuhämmern, dass der Feind nicht nur kein Freund, sondern nicht mal ein Mensch ist. So wurden die Indianer in Amerika, die Afrikaner, die Aborigines in Australien oder eben auch die Juden in Deutschland bzw. die Russen während der Zeit des Nationalsozialismus für eine Unterrasse oder Tiere gehalten.

Nur durch unsere fortlaufende Verstrickung / Verwicklung in Details (Ich bin Mensch, ich bin Deutscher, ich bin Christ, ich bin Protestant, ich wohne in dieser Region, ich habe diesen Beruf, ich fahre dieses Auto und habe dieses Hobby) schaffen wir es, uns immer weiter abzugrenzen. Übrigens: Diskriminieren kommt aus dem Lateinischen und bedeutet „trennen / unterscheiden"!

Vor wenigen Jahren haben Forscher Versuche gestartet um herauszufinden wie die Menschen auf der Erde vernetzt sind. Mit mehreren Tests fand man heraus, dass jeder Mensch mit jedem anderen Menschen auf dem Globus über maximal 6 Zwischenstationen miteinander bekannt oder vernetzt ist.

Neue soziale Internet-Netzwerke machen sich das zunutze und zeigen an, über welche Ecken man mit dem anderen bereits bekannt ist. Ich möchte damit nur sagen: Kulturell und biologisch sind wir somit ALLE EINS.

Ich finde es sehr spannend, dass die Entwicklung eines Menschenkindes einen evolutionären Zeitraffer der Erdgeschichte darstellt: Vom Einzeller im Mutterleib, über ein einfaches Säugetier, Krabbeln auf dem Boden, Vierfüßler, Aufstehen mit Festhalten, den ersten aufrechten Gang, bis zur Sprache und dem selbstständigen Leben und Entwickeln von Werkzeugen, Bildern etc.

Und besonders bei der Kultur und den Religionen sieht man doch, wie nah verwandt wir alle sind, dass wir gemeinsame Wurzeln haben. Schon im Altertum waren die Menschen über ein weltweites Netzwerk miteinander verbunden, anders hätten sich viele kulturelle Errungenschaften gar nicht so schnell global durchsetzen können, vom Feuer machen über Ackerbau (erster Pflug) und die Verarbeitung von Metall bis zu den ersten Geldscheinen uvm.

Ursprünglich durch die Kritiker zu meinem PM-Leserbrief (Gott = Natur) motiviert versuchte ich eine andere Formel zu finden. Und diese hieß nach langem Überlegen und vielen Jahren: **„ALLES IST EINS"**. Gott = Natur klang für viele zu ökologisch, denn sie grenzten es auf das Sichtbare ein, Gott = Liebe, wie es viele Esoteriker sagen, schließt das Böse auf der Welt aus, Gott = Energie, wie es die New-Age-Bewegung nannte, lässt das passive oder inaktive Gegenstück vermissen, Gott = Leben war eine Option, aber zu meinem »System Gott« gehörte auch das jeweilige Gegenstück, dachte ich. So wie auch die Antimaterie, der Hass oder der Tod. Gutes und Böses.

Also einigte sich mein Geist mit den Kritikern auf das „Alles Eins".

Denn für mich umfasste Gott zu dem Zeitpunkt bereits „Alles" und ich fühlte, dass alles eins ist, dass es zusammen gehört, dass eins das andere bedingt. Es stimmt, dass unsere Welt aus den Gegensätzen besteht, im Sinne der Lehre von Yin & Yang, doch letztendlich gehört alles zusammen.

Wie ich viel später erfuhr, ist das eine pantheistische Sichtweise. Und ich fand viele bekannte Naturwissenschaftler, die früher oder später zum gleichen Ergebnis gelangten. Mehr dazu im Kapitel „Pantheismus".

Wir Menschen sind ebenfalls ein Teil dieses Ganzen; aber wir erfahren uns, unsere Gedanken und Gefühle ständig als getrennt vom Rest da draußen. Es ist eine Art optische Täuschung, und diese Täuschung könnte man als Gefängnis bezeichnen, aus dem wir uns befreien können oder sollten.

Wir empfinden uns selbst wie einsame Inseln, die im unruhigen Meer des Alltags als Einzelwesen überstehen müssen, doch in Wahrheit sind wir alle unter der optischen Täuschung der Wasseroberfläche miteinander verbunden.

Eine primitive Zeichnung, die mir eines Tages durch den Kopf schoss.

Gäbe es die Täuschung durch das Wasser nicht, wären wir ein riesiges gemeinsames Bergmassiv wie das Himalayagebirge, die Anden, die Alpen oder die Rocky Mountains, und selbst diese sind untereinander verbunden. Ebenso wie die Quelle mit dem Bach eins ist und mit dem Ozean direkt in Verbindung steht, so gehört auch die Wurzel im dunklen Erdreich zum stolzen Baum, und das Licht hier auf Erden stammt von der weit entfernten Sonne, ja: Die Lichtstrahlen reißen überhaupt nicht ab und stellen somit eine ständige Standleitung dar. All diese Phänomene erscheinen optisch, also physikalisch und damit psychologisch als zwei Dinge, doch in Wahrheit ist alles eins wie die zwei Enden des gleichen Stocks. Alles ist unabdingbar voneinander abhängig, was uns z.B. auch Finanzkrisen und Klimaveränderung beweisen.

Wir sind aber nicht nur sozialgesellschaftlich miteinander verbunden, sondern auch chemisch und tauschen uns tagtäglich über den Kreislauf der Natur miteinander aus. So atmen Sie vielleicht genau jetzt die Luft ein, die noch vor einigen Stunden oder wenigen Tagen ein chinesischer Reisbauer ausgeatmet hat oder ein Lama in den Anden; über die Luft sind wir alle ständig miteinander in Kontakt. Es gibt keine Grenzen für den Sauerstoff, allgemein gibt es nur die Grenzen, Grenzzäune und Grenztürme die der Mensch selber aufstellt: „Hier ist Deutschland und hier Frankreich!" Solche Aussagen haben Millionen von Menschen das Leben gekostet.

Wir trinken Wasser oder gießen unsere Pflanzen damit, welches vielleicht am Mississippi zum Himmel emporgestiegen ist und vorher von einem Büffel dort ausgeschieden wurde. Immerhin besteht der menschliche Körper zu 70% aus Wasser, das Blut sogar zu 95%. Wir sind über das Wasser ständig mit allen anderen Lebewesen im Austausch. Es ist das Element, welches unseren ganzen Planeten prächtig hellblau im Weltall leuchten lässt.

Mit der gesamten Umwelt stehen wir in ständigem Stoff-Wechsel, alles ist in ständigem Kreislauf. Auf diese Weise werden alle sieben Jahre unsere Zellen zu 100% erneuert – wir sind ein völlig neuer Mensch! So sind wir mit allem, was lebt auf der Welt, mit allem was im Fluss ist, EINS. Ein paar Äpfel, eine Handvoll Reis, dazu noch etwas Gemüse: Das ist heute die Haut an unserer Hand. Auch physikalisch stehen wir in ständigem Austausch und Kontakt mit unserer Umwelt. Hätten wir entsprechende Empfangsmöglichkeiten, könnten wir die ständig um uns schwirrenden Frequenzen aus Radio, Funk, Fernsehen etc. hören oder Strahlen wahrnehmen. Auf diesen Gedanken aufbauend bin ich zu der festen Überzeugung gelangt, dass wir auch auf spiritueller Basis eins sind und in ständigem Kontakt miteinander stehen, dass wir lediglich noch nicht erlernt oder vor langer Zeit verlernt haben, wie wir diese Signale empfangen oder bewusst senden können. Allerdings bin ich der Auffassung, dass es Menschen gibt, die das bereits können. Sie kennen ja selbst die Geschichten über Gedankenleser, Telepathie oder Heilen durch Handauflegen etc. Im Kapitel *„Kraft der Gedanken"* werden wir das näher beleuchten.

Die „All-Einheit" ist ein philosophisch-theologischer Fachausdruck, der die unteilbare Einheit allen Seins beschreibt. Erste Formulierungen dazu stammen bereits vom griechischen Gelehrten Heraklit und den Neuplatonikern im alten Athen. Laut Gotthold Ephraim Lessing gibt es trotzdem „Vielfalt in der Einheit" und auch der Niederländer Baruch de Spinoza nannte es „Einheit in der Vielheit". Laut der uralten indischen Denktradition gibt es eine allumfassende Weltseele (Brahman), die aus vielen unveränderlichen Ichs (Atman) besteht. Die folgende Grafik habe ich dazu gefunden:

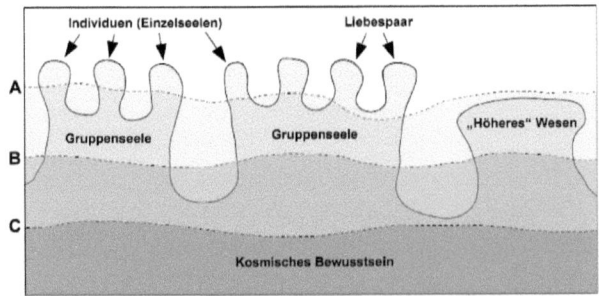

Aus „Die Entstehung der Realität" [3] von Jörg Starkmuth

Diese leicht verständliche Grafik bietet einzigartig kompakte Weisheit. Wir sehen uns selbst oben links als Individuum, welches sich völlig separat erfährt. Senken wir den „Wasserspiegel" emotional auf A ab, fühlen wir uns mit dem Partner, den Eltern etc. stark verbunden und merken nicht, dass wir in Wahrheit mit allen anderen Seelen ebenso verbunden sind, nur geben wir das nicht zu bzw. es ist uns nicht bewusst. Wir müssen also lernen, den Wasserspiegel (spirituell) weiter auf B oder sogar C abzusenken, um zu erfahren, dass wir doch tatsächlich mit allem eins sind – vielen ist das jedoch bereits gelungen.

Stellen Sie sich ein einsames Eskimovolk vor, das weit ab von der Zivilisation lebt, es kennt nur Eis und Schnee und die damit einhergehende Lebensweise. Sie kennen Eisschollen, weite weiße Landschaften, die in der Sonne blenden, immerzu die gleichen Tiere. Ohne die heutigen Informationsmöglichkeiten und Medien sowie über Touristen müssen sie doch denken, dass die ganze Erde mit Eis und Schnee bedeckt ist. Nie im Leben würde ihnen einfallen, dass es trockene und heiße Wüsten, dass es riesige Bergmassive oder grünes, bewaldetes Flachland irgendwo gibt, dort wo das Süßwasser nicht aus Eis gewonnen, sondern in breiten Flüssen die Täler hinab fließt. Was ich damit sagen will: Auch wir haben doch alle unseren eingeschränkten Horizont der Eiswüste. Man muss sich selbst öffnen können für Neues und Fremdes, um es kennen zu lernen oder womöglich auch schätzen zu lernen.

So brauchen die Armen die Reichen und die Reichen die Armen. Alles ist voneinander abhängig, alles steht irgendwie miteinander in Zusammenhang.

Eine einsame Insel zu sein, die völlig unabhängig von anderen existiert, ist das denn erstrebenswert? In Deutschland gibt es ein großes Immobilienbüro, welches Privat-Inseln überall auf der Welt vermittelt. Nur zu schön ist es, sich auszumalen, wie es wäre, eine solche Insel zu besitzen. Doch wenn man der Realität ins Auge blickt, entdeckt man schnell die Nachteile einer solchen einsamen Insel, ohne Trinkwasser, ohne Strom, ohne Supermärkte und vor allen Dingen ohne andere Menschen. Sie sehen, dass es auf Dauer gar nicht so reizvoll ist, ohne Verbindung zur Gemeinschaft und Gesellschaft zu leben.

Weder auf der materiellen Ebene, noch auf der Ebene des Bewusstseins sind wir also voneinander getrennt. Wir sind nicht die isolierten Wesen, für die wir uns oft halten. Die 10 Gebote, die in alle Verfassungen der westlichen Welt Einzug gehalten haben, gelten nicht nur für Christen, sondern ebenso für Moslems und Juden. Aber nicht nur das: Auch im Buddhismus und Hinduismus finden wir die gleichen Gesetze, Gebote, Grenzen und Leitlinien. Selbst für die Naturvölker und Religionen wird Nächstenliebe etc. praktisch gelebt, selbst wenn sie „das Gesetz" nicht kennen. Das bedeutet für mich als praktizierenden Christen, der nur einen einzigen Gott akzeptiert, dass wenn es tatsächlich nur einen einzigen Gott gibt (was auch immer man sich darunter vorstellt), er sich lediglich in den verschiedenen Sprachen und Kulturen anders geäußert hat. Eben „in einer anderen Sprache". Also: Alle glauben an den gleichen Gott und üben diesen Glauben nur auf anderen Wegen.

Wenn man die vielen Lehren und Weisheiten miteinander vergleicht, die Bücher und Zitate liest, fällt immer wieder auf, dass die Religionsstifter das Gleiche mitteilen wollten. Dass sie auf dem gleichen Weg waren. Dass sie die gleichen Gesetze und Gebote vertraten, in ihrer jeweiligen Zeit und ihrer Kultur.

Mir wird oft vorgehalten, das wäre ja wie ein grässlicher Brei, den ich da vertrete. Doch ich muss sagen, ich empfinde es als herrlichen Eintopf. Ich erlebe immer wieder Widerstand und frage mich: Warum? Was spricht gegen eine Vereinigung, auch auf politischer Ebene? Ist es nicht Zufall, dass wir in Deutschland oder China, als Christ oder Moslem geboren wurden? Dass wir die eine, statt die andere Partei bevorzugen, diesen oder jenen Beruf erwählten, dass wir in diesem, statt in jenem Stadtteil großgeworden sind? Was fehlt, ist die gegenseitige Akzeptanz, die Zusammenarbeit, ein Miteinander, ohne Vorwürfe, ohne Angst, ohne Vorurteil. Ich möchte erreichen, dass jeder zu seiner Religion steht und gleichzeitig alle anderen akzeptiert oder vielleicht sogar nutzt für die eigene „Ent-Wicklung". Wie der „Prediger Salomon" aus dem Alten Testament der Bibel im Kapitel 3 sagt: ***„Alles hat seine Zeit!"***

Liebe ist die Fähigkeit, Ähnliches an Unähnlichem wahrzunehmen.
Theodor W. Adorno

Liebst Du IHN, so liebst Du alles. Liebst Du nicht genug, so liebst Du IHN nicht genug. Denn Alles ist SEIN Werk. *Aus „Die Antwort der Engel" [4], Seite 114*

Es ist alles in einer einzigen Wahrheit enthalten:
WIR ALLE SIND NUR DAS EINE.
„Gott" im Bestseller „Gespräche mit Gott – Band 2" [5], Seite 113

Andere beten Mich an durch das Opfer des Erkennens, indem sie in allen Dingen Meine Einheit und Meine unteilbare Natur betrachten.
Aus der indischen „Bhagavad Gita" [9], IX. 15.

Wenn sich der Mensch entzieht der Mannigfaltigkeit
und kehrt sich ein zu Gott, kommt er zur Einigkeit.
Angelus Silesius in „Der Cherubinische Wandersmann" [23], Seite 74

Der Glückliche ist mit sich und seiner Umgebung einig. *Oscar Wilde*

Wem Alles Eines ist, und wer Alles auf Eines bezieht, und in dem Einen Alles erblickt, der kann fest im Herzen sein und Frieden in Gott haben. *Thomas de Kempis*

Die Summe allen Bewusstseins ist eins. *Erwin Schrödinger*

Gott liebt, und die Seele, die in Liebe ist, die ist in Gott, und Gott ist in ihr; und da Gott überall ist und sie in Gott ist, so ist sie nicht einesteils in Gott und andernteils nicht; und da Gott in ihr ist, so muss die Seele notwendig überall sein, weil der in ihr ist, der überall ist. ... Gott ist überall in der Seele, und sie ist überall in ihm. Die Seele, die in Liebe ist, ist so ganz eins mit Gott, dass eines ohne das andere nicht verstanden werden kann. ... Ich sage, dass im Reiche der Himmel alles in allem
und alles eins und alles unser ist. *Meister Eckhart*

Nicht die These oder die Antithese machen es aus,
sondern die Synthese aus beidem! *Sokrates*

Der Edle strebt nach Harmonie, nicht nach Gleichheit. Der Gemeine strebt nach Gleichheit, nicht nach Harmonie. *Konfuzius im 19. Lunyu 13,23*

Die Erkenntnis, dass „Alles Eins" ist, lässt tiefes Mitgefühl entstehen, gegenüber allen anderen Wesen. Alles wird einem heilig, Nächstenliebe wird selbstverständlich und nicht mehr ein auferlegter Zwang. *Martin Sagel*

Aus der Bibel [1]
Wohl dem Menschen, der Weisheit erlangt, und dem Menschen, der Einsicht gewinnt! Denn es ist besser, sie zu erwerben, als Silber, und ihr Ertrag ist besser als Gold. Sie ist edler als Perlen, und alles, was du wünschen magst, ist ihr nicht zu vergleichen.
Sprüche Salomons 3, 13-15
Ich und der Vater sind eins. *Johannesevangelium 10,30*

DAS SYSTEM GOTT

Das »System Gott« ist die Welt, in der wir alle leben, jedoch ist es wesentlich vielschichtiger, als wir aufgrund unserer fünf Sinne allgemein annehmen. Wir bewohnen nur einen geringen Teil des großen Ganzen. Alles, was wir sehen und/oder bereits kennen und beweisen können, aber auch, was wir nicht sehen und/oder noch nicht kennen und beweisen können, gehört dazu. So gesehen ist das »System Gott« die Matrix der gesamten vorstellbaren Welt.

Der Begriff „System" klingt für unsere Ohren natürlich erst einmal kalt, technisch und unpersönlich; aber „System" hat viele passende Definitionen: „das Gebilde / Verbundenes", „Gliederung und Ordnungsprinzip", „einheitlich geordnetes Ganzes", „klarer, sinnvoller Aufbau" oder „ein nach Prinzipien geordnetes Ganzes" und „systematisch = planvoll geordnet".

Im Online-Lexikon fand ich die verschiedenen Arten von Systemen und dort u. a. auch das „Lebende System". Ich gehe fest davon aus, dass es sich hier um ein solches handelt. Außerdem: „Bei Systemen unterscheidet man die Makro- und die Mikroebene. Auf der Makroebene befindet sich das System als Ganzes. Auf der Mikroebene befinden sich die Systemelemente. ... Wechselwirkungen der Elemente auf der Mikroebene bestimmen die Eigenschaften des Gesamtsystems auf der Makroebene."

Die nachfolgende Grafik fand ich durch Zufall auf der Titelseite eines spirituellen Buches aus dem zweiten Weltkrieg. Die Zeichnung wird dort nicht erklärt und auch der Verlag wusste nicht, worum es sich handeln könnte. Die Autorin sagt lediglich, dass sie diese direkt von den Engeln erhalten habe. Ich war lange fasziniert von ihr, denn sie symbolisierte mein Modell unserer Welt.

Es ähnelt einem ganz gewöhnlichen Mobile, wie man es z.B. in Kinderzimmern oder als Windspiel im Garten, findet. Ganz oben an erster Stelle, also auf der „Ebene A" finden wir GOTT. Diesen viel diskutierten und kritisierten Begriff verwende ich, weil er allgemein bekannt und meist auch anerkannt ist. Bei mir ist er geschlechtsneutral (so wie vor der Christianisierung noch bis ins 8. Jahrhundert) und vor allem austauschbar wie das X in der Mathematik.

Man darf gerne auch Gottheit, Jahwe, Allah, Jehova, Elohim, Vishnu, Brahma, Shiva oder Manitu einsetzen. So wie im alten Athen: „Dem unbekannten Gott". Für alle, die einen unpersönlichen Gott bevorzugen wäre Tao, die höchste Quelle (aus der alles hervorgeht), das Leben oder gar Urknall passender. Ich gehe also nicht von einem alten Mann auf einem Thron irgendwo im Himmel aus. Wer sich dennoch einen personalen, externen Gott wünscht, braucht jedoch keine Angst zu haben: Wer beten möchte, betet vielmehr zu seiner eigenen Seele, bzw. zur Weltenseele. Ein Einfühlen / Mitfühlen oder Hineinversetzen (also Empathie) in das gesamte Netz bis zum Höchsten.

X = Gott steht als Schaltzentrale im Zentrum über allem, als Urquelle allen Lebens, als unbewegter Beweger (wie die Wissenschaft es nennt).

Auch bei mir ist **Gott = Gut / God = Good (Franz Alt)**.

Ob es nun ein aktiver Schöpfer (Kreationisten) oder ein passiver Urknall war, der alles ins Laufen brachte (wer oder was hat eigentlich urgeknallt?), spielt für mich keine Rolle. Für mich war wichtig zu beobachten, wie das »System Gott« funktioniert. Ob nun das Huhn oder Ei zuerst da war, können sicher nur die mit Gewissheit beantworten die hinter den Schleier der Nebelwand schauen durften, aber dazu in späteren Kapiteln mehr.

Ich persönlich denke, wie die meisten Naturwissenschaftler es tun, dass am Anfang jeder Reaktion auch eine Aktion stattgefunden haben muss.

Das »System Gott« ist hier in der Grafik völlig symmetrisch dargestellt, so wie es die Natur bevorzugt. Alles hat seine Ordnung, vom Mikrokosmos der Atome, die um einen Kern kreisen, bis zum Makrokosmos in dem die Planeten um eine Sonne, einen Stern kreisen – in ewig gleichem Rhythmus und in vollster Harmonie. Alles steht in Verbindung miteinander.

Ich möchte behilflich sein, große Teile dieses Systems sichtbar zu machen, so dass man die Verbindungen untereinander erkennt und bemerkt, dass **„ALLES EINS"** ist, dass alles zusammen gehört und gegenseitig beeinflusst.

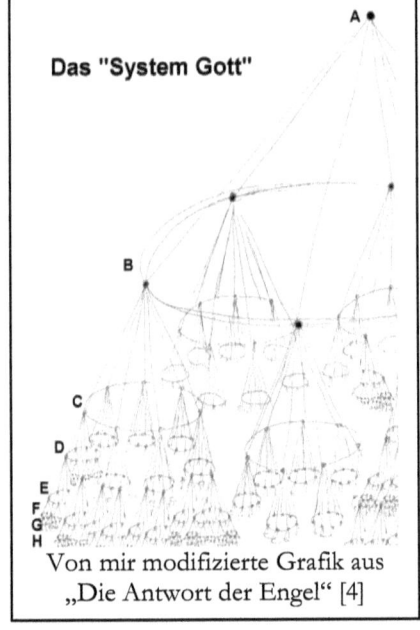

Nach meiner bisherigen Feststellung unterteilt sich das System zunächst in die verschiedenen Dimensionen auf „Ebene B". Wir tauchen ab in unsere dreidimensionale Welt und entscheiden uns auf der nächsten „Ebene C" für das uns bekannte Universum. Sind wir richtig abgebogen, geht es weiter auf „Ebene D" zu unserer heimischen Galaxie und auf „Ebene E" in das von uns beherrschte Sonnensystem. Nun steuern wir auf „Ebene F" den uns so wohl-bekannten blauen Planeten Erde an. Auf der „Ebene G" geht es nur noch um die verschiedenen Lebewesen, wir schicken unsere Seele zu den Menschen und entscheiden uns auf „Ebene H" noch für das entsprechende Volk. Am Ende des Netzwerkes stehen wir bzw. alle einzelnen Lebewesen. Das »System Gott« ist somit eine Ikone (= Griechisch für „Abbild") der gesamten vorstellbaren Welt.

Von mir modifizierte Grafik aus „Die Antwort der Engel" [4]

Dies ist natürlich eine stark vereinfachte Form, nur ein Modell; und doch könnte man stundenlang darüber grübeln, welche Auswirkungen es hat.

Wie die moderne Physik gehe ich von der „Viele-Welten-Theorie" aus, dass also mehrere Universen parallel existieren. Der Mensch ist hierbei ein Zufallsprodukt aus Trilliarden von Möglichkeiten. So wie sich ein Atom und die Moleküle zufällig zu einer Form verbinden, zum Beispiel zu einem Wassertropfen im Ozean, so gehören auch wir zum großen Ganzen. Wir alleine sind nicht das Ganze, und das Ganze wäre ohne uns nicht vollständig. Wir sind wie dieser Tropfen Wasser aus dem Ozean dem dauernden Kreislauf unterworfen, wie ein Blatt im Wald (Gott), wie ein Funke, ein Stück Glut, aus dem Feuer, das wir Gott nennen, wie ein Puzzleteil, das fehlt, um das Puzzle zu vervollständigen. Wir sind also nicht so wichtig wie wir manchmal denken, aber eben auch nicht so unwichtig wie manche behaupten.

Kennen Sie den Film „Men in Black"? Zum Schluss fliegt der Zuschauer immer weiter ins All, vom Hauptdarsteller weg. Am Ende findet sich das komplette Universum in einer Art Glaskugel, mit der ein überdimensionierter Außerirdischer Basketball spielt. Faszinierend und erschreckend zugleich!

Man kann das komplexe, unfassbar riesige »System Gott« wie einen menschlichen Körper betrachten, der sich in seine verschiedenen Glieder aufteilt. X = GOTT ist dabei das Hirn und wir sind lediglich Zellen, z.B. in der Hand.

Dieses Beispiel gefällt mir sehr gut, weil das „Ebenbild Gottes" somit besonders durch die häufige Zellteilung entsteht. Bei der biologischen Zellteilung übernimmt jede Zelle die volle Information des Vorgängers und somit der Ursprungszelle, nämlich GOTT. Wie der Chef oder Gründer eines großen Konzerns, er gab die Initialzündung und den Rahmen vor, er setzte die Standards nach der nun jeder arbeitet. Durch die vielen Nervenbahnen sind wir ständig mit dem Hirn und seinen vielen Körperteilen in LIEBE verbunden. Man kann statt Liebe auch Energie einsetzen, denn Liebe ist Energie (Chi). Alle zusammen sind wir wie ein Super-Organismus, der sich selbst am Leben hält. X ist wie der Direktor einer Schule, das leitende Prinzip, der Grundstein auf dem alles aufbaut. Ohne ihn läuft nichts, aber ohne uns wäre er nicht vollständig. Dennoch ist X allgegenwärtig in jeder Faser und jeder Zelle vertreten. So wie man z.B. auch den Sauerstoff überall findet, obwohl er unsichtbar ist. Im Himmel, im Boden, in den Pflanzen, Tieren und Menschen, überall!

X will sich durch uns erfahren, mit allen sich bietenden Facetten. Wir Menschen sind ausgesendet worden von der Urquelle, um GOTT zu manifestieren – ja zu leben! Als Reicher, als Armer, als Europäer, als Kranker, als Böser oder Guter, als Glückspilz etc. Der Sinn des Lebens ist das Leben selbst!

In einer kinderreichen Familie vererben sich die Gene ja auch völlig unterschiedlich. Der theologische Satz lautet: „deu est esse", Gott *ist* das Sein.

Doch das »System Gott« beinhaltet nicht nur die uns sichtbare, materielle Welt, sondern auch alles andere ist in ihm festgelegt: Wir sind durch eine Art „kosmisches Bewusstsein" auch mit dem Unsichtbaren und Nichtmateriellen verbunden, dem Jenseits. Schon lange vermuten Wissenschaftler verschiedener Fachbereiche eine Art unsichtbare physikalische Verbindung unter den Menschen und sogar mit den Tieren. Max Planck forschte an dieser „Lebensenergie" (Chi). Menschen spüren z.B. eine Verbindung mit Kindern, Geschwistern und Ehepartnern über viele Kilometer hinweg. Tiere spüren früh, wenn jemand krank wird oder sich ein Unwetter anbahnt. Gedankenübertragung, also Telepathie, sind hier Stichworte. Wenn z.B. jemand spürt, dass gerade die Person X anruft, ohne dass man bereits die Nummer gesehen hat.

Auch die Naturgesetze gehören zu diesem System, ebenso z.B. das buddhistische Karmagesetz, dazu mehr im Kapitel „Kraft der Gedanken".

Einige Gesetze im »System Gott« sind also z.B.: *1. Materielles vergeht, Geistiges bleibt. 2. Gedanken werden wahr, Worte bleiben bestehen. 3. Resonanz – Gleiches zieht Gleiches an. 4. Angst ist das Gegenteil von Liebe. 5. Alles ist hoch komplex und nie einfach schwarz und weiß. 6. Der Sinn des Lebens ist das Leben selbst!*

Alle großen Naturwissenschaftler von Albert Einstein bis Stephan Hawking schließen ein „göttliches" Prinzip hinter allem nicht aus oder sind sogar fest davon überzeugt. Natürlich wird ein Wissenschaftler immer einen persönlichen Gott, der im Himmel wohnt, ausschließen müssen (die Astronauten haben uns ja bewiesen, dass da keiner wohnt!), aber ganz so unpersönlich wie im Taoismus ist er womöglich auch nicht. Wir könnten es vielleicht „Weltenseele" oder „Ursprungsenergie" (Chi, Prana) nennen. Wichtig für mich sind jedoch die Dinge, die daraus folgen, die für unseren Alltag von Bedeutung sind, so wie die praktizierte Nächstenliebe und das Gesetz der Resonanz.

So bin ich mir sehr sicher, dass die Kreationisten, die an eine ursprüngliche, vollständige Schöpfung von außen glauben, in irgendeiner Weise recht haben, aber auch die Darwinisten, die an eine alleinige natürliche Evolution und Auslese, also einen Kreislauf der Natur, glauben. Beide für sich allein ergeben keinen Sinn (Wer war zuerst da? Huhn oder Ei?). Ja: Das Universum dehnt sich seit dem Urknall aus, aber in welchen Raum dehnt es sich aus?

Ich denke auch, dass der grobe Rahmen unseres Lebens wie in einem Videospiel oder Malbuch vorgegeben ist. Wie wir die Aufgaben lösen und in welchen Farben wir das Malbuch ausfüllen, ist unsere Sache.

Es gibt doch viele Dinge, die heute nachweisbar sind, die früher nicht nachweisbar waren. Dinge die vielleicht übersinnlich, aber nicht unnatürlich sind. Denken wir an Vitamine, Viren, Bakterien, Atome oder diverse Strahlen. All das war früher nicht bekannt und musste erst entdeckt werden. So bin ich mir für die Zukunft sicher, dass wir auch mehr und mehr Beweise für „Gott", die Seele und das Jenseits finden werden – also über das gesamte «System Gott».

System: Ein Platz für alles und alles auf seinem Platz. *Samuel Smiles*

Der Gottesbegriff ist zu vernichten.
Aber nicht Gott ist der Erzfeind, sondern der Begriff. *Max Stirner*

Auch der längste Weg endet immer in einem Dorf. *Sprichwort aus Guinea*

Wie du über Gott denkst, so bist du auch selber. *Martin Luther*

Die individuellen Leiber, die von Anbeginn auf der Erde gelebt haben, sind nicht bloß eine Summe von abgesonderten Individuen, sie alle zusammen bilden eine große, durchaus wirkliche Körpergemeinschaft, einen Organismus. Einen Organismus, der sich ewig verwandelt, der sich ewig in neuen Individualgestalten manifestiert.
Gustav Landauer

Wir sind eins mit dem Bewusstsein Gottes. Alles ist, alles leuchtet, und das Eine ist das Viele. In diesem Bewusstsein gibt es endlose Dimensionen, und jede Dimension ist eine Vollkommenheit in sich, eine Unendlichkeit in sich. *Omkarananda Saraswati*

Leben heißt sich ent-wickeln.
Alle Erfahrungen, gute und schlechte, dienen der Reife. *Ardis Whitman*

Sein, was wir sind, und werden, was wir werden können,
das ist das Ziel des Lebens. ... Was wir Zufall nennen,
ist der Zufluchtsort der Unwissenheit. *Baruch de Spinoza*

Ich bin so groß als Gott, er ist als ich so klein.
Er kann nicht über mich, ich unter ihm nicht sein. *Angelus Silesius*

Ich bin eine individuelle Ausdrucksform
einer universellen Wirklichkeit. *Willigis Jäger*

Es sieht so aus, als ob das ganze Universum nichts anderes ist,
als ein einziger grandioser Gedanke. *Albert Einstein*

Eines Tages wird man offiziell zugeben müssen, dass das, was wir Wirklichkeit getauft haben, eine noch größere Illusion ist als die Welt des Traumes. *Salvador Dali*

Das Universum bringt mich in Verwirrung. Ich kann nicht verstehen,
wie ein solches Uhrwerk bestehen kann ohne einen Uhrmacher. *Voltaire*

Für den gläubigen Menschen steht Gott am Anfang,
für den Wissenschaftler am Ende aller seiner Überlegungen. *Max Planck*

Gott ist einfach viel größer, als man sich das in den klassischen Modellen, z.B. der „alte Mann mit Bart", vorgestellt hat. Gott ist mehr als das; Gott ist ein unglaublich großes, hoch komplexes System. *Martin Sagel*

Aus der Bibel [1]

Das Reich Gottes ist mitten unter euch. *Lukasevangelium 17, 20-21*
Jesus wird nach dem höchsten Gebot gefragt und er sagt: „Du sollst deinen Gott lieben von ganzem Herzen." Dies ist das höchste und größte Gebot. Das andere aber ist ihm gleich: „Du sollst deinen Nächsten lieben wie dich selbst." In diesen beiden Geboten hängt das ganze Gesetz. *Matthäusevangelium 22, 36-40*

Aus dem chinesischen „Tao Te King" von Laotse [13]

Es gibt ein Ding, das ist unterschiedslos vollendet. Bevor der Himmel und die Erde waren, ist es schon da, so still und einsam. Allein steht es und ändert sich nicht. Im Kreis läuft es und gefährdet sich nicht. Man kann es nennen die Mutter der Welt. Ich weiß nicht seinen Namen. Ich bezeichne es als TAO. Mühsam einen Namen ihm gebend, nenne ich es: groß. ... Der Mensch richtet sich nach der Erde. Die Erde richtet sich nach dem Himmel. Der Himmel richtet sich nach dem TAO. Das TAO richtet sich nach sich selbst. *(Kapitel 25)*

Das Tao, das sich aussprechen lässt, ist nicht das ewige Tao. Der Name, der sich nennen lässt, ist kein ewiger Name. „Nichtsein" nenne ich den Anfang von Himmel und Erde. „Sein" nenne ich die Mutter der Einzelwesen. Darum führt die Richtung auf das Nichtsein zum Schauen des wunderbaren Wesens, die Richtung auf das Sein zum Schauen der räumlichen Begrenztheiten. Beides ist eins dem Ursprung nach und nur verschieden durch den Namen. In seiner Einheit heißt es das Geheimnis. Das noch tiefere Geheimnis ist das Tor, durch das alle Wunder hervortreten. *(Kapitel 1)*

„Gott" in der hinduistischen Bhagavad Gita [9]

„Dummköpfe glauben, dass Ich, der Formlose und Unsichtbare, eine sichtbare Form hätte. Sie erkennen nicht Meine geistige höhere Natur, welche unvergänglich und über alles erhaben ist." *(Kap. VII. 24.)*

Denn über dieser sichtbaren Natur gibt es eine unsichtbare, welche nicht untergeht, wenn auch alle geschaffenen Dinge verschwinden. *(Kap. VIII. 20.)*

„Ich bin die Seele, welche im Herzen eines jeden Geschöpfes ihren Sitz hat. Ich bin der Anfang, die Mitte und das Ende von allem." *(Kap. X. 20.)*

Aus „Wiederkehr der Mystik" von Willigis Jäger [6]

Die Urwirklichkeit, die wir „Gott" nennen, ist nicht statisch, sie ist auch nicht im rationalen Sinne linear. Sie zielt nicht auf einen Punkt Omega. Sie ist immer gleichzeitig Alpha und Omega (Anfang und Ende). Die Wellen kommen und gehen, das Meer ist immer gleichbleibend. Die Energien verändern die Oberfläche. Nicht das Wasser fließt weiter, die Energien schaffen aus Wasser neue Wellen. Mit anderen Worten: Gott offenbart sich im Baum als Baum und im Tier als Tier und im Menschen als Mensch. Und wenn der Mensch stirbt, offenbart sich Gott im Sterbe- und Verwesungsprozess. *Seite 123*

„Gott" im Bestseller „Gespräche mit Gott – Band 1" [5]

Ich habe eine Millionen Aspekte, eine Milliarde, eine Billionen. Verstehst du? Da gibt es das Profane und das Tiefgründige, das Geringe und das Größere, das Hohle und das Heilige, das Schreckliche und das Göttliche. *Seite 261*

ETHIK & SPIRITUALITÄT

Die Ethik (Altgriechisch Êthikê für „das sittliche Verständnis") ist ein großes Teilgebiet der Philosophie. Mit der Einführung dieser Idee leitete Sokrates ca. 420 vor Christus eine Wende ein. Die Ethik wird auch als „praktische Philosophie" bezeichnet, da sie sich direkt mit dem menschlichen Handeln in der sichtbaren, äußeren, materiellen Welt, also der Umwelt und dem Kontakt mit den Mitgeschöpfen befasst, im Gegensatz zur theoretischen Philosophie. Die Ethik stellt sich immer die Frage: „Wie soll ich handeln?" und steht damit im Gegensatz zum spontanen Handeln aufgrund unseres Instinkts oder der Triebe. Es geht um eine verantwortbare Praxis, die Ethik soll Hilfe für die sittlichen Entscheidungen liefern. Höchstes Ziel dabei ist immer das Glück aller Lebewesen. Von den alten Griechen bis zu Einstein soll hierfür u. a. die Idee einer Weltregierung die Voraussetzungen für den Weltfrieden schaffen.

Die Ethik kann durchaus im krassen Widerspruch zur allgemein gültigen Moral in einem Staat oder Gesellschaft stehen. So gibt es:
1. *die allgemein gültigen Werte (Gesetze etc.),*
2. *das eigene Handeln und*
3. *das ethisch-moralische Sprechen.*

Unter Liberalen in Europa gibt es diesen schönen alten Leitspruch:
    „Die Freiheit des einen endet dort, wo die Freiheit des anderen beginnt."
Rechtes ethisches Handeln erreicht man am besten durch „Empathie", also das Einfühlen in das jeweilige betroffene Lebewesen (Nächstenliebe). Durch dieses Hineinversetzen in den Nächsten, können wir versuchen dessen Gefühle zu verstehen (Mitgefühl), sie zu teilen und dadurch dessen Handeln zu begreifen sowie unsere Re-Aktion anzupassen.

So ist es nach der allgemein gültigen Moral vielleicht untersagt, sich mit Homosexuellen, Gefängnisinsassen, Prostituierten (man denke an Jesus!) oder anderen Randgruppen (man denke an die Juden unter den Nazis oder an die Afrikaner während der Rassentrennung in Südafrika bzw. in den USA) im netten Miteinander einzulassen, dennoch ist es ethisch.

Aber auch die Frage: Wer hat Mitleid mit einem Täter? Fragen wir uns doch einmal: „Warum handelte er so?", „Was führte ihn zu seinen Taten?".

Meiner Meinung nach ist alles ethisch einwandfrei wo _alle_ Betroffenen _zweifelsfrei_ der jeweiligen Handlung zustimmen. Es kann also keinerlei gute Begründung geben für (sexuellen) Missbrauch an Schwächeren, Unterdrückung von Mitmenschen oder Minderheiten und vieles Zwanghafte mehr.

Sind _alle_ einverstanden? Dann ist es ethisch! Wenn nicht, dann nicht.

Allerdings muss man z.B. bei einer Prostituierten fragen, ob tatsächlich aus Freude am Beruf auf diese Weise gearbeitet wird oder aus purer (Geld)Not.

Es ist also z.B. keine ethische Frage, ob Homosexualität meinem eigenen Weltbild oder den Dogmen der Religion, welcher ich angehöre, entspricht, sondern die ethische Frage lautet: *„Schadet dieser Mensch einem anderen?"*
Dann nehme ich ihn an als vollwertigen Menschen und nicht als jemanden, der „schlechter" sein muss. Seine Wahl muss nicht meine Wahl sein, also haben wir auch nicht zu kritisieren, wenn es eines anderen Wunsch ist.

So geht es meiner Meinung nach immer nur um diese drei Fragen:
1. *Hat die Person selbst Freude an dieser Handlung?*
2. *Schadet sie anderen Lebewesen dadurch und fügt ihnen Leid zu?*
3. *Wie behandele ich selbst diesen Menschen?*

Beantworten wir uns einfach diese drei Fragen, bevor wir jemanden verurteilen oder uns über seinen Lebensstil beklagen wollen. Es geht also um Menschlichkeit, ein humanes Verhalten zu unseren Mitwesen. Jesus sagte dazu:
   „Richtet nicht, damit ihr nicht gerichtet werdet!" (Matthäusevangelium 7,1)

Spiritualität (vom lateinischen Spiritus, also Geist) beschäftigt sich mit dem Innern, der Seele, der Geistigkeit, also dem eigenen wahren Ich. Spiritualität ist in- und außerhalb von Religionen (im englischen Sprachraum ist Spirituality gleichbedeutend mit der offiziellen Religion) zu finden und zielt primär auf die innere, persönliche Erfahrung der Außenwelt, also dem Leben (Gefühle etc.); eng verbunden auch mit der mystischen Erfahrung der Seele, also mit Gott. Spiritualität ist das, was bleibt, wenn wir von den Religionen die vielen Schleier aus Mythologie und Dogmen entfernen. Ohne offizielle Religion und Theologie bleibt nur der eigene Geist, die eigene Seele und die persönliche Erfahrung. Es bleibt Theos (Gott) und es verschwindet Logos (die Lehre).

Merkmale aller spirituellen Wege ist das Auflösen von Dualität in Einheit, also auch das Auflösen des Ego (dem Ich). Spirituelle Praktiken beziehen häufig aber auch den Körper mit ein (Meditation, Yoga etc.). Im Gegensatz zur Religion oder Esoterik, bei denen es um das Wissen, um die Lehren und Methodik geht, bezeichnet die Spiritualität die direkte Beziehung zu Gott und der eigenen Seele oder zur absoluten Wirklichkeit – der einen Wahrheit. Es gibt verschiedene Abstufungen der eigenen spirituellen Erfahrung, vom einfachen Schmetterlingsgefühl im Bauch, wenn man verliebt ist, bis zum höchsten Erleuchtungserlebnis – der Unio Mystica. Siehe entsprechendes Kapitel.

Es gibt drei Aspekte der Seele, die gleichberechtigt entfaltet sein wollen:
1. *Der Schöpferwille (Vater),*
2. *Die Erfahrung des irdischen Lebens (Sohn),*
3. *Die universelle, bedingungslose Liebe (Heiliger Geist).*

Spiritualität hilft uns bei der Persönlichkeitsentwicklung, also der Entfaltung der Seele und unserer Verbindung zu Gott.

Glaubt man an eine vom Körper unabhängige Seele und einen ewig existierenden Geist, so erhält das Gesetz des Karma (Saat und Ernte im Christentum bzw. Ursache und Wirkung (Actio + Reactio) in anderen Weltanschauungen) für spirituell handelnde Menschen eine hohe Bedeutung. Karma bedeutet dann letztendlich nur das Einholen und Verarbeiten der Ernte. Die Verwendung der rechten Saat sollte unser spirituelles Denken und damit unser ethisches Handeln im Alltag bestimmen. In der Bibel sagt Jesus, dass wir „siebzigmal siebenmal" vergeben sollen dem, der uns verletzt und gegen uns sündigt (Mat. 18, 22). Ich glaube an das Gesetz der Resonanz, Gleiches zieht Gleiches an, dass also die Außenwelt einen Spiegel der Seele darstellt. Erleben wir Gutes oder Schlechtes, es kommt aus unserem Innern. Senden wir Gutes, erfahren wir Gutes. Allzu oft treffe ich Menschen, die ihr eigenes Leben zerstören, oder sogar das von anderen, ohne Rücksicht auf die späteren Folgen im weiteren irdischen Leben, geschweige denn in einem Leben nach dem hiesigen Leben. „Wie innen, so außen!", aber: Wie soll man „den Nächsten lieben wie sich selbst", wenn man sich selbst nicht liebt? Die Freimaurer waren hier seit jeher gute Wegbereiter...

Ich bin mir absolut sicher, dass es Menschen wie Jesus oder Buddha immer um beides ging: Um die Spiritualität, also das Fördern und Wachstum der eigenen Seele. Und um die Ethik, also unser Umgang mit unserer Umwelt. Deswegen empfinde ich es auch als christliche Pflicht, sich um ethische Fragen und Antworten zu bemühen wie Umweltschutz, Soziales, Welthunger, Geldkreisläufe, Tierrechte und der Umgang mit Armen und Minderheiten (Fairer Handel) etc. Spirituelle Menschen oder gar Erleuchtete sollten sich nicht auf dem erreichten Gipfel ausruhen, sondern ins wirkliche Leben zurückkehren, nach den neuen Erkenntnissen handeln und Vorbild sein. Ethisches Handeln ohne spirituellen Hintergrund erscheint mir als „nutzlos" und ein spirituelles Leben ohne gelebte Ethik im Alltag ebenso. Mir geht es um den ethischen Umgang mit der Außenwelt und somit um die Umsetzung der spirituellen Erkenntnisse im Alltag. Deswegen meinte auch Jesus aus Nazareth zu den Gelehrten im Tempel:

„All die Bücher helfen euch nicht und die Gelehrsamkeit, wenn ihr die Liebe nicht habt."

Ich möchte hier noch eine Idee von Heinz, aus meinem Internetforum, bekannt machen. Er ist Mitte 80 und hatte schon lange das Konzept eines inneren, ethischen Kompasses. Ich will es so erklären: N (Norden) ist Gott, das Ziel, die Wahrheit und die bedingungslose Liebe. Durch meinen Bootsschein weiß ich, dass es immer eine Missweisung (regelmäßiger Versatz der Karte zum magnetischen Norden) in jeder Seekarte gibt, die einkalkuliert werden muss. Diese ist mal stärker, mal schwächer. Spirituell steht sie für unser gesellschaftliches Korsett aus Kultur, Politik, Religion etc. Zusätzlich zur Missweisung gibt es in der Nautik noch eine Ablenkung (z.B. durch Metall und Elektrik an Bord) zu beachten. Diese möchte ich mit unserer persönlichen Ablenkung von Gott gleichsetzen. Wir verlieren das wahre Ziel aus den Augen, durch unsere täglichen Ablenkungen. Obwohl wir selbst mit unserer Nadel immer spüren, dass etwas ethisch nicht korrekt ist, nehmen wir es einfach so hin, wenn in unserem Volk Homosexuelle, Ausländer, Andersgläubige und viele andere ausgegrenzt werden. Flüchtlinge, die nicht ins Land dürfen. Ware, die nicht fair gehandelt wird. Tiere, die für unser Wohl gequält werden.

Wir nehmen es hin! Für diese Dinge erfinden wir dann Gründe, warum das gerade so sein muss, warum es moralisch richtig sei. Ich erfahre z.B. laufend, dass es Christen ablehnen, den Koran zu lesen oder religiöse Schriften aus anderen Kulturen. Womit wird das begründet? Man tut es einfach nicht...

Hitler schuf ein streng moralisches Staatssystem, es gab unendlich viele Regeln und Gesetze, was man nicht darf, doch ethisch war es eine Katastrophe!

Umgekehrt haben sich spirituell hoch entwickelte Menschen wie Jesus oder Gandhi oft der geltenden Moral widersetzt: Jesus hatte z.B. die Tische und Stühle im Tempel umgetreten, weil er keine Geldgeschäfte dort duldete. Gandhi hat sich mit seinem gewaltlosen Widerstand gegen das Britische Empire aufgelehnt, weil dort Inder als Untermenschen galten. Andere, wie Mutter Teresa, haben sich jedoch der geltenden Moral untergeordnet, trotzdem ethisch korrekt gehandelt und dadurch die eigene Ent-Wicklung gefördert.

Halten wir also fest: Um ethisch zu handeln kann es sein, dass man der geltenden Moral, den Gesetzen und Normen, Sitten und Gebräuchen widerspricht. Die geltende Moral in einer Gesellschaft muss nicht unbedingt der universellen Ethik entsprechen, sie steht sogar sehr häufig konträr dazu.

Ich selbst habe, seit ich denken kann, sehr hohe ethische Ansprüche an mich selbst gestellt, die leider auch nicht immer durchzuhalten waren durch Einflüsse der Familie, Kollegen, Freunde; sie waren womöglich damit überfordert. Und mir fehlte der Mut als unsozial dazustehen, also sich selbst auszugrenzen, wenn man „sein" Programm durchzieht ohne Augenmerk.

Die aktuelle LOHAS-Bewegung (Lifestyle of Health and Sustainability, also Gesundheit und Nachhaltigkeit) zeigt sicher einen guten ethischen Weg. Bereits 15 bis 20 Prozent der Einwohner der Industrieländer sollen ihren (Lohas)Lebensstil bereits auf gesunde, soziale und nachhaltige Produkte ausgerichtet haben. Der aktuelle Bio-Boom, die rasant anwachsende vegetarische Bewegung sowie der zunehmende Faire Handel sind Auswirkungen davon.

Ich habe festgestellt, dass spirituelles Wachstum mit ethischem Handeln einhergeht. Es ist meine große Hoffnung für den inneren und äußeren Frieden der Menschen auf diesem Planeten. Beides zusammen macht das Leben lebenswert, gibt ihm einen tieferen Sinn und Wert. Alles andere ist bloß mechanische Handlung in der materiellen Welt. Mir geht es hier um aufgeklärte und sachliche Spiritualität, keinen Hokuspokus. **Lasst uns seelisch wachsen!**

Die innere Stimme ist der Kompass der Seele. *Andreas Tenzer*

Wissen allein ist noch keine Garantie für richtiges Verhalten. *Hermann Kahm*

Man liebt umso weniger, je mehr man urteilt. *Nicolas de Chamfort*

Die öffentliche Meinung gleicht einem Schlossgespenst: Niemand hat es gesehen, aber alle lassen sich von ihm tyrannisieren. *Sigmund Graff*

Hat ein Mensch irgendetwas, das er einem anderen nicht gönnt, so ist er nicht gut. Welcher Mensch dem anderen geistige Dinge missgönnt, der ward noch nicht geistig. *Meister Eckhart*

„Es ist keine Tugend, edel geboren zu werden, sondern sich edel machen."
„Die Vernunft ist das größte Hindernis in Bezug auf den Glauben, weil alles Göttliche ihr ungereimt zu sein scheint, wie dummes Zeug." *Martin Luther*

Der Weg eines überlegenen Menschen sei rechtschaffen, frei von Ängsten, frei von Verirrungen und mutig. *Konfuzius*

Die Seele ist gewissermaßen der Grund aller Lebewesen. *Aristoteles*

Die wahre Seele des Charmes ist persönliche Warmherzigkeit. *Sophia Loren*

Gott will dass alles sei, drum ist nichts gegen ihn, das tut ihm weh, dass ich nicht eines bin mit ihm. *Angelus Silesius*

Deutsche Sprichwörter: „Wie man in den Wald rein ruft, so schallt es auch hinaus."
„Was du nicht willst, das man dir tut, das füg auch keinem anderen zu."

Fröhliche Menschen sind nicht bloß glückliche, sondern in der Regel auch gute Menschen. *Karl Julius Weber*

Wissen sie, ich bin als Atheist in das Konzentrationslager gekommen, und nach allem, was ich dort erlebt habe, verließ ich es als gläubiger Christ. Mir ist klargeworden, dass ein Volk ohne metaphysische Bindung, ohne Bindung an Gott, weder regiert, noch auf Dauer blühen kann. *Carlo Mierendorff*

Ein spiritueller Weg, der nicht in den Alltag und zum Mitmenschen führt, ist ein Irrweg. *Willigis Jäger*

Aus dem Koran [8]

Lass jene allein, die ihren Glauben als ein Spiel und einen Zeitvertreib nehmen und die das irdische Leben betört. *Sure 6, 70*

So wehe denen, die Gebete sprechen, doch ihres Gebets uneingedenk sind, die nur gesehen werden wollen und die kleinen Dienste nicht erweisen. *Sure 107, 4-7*

DAS 21. JAHRHUNDERT

Was für ein Segen ist es für uns alle im 21. Jahrhundert zu leben! Wir haben unwahrscheinliche Möglichkeiten, wie keine Generation vor uns. Natürlich gibt es immer noch Hunger und Armut in der Welt, natürlich müssen wir vieles anders und besser machen, so z.B. beim Umweltschutz. Doch alles in allem geht es den reichsten wie den ärmsten Ländern wesentlich besser als den vorherigen Generationen. Selbst in armen Ländern gibt es heute Technik und Infrastruktur, wie es noch vor wenigen Jahrzehnten undenkbar gewesen wäre. Uns Jüngeren ist es teilweise unvorstellbar, wie noch die eigenen Großeltern ohne all die heute gewöhnlichen Technologien lebten.

Heutzutage ist es möglich, innerhalb von 24 Stunden an nahezu jedem Ort auf dem Globus zu sein, und das sogar für verhältnismäßig wenig Geld. Die Reisenden früherer Jahrhunderte benötigten Wochen für dieselben Strecken. Heute gleitet man im Hochgeschwindigkeitszug oder einem Auto nahezu geräuschlos dahin. Durch das dauerhafte Online-Sein, z.B. mit einem Mobiltelefon, ist es möglich, aufwändigste Dinge auf die Schnelle nebenher zu machen: Nachrichten und Wettervorhersagen schauen, den Kontostand überprüfen, Stichwörter im Lexikon nachschlagen, Aktienkurse und Auktionen verfolgen, Routenplaner und Navigation, im Telefonbuch nach einer Nummer oder Adresse in der Nähe suchen, mit Menschen auf der ganzen Welt auf verschiedenste Arten kommunizieren, z.B. mit Bild. Ich selbst habe diese Möglichkeiten für die Buchrecherche häufig unterwegs genutzt.

Zwischen 1900 und 2000 hat die Menschheit einen gewaltigen Entwicklungsschritt hinter sich gebracht, jedenfalls gegenüber den 10.000 Jahren davor und zumindest technisch gesehen.
Das Internet hat seit ca. 1990 die Welt und das Leben extrem verändert. Bald ist jeder mit jedem vernetzt und das hat viele positive (aber natürlich auch negative) Auswirkungen auf unseren Alltag.
Von den 6,5 Milliarden Menschen auf der Welt, in 195 Ländern, sind bereits 1,2 Milliarden mit dem Internet verbunden, jedes Jahr kommen 100 Mio. dazu. Allein ich stehe in Kontakt mit 500 E-Mail-Adressen in knapp 40 Ländern.
Jedoch werden aufgrund dieser „kulturellen Evolution" von den aktuell ca. 6.500 Sprachen (Häufigste: 1. Mandarin-Chinesisch, 2. Englisch, 3. Hindi, 4. Spanisch, 5. Französisch, 6. Arabisch, 7. Russisch, 8. Portugiesisch, 9. Bengali und 10. Deutsch) laut UNO in 200 Jahren nur drei Sprachen überleben, denn alle zwei Wochen stirbt eine Sprache aus.
Außerdem: In den größten und wichtigsten politischen Systemen herrscht seit mehr als 60 Jahren absoluter Frieden. Leider stirbt aber auch weiterhin alle paar Sekunden ein Kind auf der Welt und jeden Tag verhungern 25.000 Menschen.

Täglich leiden ca. eine Milliarde Menschen Hunger. Das friedlichste und reichste Land der Welt ist laut UNO-HDI (Human Development Index) sowie dem World-Peace-Index auf Platz 1 Norwegen, dicht gefolgt von Schweden und Kanada. Wir sollten schauen was dort anders gemacht wird.

Die Anschläge vom 11. September 2001 forderten 3.050 Opfer. Allerdings sterben in den USA *täglich* 6.800 Menschen, 2,5 Mio. pro Jahr; in Deutschland sind es 2.400 pro Tag und 880.000 im Jahr (jeweils etwa 1% der Einwohner). Die Angst vor einem Anschlag oder vor einem Flugzeugabsturz ist also nahezu unbegründet, denn die Masse stirbt täglich an anderen Dingen.

Sowieso stelle ich immer wieder fest, wie wir durch unsere tägliche „Verblendung" Zusammenhänge und Relationen in der Welt nicht klar erfassen. So gibt es bei vielen Dingen des Täglichen ein verzerrtes Bild: Amerika wurde von Kolumbus entdeckt? Die Pyramiden der Azteken waren schon vorher da und die Wikinger auch. Englisch ist die meistgesprochene Sprache? Nein: Han-Chinesisch! Fragen Sie jemanden nach den häufigsten Familiennamen wird er so etwas wie „Smith" oder „Miller" antworten. In Wahrheit sind es 1. Lee, 2. Wang und 3. Singh. Welcher Staat war der mit der jemals größten Flächen-Ausdehnung? Die UDSSR? Das Römische Imperium? Das British Empire? Nein: Das Mongolenreich unter Dschingis Khan. Jesus war blond? Israel liegt am Mittelmeer, gleich neben Afrika und Ägypten. Warum wird er überwiegend als Blonder dargestellt? Ich könnte unzählige weitere Beispiele nennen wo wir täglich von einer Wahrheit ausgehen, die keine ist.

Obwohl wir etwas anderes vermuten, ist laut dem Human Security Centre im kanadischen Vancouver die Anzahl der Kriege und Völkermorde seit 1992 dramatisch gesunken, und zwar um rund 80%. Konflikte zwischen zwei und mehr Staaten sind fast auf null zurückgegangen. Man denke nur an die verheerenden Kriege, die allein Deutschland im 20sten Jahrhundert auslöste! Seit Ende der 1970er Jahre werden jährlich „nur" noch ca. 20.000 Tote pro Jahr durch kriegerische Auseinandersetzungen gezählt. Ich bin der Meinung diese Zahlen würden sich durch eine globale Ethik sogar völlig in Luft auflösen.

Dabei beträgt der Etat der UNO für Friedensmissionen nur 1% der Ausgaben aller Länder für ihre Armeen. Dazu mehr im Kapitel *„Weltpolitik".*

Es gibt sechs Länder in der Statistik der UNO, in denen seit mehr als 200 Jahren kein Krieg geführt wurde: Kanada, Schweden, Schweiz, Australien, französisch Guyana und Thailand. Sie haben sich meist neutral verhalten.

Wir in Deutschland sind besonders gesegnet durch die Ereignisse vor 20 Jahren, als sich Deutschland auf friedliche Weise wieder vereinigen konnte – nach 40 Jahren Teilung. Heute können wir bereits in 24 europäischen Ländern ohne Pass umher reisen, meist mit der gleichen Währung bezahlen und vieles mehr. Geht man zurück zu den ersten umherstreifenden Gruppen über das Heranwachsen zu Fürstentümern und Königreiche bis zu Nationen, haben wir bereits

Beachtliches in der kulturellen Evolution geleistet. Es ist stark anzunehmen, dass wir einen Traum vieler prominenter Friedensstifter irgendwann erreichen werden: Eine einzige, weltweite, friedliche Nation mit einer Sprache.

Seit vielen Jahren beobachte ich die „Scherenentwicklung" auf der Erde, aber nicht allein, dass die einen immer reicher und die anderen immer ärmer werden, sondern auch in Bezug auf viele andere Themen wie Bildung, Umweltschutz oder das Interesse an Spiritualität. Während die einen in die eine Richtung abdriften, sich also kaum für z.B. Wissen, Umweltschutz oder den Glauben interessieren, investieren die anderen viel freie Zeit, sogar Geld, und vor allem Enthusiasmus in die gleichen Themen. Schüler, die in ihren Ferien Bildungskurse besuchen oder an Wissenswettbewerben teilnehmen, während ihre Schulkameraden sich stundenlang vor dem Fernseher langweilen; Umweltaktivisten, die ihren Urlaub opfern, um in Schlauchbooten gegen Walfänger anzugehen, während ihre Nachbarn ihr Altöl im Wald auskippen; Gläubige aller Religionen, die sich zu riesigen Veranstaltungen in Fußballstadien zusammenfinden, um Gott zu feiern, während andere sich immer mehr von Religion und Kirche abwenden. Die einen vernachlässigen sträflichst ihren Körper durch Bewegungsmangel, Überfettung, Drogen, Alkohol und Zigaretten, während die anderen peinlichst genau die Kalorien zählen, ihren Körper stählen, gesunde Nahrung zubereiten und vieles mehr.

Ganz im Sinne von Yin und Yang scheint sich diese Scherenentwicklung auf vielen Ebenen abzuspielen, während den einen alles egal ist, treiben es die anderen auf die Spitze mit dem „gut sein". In Amerika werden sie schlicht „Goodies" genannt, im deutschsprachigen Raum die „Gutmenschen". Ich möchte gerne helfen, diese Schere wieder zu schließen. Meiner Meinung nach muss man sich nur genug bemühen, sich für diese Dinge interessieren, denn es gibt genug Wege, ohne die Reichen, die Gebildeten, die Gesunden zu beneiden und zu kritisieren. Man muss früh genug auf die andere Seite springen, will man nicht später unter den Auswirkungen des eigenen Lebensstils leiden.

Im Trend bei Aktivisten sind Anti-Globalisierungsaktionen, weil die ärmeren Länder angeblich unter den freien Märkten leiden. Meine Meinung ist genau umgekehrt, dass sie nämlich nicht aufgrund der Globalisierung leiden, sondern weil die Märkte eben nicht frei sind. So schotten sich die USA und die EU gegen Billigprodukte aus dem Süden oder Osten ab und subventionieren durch den starken Export an Technik und Maschinen gerade die wenigen Produkte, die in den armen Ländern am einfachsten hergestellt werden können so wie landwirtschaftliche Erzeugnisse und Textilien. Der lange Marsch Mahatma Gandhis ist ein starkes Symbol für diese Ungerechtigkeit. Würde man die Subventionen völlig streichen, wären nicht nur die Steuerzahler entlastet, sondern es wäre auch den Exporteuren der Südhalbkugel damit gedient. Zur Globalisierung gehört also auch Fairer Handel. Diesen müssen wir Verbraucher wollen und die Regierenden möglich machen.

Der allgemeine Trend, nicht nur unter Jugendlichen, zu Markenkleidung hatte bei mir schon früh den gegenteiligen Effekt: Ich trug einfach nie eine Marke, sondern Hose oder Schuhe wurden extra günstig gekauft. In den letzten Jahren stellte ich fest, dass auch das eine Art Marke ist. Es ist allerdings sinnvoll und gut, wenn man ganz bewusst die Produkte aussucht und kauft, z.B. ökologisch oder aus fairem Handel und der eigenen Region etc.

Wir im 21. Jahrhundert haben zusätzlich das erstmalige Glück, dass wir auf eine lange Kette von religiösen und spirituellen Erkenntnissen, Theorien, Philosophien und wissenschaftlichen Forschungsergebnissen zurückblicken können. Uns stehen so viele Informationen und Wissen zur Verfügung, über das Internet noch schneller zugänglich als jemals zuvor, wie es unsere Vorfahren nicht mal zu träumen wagten. Die Welt ist nicht nur klein geworden; wir haben auch die Möglichkeit aus allem bisher entwickelten Wissen und Weisheiten unsere Schlüsse zu ziehen. Uns stehen _alle_ Erkenntnisse zur Verfügung! Wir können im Rückblick all die Weltanschauungen nebeneinander betrachten, auf den alten Laotse aus China (600 vor Christus), auf den Buddha (500 v. Chr.), Sokrates (400 v. Chr.), Jesus Christus (30 nach Chr.), Meister Eckhart (1300 nach Christus), Martin Luther und Leonardo da Vinci (1500 n. Chr.), Mahatma Gandhi und Albert Einstein (1900 n. Chr.), aber auch Hitler, Mao oder Stalin – um nur einige bekannte Personen der Geschichte zu nennen.

Aktuelle Erkenntnisse aus der Naturwissenschaft, vor allem der Physik, wecken erstmals Hoffnung für den Brückenschlag zwischen der Wissenschaft und Gott. Hier sei besonders die Quantentheorie und -mechanik erwähnt, die am vorläufigen Ende der langen Kette von Entdeckungen steht.

Ich denke, insgesamt ist die Menschheit bereits auf einem guten Weg. Sie entwickelt sich geistig immer höher. Ich stelle fest, dass die Menschheit und die Politik seit 1968 bereits sehr „weiblich", das heißt weich geworden sind.
Denkt man an die „männlich"-aggressiven Spitzen der Geschichte, wie der erste und der zweite Weltkrieg, so haben wir doch die letzten Jahrzehnte gute Schritte zu einer emotionaleren, ethischeren Gesellschaft getan. Man denke an die vielen NGOs (Non-Government-Organizations) wie Greenpeace oder Tierrechtsbewegungen und Amnesty International (in Deutschland sind 30% = knapp 30 Mio. Bürger ehrenamtlich tätig!). Völlig „unmännlich" wirken auf viele diese Aktivitäten. Auch mein Buch hat vielfach weiche Züge, was manche abschrecken wird, doch viele in diesem Buch zitierten Großen der Geschichte haben ebenso gesprochen und gehandelt – das gibt mir Mut!

Es gibt so viele Probleme auf der Welt, die wir am besten alle zusammen anpacken können, miteinander statt gegeneinander! Jeder Politiker, der hier frische, gute Ideen liefert, muss unterstützt werden. Jeder Politiker, der sich für den Frieden, die geistige Freiheit und den Umweltschutz einsetzt, sollte eine Chance erhalten, egal aus welcher Partei und welchem kulturellen Hintergrund. Z.B. ist das kleine und neue EU-Mitglied Slowenien (eine ehemalige Sowjetrepublik) ein absolutes Musterbeispiel. Unter einem jungen Präsidenten, ein Veganer (was schon seine andere Denkweise und Einstellung andeutet), wurde die Bürokratie rigoros abgebaut und das Steuersystem radikal vereinfacht. Es gibt nur noch einen Steuersatz für alle und alles. Aber natürlich müssen wir auch bei unseren massiven Umweltproblemen gegensteuern, sonst erleben wir bald das Ende der Ära Mensch auf der Erde. Man erinnere sich vielleicht an den kleinen Witz, als der Mars die Erde fragt, nach einem Tsunami-Beben: *„Was zitterst du denn so? Bist du krank?"*, darauf sagt die Erde: *„Ja, ich habe Menschen!"*. Wie traurig passend ist doch dieser kurze Satz...

Meine Vorstellung ist, dass alle gewählten Vertreter gleichmäßig (nach Anzahl der Wählerstimmen) an den Regierungsgeschäften beteiligt werden. Jede Partei hätte dann Verantwortung und wäre nicht völlig umsonst gewählt worden. Wenn man sich dann noch vorstellt, dass alle Polizisten in der Kinder- und Jugendarbeit tätig wären, und der gesamte Militär-Haushalt aller Länder in die Entwicklungshilfe fließen würde sowie alle Soldaten als Entwicklungshelfer eingesetzt wären, dann könnte man wahrlich sehr viel erreichen.

Wenn die Mehrheit der Menschen Frieden wünscht, dann wird es ihn geben. Allerdings muss von allen verlangt werden, dass sie auch aktiv und täglich dafür eintreten. Wir haben alle Möglichkeiten und den Rückblick auf viele Jahrtausende, aus denen wir lernen könnten. Nehmen wir uns ein Vorbild an politischen Friedensstiftern wie Mandela, Gandhi oder Martin Luther King!
Werden wir alle Lichtbringer für die Welt!

Mit dem 21. Jahrhundert ist nun endlich der Zeitpunkt gekomen, an dem wir einsehen müssen, dass nicht das (männliche) Vaterland (kleine, abgespaltene, ideologische und völlig willkürlich aufgeteilte Flächen der Erde), sondern die (weibliche) Mutter Erde die übergeordnete Einheit ist.
Das All oder das Universum sind im Deutschen sogar völlig geschlechtsneutral und nochmals übergeordnet! Diese Dreieinigkeit in der Sprache der Geschlechtsbestimmung im Deutschen sollte uns zu denken geben...

Also: Dieses Jahrhundert gehört uns. Lasst es uns gestalten!

Wir könnten viel erreichen, wenn wir zusammenstünden. *Friedrich von Schiller*

Frieden in der Heimat, Frieden in der Welt.
Mustafa Kemal Atatürk

Das Verhängnis unserer Kultur ist, dass sie sich
materiell viel stärker entwickelt hat als geistig. *Albert Schweitzer*

Zur Entfaltung von Krisen genügt einer,
aber zur Erhaltung des Friedens sind alle notwendig. *Willy Brandt*

Zu einer Anti-Kriegsdemo werde ich nicht kommen,
aber wenn sie eine Friedensdemo planen, dann gerne. *Mutter Teresa*

Suche nicht Fehler, suche Lösungen! *Henry Ford*

Peace, freedom and a better life for all.
Frieden, Freiheit und ein besseres Leben für alle.
Nelson Mandela und der ANC zur ersten freien Wahl 1994

Durch Eintracht wachsen selbst kleinste Dinge,
durch Zwietracht zerfallen selbst die größten. *Sallust*

Man darf nicht auf die Regierungen warten.
Jeder Einzelne muss sich ändern und bei sich selbst anfangen. *John Seymour*

Wer seine Freiheit für die Sicherheit aufgibt,
hat weder das eine noch das andere verdient. *Benjamin Franklin*

Ein Feind ist zu viel. *George Herbert*

Die Welt wird nie gut, aber sie könnte besser werden. *Carl Zuckmayer*

Jesus im Matthäus-Evangelium der Bibel [1]
Was siehst du aber den Splitter in deines Bruders Auge und nimmst nicht wahr den Balken in deinem Auge? *7, 3*
Weh euch, Schriftgelehrte, die ihr seid wie die übertünchten Gräber, die von außen hübsch aussehen, aber innen sind sie voller Totengebeine und lauter Unrat. *23, 27*

„Gott" im Bestseller „Gespräche mit Gott – Band 1" [5], Seite 166
Ereignisse sind Begebenheiten in Zeit und Raum, die ihr gemäß eurer Wahl produziert, und ich werde mich niemals in eure Wahl einmischen. Wenn ich das täte, würde sich der Grund erübrigen warum ihr erschaffen wurdet.

Weisheiten des Siddhartha Gautama (Buddha)
Willst Du wissen, wer Du warst, so schau, wer Du bist.
Willst Du wissen, wer Du sein wirst, so schau, was Du tust.
Alles geht dahin und stirbt. Aber die Wahrheit bleibt.

WELTPOLITIK & WELTFRIEDEN

Über Politik und Demokratie ließe sich eine Menge schreiben, es wäre ein separates Buch wert. Wir alle wissen, was schief läuft in unseren lokalen, regionalen und nationalen Parlamenten. An dieser Stelle möchte ich nur ansprechen, wie sehr sich unsere Tagespolitik immer noch auf die ursprünglichen Lehren der national vorherrschenden Religionen gründet, zumindest äußerlich. Im Islam und im Buddhismus mag das offensichtlicher sein. Doch auch im christlichen Abendland gründen sich nahezu alle Gesetze auf ethisch-biblische Ursprünge. Abgesehen davon, dass es in den meisten Staaten religiöse Parteien gibt, gibt es in unendlich vielen Ländern auch religiöse Symbole, die sich in den Nationalflaggen etc. wiederfinden. Am offensichtlichsten ist dies vielleicht bei den Kreuzen in europäischen Flaggen und natürlich beim Davidstern in der Flagge Israels.

Der Vogel (in China ein Kranich) symbolisiert das Himmlische welches über das Irdische, in Form der Schlange, siegt. Das Himmlische (also das Feinstoffliche / Geistige) bekämpft das Irdische (Grobstoffliche / Materielle).
Rechts: Nationalwappen von Mexiko

Während z.B. Marokko das Pentagramm trägt oder einige arabische Länder den islamischen Halbmond bzw. das Wort „Allah" tragen, zeigen Korea und die Mongolei ein „Yin & Yang Symbol". Aber besonders auf der mexikanischen Flagge ist der religiöse Ursprung nicht ganz so offensichtlich. Wie im Taoismus / Konfuzianismus wird dort ein Vogel (Adler) dargestellt, der gegen eine Schlange kämpft. Es ist ein uraltes Symbol und hat bis heute seine Symbolkraft nicht eingebüßt. Die Mexikaner übernahmen es von der Kultur der Maya und Azteken. Es war aber bereits vor Tausenden von Jahren im alten China bekannt, und im Taoismus und Konfuzianismus wurde es praktisch gelebt.

Auch viele anderen Dinge im täglichen Leben finden ihren Ursprung in den Religionen: Der verwendete Kalender, die freien Sonntage und Feiertage (die auch die Nicht-Religiösen gerne in Anspruch nehmen!), die Volksfeste, die prägenden Gebäude einer Stadt wie die Kirchen, viele Hilfs- und Pflegedienste wie das Rote Kreuz / Roter Halbmond, Krankenhäuser, Altenheime, Jugendzentren, Kindergärten, Schulen, vieles hat eine enge Beziehung zu den Kirchen oder lokalen Religionsgemeinschaften. Deutsche Politiker schwören bei der Amtseinführung z.B.: *„So wahr mir Gott helfe."*

Und jeder hat sicherlich schon einmal von den „Freimaurern" gehört, die über lange Zeit versucht haben „gute Menschen" in Regierungen zu installieren...

Obwohl alle großen Staatslenker und aktuelle Regierungschefs in irgendeiner Form, wenn auch nicht so intensiv wie beim Dalai Lama oder dem Papst, mehr oder weniger von der in ihrer Heimat vorherrschenden Religion geprägt wurden (man denke an das „In God we trust" auf US-amerikanischen Geldscheinen) und sich oft sogar öffentlich dazu bekennen, gehen die Tagesgeschäfte und Verträge der Weltgemeinschaft und zumindest deren Einhaltung oft in ganz andere Richtungen, als sich die Gründer des Christentums, Islams oder Buddhismus womöglich je gewünscht hätten. Selbst großartige öffentliche Figuren des Friedens wie Mahatma Gandhi oder Nelson Mandela (dem ich 1996 die Hand schütteln durfte im deutschen Parlament und mit ihm ein paar Worte wechselte) würden sich heute sicher nicht freuen, wenn Inder sich mit Pakistanis über das Gebiet um Kaschmir streiten oder in Südafrika der Rassismus noch immer nicht überwunden ist. Schaut man auf Europa, sieht man, dass in allen Zeiten Priester Waffen und Panzer geweiht haben – also eine Segnung der Kriegshandlungen. Man beachte in der Grafik unten neben den vielen Nationalflaggen das Wappen der deutschen Bundeswehr. Das Balkenkreuz, welches schon der deutsche Ritterorden zu den Kreuzzügen verwendete. Auf den Gürtelschnallen der deutschen Soldaten des ersten Weltkriegs stand sogar: „Gott mit uns". Wir beschimpfen irregeleitete Islamisten wegen ihres Dschihad und gleichzeitig verdrängen wir die Tatsachen der Geschichte als wir Europäer noch „Heilige Kriege" führten.

Lange nach den Kreuzzügen und den schrecklichsten Dingen, die Christen mit zu verantworten haben, ist nun jedoch besonders in Europa ein fantastisches Friedensprojekt gelungen: Nach Jahrtausenden der kriegerischen Auseinandersetzungen, in denen es kein Jahr ohne Krieg auf dem Kontinent gab und vieler höllischer Schlachten, die im ersten und zweiten Weltkrieg den absoluten Höhepunkt der Perversion erreichten, haben es nun die Völker geschafft, ohne Waffen, Panzer und Uniformen ein System des Friedens und der Verständigung zu gründen: Die Europäische Union! Zusammen mit einer gemeinsamen Währung und offenen Grenzen ist sie ein Beispiel dafür, dass es auch anders geht. Bei allen kleinen Streitpunkten, die es immer noch gibt, bei allen Startschwierigkeiten und Ungereimtheiten überwiegt doch das durchaus Positive, und niemand würde mehr auf die Idee kommen, untereinander Krieg zu führen oder um Land oder Rohstoffe zu streiten, auch die UNO oder NATO führte dazu, dass sich immer mehr Länder nicht mehr als Feind betrachten, sondern als Verbündete. Dazu kommen die wirtschaftlichen Verflechtungen, die zur Freundschaft „zwingen".

Betrachtet man die kulturelle Evolution, vom kleinsten gemeinsamen Nenner einer umherziehenden Neandertaler-Gruppe über die kleinen und großen Königreiche bis zu den Nationalstaaten des 20sten Jahrhunderts, ist meine Hoffnung groß, dass sich irgendwann eine große Weltvereinigung im Sinne der

UNO finden wird. Bis dahin müssen wir noch einige Stufen nehmen, aber machbar ist es. Erstaunlich finde ich die Tatsache, dass Ausländerfeindlichkeit immer dort auftritt, wo es kaum Ausländer gibt. Wo viele Kulturen aufeinander treffen, gibt es erstaunlicherweise keine Feindschaften mehr. Es sei denn, die eine Kultur versucht sich von der anderen abzugrenzen.

Was fehlt, ist eine völlige geistige Erneuerung; das Erkennen, dass „Alles Eins" ist. Und statt in früheren Jahrhunderten von oben diktiert, sollte sie von jedem einzelnen kommen. Dazu muss jedoch jeder Mensch in den Dingen des Friedens und der gegenseitigen Toleranz, also Nächstenliebe, geschult werden. Die Politiker mögen alle bestrebt sein, etwas Gutes für diese Welt zu leisten, aber ich kenne es aus eigener Erfahrung, wie hart das politische Leben ist, wenn man versucht, eigene Ansichten durchzubringen. Vieles hätte aber mit dem richtigen Wollen, Nachdenken und Zuhören längst zum Besseren geführt werden können. In Sachen Klimaschutz z.B., aber auch in Sachen Krieg und Aufrüstung. Alle Menschen der Welt wollen doch nichts anderes als Frieden und ein möglichst sorgenfreies Leben. Warum sorgen wir nicht alle dafür, dass dies zustande kommt? Stattdessen werfen alle als erste den Stein gegen Andersdenkende oder gegen diejenigen, die es zu verantworten haben, ohne selbst Verantwortung zu übernehmen und mit anzupacken, dass sich ein besseres Leben für alle ergibt. Viele schauen nur nach dem eigenen Profit. Allgemein wird die globale Sicht oft nicht angestrebt, man kämpft für Arbeitsplätze im eigenen Land, aber gönnt nicht den Entwicklungsländern, dass auch diese Arbeitsplätze und ein Stück Wohlstand schaffen. Sie setzen sich für höhere Löhne der Arbeitenden ein, aber nicht für die Arbeitsuchenden.

Oft wird gesagt, dass alle Kriege und Auseinandersetzungen sich auf religiöse Konflikte gründen. Ich habe genau den umgekehrten Eindruck: Betrachtet man, warum Protestanten und Katholiken sich in Irland bekämpfen, Hindus und Moslems in Kaschmir, Christen die Juden (zumindest in Nazi-Deutschland), man könnte viele weitere Konflikte nennen, dann geht es doch nie wirklich um die jeweilige Religion, sondern diese ist meist nur ein vorgeschobener Grund. Schaut man auf die Ursprünge der Auseinandersetzung, handelt es sich in Irland doch um die britische Besatzung auf der irischen Insel, bei den Nazis um die „reichen" Juden, statt um eine andere Religion. Auch bei „modernen" Kriegen, wie im Irak, kämpfen nicht Christen gegen Moslems, sondern um Öl und Machterhalt. In früheren Kriegen war das Ziel mehr Landfläche. Als die christlichen Kirchen sich im 30-jährigen Krieg in Europa bekämpften, drehte es sich nicht um die Differenzen des Glaubens, sondern es ging darum, Macht und Einfluss nicht aufzugeben. So waren die Bauernkriege nach Martin Luther eher eine Chance vom Vatikan und den hohen steuerlichen Auflagen loszukommen. Ebenso die Adeligen, die sich auf die Seite der Protestanten kämpften, dachten wohl weniger an ihre neue religiöse Weltanschauung, als an Machterhalt oder sogar -ausweitung.

Betrachten Sie die Konflikte der Weltgeschichte, und sie werden sehen, dass die Religion immer nur ein vorgeschobener Grund war. Viele Kriegsgegner sind sogar selbst herangezüchtete Feinde, man betrachte die Geschichte der Taliban in Afghanistan oder von Saddam Hussein im Irak. Womöglich war sogar Hitler nur ein europäisches Bollwerk gegen den Kommunismus...

Religiöse Symbole in Nationalflaggen:

1 Mexiko: Adler tötet Schlange, **2** Norwegen: Christl. Kreuz, **3** Südkorea: Yin & Yang **4** Algerien: Islam. Halbmond, **5** Israel: Davidstern, **6** Großbritannien: Vereinigte Kreuze, **7** Mongolei: Yin & Yang, **8** Pakistan: Islam. Halbmond, **9** Äthiopien: Pentagramm, **10** Dom. Rep.: Christl. Kreuz, **11** Bhutan: Yin & Yang mit Drachen, **12** Komoren alt: Allah o. rechts, **13** Marokko: Pentagramm, **14** Georgien: Mehrere Kreuze, **15** Schweiz: Weltbekanntes Kreuz, **16** Irak: Allah Uakbar (Gott ist groß), **17** Indien: Buddhist. Rad, **18** Griechenland: Christl. Kreuz, **19** Slowakei: Orthodoxes Doppelkreuz, **20** Deutsche Bundeswehr: Balkenkreuz / Tatzenkreuz – in Erinnerung an die Kreuzritter.

Wie im gesamten Leben geht es auch in der Politik um den gesunden Mittelweg, hier meist Kompromiss genannt, leicht verständlich seit Jahrtausenden im Osten durch das Yin und Yang dargestellt. Wir alle kennen es. Es geht um die

Gegensätze: Gut und Böse, hell und dunkel, weiblich und männlich und so weiter. Teilweise ist dies mit einem Drachen in der Mitte dargestellt, der versucht zwischen den Gegensätzen zu tänzeln (Drachentanz!) – einen perfekten Mittelweg zu finden. Dieser fehlt oft in der Politik, viel zu oft. Man siehe die Negativfolgen der Entwicklungshilfe: Wir überhäufen die Märkte der zu fördernden Länder mit Lebensmitteln und Kleidung, die heimische Wirtschaft dort hat keine Absatzchancen mehr, wir geben Milliarden Gelder für die Führungselite, und die kaufen im Gegenzug für Milliarden unsere Militärfahrzeuge. Es ist unglaublich, wenn man sieht welch horrende Anteile an den Staatshaushalten der Welt für Militär ausgegeben wird und wie wenig für Bildung und Entwicklung. Die geringe Entwicklungshilfe kommt nur zu einem Bruchteil wirklich bei den Notleidenden an. Die reichen Länder schotten sich gegen Einwanderer und Importe aus den notleidenden Ländern ab.

Eine Erweiterung des allseits bekannten Yin- und Yang-Symbols sind die Balken, ich nenne sie „Türen", so wie auf der koreanischen Flagge. Die Gegensätze stehen sich auch hier gegenüber und lassen sich verdeutlichen mit meinem Beispiel: Verschließt man die drei Türen, dann sind sie nicht mehr offen (siehe gegenüber). Lässt man zwei auf, sind diese nicht mehr geschlossen, aber die eine ist eben noch zu. Man kann das mit täglichen Erlebnissen ausschmücken und wird sehen, dass es aufgeht. Man kann nicht zu allen Seiten gleichzeitig geöffnet sein. Der eine steigert sich in den Beruf und vernachlässigt dabei die Familie. Für die Politik bedeutet das: Investiert man zu viel Energie in die Innenpolitik, vernachlässigt man womöglich die Außenpolitik, umgekehrt genauso. Sie werden noch mehr Beispiele finden können. Siehe hierzu das Kapitel *„Die Lehre vom Yin und Yang"*.

„*Demokratie ist die schlechteste Staatsform, mit Ausnahme aller anderen.*" sagte einmal Winston Churchill. Er hatte recht damit, allerdings betrifft das nur das derzeitige System der gelebten Demokratie. Mir persönlich schwebt eine andere Idee vor. Diese würde nur drei kleine aber gravierende Änderungen voraussetzen: Politiker müssten exzellent auf ihre Aufgabe als Staatsmänner und Würdenträger vorbereitet werden. Ähnlich dem Dalai Lama im alten Tibet oder verschiedenen Königen aller Zeiten müssten sie nicht nur über ein fantastisches Allgemeinwissen und Sachkenntnis verfügen, sondern auch in Dingen der Völkerverständigung, Friedenserhaltung etc. ausgebildet werden.

Als zweites wäre vonnöten, dass *alle* Parteien auch prozentual ihrer Wählerstimmen an den Regierungen beteiligt werden. So könnten die Ministerien entsprechend der Wahlergebnisse aufgeteilt werden.

Als drittes gibt es die Idee eines „politischen Vertrages", der die Wahlversprechen aus dem Wahlkampf für eine Periode juristisch gültig festschreibt und für die Wähler einklagbar macht, mit entsprechenden Vertragsstrafen.

Analog zu einem interreligiösen Dialog benötigen wir eine internationale Völkerverständigung, eine Zusammenarbeit auf allen Gebieten. In Deutschland haben wir diese Wiedervereinigung im Jahre 1990 hinbekommen, Südafrika 1994, Korea arbeitet noch daran. Länder wie Japan und China, die USA und Südamerika leben bis heute auf Kriegsfuß und Distanz, Afrika und Europa leben ebenfalls mit gegenseitigen Vorwürfen und Missbilligungen statt in ordentlicher Zusammenarbeit. Allerdings bereitet mir das keine Sorgen, aufgrund meines starken Glaubens an eine Einheit hinter allem, sondern ich gehe stets von einer kulturellen Evolution aus; alles entwickelt sich langfristig zum Höheren. So wurde im Jahre 2009 Barack Obama zum Präsidenten der USA gewählt, exakt 40 Jahre nach dem Tod von Martin Luther King, dem Kämpfer für einen Traum: Das gleichberechtigte Zusammenleben aller Volksgruppen.

Hat sich von Anfang an alles zu immer weiteren Spezies entwickelt, also auch zu verschiedenen Kulturen, Religionen, politischen Systemen etc., ist es seit vielen Jahrhunderten genau umgekehrt: Die kleinen Stämme, die früher kriegerisch z.B. durch Europa zogen, schlossen sich irgendwann zu Fürstentümern, Grafschaften oder Herzogtümern zusammen. Man stellte fest dass man durch dieses größere Machtgebilde nach innen wie außen stärker und stabiler war. Später schlossen sich diese Machtgebilde zu Königreichen zusammen, es folgten die Nationalstaaten, die uns allerhand Ärger einbrachten.

Diese Nationalstaaten waren nun so groß und stark wie es nie zuvor denkbar gewesen wäre. Seit Ende des zweiten Weltkrieges ist diese Entwicklung zum Großen mit Frieden und Stabilität für die Bevölkerung auf neuen Wegen: Die Europäische Union ist mit der einheitlichen Währung, offenen Grenzen für jedermann und vielen anderen Annehmlichkeiten und Vereinheitlichungen eine Bereicherung für die hiesige Bevölkerung, ähnlich wie es nach dem Bürgerkrieg in den USA zu einem dauerhaften Frieden nach der Vereinigung 1865 kam. Vorher zerstrittene Kleinstaaten wie Texas und New York oder Deutschland und Frankreich schlossen sich zu Friedensreichen zusammen.
Auch China machte so eine Entwicklung durch, allerdings schon viele Jahrtausende vor den Europäern. Dort leben völlig unterschiedliche Völker, Kulturen, Religionen und Sprachen unter einem großen Dach der chinesischen Volksrepublik. Geeint wurden sie bisher z.B. über die gemeinsame Schrift.
Wenn auch von den Europäern selbst sehr viel Kritik am System der EU geübt wird, steht es doch für ein einmaliges Friedensprojekt in der Geschichte: Die friedliche Vereinigung völlig zerstrittener Völker!
Das Bibelzitat von Jesus in Matthäus 5,39 ist jedoch für viele schwer in die Praxis umzusetzen: *„Ich sage euch, dass ihr nicht widerstreben sollt dem Übel, sondern: Wenn dich jemand auf deine rechte Backe schlägt, so biete ihm auch die andere an."*

Haben die europäischen Staaten nicht genau das getan? Sie haben dem deutschen Tätervolk vergeben, nach dem zweiten Weltkrieg, und haben das Land wieder in ihre Mitte aufgenommen im Zuge der EU.

Wenn das auch noch in Afrika und Asien sowie Südamerika gelingt, ist der nächste Schritt, also ein weltweiter Staat im Sinne der UNO nicht mehr allzu weit von uns entfernt. Ich werde mich dafür einsetzen.

Echten Frieden erreichen wir nur, wenn die Welt enger zusammen rückt!

Unsere Kindeskinder werden uns vielleicht einmal fragen, warum es überhaupt irgendwann einmal Grenzen gab, die uns voneinander trennten. Warum hat denn überhaupt jemand damit angefangen einen Grenzzaun zu ziehen? Wie man doch sieht, gibt es keine Gefahren oder keinen echten Grund. Tag für Tag und Schritt für Schritt werden diese Grenzen auch in den Köpfen, abgebaut, zumindest in Europa. Aber auch Afrika ist hier auf einem guten Weg, die Afrikanische Union ist bereits gegründet.

Eine Erde ohne Nationen, aber mit vielen verschiedenen Menschen und Kulturen, darauf wird es langfristig hinauslaufen, alles andere macht keinen Sinn. *Allen* Menschen geht es doch darum, glücklich und ohne Unheil durchs Leben zu kommen – lasst uns gemeinsam daran arbeiten! Die UNO ist eine gute Grundlage dafür, sie muss nur genutzt und ausgebaut werden.

Letztendlich wollen alle das Gleiche!

Alle atmen die gleiche Luft, leiden unter Umweltproblemen, Wasserknappheit, Armut und Hunger der Mitmenschen. Es geht nur voran, wenn alle Länder zusammen arbeiten, und zwar auf allen Gebieten. Wie kann es sein, dass wir gemeinsame Raumstationen errichten wie die ISS, aber unsere heimischen Probleme nicht gemeinsam angehen können? Globalisierungsgegner kann ich deshalb nicht immer verstehen. Warum muss man gegen etwas sein, statt für etwas? Die letzten Finanz- und Wirtschaftskrisen haben zwar gezeigt, dass es mit dem Turbokapitalismus so nicht weitergeht, anderseits ist nachgewiesen, dass auch die Armen nur vom Wirtschaftswachstum profitieren, wenn der Geldkreislauf in Bewegung bleibt. Je schneller das Geld in Bewegung ist, desto mehr bleibt auch bei den Ärmsten hängen. Reiche Menschen sind nicht immer zu beneiden, das erfahre ich durch meinen Beruf allzu oft. Vielmehr müssen sich Menschen mit kleinem Einkommen oder sogar ganz ohne Arbeit etwas einfallen lassen, was man den Reichen verkaufen kann. Ich kenne vielerlei Beispiele wo Marktlücken besetzt oder geschaffen wurden und damit einen armen Menschen zu einem reichen Menschen werden ließen.

Lasst uns alle Energien für den Frieden einsetzen!

Alle Menschen sind frei und gleich an Würde und Rechten geboren. Sie sind mit Vernunft und Gewissen begabt und sollen einander im Geist der Brüderlichkeit begegnen. ***UN-Menschenrechte, Artikel 1***

Erst kommt die innere Abrüstung, erst danach gelingt die militärische.
Frieden entsteht aus Mitgefühl. *14. Dalai Lama*

Der Ursprung aller Kriege ist Diebesgelüst. *Arthur Schopenhauer*

Wessen Regierung still und unaufdringlich ist, dessen Volk ist aufrichtig und ehrlich. Wessen Regierung scharfsinnig und stramm ist, dessen Volk ist hinterlistig und unzuverlässig ... Wer erkennt aber, dass es das Höchste ist, wenn nicht geordnet wird?
Laotse im Tao-Te-King [13], Vers 58

An der Härte der Strafen erkennt man die Schwäche des Regimes. *Martin Kessel*

Wer die Freiheit aufgibt, um Sicherheit zu gewinnen,
wird am Ende beides verlieren. *Benjamin Franklin*

Wer immer das letzte Wort haben will, führt bald nur noch Selbstgespräche.
Hermann Hesse

Wer hohe Türme bauen will, muss lange beim Fundament verweilen. *Anton Bruckner*

Wenn man in die falsche Richtung läuft,
hat es keinen Zweck, das Tempo zu erhöhen. *Birgit Breuel*

Wenn Argumente fehlen, kommt meist ein Verbot dabei heraus. *Oliver Hassencamp*

Leute, die keine Fehler haben, haben auch sehr wenige Tugenden. *Abraham Lincoln*

Keinem vernünftigen Menschen würde es einfallen,
Tintenflecken mit Tinte oder Ölflecken mit Öl wegwaschen zu wollen.
Nur Blut, das soll immer mit Blut abgewaschen werden. *Bertha von Suttner*

Man löst keine Probleme in dem man sie auf Eis legt. *Winston Churchill*

Es gibt keinen Weg zum Frieden, der Frieden ist der Weg. *Mahatma Gandhi*

Die Straße des geringsten Widerstands ist nur am Anfang asphaltiert. *Hans Kasper*

Es ist besser Unrecht zu leiden, als Unrecht zu tun. *Sokrates*

Die Menschen bauen zu viele Mauern und zu wenig Brücken. *Isaac Newton*

Was für eine Welt könnten wir bauen, wenn wir die Kräfte,
die ein Krieg entfesselt, für den Aufbau einsetzten. *Albert Einstein*

Die Welt ist zu klein für jenen Patriotismus, der zu Kriegen führt. Patriotismus ist nicht einmal mehr in Friedenszeiten nützlich. Die Probleme unserer Welt sind planetarisch. Keine Nation ist ihnen allein gewachsen. *Isaac Asimov*

Wir haben gelernt wie Vögel zu fliegen, wie die Fische zu schwimmen, aber wir haben die einfache Kunst verlernt, wie Brüder zu leben. *Martin Luther King*

Wir brauchen eine Friedensforschung. Die Ursachen der Konflikte unter den Völkern sind weniger erforscht als die Gesetze der Ordnung im Atom. *Gustav Heinemann*

Es wird keinen Frieden in der Welt geben, wenn wir unsere innere Welt vernachlässigen und nicht mit uns selbst Frieden schließen. *Dalai Lama*

Wenn auf Erden die Liebe herrschte, wären alle Gesetze entbehrlich. *Aristoteles*

Wer heute den Kopf in den Sand steckt, knirscht morgen mit den Zähnen.
Unbekannter Autor

Das Böse braucht das Schweigen der Mehrheit. *Kofi Annan*

Die Kultur der Toleranz beginnt damit, zu akzeptieren,
dass der andere anders ist. *Roman Herzog*

Jede Wahrheit hat zwei Seiten. Wir sollten uns beide Seiten anschauen,
bevor wir uns für die eine entscheiden. *Aesop*

O, die Ihr glaubt! Lasset nicht ein Volk über das andere spotten,
vielleicht sind diese besser als jene.
Aus dem Koran [8], Sure 49, 11

Denn wer Unrecht tut, wird Unrecht empfangen.
Paulus Brief an die Kolosser 3, 25 [1]

Jedes Verbot verschlechtert den Charakter bei denen, die sich ihm nicht willentlich, sondern gezwungen unterwerfen. *Friedrich Nietzsche*

Jeder Fehler erscheint unglaublich dumm, wenn andere ihn begehen.
Georg Christoph Lichtenberg

Jemand der nicht streitet, mit dem kann niemand auf der Welt streiten. *Laotse*

Weisheiten des Konfuzius
Der Edle verlangt alles von sich selbst, der Primitive stellt Forderungen an andere.
Der Edle geht gegen die eigenen Fehler an, nicht gegen die der anderen.
Was die Menge hasst, musst du prüfen. Was die Menge liebt, musst du prüfen.
Die Menschen stolpern nie über Berge, sondern nur über Maulwurfshügel.
Lieber das kleinste Licht anzünden, als über die Finsternis zu klagen.
Vernachlässige nicht dein eigenes Feld, um das eines anderen zu jäten.
Ein edler Mensch schämt sich, wenn seine Worte großartiger sind als seine Taten.
Je größer die Zahl der Gesetze, desto größer die Zahl der Gauner.

WELTRELIGIONEN & WELTFRIEDEN

Auch die Weltreligionen (von Re-Ligio = Wieder-Verbindung) haben in den letzten Jahrtausenden nicht viel zum Weltfrieden beigetragen, eher kann man seit einiger Zeit von Stagnation sprechen. Jeder versucht das zu erhalten, was er in seiner frühen Expansionsphase erreicht hat.

Trotz tausender verschiedener Sprachen auf der Welt und noch mehr Kulturen und Traditionen haben sich über die Jahrtausende nur wenige Weltreligionen durchgesetzt, die das tägliche Leben der Menschen bestimmen. Während nach Anhängerzahl seit langer Zeit das Christentum überwiegt, ist derzeit der Islam im Wachstum am stärksten. Alle beide gründen sich auf den Lehren des Judentums, welches wiederum aus den alten semitischen Wüstenreligionen entsprungen ist. Viele Menschen werden Anhänger des Buddhismus, aufgrund seiner Friedfertigkeit. Die Ideen des Buddhismus finden sich jedoch ebenso bei Jesus wie bei Mohammed und auch im Hinduismus, die fünfte Weltreligion. Während Juden, Mohammedaner und Christen den Hindus Vielgötterei vorwerfen, wundern sich die Buddhisten und Taoisten darüber, dass wir überhaupt einen personalen Gott für unseren Glauben benötigen.

Für uns heute ist Religion das, was von den Kirchen, Moscheen, Synagogen anhand der historischen Schriften wie Neues Testament, Koran, Talmud mit einer zusätzlichen Durchmischung vieler anderer Vorgängerreligionen entstanden ist. Dabei handelt es sich um viele Dinge (Rituale, Dogmen etc.), die mit den ursprünglichen Ideen der Gründer, Propheten, Heiligen nichts mehr gemein haben. Man muss sich vergegenwärtigen, dass es zuerst die Religion (Christus etc.) und dann die Schrift (z.B. die Bibel) gab und nicht umgekehrt. Die Schriften wurden, teilweise völlig aus dem Zusammenhang, oft erst Jahrhunderte nach dem Leben des Betreffenden, verfasst. Die Schriften sind also ein Produkt der Religion, nicht die Ursache, sie haben zwar den Impuls der Gründer erhalten, doch weichen sie in manchen Punkten von der Ur-Idee ab.

Ich sehe die Religionen wie einen Industriefluss, der seit seiner naturreinen Quelle (also Buddha, Moses, Jesus, Mohammed etc.) stark verunreinigt wurde durch Zuflüsse unterschiedlichster Art, sodass die ursprüngliche Quelle gar nicht mehr so einfach auszumachen ist. Ich denke, am Ende werden wir alle unsere Flüsse in den großen offenen Ozean einfließen sehen und wieder zu einem großen Ganzen werden lassen, wo sich all der Dreck und Schlamm (Karma?) absetzen kann. Dieses klare, reine Meereswasser kann sich dann zurück zum Himmel emporheben (Nirwana?).

Wenn sie sich doch nur alle als Freunde und Brüder, statt Konkurrenten oder gar Feinde sehen würden...

Häufig werde ich gefragt, welche Religion nun die beste sei, nachdem ich all die Urschriften gelesen habe. Nach meiner Erkenntnis und den Eindrücken vor Ort, haben alle (Welt)Religionen verschiedene Kernkompetenzen entwickelt, also Schwerpunkte herausgearbeitet, die sie bis heute verkörpern. Alle sind Puzzlestücke des Ganzen, niemand besser oder schlechter. So haben die Christen die Nächstenliebe besonders hervorgehoben, die Moslems das Jenseits, also das Leben nach dem hiesigen Leben, die Hindus setzen die Wiedergeburt / Reinkarnation in den Mittelpunkt und die Buddhisten das karmische Gesetz bzw. die Selbstfindung und das Erwachen der Seele.

Betrachtet man das ganze »System Gott«, sind all das Teilaspekte, wobei jede Religion die Aspekte der anderen ebenfalls erwähnt, aber eben nur am Rande.

Jede Religion ist nur ein Puzzlestück im »System Gott«

Wir könnten uns *alle* auf unendlich viele Gemeinsamkeiten unserer Religionen berufen, dennoch streiten wir uns seit Jahrtausenden über völlig unwichtige Details – oft nur Fragen der Auslegung diverser Schriften.

Selbst wenn diese Kleinigkeiten von Bedeutung wären, lohnt es sich nicht, darüber Kriege zu führen, dafür Andersgläubige zu töten.

Laut Bibel sind wir ja *alle* Kinder Gottes, so wie Jesus ebenfalls Sohn Gottes genannt wird. Der Koran kritisiert, dass Jesus als Sohn Gottes bezeichnet wird, doch ich sage: Wir sind *alle* Söhne / Töchter Gottes!

So viele Dinge gibt es, die uns im Kern einen. Doch Christen wie Moslems sind in unendliche Richtungen zerspalten. Während die Ökumene oder die regelmäßigen Treffen der großen Religionsführer versuchen, einen Konsens zu finden und gemeinsame Wege einzuschlagen, kritisieren das wiederum die Extremisten in allen Glaubensrichtungen (auch bei den Christen) als falsch. Man dürfe das nicht mischen, nur Jesus bzw. z.B. Mohammed habe Recht gesprochen, alle anderen seien nicht richtig oder relevant für uns.

Am erstaunlichsten und aufrichtigsten finde ich hier aktuell den Dalai Lama. Er tritt 100 % für seinen eigenen Glauben ein, und dennoch rät er in all seinen Büchern und Interviews dazu, dass jeder bei seiner eigenen Religion, in der er groß geworden ist, bleibt und damit in Frieden lebt. Er ist der Meinung, dass es schon einen Grund geben wird, warum wir genau in diese Kultur und Religion hineingeboren wurden. Er staunt darüber, dass ihm so viele Menschen aus dem Westen nachlaufen und ihn verherrlichen. Sie hätten so viele schöne Dinge in ihren eigenen Schriften des Christentums, dass sie sich doch lieber darum intensiver kümmern sollten. Trotzdem ist er für den interreligiösen Dialog. Immer wieder liebe ich die Bilder, wenn sich der katholische Papst, der Dalai Lama und Vertreter aller anderen Religionen zu einer Konferenz treffen. Was ganz oben schon funktionieren kann und von ganz unten eigentlich gewollt ist, wird scheinbar in den mittleren Etagen der Führungsebene des Bodenpersonals Gottes unterdrückt, vielleicht, weil sie um ihre eigene Existenzberechtigung bangen? Warum tun sie das? Warum setzen sie sich nicht für einen wirklichen Frieden ein, der von *allen* Religionsstiftern, von Buddha bis Mohammed, gefordert wurde. Warum streiten sich Juden und Moslems um ein Stück Land? Warum sprengen sich Menschen in die Luft, um andere Glaubensbrüder mit in den Tod zu reißen? Dieses WARUM richten viele Menschen an Gott. Doch Gott hat uns lediglich alle Möglichkeiten und Fähigkeiten gegeben, wie wir sie nutzen, ist unsere Sache.

Jesus sagte: *„Ich bin das Licht, die Wahrheit und das Leben, niemand kommt zum Herrn denn durch mich."* Dieser Satz wird meist missgedeutet, dass die christliche Religion die einzig wahre sein kann. Dabei sind diese drei Attribute die einzig wahren, nicht der sie ausgesprochen hat. Niemand kommt zum Herrn denn durch **Licht, Wahrheit und Lebendigkeit,** also Freude am Leben.

In allen Religionen gibt es im Kern Nächstenliebe, Frieden und Hilfe für den anderen. Allen geht es darum, Leid zu vermeiden und Glück zu vermehren. Doch unter christlicher, jüdischer und islamischer Flagge finden sich immer wieder Kämpfer für „Heilige Kriege", die gar nicht heilig sind, sie führen Kämpfe mit Waffen und Terror, was nach der ursprünglichen Lehre als undenkbar gilt. Hier und da finden sich Lehrer, die behaupten, dass genau dieser Kampf in ihren Büchern eine Legitimation findet – auch bei den Christen.

So wurden früher Kreuzritter verführt und heute islamische Terroristen angeworben. Dabei sind Märtyrer niemals *aktiv*, sondern immer nur *passiv* Sterbende, ohne selbst eine Waffe in die Hand zu nehmen. Man stirbt für die Sache, aber man tötet niemand anderen dafür. Das ist auch und ganz besonders im Islam verboten. Aber wir Menschen aus der christlichen Welt haben darüber nicht zu urteilen. Auch im Namen des Jesus wurden Hexen verbrannt, Indianer getötet,

Afrikaner versklavt, Juden und Moslems gejagt.

Dabei gab es Zeiten, wie damals in Südspanien oder in Alexandria, als noch Juden, Moslems und Christen ein absolut friedliches Miteinander führten.

Wo sind sie geblieben diese Zeiten? Was hat sich geändert? Wollen wir es wieder ändern? Jeder von uns hat täglich dazu seinen eigenen Anteil beizutragen. In Deutschland sagt man: *„Wie man in den Wald ruft, so schallt es auch heraus."* Wir sollten diesen gegenseitigen Respekt lernen, Akzeptanz und Toleranz für den Andersdenkenden.

Woher nehmen wir uns das Recht, andere zu unserem Glauben zwingen zu wollen? Leben wir doch einfach unsere Religion vollends aus, so wie es uns gepredigt wurde. So können sich andere, wenn sie es wünschen, bekehren oder es eben lassen. In jeder Religion finden sich Ungereimtheiten.

Mögen wir auch in Nuancen anders sein, im Kern, also in den Wünschen, Hoffnungen, Zielen des Lebens sind wir doch gleich. Auch mein eigener Bruder hat andere Vorlieben, Interessen und Charaktereigenschaften. Wir leben ein völlig anderes Leben und trotzdem sind wir Brüder und würden jederzeit alles füreinander tun, sind immer für den anderen da.

Schon die Mittelmeer-Christen sind doch anders als die protestantischen Nord-Europäer. Orthodoxe in Ost-Europa anders als freie Kirchen in Afrika, auch wenn sich alle auf die gleichen Schriften und damit Jesus berufen.

Wir benötigen einen inter-religiösen Dialog, um uns wieder auf den Kern der Sache zu einigen, statt über unendlich viele nebensächliche Details zu streiten. ALLE Religionen haben sich vom Ursprung ihrer Initiatoren weit entfernt. Äußerlichkeiten herrschen überall vor, vom Buddhismus bis zum Islam. Ich könnte jede Menge Beispiele aufzählen, die mir spontan einfallen: Kopftücher, Kreuze an der Halskette, Mönchskutten, Kopfbedeckungen etc.

All diese optischen Dinge bringen weitere Distanz unter die Menschen, teilen sie in diese und jene, statt zu verbinden. Hinzu kommt, dass in allen Religionen heidnische Dinge aus Vorzeiten vermischt wurden mit den Ideen ihrer Gründer, sodass es nun da steht als sei es göttliches Gesetz.

Menschen wie Mutter Teresa (geboren in Mazedonien) in Indien haben echtes christliches Leben gelebt, ohne sich in Details zu verstricken. Diese Menschen haben sich den Respekt über ihre Taten erworben und nicht weil sie dieses oder jenes Symbol anbeteten oder ähnliches. Ich kenne nur allzu viele Christen, die immer viel von ihrem Glauben sprechen, aber selbst keine solchen Vorbilder sind. Worte und Bilder sind ihnen wichtiger als die echten Taten und der rechte Glauben. Gleiches wird sich im Islam, Buddhismus etc. ebenso finden. Wir verschwenden viel zu viel Energie, den Andersgläubigen niederzumachen mit Worten und Taten, statt diese Energien einzusetzen um die Verbindungen und Gemeinsamkeiten zu suchen.

Man erlebt wie Friedensbringer (siehe Mahatma Gandhi, Martin Luther King,

Itzhak Rabin etc.) von ihren eigenen Leuten getötet werden.

Alle Religionen, ohne Ausnahme, haben den Anschluss an die Neuzeit verpasst. Sie haben wenig zum Weltfrieden beigetragen. Es ist jedoch eine ethische Verpflichtung aller Religionen sich um ethische Antworten zu bemühen.

Es gibt Versuche hier und da, doch letztendlich überwiegt immer wieder der Egoismus, die eigene Überheblichkeit, dass man selbst an erster Stelle steht mit seiner Religion. Es gibt hier nur wenige Ausnahmen. Was insgesamt fehlt, ist eine regelmäßige Verständigung und ein globaler Ethikrat aus Vertretern aller großen Glaubensgruppen, der Antworten auf die Fragen der Zeit gibt.

Wir müssen uns in Erinnerung rufen, dass wir nicht egoistisch denken dürfen, dass nur wir mit unserer Religion im Recht sind, sondern in Wahrheit jede Religion ihren Teil zur Welt beiträgt. Alles ist eins!

Immer wieder erlebe ich wie Christen gegen die Ökumene und gegen den Dialog zwischen den Religionen sind. Doch ich frage sie: Warum?

Jemand der gegen die Gespräche und gegen ein Hände-Reichen ist, der ist gegen die Vereinigung aller Christen und im weiteren Schritt gegen die Vereinigung aller Menschen und Religionen und damit für weiteren Zwist.

Luther war doch Katholik! Jesus war Jude! Mohammed hat Jesus häufig erwähnt im Koran, gar einen Propheten genannt. Alles hängt zusammen.

Wir Gläubigen müssen uns also fragen ob wir immer recht handeln. Meiner Meinung nach fängt es schon beim Beten (von Bitten) an. Wir danken nicht, sondern wir erbeten, also erwarten oder verlangen, etwas. Vom Gesetz der Resonanz her (siehe Kapitel „*Kraft der Gedanken*") fördert „Danken" die gewünschten Ergebnisse, während „Bitten" nicht nur den eigenen Egoismus ausdrückt, sondern auch zeigt, dass es uns an etwas mangelt, was sich dadurch noch weiter verstärkt. Danken wir doch für all das was das Leben uns bietet!

Als Christen gilt es zu lernen, dass nicht Jesus oder gar seine Mutter diejenigen sind die angebetet werden wollen, sondern der „Christus", also das Christusbewusstsein. Damit sind all die Attribute gemeint, die wir noch heute mit dem Namen Jesus verbinden. Nicht um die Person geht es, sondern um das Umsetzen seiner heiligen Eigenschaften in unser tägliches Leben. Ich möchte hier die Christen, die weiter ins Detail gehen möchten, das Buch „*Nein und Amen*" von Prof. Dr. Uta Ranke-Heinemann empfehlen. Es spricht die christlichen (Un)Wahrheiten offen aus. Siehe *Literaturverzeichnis* [7].

Doch so wenig wie Ostereier, weißes Hochzeitskleid und Tannenbaum (sowie unendlich viele andere Details) rein gar nichts mit der Bibel und dem (Ur)Christentum gemein haben, so wenig hat auch Zwangsheirat, Ehrenmord und Bombenterror etwas mit dem Koran oder Islam zu tun. Manches ist Tradition der jeweiligen Kultur, die schon vorher bestanden hat.

Fühlen Sie sich verantwortlich für Taten des Ku-Klux-Klan? Stehen Sie hinter den Zielen und der Vorgehensweise von Scientology und den Zeugen Jehovas? Kinderschänder unter den Pfarrern? Christen, die gegen andere Christen in Nord-Irland Bomben legen und Waffen einsetzen? Nein! Also bitte ich Sie, auch bei den Moslems nicht alle unter Generalverdacht zu stellen. Islamtreue möchten nicht mit Terroristen in einen Topf geworfen werden. Wären alle eine Milliarde Moslems Terroristen, könnten wir wohl nicht mehr ruhig schlafen, es ist aber (wie bei den Christen!) nur eine verschwindend geringe Zahl von Irregeleiteten, die Waffen einsetzen, um zu töten. Sogar bei den Christen drohte im 12ten Jahrhundert noch die Todesstrafe auf den Besitz einer Bibel.

Natürlich sind die großen Religionen inkonsequent, wenn sie dem eigenen Kern nicht folgen. Aber: Ist ein Atheist nicht auch inkonsequent, wenn er das Weihnachtsgeld vom Chef annimmt? Sonntage und Feiertage frei machen möchte? All das gründet ja auf der christlichen Religion (in anderen Kulturen entsprechend!). Nicht-Christen müssten selbst unseren Kalender bestreiken, denn: Was ist denn geschehen vor 2010 Jahren? Warum feiern wir Weihnachten? Damit bestätigen wir das Christentum in unserem Alltag.

Natürlich haben auch Atheisten recht, wenn sie uns auslachen, wenn wir sagen: An dem Tag ist Jesus geboren! In Wahrheit kommen viele Daten in Frage und nicht mal sein wahrer Geburtsort ist aus der Bibel ausfindig zu machen, geschweige denn aus anderen Quellen. Was hat er außerdem in der Zeit vor seinem Erscheinen in der Öffentlichkeit getan? Wer war er?

Trotzdem: Mag jede Religion in einigen Fragen unlogisch sein, die Kernaussagen sind die, die von Bedeutung sind und um die es uns gehen sollte.

Immerhin gründen die meisten unserer Gesetze, die Menschen- und Arbeitsrechte und vieles mehr auf den religiösen Grundsätzen.

Außerdem sind in den meisten Ländern viele soziale Einrichtungen von Religionsgemeinschaften ins Leben gerufen worden und werden unterstützt.

Offene Fragen bleiben natürlich und werden auch an mich immer wieder heran getragen: Warum lässt Gott Kriege zu? Warum gibt es all die Krankheiten, den Hunger, die Naturkatastrophen und viele andere Unwägbarkeiten des Lebens? Meine einfache Antwort: Weil all diese Erfahrungen den Menschen das Leben und die Liebe spüren lassen: Hilfe, Mitgefühl, Zuneigung, Aufopferung, und natürlich hängen an all den kleinen und großen Katastrophen viele Aufgaben und Arbeitsplätze, die unser Leben erst interessant machen. Das sind die Dinge, die den Menschen selbst betreffen. In Wahrheit geht es jedoch um das höchste Ziel, dass Gott sich selbst erfährt, durch uns, auch im Leid, auch in der Not. Und wir erfahren Gott. All das gehört zum Leben.

ER hat die Möglichkeiten geschaffen, wir haben die Wahl!

Das Herz aller Religionen ist eins. *14. Dalai Lama*

Jesus und Kirche sind zweierlei. *Prof. Dr. Uta Ranke-Heinemann*

Ein Christ des dritten Jahrhunderts ist einem Christen des ersten Jahrhunderts gar nicht mehr ähnlich. Jesus war eigentlich ein Essäer (Essener) *Friedrich der Große*

Glaubt nicht dem Hörensagen und heiligen Überlieferungen, nicht Vermutungen oder eingewurzelten Anschauungen, auch nicht den Worten eines verehrten Meisters; sondern was ihr selbst gründlich geprüft und als euch selbst und anderen zum Wohle dienend erkannt habt, das nehmt an. *Buddha*

Christus hat weder eine Kirche oder einen Staat gegründet noch irgendein Gesetz erlassen oder eine Regierung oder sonstige Autorität eingesetzt. Er wollte Gottes Gebote in das Herz der Menschen einsetzen, damit sie selbst Herr über sich würden.
Herbert Newton

Niemand ist ein ärgerer Feind des Christentums,
als das Christentum. *Hermann Kesten*

Was wäre aus dem Christentum als Religion der Liebe geworden –
wir wissen es nicht. Es ist in institutionalisierter Form als
die Religion des Schwertes und des Hasses alt geworden. *Alexander Mitscherlich*

Manche hübsche Weintraube eines Weisen lebt weiter –
als Rosine im Kopf eines Narren. *Ernst R. Hauschka*

Der Erkenntnislose, wenn er auch alle Sprüche der Weisen auswendig wüsste, aber sie nicht befolgt und nicht selbst Weisheit besitzt, ist wie ein Kuhhirte, der die Kühe zählt, welche nicht ihm, sondern einem anderen gehören. *Dhammapada*

Alle meine erwachsenen Patienten kranken letztlich an der religiösen Einstellung und alle sind letztlich gesundet durch eine neue religiöse Einstellung. *C. G. Jung*

Wenn die Bekenner der gegenwärtigen Religionen sich ernstlich bemühen würden, im Geiste der Begründer dieser Religionen zu denken, zu urteilen und zu handeln, dann würde keine auf den Glauben gegründete Feindschaft zwischen den Bekennern verschiedener Religionen existieren. Noch mehr sogar die Gegensätze im Glauben würden sich als unwesentlich herausstellen. *Albert Einstein*

Der Mensch ist Religion!
Wir sollten nie vergessen, dass nicht das Glasfenster das Letzte ist, sondern das Licht, das dahinter leuchtet. Nur wer hinter all den Strukturen das Licht Gottes sieht, hat Sinn und Ziel der Religion verwirklicht. *Willigis Jäger*

Wenn die Vertreter der Kirche Christen sind,
dann bin ich kein Christ, und umgekehrt. *Leo Tolstoi*

Machet aus den Menschen eine Familie von Brüdern. *Franz von Assisi*

Woran du dein Herz hängst, das ist dein Gott. *Martin Luther*

Ist es nicht sonderbar, dass die Menschen so gerne für die Religion fechten und so ungern nach ihren Vorschriften leben? *Georg Christoph Lichtenberg*

Die wahre Frömmigkeit ist demütig und bescheiden. *Adolph Kolping*

Wir brauchen Christen, die identifizierbar sind und sich nicht feige verstecken; Leute wie Luther. *Peter Hahne*

Ahimsa (Gewaltlosigkeit) ist die höchste Religion.
Worte von Mahavira (Gründer des Jainismus)

Taten, nicht Worte begründen unseren Ruf. *Walter A. Heiby*

„Gott" im Bestseller „Gespräche mit Gott – Band 1" [5]
Die Gelegenheit, nicht die Verpflichtung, ist der Eckstein der Religion, die Grundlage aller Spiritualität. Solange ihr das umgekehrt seht, werdet ihr den Kern der Sache nicht begreifen. *Seite 211*

Aus der indischen „Bhagavad Gita" [9]
Es gibt dreierlei Arten von Glauben, oder Gottesverehrung, nämlich den äußerlichen, den innerlichen und den geistigen Glauben. Der äußerliche Glaube richtet sich auf äußerliche Dinge und ist ein Fürwahrhalten von Meinungen ohne wirkliche Überzeugung; der innere Glaube ist das Vorgefühl einer geistigen Kraft; der geistige Glaube ist das Bewusstsein des Besitzes derselben. *XVII.*
Der Gott-Ergebene, welcher die Erkenntnis erlangt, besitzt vielmehr, als er durch das Lesen der heiligen Schriften, durch Opfergaben, Bußübungen oder Almosengeben erlangen könnte. Er erlangt das höchste Sein. *VIII., 28.*

Aus dem Koran [8]
Und hätte Allah (Gott) gewollt, Er hätte euch alle zu einer einzigen Gemeinde gemacht. *Sure 5, 48*
Wenn den Menschen Unheil trifft, ruft er Uns an, ..., haben Wir aber sein Unheil von ihm fortgenommen, dann geht er seines Weges, als hätte er Uns nie angerufen um Befreiung vom Unheil, das ihn getroffen. *Sure 10, 12*
Der Herr wird zwischen ihnen richten am Tag der Auferstehung über das, worin sie uneins waren. *Sure 45, 17*

Aus der Bibel [1]
„Richtet nicht, damit ihr nicht gerichtet werdet!" *Matthäusevangelium 7,1*
Jesus war gegen „... diese Lehren, die nichts als Menschengebote sind." *Matthäusevangelium 15,8*
„... wer Böses tut, hat Gott nicht gesehen!" *3. Brief des Johannes, 11*

EXKURS ISLAM

Leider spüre ich, spätestens seit dem 11. September 2001 (der Tag, an dem ich auch mein interreligiöses Internetforum online stellte!), eine wachsende Distanz zwischen Christen und Muslimen. Dabei findet die Mehrheit der Muslime Terroranschläge genau so schrecklich wie wir, sie empfinden eine tiefe Abneigung gegenüber den Attentätern, sie glauben, dass es dem Islam völlig widerspricht Menschen zu töten, auch wenn es Andersgläubige sind. Wir Christen schimpfen, warum von ihnen keiner öffentlich dagegen protestiert. Aber: Fühlen wir uns denn verantwortlich für böse, schlechte Menschen, die als Christen geboren und getauft wurden, aber aus irgendeinem Grund irgendwo auf der Welt große Dummheiten anstellen? Identifizieren wir uns mit den Taten des Ku-Klux-Klan oder mit den protestantischen und katholischen Kämpfern in Nord-Irland, nur aufgrund des gleichen Glaubens? Wir sagen: Diese Handlungen haben nichts mit unserer Religion der Nächstenliebe zu tun! Christen, Juden und Muslimen ist das Töten anderer Menschen untersagt (siehe Gebot: *„Du sollst nicht töten!"*). Und dennoch tun es verschiedene Gruppen immer wieder. Wir Christen in diversen Kriegen, während der Kreuzzüge oder der Kolonialisierung zum Beispiel. Sehen wir Christen diese Kriege als Kampf zwischen Islam und Christentum? Nein: Es geht um Land, um strategische Stützpunkte, um Öl, um Frieden oder Befreiung und vieles mehr. Es sollen keine Moscheen demontiert oder die Einheimischen zum Christentum bekehrt werden. Es ist reiner Zufall, dass Muslime dort leben, wo aus irgendeinem Grund aktuell gekämpft wird. Trotzdem gibt es Muslime, die genau das sehen, wenn christliche Staaten in moslemische Länder mit ihren Armeen einmarschieren. Also: Warum sehen wir die Terrorattentate als „moslemische" Taten? Sind es nicht Taten von irren Fanatikern und Fehlgeleiteten? Wenn es im Koran begründet wäre, würden ja *alle* Moslems immer und überall Terroranschläge verüben – tun sie aber nicht! Eine Milliarde Muslime leben friedlich, über Jahrhunderte, mit Christen und Juden Tür an Tür – es gibt unzählige gute Beispiele. Doch viele von uns machen es sich einfach und stellen jeden orientalisch aussehenden Menschen unter Generalverdacht, ja: wir vorverurteilen Menschen anderen Glaubens! Vor allem gibt es verschiedenste Strömungen wie Schiiten, Sunniten, Aleviten, Salafisten, Wahhabiten, Sufis und einige mehr. Alle interpretieren den Koran völlig unterschiedlich und leben den Islam anders.

Und da ich ein Mann des Friedens sein möchte, sehe ich es als meine Aufgabe, hier ein Sonderkapitel über den Islam einzufügen. Ich möchte Aufklärung leisten! Ich glaube, wenn ich den Christen eine Möglichkeit gebe, in den Koran [8] zu schauen, könnte das ein Stück der Mauern abbauen.

Als Protestant lebe ich hier im katholischen Rheinland. Noch bei unseren Großeltern war es verpönt Christen der anderen Konfession zu heiraten. Unsere kleine Kirche im Ort wurde um 1850 in einer Nebenstraße gebaut. Sie durfte nicht aussehen wie eine Kirche, nicht im Zentrum stehen und erst recht nicht so groß sein wie die katholische, es hätte einen Aufschrei gegeben! Die Protestanten werden nicht als christliche Kirche anerkannt. Und genau so geht es heute den Muslimen in Europa: Der Bau von Moscheen, die auch so aussehen, wird bekämpft. Bis dahin halten sie ihre Gottesdienste in Hinterhöfen ab. Der aktuell lebende 14. Dalai Lama sagte treffend: *"Es gibt gar keine Feinde. Es gibt nur Menschen, die ich noch nicht kennen gelernt habe."*

Ganz und gar nicht möchte ich jemanden zum Islam bekehren, ich selbst werde Christ bleiben. Da ich aber den Koran [8] vollständig gelesen habe – so wie auch viele andere Basiswerke der jeweiligen Religionen – denke ich, dass es äußerst hilfreich für das eigene spirituelle Wachstum ist, wenn man versteht, dass große Zusammenhänge existieren. Im Koran (Quran = Arabisch für „Gelesenes") finden sich enorm viele Stellen über Jesus, der hier als Prophet verehrt wird. Der Islam (Arabisch für „Hingabe"; Hingabe zu Gott, zum Glauben, zum Nächsten) baut auf den christlichen Ideen auf. Das Wort Islam ist eng verwandt mit dem semitischen Wort für „Frieden": Salam oder Schalom. Altes wie Neues Testament der Bibel prägten auch die Lehren Mohammeds. Natürlich gibt es Differenzen in den Details, aber sind diese wichtig? Mohammed lehnt es z.B. ab, dass Jesus Gottes Sohn sein soll. Ich bin sogar der Meinung, dass wir *alle* Gottes Söhne = Kinder Gottes, sind – Brüder und Schwestern. Auch ich wunderte mich schon früh, warum die von Gott geschaffenen Naturgesetze bei Jesus außer Kraft gesetzt wurden: Warum sollte sich Gott dadurch selbst widersprechen? Ich denke die Geschichtsschreiber wollten Jesus heiliger machen als er sowieso schon war. Umgekehrt kritisieren Christen bei den Muslimen so manches, was eigentlich gar nicht so ungewöhnlich ist: z.B. werden Kopftücher auch in verschiedenen christlichen Kulturen getragen. Nonnen tragen Kopftücher und Gewänder, so wie die arabischen Scheichs. Das Kopftuch ist eine Deutung der Empfehlung im Koran „Die Frau soll ihre sexuellen Reize verbergen". Millionen von islamischen Frauen ohne Kopftuch sind hier ein gutes Gegenbeispiel. Ich traf einige moslemische Frauen, oft Mütter von Klassenkameraden, die sich erst im Alter freiwillig dazu entschlossen das Kopftuch zu tragen.

Der Koran soll ausschließlich auf Arabisch gelesen werden. Ich kann kein Arabisch und denke, dass ich mit der deutschen Übersetzung [8] auch ganz gut fahre. Es mag im originalen Hocharabisch melodischer klingen, die Verse besser zueinander passen; mir ging es aber um das Verstehen der Texte.
Bei meiner Recherche zum Buch ist mir aufgefallen, dass auch Christen in arabisch-orientalischen Ländern „Allah" zu Gott sagen. Wir dürfen uns also nicht abschrecken lassen von dem Begriff, brauchen nicht denken, dass es sich um einen „anderen" Gott handelt (wie könnte es denn auch sein, wenn es nur *einen* Gott gibt?). Vielmehr hat das Wort Allah die gleiche semitische Wurzel

wie das jüdische Elohim (Mehrzahl für Gott), welches auch wir Christen neben anderen Gottesbegriffen verwenden.

Da mir schon verschiedene Bekannte sagten, dass sie den Koran nicht lesen möchten, sie also scheinbar „Angst" vor einer Bekehrung haben, möchte ich nun einige Stellen daraus zitieren und auch im weiteren Text des Buches immer wieder anbringen. Sie werden sehen, dass Jesus, Maria und die Christen fester Bestandteil des Korans und des Islams sind.
Übrigens wurde die älteste deutsche Koran-Übersetzung im Jahre 1616, per Hand, gefertigt. Und sogar der weltweit erste Buchdruck eines Korans wurde 1694 in Hamburg erstellt. Schon im Jahre 1913 wurde die erste Moschee in Berlin gebaut. Es gibt also Parallelen, die heute kaum noch bekannt sind – auch wie sehr das Deutsche Reich intensiv z.B. mit dem Osmanischen Reich zusammen gearbeitet hat, über einen langen Zeitraum.

Ich möchte das als Initiative gegen die Unkenntnis verstanden wissen. Es sind nur Ausschnitte, es gibt viele weitere Stellen, auch über Johannes den Täufer, Josef – den Vater von Jesus – und viele mehr. Juden und Christen (also die Gläubigen unter ihnen) sind hoch angesehen und werden als Brüder der Schrift gelobt. Ja: Gläubige Muslime und gläubige Christen gelten als gleichwertig! Wir sollten uns einfach damit auseinander setzen, denn wir leben häufig Tür an Tür. Also ist es unsere Entscheidung, zwischen weiterer Distanz und Skepsis oder für Verständnis und Respekt durch gegenseitiges Kennenlernen und aufeinander Zugehen. Der Islam ist aus Europa nicht mehr wegzudenken. Schon im maurischen Südspanien des Mittelalters war eine sehr lange Zeit des friedlichen Miteinanders (Juden, Christen, Muslime) möglich. Martin Luther King sagte: **„Entweder wir lernen als Brüder und Schwestern zusammen zu leben oder wir sterben getrennt als Dummköpfe."**

Sure 2, 87: ... *und Jesus, dem Sohn der Maria gaben WIR offenkundige Zeichen und stärkten ihn mit dem Geiste der Heiligkeit.*

Sure 2, 253: Und Wir gaben Jesus, dem Sohn der Maria, klare Beweise und stärkten ihn mit dem Geist der Heiligkeit.

Sure 2, 256-257: Es soll kein Zwang sein im Glauben. ... Allah ist der Freund der Gläubigen: Er führt sie aus den Finsternissen ans Licht.

Sure 3, 45-46: Wie die Engel sprachen: „O Maria, Allah gibt dir frohe Botschaft durch ein Wort von Ihm: Sein Name soll sein der Messias, Jesus, Sohn der Maria, geehrt in dieser und in jener Welt, einer der Gottnahen. Und er wird zu den Menschen in der Wiege reden und im Mannesalter und der Rechtschaffenen einer sein."

Sure 3, 55: Wie Allah sprach: „O Jesus, Ich will dich eines natürlichen Todes sterben lassen und will dir bei Mir Ehre verleihen und dich reinigen von den Vorwürfen derer, die ungläubig sind, und will die, die dir folgen, über jene setzen, die ungläubig sind, bis zum Tage der Auferstehung: dann ist zu Mir eure Wiederkehr, und Ich will richten zwischen euch über das, worin ihr uneins seid."

Sure 3, 78: Und fürwahr, unter dem Volke der Schrift ist ein Teil, die verdrehen mit ihren Zungen die Schrift (Thora), damit ihr es als aus der Schrift vermutet, während es doch nicht aus der Schrift ist. Und sie sprechen: „Es ist von Allah"; und es ist doch nicht von Allah; und sie äußern wissentlich eine Lüge gegen Allah.

Sure 3, 84: Sprich: „Wir glauben an Allah und an das, was zu uns herabgesandt worden und herabgesandt ward zu Abraham und Ismael und Isaak und Jakob und den Nachfahren, und was gegeben ward Moses und Jesus und anderen Propheten von ihrem Herrn. Wir machen keinen Unterschied zwischen ihnen, und nur IHM unterwerfen wir uns."

Sure 3, 164: Wahrlich, Allah hat den Gläubigen Huld erwiesen, indem Er unter ihnen aus ihrer Mitte einen Gesandten erweckte (Jesus), der ihnen Seine Zeichen vorträgt und sie reinigt und sie das Buch und die Weisheit lehrt.

Sure 4, 159: Es ist keiner unter dem Volk der Schrift (Juden), der nicht vor seinem eigenen Tod daran (an die Wiederauferstehung und Jesus als Messias) glauben wird; und am Tage der Auferstehung wird er (Jesus) ein Zeuge wider sie sein.

Sure 4, 171: O Volk der Schrift (Christen), übertreibt nicht in eurem Glauben und saget von Allah nichts als die Wahrheit. Der Messias, Jesus, Sohn der Maria, war nur ein Gesandter Allahs und eine frohe Botschaft von Ihm, die Er nieder sandte zu Maria, und eine Gnade von Ihm. Glaubet also an Allah und Seine Gesandten, und saget nicht: „Drei". Lasset ab – es ist besser für euch. Allah ist nur ein Einiger Gott.

Sure 5, 46: Wir ließen Jesus, den Sohn der Maria, in ihren Spuren folgen, zur Erfüllung dessen, was schon vor ihm in der Thora war; und Wir gaben ihm das Evangelium, worin Führung und Licht war, zur Erfüllung dessen, was schon vor ihm in der Thora war, eine Führung und Ermahnung an die Gottesfürchtigen.

Sure 5, 82: Und du wirst zweifellos finden, dass die, welche sagen: „Wir sind Christen", den Gläubigen (Moslems) am freundlichsten gegenüberstehen. Dies, weil unter ihnen Gottesgelehrte und Mönche sind und weil sie nicht hoffärtig sind.

Sure 5, 110: Wenn Allah sagen wird: „O Jesus, Sohn der Maria, ... wie du die Blinden heiltest und die Aussätzigen; und wie du die Toten erwecktest auf Mein Geheiß ..."

Sure 6, 85: ... *Johannes und Jesus und Elias; alle gehörten sie zu den Rechtschaffenen.*

Sure 7, 157: Die da folgen dem Gesandten (Jesus), dem Propheten, dem Makellosen, den sie bei sich in der Thora und im Evangelium erwähnt finden – er befiehlt ihnen das Gute und verbietet ihnen das Böse, und er erlaubt ihnen die guten Dinge und verwehrt ihnen die schlechten, und er nimmt hinweg von ihnen ihre Last und die Fesseln, die auf ihnen lagen –, die also an ihn glauben und ihn stärken und ihm helfen und dem Licht folgen, das mit ihm herabgesandt ward, die sollen Erfolg haben.

Sure 10, 40: Unter den Christen sind solche, die daran glauben werden, und andere, die nicht daran glauben werden, und dein Herr kennt jene wohl, die verderbt handeln. ... Und für jedes Volk ist ein Gesandter.

Sure 19, 30-34: Jesus sprach: „Ich bin ein Diener Allahs, Er hat mir das Buch gegeben und mich zu einem Propheten gemacht; ... Friede wird über mir sein da ich wieder zum Leben erweckt werde."

Sure 29, 46: Und streitet nicht mit dem Volk der Schrift (Juden und Christen), es sei denn in der besten Art; ... Und sprecht: „Wir glauben an das, was zu uns herab gesandt ward und was zu euch herab gesandt ward; und unser GOTT und euer GOTT ist Einer; und Ihm sind wir ergeben."

Sure 57, 27: Wir ließen Jesus, Sohn der Maria, ihnen folgen, und Wir gaben ihm das Evangelium. Und in die Herzen derer, die ihm folgten, legten Wir Güte und Barmherzigkeit.

Sure 61, 6: Und gedenke der Zeit da Jesus, Sohn der Maria, sprach: „O ihr Kinder Israels, ich bin wirklich Gottes Gesandter an euch, ... und Bringer der frohen Botschaft. ..."

Ich möchte hier noch einmal ergänzen, dass ich der Meinung bin, dass es für uns Christen nicht um die „Person" Jesus geht. Wie im Buddhismus brauchen wir nicht den geschichtlichen Menschen anbeten, sondern es geht um seine Attribute, seine Ideen, den inhaltlichen Sinn seiner Lehre: den Christus (Griechisch für Gesalbter), den Befreier, den Messias, die frohe Botschaft. Die Dinge die von ihm gepredigt und gelebt wurden, z.B. die Nächstenliebe.

Dieses Christus-Bewusstsein gilt es in uns zu wecken. Völlig egal, ob er nun von einer Jungfrau geboren wurde, über das Wasser gegangen oder ob er wirklich leibhaftig nach seinem Kreuzigungstod noch umher gewandelt ist.
Es geht nicht um die „Geschichte des Jesus", sondern um den „Christus"!

Seit dem Jahr 2002 gibt es sehr viele Aktivitäten und Broschüren mit denen sich Kirchen und Moschee-Gemeinden aufeinander zu bewegen. Auch ich bemühe mich hier im Rahmen meiner Möglichkeiten vor Ort in unserer Stadt.

Gute Beispiele der obersten katholischen Kirchenleitung:

> **Stellungnahmen des Vatikan zum Islam**
>
> „Der Heilswille umfasst aber auch die, welche den Schöpfer anerkennen, unter ihnen besonders die Muslime, die sich zum Glauben Abrahams bekennen und mit uns den einen Gott anbeten, den barmherzigen, der die Menschen am Jüngsten Tag richten wird." *Konzilserklärung Lumen Gentium 16, 1964*
>
> „... Da es im Laufe der Jahrhunderte zu manchen Zwistigkeiten und Feindschaften zwischen Christen und Muslimen kam, ermahnt die Heilige Synode alle, das Vergangene beiseite zu lassen, sich aufrichtig um gegenseitiges Verstehen zu bemühen und gemeinsam einzutreten für Schutz und Förderung der sozialen Gerechtigkeit, der sittlichen Güter und nicht zuletzt des Friedens und der Freiheit für alle Menschen." *Konzilserklärung Nostra Aetate 3, 1965*
>
> „Wir können aber Gott, den Vater aller, nicht anrufen, wenn wir irgendwelche Menschen, die ja nach dem Ebenbild Gottes geschaffen sind, die brüderliche Haltung verweigern. Das Verhalten des Menschen zu Gott dem Vater und sein Verhalten zu den Menschenbrüdern stehen in so engem Zusammenhang, dass die Schrift sagt: *„Wer nicht liebt, kennt Gott nicht."* (1. Johannesevang. 4,8)" *Konzilserklärung Nostra Aetate 5, 1965*
>
> „Wir dürfen der Angst und dem Pessimismus keinen Raum geben. Wir müssen vielmehr Optimismus und Hoffnung pflegen. Der interreligiöse und interkulturelle Dialog zwischen Christen und Muslimen darf nicht auf eine Saisonentscheidung reduziert werden. Tatsächlich ist er eine vitale Notwendigkeit, von der zum großen Teil unsere Zukunft abhängt."
> *Papst Benedikt XVI. auf dem Weltjugendtag in Köln, 20. August 2005*

Übrigens finde ich es immer wieder erstaunlich, wie Einwohner der „westlichen Welt" von ihren Einwanderern fordern, dass sie sich der eigenen Kultur anpassen, die Sprache lernen und natürlich bloß keine auffälligen Moscheen bauen. Aber wie verhalten sich Europäer seit Jahrhunderten? Auf meinen Reisen um den Globus konnte ich das gut beobachten: Deutsche in Afrika leben noch heute wie Deutsche unter Deutschen. Sie besuchen deutsche Schulen, bauen ihre Kirchen, haben deutschsprachige Tageszeitungen, Radio- und Fernsehsendungen. Engländer, Spanier und Franzosen taten dies ebenso in ihren jeweiligen Kolonien. Gestatten wir doch auch unseren Einwanderern, dass sie ihre eigene Kultur und Sprache pflegen und leben möchten. Trotzdem können wir Gemeinsamkeiten, Nähe und das Gespräch suchen. Ich selbst habe z.B. einen interreligiösen „Vater-Kind-Kreis" und ein „Fest der Kulturen" zur Begegnung ins Leben gerufen. Ebenso arbeiten wir an einem bundesweiten Kreis für Frieden und Versöhnung.

Setzen wir uns doch alle für den Dialog und die Verständigung ein!

DIE LEHRE VOM YIN & YANG

Sie alle kennen dieses fantastisch ausgeklügelte Symbol oder haben es zumindest schon mal irgendwo gesehen. Es hat nicht nur einen enormen, weltweiten Bekanntheitsgrad, sondern ist auch unglaublich alt. Es handelt sich hier um das „Yin und Yang Symbol" bzw. eigentlich Tai Chi (Taiji) oder Tao Taiji.

Bereits 1000 vor Christus war es gebräuchlich und stand ursprünglich für die helle Südseite (=Yang) eines Berghanges oder Flusstales, also die Seite die fruchtbar ist und sich besonders für die Landwirtschaft eignet; sowie der dunklen Nordseite (=Yin), die überwiegend im Schatten liegt und sich darum für eine kühle Wohnbebauung besser eignet. Beides hat Vor- und Nachteile.

Setzt man die dunkle Seite gleich eins und die helle Seite gleich zwei, so hat man jeweils an der Bergkuppe – wo sich Licht und Schatten begegnen – den dritten Punkt und somit eine Dreieinigkeit in der Natur.

Tai Chi (Taiji), also der volle Kreis, ist das höchste Letzte, die große Leere, gleich dem Tao; also das Namenlose, Absolute, der Weg. Es ist die Mutter von Yin und Yang. Im Hinduismus steht der gesamte Kreis für Brahma (Gott oder Tao), die eine Seite für Bewahrung (Vishnu) und die andere für Zerstörung (Shiva). Alle drei Aspekte werden im Hinduismus gleichwertig angebetet.

Bis heute findet sich diese Lehre in Asien, vor allem in China, und wird angewendet in der Architektur (Feng Shui), dem Essen (Ayurveda) sowie in der Medizin (Traditionelle Chinesische Medizin / TCM) und vielem mehr.

Für mich ist es ein grafisch dargestelltes Gedicht, also die Verdichtung von wesentlichen Informationen oder Inhalten in einem Bild. Die Philosophie oder Lehre der Gegensätze, die Vereinigung in Harmonie, physikalische Naturgesetze, alles in einem einzigen Symbol. Man kann sich lange damit beschäftigen und womöglich ein ganzes Buch darüber schreiben.

Ich selbst benutze es eigentlich nicht, und dennoch übt es auf mich, wie auf viele Menschen, eine gewisse Faszination aus. Immer wieder muss ich es anschauen und grinsen, wie zutreffend es doch ist; wie sich alles in unserem Alltag auf diese beiden Urkräfte zurückverfolgen lässt. Und dennoch kann das eine ohne das andere nicht sein. So finden sich der weiße Punkt im schwarzen Feld und der schwarze im weißen. Schatten würde es ohne das Licht nicht geben, überall wo Licht ist, findet sich auch Schatten. Es sind die Gegensätze des Dualismus (die es aus höherer Sicht gar nicht gibt), die eine untrennbare, verwobene Einheit bilden. Und vor allem ist weder die eine noch die andere Seite gut oder schlecht, richtig oder falsch. Beides gehört dazu und wird nur durch unsere Interpretation zu „Gutem" oder „Schlechtem".

Schauen Sie sich einen Stock an, der zwei gleiche Enden hat. Das eine Ende ist Yin, das andere Yang. Welches ist wichtiger? Der Stock selbst ist wichtig!

Diverse Taiji- oder Yin & Yang-Darstellungen, denen ich im Laufe der Jahre begegnet bin:

*Trotz größter Sorgfalt konnte ich nicht alle Rechteinhaber und Urheber der verschiedenen Grafiken ausfindig machen. Ich bitte um Nachsicht bzw. Information, um selbstverständlich eventuelle Defizite korrigieren zu können. Sollte jemand die Abbildung an dieser Stelle nicht wünschen, so werde ich das gerne für weitere Auflagen berücksichtigen.

Duschen Sie lieber mit ein Grad kaltem oder lieber mit 90 Grad heißem Wasser? Die Antwort wird in der Mitte liegen. Der Mensch kann ohne entsprechende Kleidung nicht bei ein Grad Celsius überleben, aber bei weit über 40 Grad ist es auch nicht angenehm. 21,5 Grad Celsius soll die Temperatur sein, bei der sich der Mensch am wohlsten fühlt, jedenfalls ohne Hilfsmittel.

Ohne die Gegensätze könnten wir die Welt nicht interpretieren und beschreiben, doch in Wahrheit leben wir gerne mit dem Mittelweg.

Extreme mögen für kurze Zeit eine Bereicherung sein (Achterbahnfahren?), auf Dauer jedoch machen sie keine Freude. Das Leben besteht aus dem Erleben von Angst *und* Liebe mit all ihren Untergruppen und Abstufungen.

Liebe steht für Öffnung, Zuneigung, Einheit und Vereinigung.

„Ängste" kommt von Enge und steht für Ablehnung, Teilung, Zweiheit. Nur ganz wenige schaffen es bisher, da herauszutreten und über den Gegensätzen zu stehen. In den Abbildungen finden Sie den tanzenden Drachen, der versucht, zwischen den Extremen den besten Weg zu finden (chin. Drachentanz). Ich denke, in allen Bereichen des Lebens wäre der Mittelweg der hilfreichste.

Selbst unser Gehirn besteht aus einer emotional-kreativen und einer rational-logischen Seite. Die volle Kraft entfaltet das Gehirn nur mit beiden Hälften.

Der alte Grieche Archimedes erkannte dieses harmonische Gleichgewicht in der Mathematik und entwickelte u. a. die konstante Zahl Pi für die Geometrie.

Meine Lieblingsfarbe „Weiß" (für Autos, Kleidung etc., aber nicht für die Hautfarbe) gilt als „unbunte Farbe". Weiß strahlt das ganze Licht, durch Überlagerung aller Wellenlängen, zurück, vereinigt alle Farben gleichermaßen.

Trotz aller übergeordneter Einheit: Das irdische Leben wird erst durch die Gegensätze spannend und lebendig. Einerseits ist der menschliche Körper und die Dinge der Welt nicht perfekt (Unfälle, Krankheiten, Naturkatastrophen, Knochenbrüche, Rost, Abnutzung etc.), andererseits kann man sagen: Was wäre die Welt ohne Menschen, die genau davon leben: Polizisten, Ärzte, Handwerker, Versicherungen, Anwälte etc. Gäbe es keine Schwierigkeiten zu bewältigen, sähe unser Leben sehr viel leerer und damit ärmer aus.

Nehmen wir ein Beispiel aus der Physik: Wir kennen ja die beiden Pole, die man benötigt, damit Strom zum Beispiel von einer Batterie aus durch ein Gerät fließen kann. Man braucht den positiven Plus-Pol (Anode) und den negativen Minus-Pol (Kathode), damit der Strom fließen kann. Diese müssen durch einen Kreislauf in Verbindung stehen. Also ist nicht weiblich oder männlich der bessere Teil, sondern beide existieren nur gemeinsam. Der negative Pol ist nicht schlechter als der positive Pol, beide werden benötigt.

Steht man im Mittelpunkt zwischen Yin und Yang, so steht man in gleichem Abstand zu allen extremen Randerscheinungen. Alles wird gleich wichtig.

In einigen Darstellungen (siehe oben) findet man außerhalb des Kreises die weißen und schwarzen Balken. Diese werden unterschiedlich gedeutet, aber meine einfache Deutung ist folgende: Wir müssen uns immer im Klaren darüber sein, dass wenn wir alle drei Türen schließen, keine mehr offen ist. Schließen wir nur die mittlere, sind zwei immer noch geöffnet, aber trotzdem sind wir zum Teil verschlossen. Umgekehrt, wenn wir alle Türen immer auflassen, haben wir keine mehr, die uns Schutz bietet. Wir müssen jeweils mit den Konsequenzen leben, und ich denke, dieses Beispiel lässt sich auf viele Lebensbereiche übertragen. Wenden wir es einfach spontan an auf die Themen Geld, Zeit oder Liebe. Immer wenn wir zum Beispiel das Geld mit vollen Händen zur Tür rauswerfen, haben wir keine Ersparnisse mehr für uns selbst. Halten wir es hingegen zurück, haben wir nichts, worüber wir uns freuen können – außer einem vollen Konto. Spenden wir unsere Zeit unentwegt für andere, ist das eine gute Sache, aber wir müssen auch Raum für uns selbst lassen. Behalten wir hingegen unsere gesamte Zeit für uns und opfern nichts für andere, werden wir bald keine Freunde mehr haben...

Als weiteres gibt es die Erzählung aus Asien mit dem Tiger, der sich für ein Lamm hält, also der Gegensatz zwischen Aggression und lammfromm. Die Moral der Geschichte lautet: „Sei das was du bist, statt jemand anderes sein zu wollen und lebe es voll aus." Wir dürfen uns nicht verbiegen, und trotzdem darf man versuchen, den Mittelweg zwischen seinen eigenen Gegensätzen zu finden, quasi **die zwei Seiten der gleichen Medaille.**

Aus dem 3000 Jahre alten „Tao Te King" von Laotse [13]

Wenn auf Erden alle das Schöne als schön erkennen,
so ist dadurch schon das Hässliche gesetzt.
Wenn auf Erden alle das Gute als gut erkennen,
so ist dadurch schon das Nichtgute gesetzt.
Denn Sein und Nichtsein erzeugen einander.
Schwer und Leicht vollenden einander.
Lang und Kurz gestalten einander.
Hoch und Tief verkehren einander.
Stimme und Ton sich vermählen einander.
Vorher und Nachher folgen einander.
Also auch der Berufene: Er verweilt im Wirken ohne Handeln.
Er übt Belehrung ohne Reden.
Alle Wesen treten hervor, und er verweigert sich ihnen nicht.
Er erzeugt und besitzt nicht. Er wirkt und behält nicht.
Ist das Werk vollbracht, so verharrt er nicht dabei.
Und eben weil er nicht verharrt bleibt er nicht verlassen.

Sie haben doch sicher schon einmal eine Buddha-Statue gesehen? Auf einer der bekanntesten Darstellungen ist in meditativer Haltung eine abgelegte Hand zum Irdischen (unten) abgesenkt und eine Hand zum Himmlischen (oben) geöffnet. Dieses Sinnbild begegnet uns in enorm vielen religiösen Darstellungen, so wie auf der mexikanischen Flagge der Adler gegen die Schlange kämpft, das Himmlische also das Irdische besiegen oder überwinden soll. Aber auch in vielen weiteren Symbolen und Logos wird es nicht auf den ersten Blick erkannt, was sich dahinter verbirgt. So besteht das christliche Fische-Symbol aus zwei Halbkreisen, einer ist nach oben, einer nach unten geöffnet. Ebenso das Kreuz, ein vertikaler Balken (Himmel) durchkreuzt den irdischen Horizont. Auch der jüdische Davidstern besteht aus einem nach oben (Himmel) zeigenden Dreieck und nach unten (Erde) zeigenden Dreieck. Die tanzenden Derwische im islamischen Sufismus halten eine Handfläche nach oben und eine nach unten. In der chinesischen Mythologie gibt es die Metapher des Kranichs, als Symbol der himmlisch-geistigen, der mit einer Schlange, als Symbol für die irdisch-materielle Welt, kämpft. Gut gegen Böse? Finden wir die Balance in der Mitte – zwischen den Extremen?

Davidstern, bestehend aus zwei Dreiecken: Irdisches (Mensch) + Himmlisches (Gott)

Christliches Fisch-Symbol, zwei Halbkreise: zum Himmel und zur Erde geöffnet.

Auch beim christlichen Kreuz findet sich eine senkrechte Linie, die von oben (Himmel) nach unten, den irdischen Horizont kreuzt. In der Mitte sind wir!

Adler gegen Schlange: Alt-Aztekisches Symbol, welches sich noch heute als mexikanisches Staatswappen auf der offiziellen Flagge findet

Schlange (Erde) und Kranich (Himmel) im ständigen Kampf, in der alten chinesischen Mythologie

Überall begegnet einem dieser Kampf zwischen geistiger und materieller Welt, ähnlich dem tanzenden Drachen zwischen den Gegensätzen. Auch im Islam steht das, oft fälschlicherweise mit „Heiliger Krieg" übersetzte, Wort „Dschihad" für den inneren Kampf gegen das Unreine in einem selbst.

Im Großen ist jedoch „ALLES EINS". Es gibt keine Polarität, es ist eine Illusion. Alles ist biologisch oder physikalisch erklärbar durch die Naturgesetze. Die Sonne geht nicht unter, sondern die Erde dreht sich, dadurch entsteht die Illusion der Nacht. Es ist eine Frage unserer Interpretation und Sichtweise...

Die böse Tat eines Menschen drückt nie sein ganzes Wesen aus.
Ein guter Zug wird sich auch bei unserem bösesten Feind finden lassen.
Martin Luther King

Unsere Bestimmung ist, die Gegensätze richtig zu erkennen,
erstens nämlich als Gegensätze, dann aber als Pole einer Einheit. *Hermann Hesse*

Krankheit lässt den Wert der Gesundheit erkennen. Das Böse den Wert des Guten.
Hunger die Sättigung. Ermüdung den Wert der Ruhe. *Heraklit*

Gott, der aller Dinge Ideen in sich trägt, schaut auf das Böse sowohl als auf das Gute, wie ein Zuschauer, der weder am Bösen, noch am Guten beteiligt ist. Er sieht das Böse nicht als Sünde, sondern in der Form des ihm entgegengesetzten Guten. Die Sünde hat vor ihm kein Wesen. *Meister Eckhart*

Gott ist alles – „Von ihm und durch ihn und für ihn sind alle Dinge."
Aus dem Brief des Paulus an die Römer [1], 11,36

Alles hat zwei Seiten. Das ist das Gute am Schlechten
und das Schlechte am Guten. *Werner Mitul*

Glücklich, wenn die Tage fließen, wechselnd zwischen Freud und Leid,
zwischen Schaffen und Genießen, zwischen Welt und Einsamkeit. *Emanuel Geibel*

Von der Natur aus gibt es weder Gutes noch Böses.
Diesen Unterschied hat die menschliche Meinung gemacht. *Sextus Empiricus*

Die äußersten Gegensätze berühren einander. *Jean de La Bruyère*

Man kann aus jedem Negativ ein Positiv machen. *Jean Cocteau*

Aus der indischen „Bhagavad Gita" [9]
„Alle Wesen lassen sich in dieser Welt durch die Täuschung der Gegensätze betören, welche aus Begierde und Abscheu entspringen." *VII. 27.*
Gott: „Wer Freund oder Feind gleich achtet, wem Ehre und Unehre eines sind, wem Kälte und Hitze, Lust und Schmerz, gleich sind, und wer an gar nichts mehr hängt, wer über Lob und Tadel erhaben ist, wer schweigend sein Schicksal erträgt, wer an keinen Ort gebunden ist und fest in seinem Entschlusse Mich anbetet, der ist Mir lieb." *XII. 18. und 19.*

„Gott" im Bestseller „Gespräche mit Gott" – Band I [5]
„Ich finde es amüsant, dass euch Menschen ein so starkes Bedürfnis beherrscht, alles in richtig oder falsch aufzuteilen." *Seite 291*
„Es gibt nur das, was euch dient und was euch nicht dient. »Richtig« und »Falsch« sind relative Begriffe." *Seite 231 und auf Seite 104:*
„Eure Vorstellungen von richtig und falsch sind genau das: Vorstellungen und Ideen."

PANTHEISMUS / PANENTHEISMUS

Nachdem meine Theorie von „GOTT = NATUR" in den Jahren oft kritisiert wurde, weil laut der Kritiker dazu ja nur die lebendige und sichtbare äußere Welt zählen könne – was allerdings nicht meine Meinung ist – und ich mit vielen anderen Theorien wiederum nicht einverstanden war: „GOTT = ENERGIE" (Ist Gott nicht auch das Gegenteil davon?), „GOTT = BEWEGUNG" (Ist nicht auch das Gegenteil richtig?), „GOTT = LIEBE" (Ist die Welt nicht eindeutig ein Hinweis, dass nicht *nur* LIEBE geschaffen wurde vom sogenannten Schöpfer?), stieß ich nach über 10 Jahren und 100 Büchern, also nach der großen Orientierungs- und Sichtungsphase, auf eine Lehre, die so alt ist wie die Menschheit, und ich war unheimlich dankbar dafür: *„Der Pantheismus"*. Endlich fand ich all meine Gedanken in einfachen Worten umschrieben und alle Gegensätze vereint. Es ist Griechisch und steht für:

Pan = Alles, Theos = Gott, Ismos = Lehre. Also die *„Alles-Gott-Lehre"*.

Gott ist hierbei nicht mehr außerhalb unserer Welt, ein Wesen, welches uns von außen steuert, kontrolliert oder beobachtet, sondern mitten unter uns. Es ist zwar auf den ersten Blick ein Widerspruch zum biblischen (also jüdischen, islamischen und christlichen) Gott, dem Monotheismus, denn hier gibt es einen externen Gott, der ganz weit weg von uns ist, den man anrufen kann, aber der nicht in der Nähe ist. Doch es gibt auch hier nur einen einzigen Gott – und wir sind mitten drin! Es handelt sich also in jedem Fall um einen Monismus, mit *einem* ursprünglichen Grundprinzip.

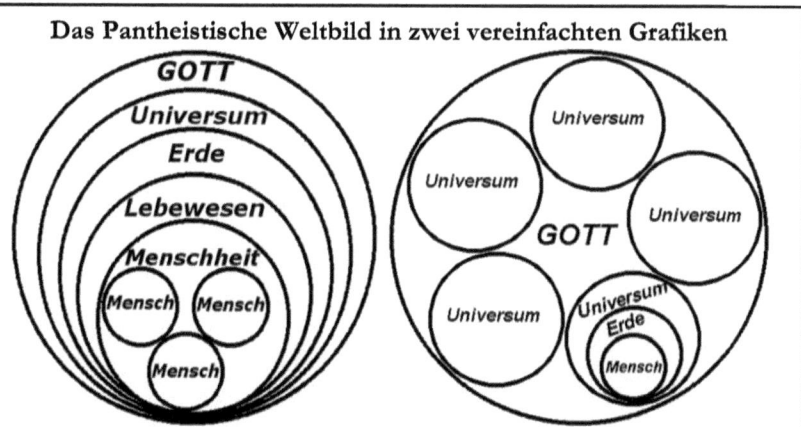

Das Pantheistische Weltbild in zwei vereinfachten Grafiken

Links geht es um das reine Verständnis, wie es gemeint ist, obgleich Gott nach außen hin womöglich gar keine Grenze hat. Die rechte Grafik habe ich auf Basis mehrerer angenommener Paralleluniversen (wobei hier wesentlich mehr oder sogar unendlich viele möglich und anzunehmen sind) erstellt. Das „System Gott« ist hier vielschichtiger und umfangreicher. Links wäre Gott und Universum nahezu ein und derselbe Begriffsinhalt, rechts nicht.

Wenn man es genau betrachtet, ist Pantheismus die Vereinigung aller Religionen. „ALLES-IST-EINS", und so hat alles seine Berechtigung, zumal sich gerade die monotheistischen Religionen auf völlig identische Ursprünge, das Alte Testament, berufen. Man muss also nicht seine eigene Religion aufgeben und wechseln, um ein Pantheist zu sein. Alles gehört dazu, geht von der Urquelle aus, es geht darum, Gott in uns allen zu erkennen und zu entwickeln.

Von Kritikern, also meist Theologen, strikten Kirchengläubigen und Bibeltreuen, wird die Lehre überwiegend abgelehnt und bekämpft. Ich gehe allerdings davon aus, dass auch die großen Religionsstifter sich mit dieser Theorie, Glaubenslehre oder religiöser Weltanschauung (denn es gibt im Pantheismus keine heiligen Schriften, keine Religionsstifter oder -Gemeinschaften) gut hätten anfreunden können. Im alten Indien wie bei den ersten philosophischen Schulen Griechenlands war sie verbreitet und kam als Gegenpol zu der „Vielgötterei" auf. Betrachten wir die Worte des Jesus aus Nazareth zum Beispiel im *Matthäusevangelium (Kapitel 22, 36 bis 40)*, liegt die Vermutung des pantheistischen Denkens auch bei ihm sehr nahe. Dort heißt es auf die Frage an den Meister nach dem höchsten Gebot:

> *„Du sollst den Herrn, deinen Gott, lieben von ganzem Herzen, von ganzer Seele und von ganzem Geist." Das andere aber ist dem gleich: „Du sollst deinen Nächsten lieben wie dich selbst."*

Jesus sagt also explizit an dieser Stelle, dass es absolut identisch und austauschbar ist, ob man nun Gott oder seinen Nächsten von ganzem Herzen liebt wie sich selbst (also auch sich selbst!). Es ist absolut gleich! Wir sollen ja laut der Genesis im Alten Testament ein Ebenbild Gottes sein, eine Ikone (Griechisch für Abbild). Baruch de Spinoza, der bekannteste Pantheist, sagte:

> *„Deus sive natura. Gott und die Natur sind identisch."*

Die Aborigines in Australien, die Ureinwohner Amerikas oder die Buschmänner in Südafrika glauben bis heute genau das: *„Alles ist Teil des Ganzen"*. Das war den Gründern der großen Weltreligionen sicher auch bewusst. Laut dem römischen Feldherren und späteren Kaiser Caesar waren auch die Germanen (also West-, Mittel- und Nordeuropäer) Pantheisten, bevor sie von den Römern die Vielgötterei übernahmen und später das Christentum.

Dazu gehört dann konsequenterweise, dass auch Schreckgespenster wie Stalin, Mao oder Hitler Teil des »Systems GOTT« sind. Wir *alle* sind Teil davon. Wir alle verspüren gute wie schlechte Seiten in uns, wir wollen das nur oft schwer akzeptieren. Bei niemandem ist alles schwarz oder weiß. Ein Christ wäre kein Christ, wenn er als Moslem zur Welt gekommen wäre. Genau so gilt es umgekehrt. Wäre ein Moslem, der als Christ geboren wäre, ein schlechterer oder besserer Mensch? Ist ein Moslem, der nie von der christlichen Lehre gehört hat, eine verlorene Seele? Was hätte der eine wie der andere anders machen können? Nichts. Er wäre der gleiche Mensch. Eine pantheistische Sichtweise macht frei von diesem Schubladendenken in „richtig" und „falsch". Alles ist gleich richtig und gleich falsch. Alles hat einen wahren Kern, und Mystiker aller Zeiten haben diese „Einheit" ganz konkret erfahren dürfen.

Für mich bedeutet diese Lehre die Vereinigung (Stichwort Liebe) aller Dinge und Wesen. Wer dagegen ist, ist gegen die Vereinigung aller Menschen, Kulturen und Religionen. So wie bereits viele Christen gegen die Vereinigung aller Christen (Stichwort „Ökumene" – gemeinsame Rückbesinnung auf die alten Kernaussagen und ursprünglichen Ideen) statt für die Zusammenfindung sind. Deswegen wird sicher auch der Pantheismus von vielen Theologen so verachtet und beschimpft. Sie sehen sich womöglich ihrer Grundlagen beraubt und ihre Position gefährdet. Doch das ist oder wäre nicht der Fall.

Im pantheistischen Denken braucht man keinen personifizierten Gott mehr, den man anbeten müsste oder könnte. Dennoch kann man es tun, es spricht nichts dagegen. Für viele ist es hilfreich, GOTT im Gebet ganz nah bei sich zu spüren. Es spricht aber auch nichts dagegen, dies nicht mehr zu tun oder stattdessen das Universum bzw. den Kosmos „anzubeten". Man spricht ja auch mit Haustieren und weiß, dass sie nicht antworten, ebenso mit einem Auto, das nicht anspringt. In schwierigen Situationen spricht man zu sich selbst und man kann annehmen (siehe Kapitel *„Kraft der Gedanken"*), dass allein diese Worte eine positive (oder negative) Schwingung in die Welt setzen, die z.B. Blumen besser wachsen lassen – das scheint ja sogar bereits bewiesen zu sein.

Also wird die pantheistische „Gottheit" als sich ihrer selbst bewusste aber neutral verhaltende Urmacht betrachtet und nicht wie im Theismus als ein jedem Menschen persönlich zugewandtes oder abgewandtes Wesen, da eine Hinwendung bereits eine Zweigeteiltheit voraussetzt. Gott und Welt sind nicht getrennt! Der Pantheismus ist aber nicht zu verwechseln mit dem „Animismus", der die Beseeltheit aller (oder bestimmter) Naturerscheinungen annimmt und vor allem im japanischen Shintoismus oder indianisch-afrikanischem Schamanismus vorkommt.

Im chinesischen Taoismus oder auch Buddhismus funktioniert eine Religion ohne „alten Mann mit Bart" seit Jahrtausenden ganz hervorragend. Umgekehrt gibt es im indischen Hinduismus Hunderte von Gottheiten, was ebenso funktioniert. So oder so gehört alles zusammen, auch wenn Kritiker von einem „höflichen Atheismus" sprechen. Für mich ist es eine Synthese (Griechisch für Zusammenfassung) aus Monotheismus (Ein-Gott-Lehre) und Polytheismus (Viele-Götter-Lehre). Daraus ergibt sich eine Symbiose (von Griechisch Sym = zusammen und Bios = Leben), also ein Zusammenleben der verschiedenen Glaubensrichtungen. In der Biologie spricht man übrigens von Symbiose wenn eine Gesellschaft von mindestens zwei eingegangen wird, die dann für beide Partner von Vorteil ist.

Immer wieder wurde mir vorgeworfen, dass das ja einem fiesen Brei gleichen würde, wo man alles zusammen matscht, was man findet. So negativ kann man es zwar ausdrücken, wenn man mag. Als Gegenargument sage ich jedoch: Abgesehen davon, dass im Magen alles zusammen kommt, schmeckt ein Eintopf oder Auflauf ganz hervorragend und ist dazu abwechslungsreich und schön bunt mit den verschiedensten Zutaten, die dem Mahl die Würze geben.

Wie beim Kirchenfenster-Beispiel gilt: Wenn wir nur eine Farbe durch die Fenster leuchten sehen, bedeutet das nicht, dass es nicht auch andere Farben gibt, die vorhanden sind und deshalb die gleiche Daseinsberechtigung haben.

Viele bekannte Mystiker und Philosophen aller Zeiten bekannten sich zum Pantheismus (Spinoza ist der berühmteste, aber auch Goethe gehörte dazu), der schon im alten Griechenland bekannt war. Dazu zählten fantastische Menschen, die trotzdem die Religion oder Konfession, in der sie groß geworden sind, nicht aufgegeben haben, sondern ganz im Gegenteil: Meist sogar intensiver gelebt und weiter entwickelt haben. Oft fand sich der Weg zur Einheitslehre des Pantheismus durch ein mystisches Erlebnis (Unio Mystica).

Es gibt viele Christen und Christen-Gemeinschaften, die sich eindeutig pantheistisch äußerten. Der bekannteste ist womöglich der deutsche Mystiker des Mittelalters Meister Eckhart. Aber auch die mittelalterliche französisch-christliche Sekte der Amalrikaner (Brüder und Schwestern des freien Geistes), die nach dem Zeitalter des Vaters (Altes Testament) und des Sohnes (Neues Testament) ein Zeitalter des Heiligen Geistes erwarteten, hatten Leitsprüche wie *„Alles Existierende ist Gott"* oder *„Alle Dinge sind eins, denn was immer ist, ist Gott"*. Im Islam sind vor allem die noch heute existierenden Aleviten seit dem 13. Jahrhundert mit der pantheistischen Lehre zu identifizieren.

GOTT ist also nicht außerhalb unseres Universums, sondern das Universum *ist* GOTT, alles was existiert ist GOTT. GOTT ist nicht irgendwo, sondern überall. Es gibt keine Stelle, wo er nicht ist. Das System *ist* GOTT. Alles gehört dazu. Das beste Beispiel für gelebten Pantheismus ist die Lehre des „Tao Te King", also der chinesische Taoismus basierend auf dem alten Laotse.

Einige Jahre später fand ich eine spannende Erweiterung, die wirklich alle meine Glaubensgrundsätze vereinte: **„Der Panentheismus"**, also zu Deutsch: Pan = Alles, En = In, Theos = Gott, Ismos = Lehre – **„Alles-in-Gott-Lehre"**. Während beim Pantheismus seit jeher, auch von mir, verschiedene Dinge kritisiert wurden, findet der Panentheismus (ein Begriff, der von einem gewissen Karl Christian Friedrich Krause (1787 bis 1832) geprägt wurde) wieder zum Mittelweg zwischen Theismus und Atheismus.

Deutlichster Unterschied zum Pantheismus, wo GOTT als Synonym für das Universum steht (Alles ist göttlich und GOTT ist alles, was ist), ist, dass im Panentheismus GOTT über das materielle Universum hinausgeht:

„Alles im Universum ist Teil Gottes,
aber Gott ist mehr als das Universum."

„GOTT gilt als höchste synthetische Einheit. Innerhalb dieses EINEN gibt es ein vielgliedriges System, mit unendlich vielen kleinen Elementen, die alle getrennt voneinander scheinen, im Urgrund aber untrennbar miteinander verbunden sind."; so eine wegweisende Definition aus einem Online-Lexikon.

Es gibt also nichts außer diesem einen GOTT. Es gibt somit keine dualen Unterscheidungen, keinen Dualismus. Er scheint nur optisch vorhanden zu sein, es ist Illusion, wenn man so will. Diese Illusion der Polarität wird jedoch für die Erfahrung des irdischen Lebens benötigt, es ist ein Hilfsmittel unserer Seele. Im Endeffekt gehört alles zur Einheit GOTTES, der Schöpfer wie die Schöpfung. Das göttliche System ist selbst Schöpfer von Gut und Böse. Es gibt keine Widersprüche und Gegensätze.

Hier noch ein Zitat vom Meister Jesus aus Nazareth zum Reich Gottes:
„Man wird nicht sagen können: Siehe hier ist es!, oder: Da ist es!
Denn siehe, das Reich Gottes ist mitten unter euch!"
Lukasevangelium 17,21

Wie eingangs geschrieben, bin ich der Auffassung, dass diese Lehre den inneren wie den äußeren Frieden fördern kann. Würden alle im Sinne von „Alles ist Eins" denken und handeln, sähe die Welt sicher besser aus. Niemand braucht zu denken, des einen Gott wäre nicht des anderen Gott.

Für diese Vereinigung der Religionen, Kulturen und Völker trete ich ein. Der Pantheismus / Panentheismus ist hierzu ein hervorragender, bisher ungenutzter, Schlüssel. Wer sich mit dieser Lehre anfreundet, wird auch den übrigen Teil meiner Gedanken in diesem Buch besser verstehen und leichter annehmen können. Er wird vieles im Leben besser akzeptieren können.

Ich lade den Leser herzlich auf diese interessante Entdeckung ein...

Das Göttliche schläft im Stein, träumt in der Pflanze,
erwacht im Tier und handelt im Menschen. *Indianisches Sprichwort*

Gottes Sein ist mein Leben. Ist denn mein Leben Gottes Sein,
so muss Gottes Sein mein Sein sein und Gottes Wesenheit meine Wesenheit,
nicht weniger und nicht mehr. *Meister Eckhart*

Ich glaube an Spinozas (pantheistischen) Gott, der sich in der gesetzlichen
Harmonie des Seienden offenbart, nicht an einen Gott, der sich mit Schicksalen
und Handlungen der Menschen abgibt. *Albert Einstein*

Wir Christen sagen Gott sei dreifaltig, aber im Wesen. Dass aber insgemein
gesagt wird, Gott sei dreifaltig in Personen, das wird von den Unverständigen
und Halbgelehrten übel verstanden; denn Gott ist keine Person, sondern er ist
die ewig gebärende Kraft und das Reich samt allen Wesen. *Jakob Böhme*

Eins zu sein mit allem, das ist Leben der Gottheit,
das ist der Himmel des Menschen. *Friedrich Hölderlin*

Coussade in „Hingabe an Gottes Vorsehung"
So suchst auch du Gott, und dabei ist er überall. Alles verkündet ihn dir, er umgab dich, er durchdrang dich und weilte in dir ... und du suchst ihn! ... Du jagst der Vollkommenheit nach, indes sie in allem liegt, was dir ungesucht begegnet. In Gestalt deiner Leiden, deines Tuns, der Antriebe, die du empfängst, tritt dir Gott entgegen.

Aus der indischen „Bhagavad Gita" [9]
Ein Weiser sieht ein und dieselbe Wesenheit in allem; sei es in einem gelehrten und bescheidenen Brahminen (Gottergebener), in einer Kuh, einem Hunde oder in einem Swakapa (Unberührbarer). *V., 18.*

Willigis Jäger in „Wiederkehr der Mystik" [6]
Manche Religionen haben Gott kleingeredet. Sie haben den Trennungsgraben zwischen Welt und Gott weit aufgerissen. Die Überbetonung des personalen Gottes hatte auch negative Folgen. Die ersten Kirchenväter kannten diese scharfe Trennung nicht. Die echte Mystik versuchte immer wieder, den Dualismus zwischen Welt und Gott abzuwehren. ... Der Spieler des Universums sitzt nicht draußen. Er ist das Spiel.

„Gott" im Bestseller „Gespräche mit Gott – Band 1" [5]
„Alles ist Gott, es gibt nichts anderes ..." *Seite 300*
Also sage ich: Alles ist ein Gespräch mit Gott, denn Gott ist nicht getrennt vom Menschen. Sprechen wir mit Gott, sprechen wir mit unserer Seele, unserem Ich.

Aus der Bibel [1]
Keinem von uns ist Gott fern. Denn in ihm leben wir, bewegen uns und sind wir. ...
Da wir nun göttlichen Geschlechts sind ... *Apostelgeschichte 17, 27-29*
Ihr seid Götter und seid Kinder des Höchsten! *Psalm 82, 6*

AUSSERKÖRPERLICHE ERFAHRUNG

Kaum etwas hat meiner Meinung nach so starke Beweiskraft für ein Jenseits und den Bestand einer individuellen Seele (Hindi = Atman), unabhängig vom menschlichen Körper, wie die Außerkörperliche Erfahrung (AKE) und die Nahtoderfahrung (NTE) – geläufiger unter den englischen Kürzeln OBE (Out of Body Experience) und NDE (Near Death Experience).

Beides gilt bei uns als übernatürlich und übersinnlich. Doch ich möchte sie als naturgegeben und völlig normal, wenn auch „über-sinnlich", verstanden wissen. Allein schon die Tatsache, dass die Menschen, die diese Erlebnisse hatten, behaupten, mit vollem Bewusstsein bei der Sache gewesen zu sein. Dass es so extrem häufig und durch alle Kulturen, Religionen und Geschlechter vorkommt, spricht meiner Meinung nach eindeutig für die Beweiskraft.

AKE und NTE sind im Grundsatz verwandt, unterscheiden sich untereinander nur in Details, aber zur Unio Mystica (siehe entsprechendes Kapitel) muss scheinbar noch ein deutlicher Unterschied bestehen. Während man bei der Unio Mystica (Mystische Vereinigung), das Gefühl der völligen Vereinigung mit Gott oder dem Kosmos hat und als ganz neuer Mensch den Einblick in höhere Dimensionen hatte, ist das Nahtoderlebnis davon eine etwas abgeschwächte, rein physikalische Form, bei der man lediglich in eine andere Dimension schauen durfte und danach anders mit seinem Leben umgeht. Diese Menschen sind persönlich berührt, trauen sich jedoch, im Gegensatz zur Unio Mystica, kaum, über das Erlebte zu sprechen.

Durch die heutige Intensivmedizin ist die Häufigkeit der NTEs rapide angestiegen. Bücher von Dr. Elisabeth Kübler-Ross oder Dr. Raymond Moody wurden Bestseller, mir sind einige weitere bekannt, wie z.B. der Niederländer Willem C. van Dam. Sie alle haben Menschen zu ihren Nahtoderlebnissen befragt, die Aussagen verglichen und ausgewertet. Zwischenzeitlich ist es zu einem wahren Massenphänomen in den Kliniken der Erde geworden. Statistiken zeigen, dass 20% aller Menschen, die aus verschiedenen Ursachen in Todesnähe geraten sind, ein echtes Nahtoderlebnis hatten. Allein in den USA sind es 800 Personen pro Tag, insgesamt bereits geschätzte ca. 15 Mio. Bürger, also rund 5% der Gesamtbevölkerung (in Deutschland ca. 3,3 Mio. und weltweit ca. 50 Mio. Menschen) – siehe im Anhang die *„Internetempfehlungen"*.

Die verschiedenen Stufen oder einzelnen Phänomene, die während einem Nahtoderlebnis erfahren werden, sind schon recht bekannt wie der lange dunkele Tunnel, die Begegnung mit einer Lichtgestalt, die Lebens-Rückschau. Viele kleinere, sich überschneidende Details, sind nicht so geläufig, z.B. das Brummen, die Stimmen oder die Nähe von nahen Verwandten etc.

Der Physiker Dr. Markolf H. Niemz (Lehrstuhl für Medizintechnik an der Universität Heidelberg) hat dazu einen interessanten und leicht verständlichen Wissenschaftsroman geschrieben: Die Trilogie von *„Lucy mit C"* [10] (lat. Lucy = Licht). Er erklärt verschiedene Phänomene, die während einem Nahtoderlebnis auftreten, mit gebräuchlichen Denkmodellen der modernen Physik.

Nahtoderlebnisse stellen eine gute und einheitliche Verbindung zwischen den Religionen dar. Egal ob Juden, Moslems, Hindus, Buddhisten oder Christen: Die Muster und erlebten Details sind identisch. Selbst wenn die Namen und Bezeichnungen für verschiedene Phänomene entsprechend der Kultur gedeutet werden, betont wird von allen, dass diese Lichtgestalt (wir würden Gott oder Jesus sagen) ihnen mitteilt, dass das Erkennen von Liebe und das Sammeln von Wissen das Entscheidende für uns auf der Erde ist.

Selbst einer Vermutung der Kritiker wurde zwischenzeitlich die Grundlage entzogen: das Fehlen von Sauerstoff im Gehirn. Durch ausführliche Registrierungen jedes Lebenszeichens im OP-Saal wurde eindeutig belegt, dass Sauerstoff *immer* vorhanden war, während die Patienten den Raum von oben gesehen haben wollen. Auch psychologische Gründe, also andere „Fehler" des Gehirns, können ausgeschlossen werden, sonst würden sich die Aussagen des Erlebten nicht über so viele verschiedene Menschen, Kulturen und alle Kontinente gleichen. Vor Jahrtausenden gab es bereits ähnliche Berichte. Man denke an das *„Tibetische Totenbuch"* (8. Jh. n. Chr.) oder das *„Ägyptische Totenbuch"* (ca. 2500 v. Chr.), die sich frappierend mit heutigen Nahtoderlebnissen decken. Auch in Koran und Bibel finden wir einige Hinweise.

Menschen, die diese Erfahrungen machten, sprechen von einem Austritt ihrer Seele oder ihres „feinstofflichen Körpers" in der Nähe des Bauchnabels, in Form einer Art „Lichtnebel". Womöglich hat der medizinische Fachbegriff „Solarplexus" (lat. Sonnengeflecht) mit der Seelenreise zum *Licht* etwas zu tun.

Während es sich bei den Nahtoderlebnissen eher um ein physikalisches, bisher unerforschtes Phänomen handelt, durch das man eine andere Welt oder Dimension (Zeitlosigkeit) kennen lernt, finden die AKEs (auch Astralreisen genannt) eher hier in unserer Welt, also unserem Universum (Zeit existiert weiterhin) statt. Allerdings mit einem zweiten, feinstofflichen Körper (Astral- oder Seelenkörper genannt). Und so möchte ich es eher als eine Art biologisches Phänomen bezeichnen, welches ebenfalls bisher nicht erforscht wurde. Bekannt sind z.B. Emanuel Swedenborg, der bereits im 17. Jh. ausführliche Berichte und Anleitungen zu den Astralreisen niederschrieb und bis heute viel beachtet wird. Außerdem Rudolf Steiner (1861 bis 1925), der Gründer der Anthroposophischen Gesellschaft und der bekannten Waldorfschulen.

Diese beiden versuchen in ihren Büchern, die verschiedenen Körper (Physischer Leib, Astralleib, Ätherleib) voneinander abzugrenzen. Während das eine ein reines Seelenkleid, ein Schutz für die Seele hier auf der Erde ist, ist das andere ein Energiekörper – unsere sichtbare Aura. Auch Träume haben damit zu tun: So wird bei Steiner auf die Wortverwandtschaft von Traum und Raum / Träume und Räume (andere Dimension) und im Englischen auf dream (Traum) und ream (Erweiterung) hingewiesen.

Nahtoderlebnisse geschehen ausnahmslos passiv, am absoluten Endpunkt des menschlichen Körpers (nach einem Unfall oder im OP-Saal wird man urplötzlich in die jenseitige Welt gerissen). AKEs sind ebenfalls nicht so selten wie man denkt. Sie werden zwar oft unabsichtlich und passiv erlebt, z.B. bei starker Krankheit oder einer tiefen Sinnkrise und anderen Extremsituationen, doch ebenso führen Astralreisende das Erlebnis tagtäglich absichtlich herbei.

Viele Kulturen und Reli-gionen beschäftigen sich aktiv mit der Herbeiführung von Außerkörperlichen Er-fahrungen; bekannt sind hier die Voodoo-Anhänger, die sich in Trance tanzen oder singen, ebenso indianische und afrikanische Schamanen. Aber auch im Buddhismus und Hinduismus gibt es dazu Anleitungen und Praktiken.

Die Silbe OM oder AUM aus dem indischen Sanskrit

Im Buddhismus wird die Sanskrit-Silbe OM minutenlang gesummt. Es soll eine Bewusstseinserweiterung auslösen und sogar OBEs hervorrufen können. Sicherlich schon allein aufgrund der physikalischen Vibration, von Schädel und Gehirn, die dadurch entsteht.

All jene die eine dieser Erfahrungen bereits gemacht haben, weisen darauf hin, wie äußerst wichtig und hilfreich es für uns ist, sich damit auseinander zu setzen. Sie berichten, dass man während des Erlebnisses fest und sichtbar (meist als „Silberschnur" beschrieben) mit dem eigenen, grobstofflichen Körper verbunden bleibt und jederzeit, nach einem Gedanken, zu ihm zurückschnellt und wieder völlig wach ist. Außerkörperliche Erfahrungen werden als absolut unproblematisch, ungefährlich und von jedem erlernbar beschrieben. In Internetforen, Fachbüchern und Seminaren wird das Thema als völlig normal behandelt. Es wird über die besten Techniken zur Herbeiführung (natürlich ohne Zuhilfenahme von Drogen etc.) oder Aufrechterhaltung einer AKE gesprochen, so wie andere über Strickmuster oder Backrezepte diskutieren. Würden sie das tun, wenn es bloß eine Fehlfunktion des Gehirns wäre?

Vorerst müssen wir diesen Menschen, die diese Erlebnisse bereits hatten, glauben und vertrauen. Sie selbst genieren sich oft für das, was sie erlebt haben. Also sprechen sie meist nicht in der Öffentlichkeit darüber. Durch meine Arbeit im Besuchsdienstkreis für die Kirche (wir besuchen Mitglieder ab 70), treffe ich hier und da auf ähnliche, außergewöhnliche Erzählungen und bin immer sehr dankbar, wenn sich diese Menschen damit mir anvertrauen. Dinge die okkult (Lateinisch = verborgen) sind, müssen nicht verborgen bleiben.

Im Zusammenhang mit meinem »System Gott«, also der Verlinkung verschiedenster Dimensionen und Universen, kommt das Astralreisen / Seelenreisen (also AKE und NTE) einem Reisen zwischen den Welten gleich. Aktiv oder passiv springt man durch die verschiedenen Ebenen des Systems. Ganz so beschreiben es auch die verschiedensten Autoren. Bei der Außerkörperlichen Erfahrung springt man lediglich ein paar Stufen höher in eine andere Dimension. Beim Nahtoderlebnis schaut man sozusagen ins oberste Stockwerk, jenseits der Nebelwand, direkt ins Wohnzimmer von „GOTT".

Ein Wanderer in der astralen Welt „sieht" oder spürt in jedem Raum die jeweilige astrale Wolke (Aura) der Umgebung. Diese „sieht" (mit dem geistigen Auge) oder fühlt sich im Krankenhaus anders an als bei einer Hochzeitsparty. Und ein Raum, der mit geistig niedrig gesinnten Menschen gefüllt ist, hat eine andere Atmosphäre, als einer, in dem hochgesinnte Personen anwesend sind.

Es gibt zu dem Thema Außerkörperliche Erfahrung einen interessanten Film namens *„Waking Life"*. Er handelt vom aktiven oder bewussten Träumen, genannt „luzider Traum" (lat. Lucidus = leuchtend, hell, deutlich, klar). Der Geist ist voll anwesend, während der Körper schläft und die lebenserhaltenden Funktionen auf Sparflamme laufen, die Seele oder der Astralleib befinden sich in einer „Höheren Welt" (Jenseitige Welt). Luzides Träumen steht als Zwitter zwischen den Welten und ist erlernbar, siehe *„Buchempfehlung"* Nr. [17].

Ich selbst (siehe Kapitel JENSEITS) stelle mir das Ganze übrigens so vor: Beim **normalen Schlaf** wird die Frequenz des Körpers, also die Schwingung / Lebensenergie abgesenkt. Er ist dann wie im „Stand-By-Modus" des Fernsehers – das Lämpchen leuchtet noch und er ist jederzeit (nach einer kurzen Aufwärmphase) einsatzfähig, aber derzeit ohne Bewusstsein.

Gelangt der Mensch in eine **Außerkörperliche Erfahrung**, hebt er die Frequenz an, die Schwingungen werden höher, der Fernseher wird eingeschaltet, erlangt volles Bewusstsein. Aber wie beim „Videotext" gelangt man in einen erweiterten Modus, mit völlig anderen Möglichkeiten und Funktionen, der Ton des Fernsehprogramms bleibt wahrnehmbar und auch das Bild kann im Hintergrund sichtbar sein, die Steuerung weicht jedoch vom „realen Leben" ab. Ein **Nahtoderlebnis** bedeutet eine weitere Steigerung dazu. Man gelangt quasi in einen luxuriösen Kinosaal mit Großleinwand, bestem Audiosystem und mehreren wahrnehmbaren Dimensionen und Effekten wie sie beim gewöhnlichen Fernsehen nicht übertragen werden können – eine völlig andere Welt! Der Körper ist außer Sichtweite, bleibt aber erreichbar. Er befindet sich dort in dem dunklen Kinosaal (die Erde), und die Seele (der Geist) ist völlig in eine andere Dimension (das Jenseits / dem spannenden Film) abgetaucht – mit den entsprechenden Erlebnissen. Der Mensch an sich bleibt der gleiche, aber Dinge wie die Zeit spielen keine Rolle mehr, die irdischen Naturgesetze sind faktisch aufgehoben, alles ist möglich. Nach dem Ende der Vorstellung (der Rückschau im Jenseits) kehrt man zurück, ist wieder voll da und fortan geprägt von diesem wunderbaren (Film)Erlebnis. So viele (Spezial)Effekte und Möglichkeiten dort, so schöne Farben und Formen, so perfekt und harmonisch alles. Das „reale" (irdisch-körperliche) Leben scheint dagegen völlig trist.

Ich bin felsenfest überzeugt, dass der „Jüngste Tag" und das „Ende der Welt", entgegen der offiziellen Christenlehre, nicht irgendwann in unbekannter Zukunft (man wartet schon 2000 Jahre darauf!) zu erwarten ist, sondern sogleich mit unserem körperlichen Tod, unserem persönlichen Ende der Welt, unserem eigenen „Jüngsten Tag" stattfindet. Hier empfängt uns „Jesus".

> Die Seele ist edler als alle körperlichen Dinge. Sie ist eine einfache Kraft,
> die das Leben in alle Glieder leitet durch die innige Vereinigung,
> in welcher sie mit dem Leibe steht. *Meister Eckhart*

> Leben heißt sich entwickeln. Alle Erfahrungen,
> gute und schlechte, dienen der Reife. *Ardis Whitman*

> Das einzig Wichtige im Leben sind die Spuren von Liebe, die wir hinterlassen, wenn
> wir ungefragt weggehen und Abschied nehmen müssen. *Albert Schweitzer*

> Paradies: Ort, wo Menschen die Liebe ernster nehmen als sich selbst. *Hans Kruppa*

> Vielleicht ist das was wir Leben nennen ein Traum
> und das was wir Traum nennen das Leben!? *Platon*

Aus der indischen „Bhagavad Gita" [9]

Die Freiheit wird dadurch erlangt, dass der Mensch das Göttliche, dessen Wohnung er selber ist, in sich selbst und in allem erkennt. *XV., 1.*

Dreifach ist das Tor der Hölle. Ihre Eingänge sind Begierde, Zorn und Geiz. Diese drei führen die Seele zum Verderben, deshalb verlasse sie. *XVI., 21.*

Aus der Bibel [1]

Ein Mensch sieht was vor Augen ist, Gott aber sieht das Herz. *1. Samuel 16,7*

Selig sind, die reinen Herzens sind. *Matthäusevangelium 5,8*

Und ich sah die Toten, Groß und Klein, stehen vor dem Thron, und Bücher wurden aufgetan. Und ein anderes Buch wurde aufgetan, welches ist das Buch des Lebens. Und die Toten wurden gerichtet nach dem, was in den Büchern geschrieben steht, nach ihren eigenen Werken. *Offenbarung, 20, 12*

Selig sind die nicht gesehen haben und doch glauben! *Johannesevangelium 20, 29*

Rudolf Steiner in: „Wiederverkörperung und Karma" aus dem Jahr 1906

„Ich kann mir denken, dass es viele gibt, die auf dem Gipfel der Wissenschaftlichkeit zu stehen glauben und welche die folgenden Auseinandersetzungen „ganz unwissenschaftlich" finden. Ich kann diese verstehen, denn ich weiß, dass zu diesem Einwand notwendig derjenige gedrängt wird, der keine Erfahrung auf übersinnlichem Gebiete hat und der zugleich nicht die nötige Zurückhaltung und Selbstbescheidenheit hat, um zuzugeben, dass er noch etwas lernen könne. Nur wenigstens das eine sollten solche Menschen nicht sagen, dass die hier vorgebrachten Vorgänge dem „Verstande widersprechen", und dass man sie „mit dem Verstande nicht beweisen kann". Der Verstand kann gar nichts tun, als Tatsachen kombinieren und systematisieren. Tatsachen kann man erfahren, aber nicht „mit dem Verstande beweisen". Mit dem Verstande kann man auch einen Walfisch nicht beweisen. Den muss man entweder selbst sehen oder sich von denen beschreiben lassen, die einen gesehen haben. So ist es auch mit übersinnlichen Tatsachen. Ist man noch nicht so weit, sie selbst zu sehen, so muss man sie sich beschreiben lassen. Ich kann jedermann die Versicherung geben, dass die übersinnlichen Tatsachen, die ich im Folgenden beschreibe, für den, dessen höhere Sinne geöffnet sind, ebenso „tatsächlich" sind wie der Walfisch..."

Aus dem Koran [8]

Sure 17, 13-15: Und einem jeden Menschen haben Wir seine Werke an den Nacken geheftet; und am Tage der Auferstehung werden Wir ihm ein Buch vorlegen, das er entsiegelt finden wird. „Lies dein Buch. Heute genügt deine eigene Seele als Rechnerin gegen dich." Wer den rechten Weg befolgt, der befolgt ihn nur zu seinem eigenen Heil; und wer irregeht, der geht irre allein zu seinem eigenen Schaden. Und keine lasttragende Seele trägt die Last einer andern.

Sure 18, 49: Das Buch wird ihnen vorgelegt, und du wirst die Schuldigen in Ängsten sehen ob dessen, was darin ist; sie werden sprechen: „O wehe uns! Was für ein Buch ist das! Es lässt nichts aus, klein oder groß, sondern hält alles aufgezeichnet." Und sie werden alles gegenwärtig finden, was sie getan; und dein Herr tut keinem Unrecht.

Sure 23, 115: Glaubet ihr denn, Wir hätten euch in Sinnlosigkeit geschaffen, und dass ihr nicht zu Uns zurückgebracht würdet?

Sure 32, 12: Könntest du nur sehen, wie die Schuldigen ihre Köpfe hängen lassen werden vor Gott: „Unser Herr, nun haben wir gesehen und gehört, so sende uns zurück, dass wir Gutes tun; denn nun sind wir gewiss."

Sure 37, 12-80: Nein, du staunst, und sie spotten. Und wenn sie ermahnt werden, so beachten sie´s nicht. Und wenn sie ein Zeichen sehen, so wenden sie´s zu Spott. Und sie sprechen: „Das ist nichts als offenkundige Zauberei. Wie?! Wenn wir tot sind und Staub geworden und Knochen, sollten wir dann wiedererweckt werden?" ... und ihr werdet belohnt werden nur für das, was ihr selbst gewirkt habt. ...
Also belohnen Wir jene, die Gutes wirken.

Sure 39, 42: Allah nimmt die Seelen der Menschen hin zur Zeit ihres Absterbens und auch derer, die nicht gestorben sind, während ihres Schlafs.

Sure 39, 69-70: Und die Erde wird leuchten im Lichte ihres Herrn, und das Buch wird vorgelegt, und die Zeugen werden herbeigebracht; und es wird zwischen ihnen gerichtet werden nach Gerechtigkeit, und kein Unheil sollen sie erleiden. Und jedem wird voll vergolten werden, was er getan, denn GOTT weiß am besten, was sie tun.

DAS JENSEITS

Ja: Jesus lebt! Aber in keiner uns bekannten körperlich-materiellen Form mehr. Schon viele Jahre steht für mich unverrückbar fest, dass der Mensch aus zwei Bestandteilen besteht: „Dem materiellen Körper", der irgendwann zerfallen wird und „Der Seele", die höchstwahrscheinlich unendlich weiter existiert.

Wenn man viele Bücher, auch die Bibel und den Koran, zu diesem Bereich studiert, kommt man schnell zu diesem Schluss. Ob man sie als „Beweis" akzeptiert, muss jeder für sich entscheiden. Ich persönlich brauche keine weiteren Beweise mehr. Auch die Menschen und Tiere haben bereits Luft geatmet, bevor man von deren Existenz gewusst hat, bevor man sie wissenschaftlich nachweisen konnte. Sicher kann die Wissenschaft auch einmal nachweisen, dass es eine vom Körper losgelöste Seele gibt. Bis dahin sind mir die vielen Zeugenberichte Beleg genug. Lesen Sie in der Bibel den 1. Korintherbrief, Kapitel 15, 42-44 dazu: *„Es gibt himmlische und irdische Leiber... es wird auferstehen ein geistiger und unverweslicher Leib."* Warum sollte Gott also seinen eigenen Naturgesetzen widersprechen und in einigen Fällen ganz aufheben?

Für mich gilt als sicher: Das menschliche Leben geht nach dem irdischen Aufenthalt weiter und endet nicht mit dem körperlichen Tod. Im Gegenteil: Wir sind hier in der Baumschule und danach geht es erst richtig los.

Ich bin mir ebenfalls sicher (auch wenn es im Widerspruch zur aktuell geltenden, offiziellen Christenlehre steht), dass der „Jüngste Tag" und das „Jüngste Gericht" exakt der Moment ist, an dem wir sterben. Es geht also unverzüglich im Jenseits weiter mit uns. Das deckt sich mit all den Aussagen von Zeugen die schon einmal „ganz nahe dran" waren am Tod und solchen in den mystischen, religiösen, spirituellen Schriften aller Kulturen.

Siehe dazu das Lukasevangelium in der Bibel [1], Kapitel 23, 43:

Und Jesus sprach zu ihm: Wahrlich ich sage dir: „Noch heute wirst du mit mir im Paradies sein." (Jesus sagte das zu dem Kriminellen, der neben ihm am Kreuz hing.)

Hier ist also von „heute" die Rede und nicht von einem abschließenden, gemeinsamen Weltuntergangstag in ferner Zukunft wie es die offizielle Theologie bis heute predigt. Es wäre ja schon allein biologisch und physikalisch nicht logisch, dass tote Körper einige Jahrhunderte oder gar Jahrtausende nach ihrem Tod aus ihren Gräbern steigen, um ins Paradies zu gelangen. Warum sollten die Toten über lange Zeiten in der Erde verharren, bis der Erlöser erscheint? Meiner festen Überzeugung nach treffen wir „ihn" gleich, nachdem wir unseren „Taucheranzug" (mit dem wir in das irdische Leben eingetaucht sind) ausgezogen, unseren „Kokon" verlassen haben. Wir erleben dann, wie der Schmetterling, von einem Moment zum nächsten, eine völlig neue Form, mit ganz anderen Möglichkeiten, in neuen Dimensionen, obwohl wir immer noch der gleiche

– die alte Raupe –, sind. Der von mir verwendete Universalbegriff „Jenseits" (alles was *jenseits* unserer Sinne liegt) soll wie „Gott" als eine Art Platzhalter verstanden werden. Denn gleichartige Begriffe aus anderen Kulturen und Religionen oder Denkschulen sind ebenfalls damit gemeint. So neben dem christlichen Paradies oder Gottesreich bzw. Himmelreich, das asiatische Nirwana, das römisch-griechische Elysium (=Ewigkeit), die germanische Walhalla oder die ewigen Jagdgründe der Indianer u. v. m. Auch wenn sich die inhaltlichen Feinheiten voneinander unterscheiden (bei vielen kamen z.B. laut der Lehre nur Kriegshelden oder Männer in den Genuss des Paradieses, so bei den Römern), handelt es sich doch immer um den „Ewigkeits-begriff" der jeweiligen Kultur.

Besonders im Koran sind die Jenseitsbeschreibungen sehr ausführlich und kommen meiner Denkart wohl am nächsten, trotzdem finde ich auch genug Hinweise für meine Jenseitsvorstellung in unserer Bibel, aber auch in den Schriften des Buddhismus und Hinduismus sowie den Naturreligionen. Ebenso hatten die alten Griechen und Römer, Ägypter und Perser eine sehr ausgeprägte Vorstellung vom Jenseits mit vielen Details zu der Stunde des „Todes".

Ganz besonders empfehle ich zu diesem Thema jedem Interessierten die Trilogie des Robert James Lees *„Reise in die Unsterblichkeit"* [20].

Bei meiner Besuchsdienstarbeit wurde mir mehrfach von einem passiven Kontakt mit dem Jenseits (z.B. der verstorbene Ehepartner wurde deutlich gespürt etc.) berichtet. Und ich möchte darauf hinweisen, dass womöglich mit meinen Erklärungen und Denkmodellen auch „Geister- und Engelerscheinungen" sowie „UFO-Sichtungen" erklärbar werden könnten. Ebenso übersinnliche Dinge wie „Reading" oder „Rückführung" sowie „Medien". Dazu empfehle ich vor allem die Buch-Trilogie *„Reise in die Unsterblichkeit"* [11]

Die Wissenschaft widerspricht häufig diesen übersinnlichen Phänomenen, weil sie eben „über-sinnlich", also außerhalb der bisher messbaren Sinne, aber eben nicht „un-natürlich" sind, denn sie kommen ja in der Natur vor. Aber früher kannte man auch keine Ozonschicht, keine Gene, keine Mikrowellen etc., trotzdem waren sie vorhanden. Natürlich waren sie nicht messbar, weil sie noch nicht bekannt waren – wonach sollte man suchen? Unsere Messgeräte sind für Unbekanntes nicht geeignet. Ebenso wie ein Schiff für das Wasser, das Flugzeug für die Luft und das Auto für das Land gedacht ist, kann man mit unseren naturwissenschaftlichen Messgeräten immer nur die Dinge messen, für die sie gedacht und geeignet sind. Wir glauben den Naturwissenschaftlern. Und auch Physiker müssen zugeben, dass sie manche Theorien erst mal nur glauben müssen, damit sie damit rechnen können, so lange bis das Gegenteil bewiesen ist oder der Nachweis erbracht wurde.

Und die Physik beweist: Die Welt, wie wir sie erleben, existiert eigentlich gar nicht – ist eine Art Illusion. Alles, was wir vor uns sehen, ja unser eigener Körper, besteht aus Trilliarden von kleinsten Teilchen (z.B. Atome = Griechisch für „unteilbar") und die wiederum aus Quarks. Sie sind nicht fest miteinander verbunden, es erscheint bloß so aufgrund der Unschärfe aus einiger Entfernung (makroskopische Ebene) – sie schwirren wild umher. Ort und Bewegungsrichtung lassen sich nicht exakt definieren wie in der klassischen Mechanik (Heisenbergsche Unschärferelation). Auch verhalten sich die quantenmechanischen Teilchen mal wie Materie (Masse), mal wie Wellen (Energie). Es lässt sich also kein scharf definierter Zustand beschreiben, sondern nur Wahrscheinlichkeitsaussagen sind möglich (siehe Quantentheorie).

Jede Zelle wiederum wird ständig ersetzt. Die einen sterben, die anderen entstehen. Alle 7 Jahre etwa, so sagt man, ist der menschliche Körper/ Organismus komplett ausgetauscht – ein anderer Mensch schaut in den Spiegel! Alles ist also Illusion, so zusammengesetzt, so massiv wie wir die Dinge erleben, sind sie nicht. Sind sie es nur in unserer Fantasie?

Ich mache mir nun bereits fast 20 Jahre Gedanken, wie das Jenseits zu erklären oder mit unserem sachlichen Verstand zu fassen ist. Über die Jahre habe ich dazu drei Denkmodelle entwickelt, die ich aus der modernen Physik religionswissenschaftlich abgeleitet habe. Ich möchte dem Leser diese nun gerne als Indizien liefern, die ihm womöglich helfen, das Jenseits greifbar zu machen. Ich erhoffe mir dadurch etwas mehr Sachlichkeit statt mysteriöse Betrachtung. Es kann sein, dass keines der Modelle zutrifft, nur eines oder aber alle gleichzeitig; doch das ist nicht entscheidend. Es geht um reine Theorien und mögliche Richtungen, auf die man Forschungen ausrichten könnte:

1. Das „Mehr – Dimensionen - Modell"

Die seriöse moderne Physik rechnet mit vielen höheren Dimensionen. Stellt man mehrere Dimensionen (siehe Stringtheorie aus der Physik) zur Grundlage, dann erscheint es durchaus möglich, dass wir aus verschiedenen Bestandteilen (Seele und Körper) bestehen, die dann ihren eigenen Weg in einer jeweils anderen Dimension gehen. Es wird bereits davon ausgegangen, dass es vielleicht sogar zehn oder mehr Dimensionen geben könnte. In jedem Fall deutlich mehr als die uns bisher bekannten drei Dimensionen.

Ich möchte es gar nicht so kompliziert machen, sondern fand nachfolgende Grafik in einem leicht verständlichen Buch. Auch wenn der Autor es dort nicht beabsichtigt hat: Für mich ist das ein Indiz für ein Jenseits!

In der Zeichnung sehen wir links ein 2D-Männchen, welches also nur in Länge und Breite schauen und denken kann. Rechts finden wir ein 3D-Männchen, ganz so wie wir, kann es nicht nur nach vorne, hinten und zur Seite, sondern auch nach oben, unten und schräg schauen.

Es ist also höher entwickelt und kann jederzeit auf das 2D-Männchen herunter schauen, während das 2D-Männchen womöglich vor sich nur schemenhafte Schatten des anderen wahrnimmt, die er nicht zu deuten vermag. Er würde es vielleicht für „Geistererscheinungen" oder ein UFO halten, nur weil er sich nicht erklären kann, wo diese Schatten nun plötzlich her kommen. Für das 3D-Männchen passiert gar nichts

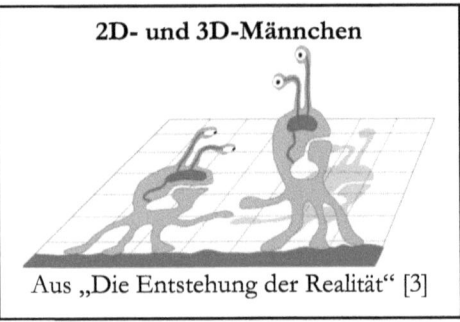
2D- und 3D-Männchen
Aus „Die Entstehung der Realität" [3]

Besonderes, es läuft ganz normal weiter und denkt sich nichts dabei. Auch für mich existiert das Jenseits (Gottes Reich, Himmelreich) direkt neben uns, unter uns, ohne dass wir es wahrnehmen können (vergl. Lukasevangelium 17, 21). Man lebt dort in höheren Dimensionen, die wir vielleicht irgendwann einmal sichtbar machen können (Lesen Sie das interessante Buch von Jörg Starkmuth [3] dazu, um weitere Details zu erfahren.). Viele behaupten schon heute, mit Engeln Kontakt aufnehmen zu können. Allerdings wird in vielen Büchern, darunter auch die Bibel, davon abgeraten aktiv Kontakt mit der jenseitigen Welt aufzunehmen z.B. im 5. Buch Moses 18,11 *„Dem Herrn sind die ein Gräuel, die die Toten und Geister befragen."* Diese Stelle ist ein Beweis für Christen, dass es ein bestehendes Jenseits gibt, welches parallel zu unserer Welt existiert, mit dem man Kontakt aufnehmen könnte und wo unsere Toten bereits eingingen.

2. Das „Viele – Welten - Modell"

Ohne dass er es wollte, brachte mich Jörg Starkmuth in seinem interessanten Buch (zu einem völlig anderen Thema!) auch auf die Idee der Paralleluniversen, also dem Viele-Welten-Modell, mit dem auch Albert Einstein schon arbeitete. In Science-Fiction-Filmen findet man

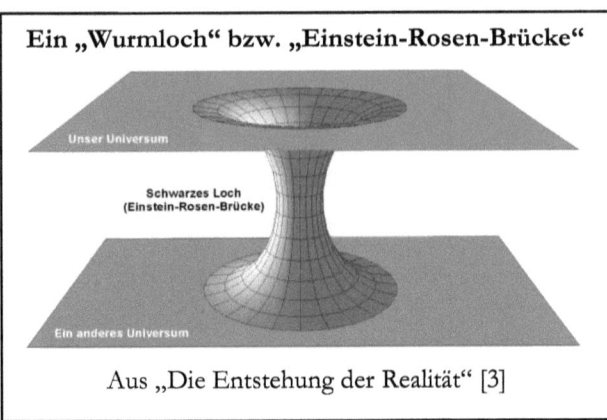
Ein „Wurmloch" bzw. „Einstein-Rosen-Brücke"
Unser Universum
Schwarzes Loch (Einstein-Rosen-Brücke)
Ein anderes Universum
Aus „Die Entstehung der Realität" [3]

das bereits in Bildern umgesetzt, dass man also durch ein „Wurmloch" in ein anderes Universum abtauchen kann. Es geht aber nicht nur um einen zweiten „Raum", sondern auch um mehrere Realitäten „unserer Welt", die nebeneinander existieren und theoretisch sogar unendlich viele sein könnten. Jedes Mal, wenn wir eine Entscheidung im Leben fällen, scheidet sich die eine von der anderen Realität, die weiterhin nebeneinander existieren, ohne dass sie voneinander wissen. In der obigen Grafik finden sie eine vereinfachte Zeichnung dazu. Sie sehen oben unser Universum (Diesseits) und finden unten ein anderes Universum (Jenseits). Wie in der Zeichnung im Kapitel „*System Gott*" gehe ich also davon aus, dass sowohl mehrere Dimensionen, als auch mehrere Universen parallel bestehen und wir nur unseres kennen. Man findet interessanterweise auch schon in der Bibel Hinweise darauf. Zum Beispiel ist im zweiten Korintherbrief, Kapitel 12 von „drei Himmeln" die Rede.

3. Das „Frequenzen - Modell"

Wie ein Radio, so empfangen auch wir Menschen von den vielen elektromagnetischen Wellen, die laufend um uns herum schwirren, nur die Frequenzen, auf die wir eingestellt sind. Ebenso geht es uns mit dem Licht. Wir können lediglich die Lichtstrahlen zwischen ca. 400 und 750nm (Nanometer) Wellenlänge empfangen, alles andere ist für uns nicht sichtbar, für verschiedene Tiere jedoch teilweise schon. Ab 550nm beginnt der Infrarotbereich, dann Radarstrahlen, Mikrowellenstrahlen, der UKW-Rundfunk etc. Unter 500nm befinden sich z.B. die Höhenstrahlung, Röntgen- und Gammastrahlen, und das sind nur jene uns bereits bekannten Strahlen! Es gibt wohl viele weitere...

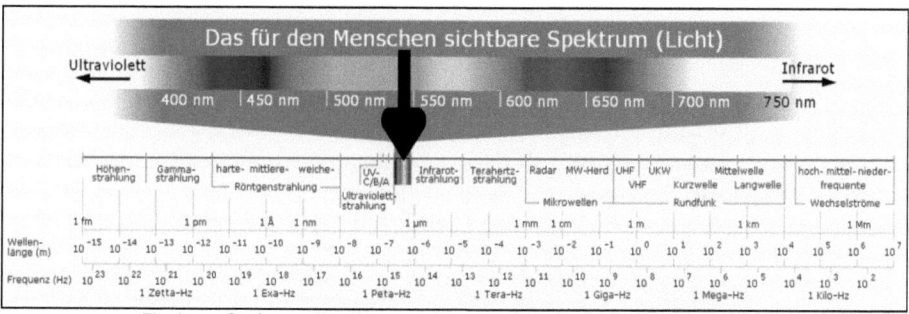

Frei verfügbare Grafik aus dem Onlinelexikon „Wikipedia"

All diese Strahlen sind vorhanden, fliegen täglich an uns vorbei und durch uns durch, doch sie sind für uns nicht sichtbar. Sie sind in früheren Jahrhunderten nicht bekannt und deswegen auch nicht messbar gewesen. In Zukunft werden wir weitere Frequenzen entdecken und nutzen. So wie Tiere, Kleinkinder, Sterbende bzw. Schwerkranke verschiedene Töne und „optische Effekte" aus höheren oder tieferen Frequenzbereichen wahrnehmen können.

Man kann sich also gut vorstellen, dass wenn der Mensch biologisch etwas anders konzipiert wäre, wir all diese Strahlen und Wellen der gezeigten Grafik ebenso wie die Lichtstrahlen der Sonne wahrnehmen könnten. Evolutionsbiologisch haben diese Filter höchst wahrscheinlich sogar ihren Sinn, denn wie wäre es, wenn wir beim Mittagessen ständig alle Strahlen von diversen Telefonaten, Fernsehen, Radio, WLAN, Babyphones etc., sehen und hören könnten? Für mich ist das ein weiterer Beleg, dass es sehr viel „zwischen Himmel und Erde" geben kann, was parallel zu uns vorhanden ist, von dem wir allerdings nicht den kleinsten Funken wahrnehmen. Man müsste also nicht im „Himmel" nach Gott und Engeln suchen, sondern direkt neben oder *in uns*, nur eben in einem anderen Frequenzbereich.

Verschiedene Versuche haben übrigens gezeigt, dass wir über eine Art „Gedankenkraft" verfügen, welche die äußere Welt beeinflusst. Auch diese Gedankenkraft (Siehe Kapitel *„Kraft der Gedanken"*) könnte sich auf einer anderen Frequenz abspielen. So hat das Princeton Engineering Anomalies Research Institut (PEAR) bei einem „Würfel-Zufallsgenerator" 166 Sechsen auf 1000 Versuche gezählt. Bei Testpersonen, die die gewürfelten Zahlen aktiv versuchten zu beeinflussen, wurden 230 Sechser auf 1000 Versuche gezählt.

Bei einem anderen Versuch haben sich 700 Testpersonen verschiedene Kurzfilme angeschaut, die sehr stark oder gar nicht emotional waren. Parallel wurden die Hirnströme, Herz, Kreislauf und Schweiß gemessen. Die Filme wurden durch Zufall ausgewählt, und doch gab es schon kurz vorher Ausschläge bei den verschiedenen Messwerten, ganz so, als ob der Körper bereits „wusste", dass nun etwas auf ihn zukommt, was Angst auslöst oder Liebe etc. Wir wissen ja von Tieren, dass sie bereits lange vor einem Erdbeben flüchten.

Natürlich ist das erst einmal reine Spekulation, doch aufgrund der vielen „Augenzeugenberichte" glaube ich, dass diese Modelle eine sehr hohe Wahrscheinlichkeit haben dürften. Für mich sind all das Belege oder Indizien, die mir zeigen: So könnte es sein. Während man allgemein als Christ annimmt, dass der „Himmel" irgendwo „da oben" sein muss, haben Astronauten bewiesen, dass es dort keinen *materiellen* Gott und Engel gibt. Ich denke, wir sollten diese Dinge nicht in unserer materiell-sichtbaren Welt suchen und vermuten. All das, was wir mit „Gottes Reich", „Paradies" und sogar „Hölle" in Verbindung bringen, spielt sich womöglich täglich rund um uns ab, nur können wir es aufgrund unserer körperlichen Einschränkungen nicht wahrnehmen.

Max Planck in einem Vortrag: „Als Physiker, der sein ganzes Leben der nüchternen Wissenschaft, der Erforschung der Materie widmete, bin ich sicher von dem Verdacht frei, für einen Schwarmgeist gehalten zu werden. Und so sage ich nach meinen Erforschungen des Atoms dieses: Es gibt keine Materie an sich. Alle Materie besteht nur durch eine Kraft, welche die Atomteilchen in Schwingung bringt und sie zum winzigsten Sonnensystem des Alls zusammenhält. ... Wir müssen hinter dieser Kraft einen bewussten intelligenten Geist annehmen. Dieser Geist ist der Urgrund aller Materie. Nicht die sichtbare, aber vergängliche Materie ist das Reale, Wahre, Wirkliche – denn die Materie bestünde ohne den Geist überhaupt nicht –, sondern der unsichtbare, unsterbliche Geist ist das Wahre. ... und damit in letzter Konsequenz: Gott."

Wir sind keine menschlichen Wesen, die eine spirituelle Erfahrung machen, wir sind spirituelle Wesen, die eine menschliche Erfahrung machen. *Willigis Jäger*

Was Papst, was Bischof, was Mönch, was Luther, was Calvin, was Mohammed, was Moses, was Brahman, was Zarathustra? Das gilt nur auf der dummen Erde etwas; hier im Reiche der Seelen und Geister, hören alle diese irdischen, dummen Unterschiede so gut wie ganz auf! Hier gibt es nur eine Losung, und diese heißt Liebe! Mit dieser allein kommt man hier weiter, alles andere zählt so viel wie nichts. *Jakob Lorber*

Dieses ganze Leben, worin wir leben, ist nur ein eitel Traum. *Martin Luther*

So wie der Mensch aus dem Leben tritt, so tritt er wieder herein. Jeder baut sich jetzt selbst das Haus, das er im nächsten Leben bewohnt. *Meister Eckhart*

Ich glaube, wenn der Tod unsere Augen schließt, werden wir in einem Licht stehen, von welchem unser Sonnenlicht nur der Schatten ist. *Arthur Schopenhauer*

Materie an sich gibt es nicht, es gibt nur den unsichtbaren, unsterblichen Geist als Urgrund der Materie, den ich nicht scheue, Gott zu nennen. *Max Planck*

Aus der Bibel [1]

Man kann nicht sagen: „Seht, hier ist es!", oder: „Dort ist es!" Denn: Das Reich Gottes ist (schon) mitten unter euch. *Jesus im Lukasevangelium 17, 21*
Weh euch, Schriftgelehrte, ihr Heuchler, die ihr das Himmelreich verschließt vor den Menschen! Ihr geht nicht hinein und die hinein wollen, lasst ihr nicht hineingehen. *Jesus im Matthäus-Evangelium 23, 13-14*
Denn was sichtbar ist, das ist zeitlich; was aber unsichtbar ist, ist ewig. *2. Brief des Paulus an die Korinther, Kapitel 4*

Aus dem Koran [8]

Sprecht nicht „Sie sind tot." Nein! Lebendig sind sie, doch ihr nehmt es nicht wahr. *Sure 2, 154* Die aber tot sind, Allah wird sie erwecken, dann sollen sie zu Ihm zurückgebracht werden. *Sure 6, 36* Zu ihrem Herrn sollen sie dann versammelt werden. *Sure 6, 38* Und Er ist es, Der eure Seelen zu Sich nimmt in der Nacht... Zu Ihm ist dann eure Heimkehr; dann wird Er euch verkünden, was eure Werke waren. *Sure 6, 60* Dies, damit ihr nicht am Tage der Auferstehung sprächet: „Siehe, wir waren dessen unkundig." *Sure 7, 173* Sie, die da glaubten und rechtschaffen waren. Für sie ist frohe Botschaft in diesem Leben sowie im Jenseits. *Sure 10, 63-64* Die aber nicht an das Jenseits glauben, Wir haben ihnen ihre Werke schön erscheinen lassen; ... sie allein sind es die im Jenseits die größten Verlierer sein werden. *27, 4-5* Suche in dem, was Allah dir gegeben, die Wohnstatt des Jenseits; und vernachlässige deinen Teil an der Welt nicht; und tue Gutes, wie Allah dir Gutes getan hat; und begehre nicht Unheil auf Erden, denn Allah liebt die Unheilstifter nicht. *Sure 28, 77* Das Leben in dieser Welt ist nur eine Sache der Täuschung. *Sure 57, 20* Ihr aber bevorzugt das Leben in dieser Welt, obwohl das Jenseits besser ist und bleibender. Dies ist fürwahr dasselbe, was in früheren Schriften steht. *Sure 87, 16-18*

DIE UNIO MYSTICA

An den strahlenden Augen erkennt man sie, das ist mein subjektiver Eindruck. Menschen, die eine „Mystische Vereinigung" (lat. Unio Mystica) erlebten, und davon durfte ich einige kennen lernen, haben diese leuchtenden, strahlenden und fröhlichen Augen. Fast so als schaue man mitten in das Herz, welches erfüllt ist von Liebe und nach wie vor geprägt von diesem einmaligen Erlebnis. Selbst meine Oma hatte solch eine „Erleuchtung" kurz nach der Geburt meines Vaters. Diese Menschen, wie Meister Eckhart, berichten von einer „Gottesgeburt" im Menschen, einer „Reinwaschung".

Das Leben läuft, ähnlich einem „Nahtoderlebnis", wie ein Film vor einem ab und man fühlt sich auf einen Schlag mit Gott auf das Engste verbunden – eine „Einheitserfahrung". Christen sprechen dann von einer „Wiedergeburt", die nicht zu verwechseln ist mit der Re-Inkarnationslehre oder des Nirwana der Buddhisten. Im Hinduismus ist es bekannt als „Samadhi", im Zen-Buddhismus als „Satori" (vollständige Leere und Fülle zugleich, so wie ein Haus oder Tonkrug voll von Luft ist und zugleich leer). Sie sprechen davon wie „neu geboren" oder „wiedergeboren" zu sein und wissen nicht, das Erlebte in Worte zu fassen. Es muss ein ganz außergewöhnliches Ereignis sein, welches ein Leben lang diese Menschen prägt und ich bin mir sehr sicher, dass es davon Hunderttausende oder gar Millionen gibt. Es muss das Größte sein, was einem auf Erden (oder sogar danach noch) passieren kann – ein wahres „Gipfelerlebnis". Man erreicht eine Stufe des inneren Friedens, ein völlig veränderter Bewusstseinszustand, eine absolut neue Einstellung zum Leben.

Sehen Sie hierzu auch noch mal die beiden Grafiken im Kapitel *„Alles Eins"* an: Man fühlt sich nun verbunden mit dem kosmischen Bewusstsein, mit den höheren Wesen oder der Weltenseele. Es ist eine Vereinigung mit Gott wie sich zwei Liebende vereinen – absolute, reine Freude.

Nach meiner Idee des »System Gott« und der dortigen Grafik eines Mobile möchte ich sagen: Die Menschen die eine Unio Mystica hatten, konnten das gesamte »System Gott« gleichzeitig sehen. Sie sahen alle Verzweigungen und Verbindungen. Ich glaube diesen Menschen, so wie ich als Kind meinen Eltern, als Schüler meinen Lehrern und heute als vielseitig Interessierter den Wissenschaftlern vertraue und glaube.

Ich denke, dass die meisten der großen Religions- und Friedensstifter, wenn nicht sogar alle, ein solches „Aufweckungserlebnis" hatten. Leute wie Nelson Mandela oder vielleicht auch Gandhi haben ihr späteres Leben dem Frieden und der Liebe zu den Mitmenschen gewidmet, selbst wenn diese sie vorher auf das schrecklichste gepeinigt haben. Es hätte große Wut und Hass in ihnen entstehen können, doch im Gegenteil entstand Liebe *in* und Freude *aus* ihnen.

Ich bin mir also folglich sicher, dass *alle* Weltreligionen oder insgesamt religiöse Weltanschauungen auf solch einem mystischen Vereinigungserlebnis ihrer Gründer basieren. Mit der nachstehenden Grafik wird verdeutlicht: Das mystische Erlebnis ist wie die unterirdische Wurzel einer Pflanze. Aus diesem Urgrund (der Erde) erwachsen die verschiedenen Religionen, Philosophien, Weltanschauungen. Mögen sie auch verschieden-farbige Blüten tragen, im Kern, also an der Wurzel sind sie alle gleich, ziehen sie aus der gleichen Wurzel ihre Energie. Das Erlebnis des Buddha unter dem Bodhi-Baum, das Erlebnis des Jesus, bevor er zum Christus wurde (Buddha und Christus bedeuten „Erleuchteter") am Jordan, als er den „Heiligen Geist" empfangen hatte oder während der vierzig Tage in der Wüste, ebenso Mohammed kurz bevor er den Koran empfing, aber womöglich auch Laotse, Moses, da Vinci oder Nostradamus: Alle hatten ein einschneidendes Erlebnis, welches sie weise machte. So bedeutet das lateinische Wort Re-Ligio (Re-Link) ja auch nichts anderes als „Rückverbindung" – eine Wiederverbindung mit „GOTT".

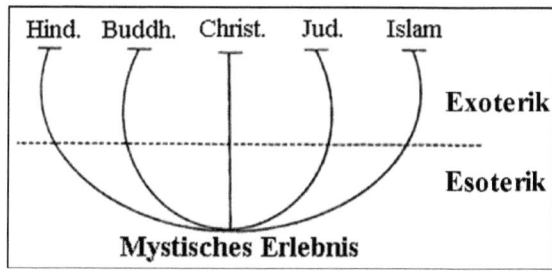

Von mir modifizierte Grafik aus dem Buch „Suche nach dem Sinn" [6]

Wem die Begriffe unklar sind, wie sie mir früher unklar waren: **Exoterik** (lat. öffentliches Wissen) beschreibt dabei die nach außen gewandten religiösen Ausprägungen der verschiedenen Kulturen, die gelebte Religion. Damit ist also alles äußerlich Sichtbare gemeint: von heiligen Schriften über Rituale, Feste, religiöse Symbole, Kleidervorschriften, Lieder und vieles mehr. Wir kennen es aus unserem täglichen Leben. **Esoterik** (lat. inneres Wissen) hatte für mich immer einen negativen Beigeschmack, weil ich es gleichsetzte mit Dingen aus der „New Age Bewegung", die mir eigenartig vorkamen (okkult = lat. verborgen!), die nach Hokuspokus und Kitsch aussahen und von denen ich nichts wissen wollte. Im Ursprung des Wortes bedeutet es aber nichts anderes als „nach-innen-gerichtet". Mittlerweile konnte ich viele Schriften von alten oder auch hoch aktuellen Mystikern wie Meister Eckhart, Willigis Jäger oder Eckhart Tolle kennen und verstehen lernen.

Diese drei sind Deutsche, aber es gibt sie in allen Ländern, Sprachen und Kulturen. Ebenso gibt es in allen Religionen mystische Zweige. Während es im Christentum das Mönchtum mit der *„Kontemplation"* ist, ist es im Judentum als

„*Weg der Kabbala*" bekannt, im Islam sind es die „*Sufis*", im Hinduismus die „*Tantra-Yogis*" und im Buddhismus gibt es den „*Weg des Zen*", der vielleicht derzeit in der Welt am bekanntesten ist.

All diese Bewegungen versuchen auf selbst produzierten, künstlichen Wegen (Meditation etc.) ein mystisches Aufweckungserlebnis herbeizuführen. Bei allen mir bekannten Personen ist dieses Ereignis der Erlösung jedoch immer im tiefsten Tief ihres Lebens eingetreten, in einer Lebenskrise – unfreiwillig.

Kämpfte Jesus in der Wüste gegen die Versuchungen des Satans, verzweifelte Buddha unter einem Baum. Bei Mohammed im Islam wird ein ähnliches Erlebnis eine Rolle gespielt haben. Viele moderne Mystiker wie Eckhart Tolle, oder der Mike am Ende dieses Buches, standen kurz davor sich selbst das Leben zu nehmen, waren in ein tiefes Loch gefallen aus dem es kein Entrinnen zu geben schien, als Gott ihnen Einblick in die größten Wahrheiten unseres Universums gab. Tief beeindruckt waren sie alle, erzählen konnten sie nur in engen sprachlichen Grenzen, da es keine Worte für das Erlebte gibt. Langfristig, sind sie alle überzeugt, werden sich solche Erlebnisse häufen – die Menschheit wacht auf! Dazu fand ich einst eine sehr einprägsame Grafik, in einem außergewöhnlichen Buch, die mich nie wieder losließ:

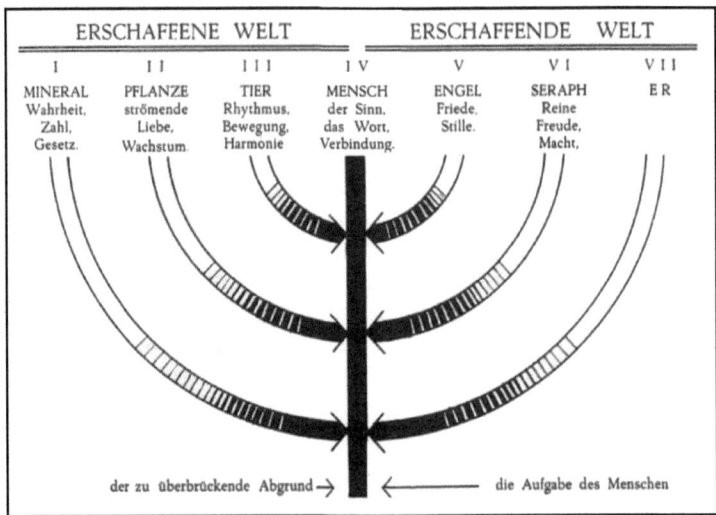

Vielsagende Grafik aus dem Buch „Die Antwort der Engel" [4]

Sollte das wahr sein, was sich aus dieser Grafik (über die allein ich ein ganzes Buch schreiben könnte) als Konsequenz ergibt, ist es kein Wunder, dass sich eine „New-Age-Bewegung" mit allen möglichen esoterischen Zweigen derzeit breit macht und klassische Religionen verdrängt, Leute aus den Kirchen treibt um neue Wege zu suchen, weil sie unzufrieden sind. Man erkennt deutlich, dass die Evolution vom Mineral über die Pflanze und das Tier zu uns Menschen führte. Und der Mensch ist die Zwischenstufe zu der geistigen Welt. Ich denke der Balken in der Mitte, die Nebelwand oder Grenze zwischen sichtbarer und geistiger Welt kennzeichnet eine Unio Mystica, auch wenn es im besagten Buch nicht so genannt wurde. Hat man ein solches Erlebnis, hat man die Grenze überwunden, erhalten wir Fähigkeiten, von denen man als im Alltag verhafteter Mensch kaum zu träumen vermag.

Rudolf Steiner, der Gründer der Waldorf-Schulen und der Anthroposophie, sprach schon zur Jahrhundertwende um 1900 davon, dass wir weitaus größere Fähigkeiten haben oder hätten, wenn wir sie nur früh genug fördern würden und nicht unterdrücken wie in unserem bisherigen Erziehungssystem. Daran hat sich leider seit seinem Tod wenig geändert, nicht mal in den Waldorfschulen. Selbst Naturwissenschaftler sprechen davon, dass sich mithilfe unseres Gehirns womöglich ganz andere Dinge bewerkstelligen lassen, als bisher bekannt. Telepathie, Hellsichtigkeit, luzides Träumen und Astralwandern sind da nur kleine Eckpfeiler von denen immer wieder Menschen behaupten, dass sie über solche Fähigkeiten verfügen, denen aber nicht geglaubt wird, weil es eben stark von der Norm abweicht. Die Grafik erinnert übrigens, was ich erst sehr viel später entdeckte, sehr stark an das Staatswappen von Israel, bzw. die Menora – der Vorgänger des christlichen Adventskranzes. Die Menora ist das älteste Symbol der Juden und wird nicht nur genau so gehandhabt wie unser Adventskranz, sondern fällt auch in die gleiche Jahreszeit. Chanukka ist ebenfalls das größte Fest. Im Onlinelexikon gab es dazu einen höchst-interessanten Eintrag: „Die Menora hat ihre Ursprünge vermutlich schon in Babylon (Sumerer) und soll die Erleuchtung symbolisieren." Es gibt zwar auch fünf-, sechs-, acht- und neunarmige Leuchter. Jedoch auf dem Staatswappen findet man die auch im Judentum heilige Zahl Sieben, so wie auch in der Grafik aus dem Buch. Im Judentum steht die Zahl Sieben für die Weisheit Gottes.

Menora, bzw. siebenarmiger Chanukka-Leuchter für das jüdische Lichterfest, Staatswappen von Israel.

Religionen sind in erster Linie Erfahrungen anderer. Mystik ist (so wie auch die Astralreisen / Nahtoderlebnisse) die eigene, bereichernde Erfahrung. Jede Seele muss freiwillig und autonom (also selbstständig) die Heimreise / Hinwendung zu Gott (zur Urquelle) antreten, denn der Sohn kommt zurück zum Vater und tritt sein volles Erbe an. Wir sind das freie Ebenbild und ein vollwertiger Erbe der Liebe, nicht ein dienender Knecht. Dennoch geschieht der Großteil der Erleuchtungserlebnisse wohl nur in Extremsituationen (Unfall, Krankheit, Nahtoderfahrung, Schicksalsschläge und Lebenskrise etc.).

Und obwohl sich nahezu alle christlichen und buddhistischen Klöster der Unio Mystica als zu erreichendes Ziel verschrieben haben, heißt es doch immer wieder, dass es keine besondere Weise oder Methode für das Erreichen des Ziels gibt. So sagte ja auch Jesus Christus laut Bibel *(1. Thessaloniker 5,2):*
„Der Tag des Herrn kommt wie ein Dieb in der Nacht."
und meinte sicherlich nicht nur den körperlichen Tod am Ende des materiellen Lebens, sondern auch den „Tod" des eigenen Egos. Man erinnere sich, bei der Taufe am Jordan durch Johannes den Täufer *(Lukasevangelium 3, 22),* dass sich
„der Heilige Geist wie eine Taube auf Jesus Haupt setzte."

Buddha erreichte die Erleuchtung laut historischen Schriften, mit Hilfe der sieben Stufen. Diese sollen im Einzelnen sein:

1. **Vorbereitung**
2. **innere und**
3. **äußere Reinigung**
4. **Konzentration**
5. **Meditation**
6. **Kontemplation**
7. **Verharren in der Stille,**
   jenseits von Sein und Nichts, im Übersein.

Der Mensch muss seine harte Schale durchbrechen wie ein Küken, welches sich zwar warm und geborgen fühlt in der lang aufgebauten Kruste, aber dennoch erwacht es erst zu vollem Leben, wenn es im Licht ist. Ja bricht auf zu neuen Ufern, erweitert den Horizont gewaltig, wenn es völlig frei ist von seiner Schale – ähnlich einem Schmetterling der seinen Kokon verlässt. Man muss von selbst diese Schwelle überspringen, seine Maske (lat. Persona!) fallen lassen. Oder um es mit dem Höhlenbeispiel des Platon zu sagen: Wir müssen nach der Lichtquelle der Schatten an der Höhlenwand suchen. Und diese finden wir nur außerhalb unserer dunklen Höhle (Schale).

Denken wir noch mal an das Beispiel der bunten Kirchenfenster. Wer ein mystisches Erlebnis hatte, erlebt das Licht in reinem Glanz ohne diese bunten Kirchenfenster. Er sieht direkt ins Licht. So wie ein Filmriss im Kinosaal: Die Illusion verschwindet, man sieht erst mal nur das reine, weiße Licht des Projektors. Die Identifikation mit dem Film und der Handlung, das Mitfühlen mit den Darstellern sind verschwunden. Zurück bleibt reiner, leerer Geist und absolute Stille. Wie ein Ballon der zum Himmel steigt. Jesus sprach von „den Armen". Wenn man also frei ist von sämtlichem Ballast – auch geistigem! – der den Ballon unten hält, dann kann er emporsteigen.

Doch derjenige, der ein solches Erlebnis hatte, der also über „seinen" Weg den Gipfel eines Berges erklommen hat (die verschiedenen Wege natürlich wieder als Sinnbild der verschiedenen Religionen und Konfessionen), muss auch wieder herunter vom Berg ins Dorf, um den anderen von diesem tollen Erlebnis zu berichten. Von der einzigartigen Sicht auf dem Berggipfel, von dem wundervollen reinen Licht der Sonne, ganz so wie in dem bekannten und schönen Beispiel des Platon aus dem alten Griechenland mit der Höhle und denen, die sich getraut haben aus der Höhle raus zu gehen und die echte Welt zu sehen, statt nur deren Schatten. Ein Mystiker muss der Welt davon berichten um ihnen diese Möglichkeit aufzuzeigen. Nach dem *Erwachen* geht es wieder um die Tat: Kranke müssen behandelt und Essen zubereitet werden etc. Kein Bergsteiger der Welt verbleibt auf dem Berggipfel, einer Weltflucht muss entgegengetreten werden. Es gilt einen Mittelweg zu finden zwischen der inneren / geistigen und der äußeren / materiellen Welt – nicht entweder oder.

Bemühe auch Du Dich um die Überbrückung des Abgrundes!

Aus „Geh den Weg der Mystiker" von Peter Reiter [11]
„Der Weg zur Erleuchtung ist ein Weg des Loslassens"
„Der Geist kann sich frei selbst bestimmen und definieren, doch jede Definition ist zugleich eine Selbstbegrenzung, eine Negation, da sie das jeweils andere ausschließt. Je mehr Bestimmungen der Geist sich gibt, umso eingegrenzter ist er.
Solange diese Identifikation bewusst und spielerisch geschieht, gibt es kein Problem – wie bei einem guten Schauspieler, der die Rolle spielt und dann wieder loslässt. Wenn aber die Identifikation zu stark wird und der Geist an den Dingen haftet, entsteht Leid, da er als Unvergänglicher an Vergänglichem haftet und daran leidet. Dem Geist kann auf Dauer nichts Vergängliches, Kreatürliches genügen.
Im äußersten Punkt dieses „unglücklichen Bewusstseins", das sich schließlich von allem getrennt fühlt, geschieht die „Umkehr". Die Geist-Seele beginnt mit der Rückkehr zu ihrem Ursprung. Sie beginnt sich zu ent-wickeln, von Verwicklungen zu befreien, indem sie umkehrt, sich von der Identifikation löst, loslässt, leer wird.
Der Prozess der Loslösung muss geistig geschehen und nicht körperlich durch nutzlose Askese. ... Unseren oft geschundenen Körper sollten wir vielmehr wohlwollend und liebevoll annehmen."

Was wird benötigt für eine Unio Mystica?
1. Ein Willensentschluss braucht keine Zeit, er geschieht hier und jetzt.
2. Niemand kann genau wissen und beurteilen, wie weit er schon auf dem Weg gegangen ist.
3. Nach der Vorbereitung ist kein gradueller Fortschritt nötig, sondern es ist wie ein Sprung, ein Durchbruch, der jederzeit stattfinden kann, ohne Vorankündigung.
4. Das Göttliche kommt uns entgegen, was man gemeinhin „Gnade" nennt. Es muss sogar in uns durchbrechen, denn es hat in dieser Hinsicht keine Wahl. Das Göttliche muss in den bereiten los-gelösten Menschen kommen.

Aus „Suche nach dem Sinn" [6] von Willigis Jäger

„Wir sind keine menschlichen Wesen, die eine spirituelle Erfahrung machen, wir sind spirituelle Wesen, die eine menschliche Erfahrung machen."

„Mystik bleibt der ständige Jungbrunnen der Religion. Es gibt eine transkonfessionelle Spiritualität. Ja, es gibt eine Spiritualität ohne personalen Gott."

„Darum ist der wahre Mystiker nicht der Einsiedler, der auf die schnöde Welt herabschaut. Es geht um das Erfassen Gottes in den Dingen der Welt."

Aus „Lebe deinen Traum!" von Martin Sage [12]

Transformation – das hässliche Entlein wird zum wunderschönen Schwan. Eine Krise taucht auf, die Umstände drohen Sie zu überwältigen, und plötzlich entdecken Sie Ihre ganz eigene Natur. Sie entspannen sich, es gibt keine Erwartungen mehr, Sie müssen nichts mehr beweisen. Manche Menschen lachen, wenn sie diese tiefe Erfahrung machen, andere wiederum weinen vor Erleichterung. Sie sind ganz einfach Sie, und das ist schon alles. Das Gewicht der ganzen Welt weicht von Ihren Schultern. Es ist ein einzigartiger Augenblick des Erwachens, den Menschen in Grenzsituationen erleben, in Augenblicken, in denen sie nichts mehr kontrollieren können und ihr Leben aus den Angeln gehoben wird. Dann werden sie plötzlich überaus lebendig.

Aus „Die Entstehung der Realität" [3] von Jörg Starkmuth, Seite 205

„Aus der Perspektive höherer Bewusstseinsebenen hat auch unser Alltagsbewusstsein den Charakter eines Traums, und auch aus diesem kann man erwachen – entweder durch endgültiges Verlassen der „Traumwelt" (auch Tod genannt) oder durch Erwachen innerhalb der Traumwelt (das nennt man Erleuchtung)."

„Gott" im Bestseller „Gespräche mit Gott – Band 1" [5]

Im Augenblick eurer totalen Erkenntnis (ein Augenblick, der jederzeit eintreten kann) werdet auch ihr so empfinden, wie ich immerwährend fühle: absolut freudig, hebend, akzeptierend, segnend und dankbar. Das sind die fünf Einstellungen Gottes. *S. 109*

Dein letztendliches Glück ist unausweichlich.
Du kannst nicht nicht „erlöst" werden. *Seite 178*

Aus der indischen „Bhagavad Gita" [9]

Gott: *„Sobald du frei vom Irdischen bist, wirst du mit Mir vereint werden."* IV. 28.

„Es gibt auf Erden kein Reinigungsmittel, welches der Erkenntnis der Wahrheit gleich kommt. Wer sich der Wahrheit völlig ergibt, wird sie zu geeigneter Zeit finden." IV. 38.

„Wer alles, was er tut, in meinem Namen vollbringt, wer Mich als das Ziel seines höchsten Strebens erkennt, wer frei von Begierde und ohne irgend ein Wesen zu hassen, Mich allein anbetet, der kommt zu mir". XI. 55. Die göttlichen Eigenschaften die einem helfen das Ziel (Gott) zu erreichen: *„Furchtlosigkeit, Reinheit des Herzens, Ausharren im Suchen nach der wahren Erkenntnis, Freigebigkeit, Selbstzähmung, Opfermut, stille Betrachtung ,freudige Buße, Ehrlichkeit, Unschuld, Wahrheitsliebe, Sanftmut, Entsagung, Ruhe, guter Wille, Barmherzigkeit für alle Wesen, Freiheit von Begierde, Gemütsruhe, Milde, Bescheidenheit, Festigkeit, Stärke, Geduld, Beständigkeit, Keuschheit, Abwesenheit von Rachsucht und Eitelkeit."*

Diese Eigenschaften führen einen weg vom Ziel:
„Heuchelei, Hochmut, Selbstvergötterung, Zorn, Rohheit und Torheit." XVI. 1. bis 5

> **Aus dem Koran [8]**
> *Sure 5, 35:* Fürchtet Allah und suchet den Weg der Vereinigung mit Ihm.
> *Sure 30, 7-8:* Sie kennen nur die Außenseite des Lebens in dieser Welt, des Jenseits aber sind sie gänzlich achtlos. Haben sie denn nicht nachgedacht in ihrem Innern? ... wahrlich, viele unter den Menschen glauben nicht an die Begegnung mit ihrem Herrn.

Adam muss täglich sterben, damit Christus in ihm geboren werden kann. *Johann Arndt*

Christentum ist Gott ähnlich werden. *Gregor von Nyssa*

Die Gewaltlosigkeit und die Liebenswürdigkeit zu allen Lebewesen ist die Liebenswürdigkeit sich selbst gegenüber. *Worte von Mahavira (Gründer des Jainismus)*

Ein Wunder passiert nicht gegen die Natur, sondern gegen unser Wissen von der Natur. *Aurelius Augustinus*

Das größte und einzige Hindernis ist, dass wir von Leidenschaften und Begierden nicht frei sind, und uns keine Mühe geben, den vollkommenen Weg der Heiligen zu betreten. *Thomas de Kempis*

Wir sind alle Streichhölzer, aber nur wenige sind entzündet. *Sai Baba*

Wird Christus tausendmal geboren und nicht in Dir,
Du gingst doch ewiglich verloren. *Angelus Silesius*

Wenn die Tür aufgestoßen ist, ist alles anders.
Was vorher leer war, ist nun klingende, beglückende Melodie. *Jakob Böhme*

Es ist der stetig fortgesetzte, nie erlahmende Kampf gegen Skeptizismus und Dogmatismus, gegen Unglaube und gegen Aberglaube, den Religion und Naturwissenschaft gemeinsam führen, und das richtungsweisende Losungswort in diesem Kampf lautet von jeher und in alle Zukunft: Hin zu Gott! *Max Planck*

Wir leben in einem Zeitalter, in dem die Menschen schlafen.
Sie halten sich für wach, doch in Wirklichkeit schlafen sie. Doch die Menschen müssen aufwachen, sie können Gottes Stimme nicht hören, wenn sie schlafen.
Vernon Cooper, nord-amerikanischer Medizinmann des Stammes der Lumbee [18]

Was denn verhinderte Erleuchtung? Einzig euer laues Verlangen nach Wahrheit! Denkt daran! Kämpft ungestüm auf Leben und Tod. *Ende des Zen-Textes von Bassui*

Wenn du aber ganz mit Essig gefüllt bist,
wie soll Gott seinen Honig in dich ergießen? *Augustinus*

ER ist es, der Dich sucht. Lass Dich finden! *Aus „Die Antwort der Engel" [4]*

Die Unio Mystica in persönlichen Beschreibungen:

Von Zen-Meister Yasutani Roshi

„Auf dieser Stufe wird sich Selbst-Wesensschau ereignen. Urplötzlich! Das Durchbrechen zur Erleuchtung erfordert nur einen Augenblick. Es ist, als hätte eine Explosion stattgefunden. Wenn das geschieht, werden Sie so viel erleben! Sie werden den Himmel in Bestürzung versetzen und die Erde in Bewegung bringen. Alles wird so verwandelt erscheinen, dass man meint, Himmel und Erde hätten umstürzend die Plätze getauscht. Natürlich kommt es nicht dazu, dass Sie buchstäblich umstürzen. Durch Erleuchtung sehen Sie die Welt als Buddha-Wesen, das heißt aber nicht, dass alles so strahlend wird wie ein Glorienschein. Vielmehr nimmt jedes Ding genauso, wie es ist, einen völlig neuen Sinn und Wert an. Wunderbarerweise ist alles von Grund auf verändert und bleibt dabei doch, wie es ist. Dieser Durchbruch zum Bewusstsein des strahlenden Buddha-Wesens ist das Verschlucken des Weltalls, das Auslöschen jeglichen Gefühls von Gegensätzen und von Vereinzelung."

Von einem Schüler des Zen-Meisters Nakgawa Soen Roshi

„Urplötzlich war mir, als ob mir ein elektrischer Schlag durch den ganzen Körper führe, und im gleichen Augenblick stürzten Himmel und Erde ein. In der gleichen Sekunde wallte eine ungeheure Freude gleich Sturzwellen in mir auf, ein wahrer Orkan von Freude, und ich lachte laut aus vollem Halse... Fühle mich taub am ganzen Körper, aber Hände und Füße hüpften mir vor Freude fast eine halbe Stunde lang. Alles ist von mir abgefallen, bin frei, frei, frei... Sollte ich denn dermaßen glücklich sein?"

Vom christlich-deutschen Mystiker Meister Eckhart

„Deshalb muss sich die Seele, in der die Geburt geschehen soll, ganz lauter halten und ganz adlig leben und ganz gesammelt und ganz innerlich, nicht auslaufen durch die fünf Sinne in die Mannigfaltigkeit der Kreaturen, sondern ganz innen und gesammelt sein im Lautersten: da ist seine Stätte." „In dieser Geburt ergießt sich Gott mit Licht derart in die Seele, dass das Licht im Sein und im Grunde der Seele so reich wird, dass es herausdringt und überfließt in die Kräfte und auch in den äußeren Menschen...Der Überfluss des Lichtes, das in der Seele Grund ist, fließt über in den Leib und der wird dadurch voll Klarheit." „Leersein aller Kreatur ist Gott voll sein, und voll sein aller Kreatur ist Gottes Leersein." „Was den Menschen von Gott trennt, das ist nur das Äußerliche, Unwesentliche, im Wesen ist er schon mit Gott eins; es handelt sich nur darum, dass er diese Einheit in sich selber erkennt, indem er die Hindernisse, die sich dieser Erkenntnis in den Weg stellen, überwinden lernt." „Wer Gott empfangen soll, der muss sich gänzlich dahingeben und sich seiner selbst entledigt haben."
„Wenn ich dahin komme, dass ich mich in nichts einbilde und nichts in mich einbilde und alles hinaustrage und hinauswerfe, was in mir ist (=Stille erreiche), so kann ich in das reine Sein Gottes versetzt werden, und das ist das reine Sein des Geistes."
„Alles, was in niederen Dingen geteilt ist, das wird vereint, wenn die Seele hinaufklimmt in ein Leben, in dem es keinen Gegensatz gibt."
„Du brauchst Gott weder hier noch dort zu suchen, er ist nicht weiter, als vor der Tür des Herzens; dort steht er und harrt und wartet, wen er bereitfinde, dass er ihm auftue und ihn einlasse. Du brauchst ihn nicht von weither zu rufen; er kann es kaum erwarten, dass du ihm auftust."

DIE KRAFT DER GEDANKEN

„Am Anfang war das Wort, und das Wort war bei Gott, und das Wort war Gott. Im Anfang war es bei Gott. Alles ist durch das Wort geworden, und ohne das Wort wurde nichts, was geworden ist." (Johannesevangelium 1,1-3) Mit diesen bekannten ersten Sätzen des Johannesevangeliums, möchte ich auch dieses Kapitel beginnen. Denn mir waren diese Worte immer völlig unklar, bis ich verstand, dass *„das Wort"* auch das ungesprochene Wort – also jeder Gedanke – sein kann.

Ebenfalls verstand ich nie was folgender, äußerst wichtiger Satz aus dem Alten Testament der Bibel in Wahrheit bedeutet: *„So schuf Gott die Menschen nach seinem Bild, als Gottes Ebenbild schuf er sie..."* (1. Moses 1,27)

Ist es optisch gemeint? Ist ER ein Mensch wie wir? Ganz sicher nicht. Es würde IHN (bzw. sie oder es) stark einschränken. Eher ist doch gemeint, dass wir, wenn auch als kleine Einzelelemente vom Original, ebensolche Dinge tun können wie GOTT. Ja: Dass wir selber der Schöpfer unserer Welt sind! Denn wenn wir GOTTES Ebenbild sind, so ist ER (bzw. sie oder es) auch unseres. GOTT erfährt sich durch uns. Wir Christen glauben, dass der Meister Jesus aus Nazareth Gottes Sohn war. Ich sage aber sogar, so wie es auch Jesus selbst mehrfach tat, dass wir <u>alle</u> Gottes Söhne, bzw. Kinder sind, also das *vollwertige* Ebenbild, die erbberechtigten Nachfolger – wie könnte es auch anders sein? So nennt Jesus uns Menschen seine Brüder, als Beispiel sei zitiert das Johannesevangelium 20,17: *„Ich fahre auf zu meinem Vater und zu eurem Vater, zu meinem Gott und zu eurem Gott."*

In diesem Kapitel möchte ich über die Kraft oder Macht der Gedanken sprechen, und so staune ich nach dem vollständigen Studium der Bibel, dass diesem Thema im Neuen Testament sehr viel Bedeutung zukommt, es scheint sogar eines der Kernaussagen zu sein – neben der Nächstenliebe. Man denke nur an das Gesetz der Bibel *„Man erntet was man sät."* (z.B. Sprüche 22,8 und 2. Korintherbrief 9,6 oder Galaterbrief 6,7 + 8), das findet sich auch im Hinduismus mit dem Gesetz des Karma, und im Islam ist es ebenso bekannt.

Laut den Evangelien Lukas, Markus und Matthäus wiederholte Jesus sehr häufig wie sehr wir alles, und zwar wirklich *alles,* selbst bestimmen können für unser Leben. Jesus sagte laut Johannesevangelium (14,12) sogar: *„Wer an mich glaubt, der wird die Werke tun, die ich tue, und er wird noch größere als diese tun."*

Und wir kennen ja alle die Wunder, die er vollbracht haben soll, und daran glauben sogar die Muslime. Allerdings verwies er selbst immer darauf, dass nicht er, sondern unser eigener Glaube das möglich macht. Und zwar nicht unser Glaube an Jesus, als besondere Persönlichkeit (Persona = lat. Maske), sondern unser fester Glaube an die Sache, an ein bestimmtes Ziel, macht alles möglich: *„... dein Glaube hat dich gesund gemacht."* (Markusevangelium 5,34) oder *„Jesus aber sprach zu dem Blinden: Geh hin, dein Glaube hat dir geholfen. Und sogleich wurde er sehend* *und folgte ihm nach."* (Markusevangelium 10,52) und *"... Sei getrost meine Tochter, dein Glaube hat dir geholfen."* oder *"... und das Volk pries Gott, der solche Macht den Menschen gegeben hat."* (Matthäusevangelium 9,8 und 22).

Mir zeigen diese 2000 Jahre alten Textstellen, welchen enormen Einfluss unsere Gedanken auf unsere materielle Welt haben. Der Bezeichnung „Ebenbild Gottes", also des „Schöpfers", kommt damit eine gehörige Bedeutung zu.

Und so kam es, dass in den letzten Jahren Bestseller auf den Markt kamen wie *„Bestellungen beim Universum"* [14] oder *„The Secret"* [15], bzw. *„The Master Key System"* [22] die genau diese Thematik zur Sprache bringen. In dem Film und Buch *„What the BLEEP do we (k)now"* [16] wird unsere Gedankenkraft mit der modernen Erkenntnis der Quantentheorie in Zusammenhang gebracht. Physiker staunen, dass Lichtteilchen (Photonen) sich immer dahin bewegen, wo der Beobachter gerade hinschaut. Ein mir persönlich bekannter deutscher Autor namens Jörg Starkmuth bietet hierzu einen interessanten Erklärungsversuch in seinem Buch *„Die Entstehung der Realität"* [3]. Hier zeigt er ausführlich, wie der Einfluss der Gedanken auf die materielle Welt aus Sicht der Naturwissenschaft zu erklären ist. Dieses „Schöpfungsprinzip" wird durch unsere „Wahr-Nehmung" hervorgerufen. Nehmen wir die Welt im Geiste auf eine Art wahr, erleben wir dadurch weitere Dinge, die dazu in Resonanz stehen. Interpretiert man eine Situation also als positiv, wird man dazu Passendes erleben und umgekehrt. Auch wenn ich oben genannte Bücher gelesen habe, die beeindruckende Trilogie *„Gespräche mit Gott"* [5] empfehle ich jedem der sich für die Gedankenkraft interessiert, denn hieraus erlernte ich meine Erkenntnisse.

Die Idee **„Gedanken werden wahr"** ist also aktuell im Trend, doch ist sie sehr alt. **„Wie innen – so außen"** ist eine viel zitierte Weisheit unter Esoterikern und Mystikern aller Zeiten. Dass also <u>alles</u> im Äußeren ein *„Spiegel der Seele"*, ein Ausdruck unserer Gedanken und Gefühle ist – das Prinzip von Actio und Reactio aus der Physik. Schon 387 vor Christus gründete der Philosoph Plato eine Akademie in Athen zu seiner Ideenlehre: *„Dinge sind Abbilder von Ideen"*, also von Gedanken. Ich selbst hatte lange damit zu kämpfen einzusehen, dass wir an allem selber *„schuld"* sind. Später, nach unzähligen Selbstversuchen, fertigte ich mir sogar ein T-Shirt an, auf dem Stand: *„Ich bin schuld"*, denn <u>alles</u> ist unsere eigene Wahl. Was im Kleinen noch gut zu verstehen ist (ich habe den Ehepartner gewählt, den Beruf, mein Auto etc.), mag uns im Großen nicht so gerne in den Kopf, weil es ja so hart und unfair klingt: Krankheiten, Unfälle, Kriege. All das soll unseren Gedanken entsprungen sein? Wir sollen selbst der Urheber sein? Unglaublich oder? Und doch bin ich und werde täglich davon überzeugt. Es ist wie ein, kaum erforschtes und relativ unbekanntes, Naturgesetz.

Deshalb wird es in meinem Buch häufig in Erinnerung gerufen, siehe dazu z.B. das Kapitel *„Gesundheit"* im Teil 3. Es gibt sogar ein ganzes Forschungsgebiet dazu, unter dem Stichwort „Noêtik".

Schwer fällt mir dieser Gedanke lediglich bei schwer kranken Kindern und ich vermute hier noch ganz andere Ursachen, die nicht von dem Menschenkind selber und auch nicht von den Eltern ausgehen. Dazu später mehr.

Während des biblischen Turmbaus zu Babel *(1. Buch Moses, Genesis, 11,6)* sagte Gott (es ist von „Götter" die Rede!): *„Jetzt wird ihnen nichts mehr unmöglich sein, was sie sich auch vornehmen."*. Alles ist dem Menschen also möglich. Und während wir damals wohl scheinbar noch diese Sprache der Anwendung verstanden, wurden laut der Geschichte die Sprachen verwirrt und damit der Turmbau gestoppt. Würden wir also noch heute klar und deutlich diese Sprache der Gedankenkraft verstehen, wäre uns auch heute noch alles auf Anhieb möglich. Laut den vielen Bestsellern ist das jedoch erlernbar. Man erinnere sich an das dicke Standardwerk des deutschen Philosophen Schopenhauer *„Die Welt als Wille und Schöpfung"* [40]. Der bekannte Seelenforscher C. G. Jung entdeckte ebenfalls diese, wie er sagte, *„Synchronizität"* und nannte es *„Brücke zwischen Geist und Materie"*. Es ereignen sich besondere Situationen die wie eine direkte Antwort auf die eigenen Gedanken wirken, wenn man im Einklang mit seiner Umwelt ist. Zum Beispiel wenn ein guter Bekannter nach langer Zeit anruft, gerade in dem Moment, als wir an ihn denken. Oder wir trillern ein Lied und kurz danach läuft es im Radio. Wir alle kennen doch diese Ereignisse.

Der deutlichste Beweis in der modernen Welt ist für mich jedoch der sogenannte „Placebo-Effekt". Placebos sind Medikamente, die medizinisch keinerlei Wirkung haben, denn sie bestehen aus Zucker oder ähnlichen wirkungslosen Stoffen. Und oh Wunder: Der Patient ist nach kurzer Zeit geheilt, ganz so wie es der Arzt gesagt hat. Für diese Art von Selbstheilungskräften kenne ich im Bekanntenkreis einige gute Beispiele, z.B. Menschen die sich nach langer Drogenabhängigkeit oder Alkoholiker aus dem Sumpf befreien konnten und später wieder ein ganz normales und erfülltes Leben führten. Wir alle kennen diese Art „Wundergeschichten", wo ehemals Gelähmte später wieder gehen konnten und sogar an olympischen Spielen teilnahmen, obwohl die Ärzte keinerlei Hoffnung für sie sahen. Diese Menschen haben irgendwann die Wende geschafft, an sich selbst geglaubt und das Ziel vor Augen, welches sie gesund werden ließ. Siehe dazu auch Rudolf Steiners (Gründer der Anthroposophischen Gesellschaft) Schrift *„Herrschaft des Geistes über die Materie"*.

Laut Mystikern und Esoterikern aller Zeiten, ist der Satz *„Ich bin"* mit einer starken Macht verbunden. Wer sagt *„Ich will"*, zeigt nur, dass er es will, aber eben nicht hat. Wer sagt *„Ich bin"* und daran glaubt, der wird die Wende schaffen. Ich bin gesund, ich bin reich, ich bin fröhlich, ich bin frei von Angst etc. Man sollte diesen Gedanken, dieses persönliche Ziel – was immer es auch ist – immer deutlich vor Augen haben und eifrig verteidigen gegen die aufkommende Skepsis. Man kann jede freie Minute nutzen, um den Gedanken zu wiederholen, damit keine Hindernisse auftreten; beim Stehen in einer Kassen-Schlange, im

Stau während einer Autofahrt oder beim Warten auf den Zug. Man sollte ein deutliches Gefühl aufbauen welches man hätte, wenn es schon so wäre. Das Beste ist sogar einfach dankbar zu sein, für das was man bereits hat. Das „Universum" wird einem dann mehr davon schenken. Ein Architekt, der bereits eine Bauzeichnung von dem Bauprojekt fertig hat und sogar schon das Fundament angelegt, würde sich ja auch nicht von vorbeilaufenden Passanten verunsichern lassen welche die Architektur kritisieren, er würde weiterhin an seinen Plänen festhalten und das Haus zu Ende bauen.

Tagtäglich treffe ich allerdings immer wieder auf Menschen, die ganz im Gegenteil, wahrscheinlich völlig unbewusst und ohne Kenntnis der Kraft der Gedanken, ganz andere Wort-Wiederholungen sprechen: Ich bin ja so krank, ich bin allergisch gegen das und das, ich habe Angst vor einem Überfall, ich traue mir das nicht zu und so weiter. Wen wundert es da, dass sie mehr und mehr davon erleben, was sie in Gedanken auf ihre Kopiermaschinen legen?

Steckt man in einer Keksfabrik Schokolade vorne rein, darf man sich nicht wundern, wenn am Ende Schokoladenkekse herauskommen…

Wir alle kennen doch diese Unfall-Berichte, wo jemand mit seinem Auto auf gerader Straße gegen den einzigen Baum weit und breit gefahren ist. Das kommt natürlich genau daher, dass wir uns kurz vor dem Aufprall sagen: *„Bloß nicht gegen diesen Baum…"* und so kommt es dann wie herbeigerufen!

Denn *jeder* Gedanke, ausgesprochen oder nicht, ist wie ein Same, der sich in die Welt und Seele pflanzt. Seine Auswirkungen im Universum sind wie das Wachstum dieses Samens. Je nachdem, wie man ihn düngt und pflegt, wächst diese Pflanze Richtung Himmel oder bleibt ewig im Dunkeln der Erde zurück. Entscheidend ist, was wir als Landwirt auf unserem geistigen Acker aussäen. Es wird immer nur das wachsen, was wir pflanzen! Deshalb sagte Jesus laut Matthäusevangelium 5,28: *„Ich aber sage euch: Wer die Frau eines anderen begehrlich ansieht, hat in seinem Herzen schon die Ehe mit ihr gebrochen."*

Uns allen ist auch das „Autogene Training" bekannt. Diese Selbsthypnose („konzentrative Selbstentspannung") durch positive Vorstellungskraft, oder „Eigen-Programmierung" durch bestimmte Formeln, wurde in den 1920er Jahren entwickelt vom Berliner Psychologen Johannes Heinrich Schultz.

Ohne jeglichen Körpereinsatz und nur durch die Vorstellung von Ruhe, Wärme, Liebe, Entspannung etc. können psychosomatische Krankheiten oder Süchte geheilt werden. Auch bei Wunderheilungen, eine andere Form der Psychokinese, spielt die Kraft der Gedanken, des Glaubens, eine große Rolle. Sogenannte Wunderheiler, Schamanen wecken mit Dingen wie Reiki usw. lediglich die Selbstheilungskräfte des Patienten. Es ist eine Initialzündung – ich habe es selbst erleben dürfen und bin sehr dankbar dafür!

Mir fallen unzählige Beispiele ein, wo Menschen aus ärmsten Verhältnissen den Sprung in die Oberliga geschafft haben. Meine Austauschschüler aus Südafrika, welche im Prinzip chancenlos groß geworden sind und heute ein normales Mittelklasseleben führen. Mitschüler, die sich ohne finanziellen Hintergrund und nur durch eigenen Fleiß zu „Besserverdienern" entwickelt haben. Eine alleinerziehende Witwe mit 14 Kindern, von denen 12 studiert haben. Schauen wir uns die Top 10 der reichsten Menschen der Welt an, kaum einer von ihnen kommt selbst aus einem reichen Elternhaus. Viele Legenden aus Film, Fernsehen, Musik und Sport haben es aus teils einfachsten Verhältnissen und armen Elternhäusern aus eigener Kraft, mit einem starken Willen und Fleiß, auf das Ziel ausgerichtet, nach ganz oben geschafft.

Man muss aber nicht bloß intellektuell *denken* an das Ziel, sondern auch mit einem positiven Gefühl dabei, dass es so kommt und gut ist, ohne Reste von Skepsis. Das Ziel braucht natürlich nicht materieller Art sein, sondern kann auch Liebe, Frieden oder die Vereinigung mit Gott usw. beinhalten.

Zu der Zeit, in der ich dieses Buch hier schreibe, arbeite ich genau 10 Jahre für unsere Firma in diesem Beruf als Immobilienmakler (und es ist wirklich eine Berufung für mich!). Auch wenn diese Branche in Deutschland den schlechten Ruf des schnellen Geldes genießt, arbeite ich für eine hoch-seriöse Firma mit einem prima Chef, der mir sehr viele Freiheiten gewährt. Ich treffe in dieser Branche täglich neue interessante und völlig unterschiedliche Menschen. Ich erlebe sie in ihrer privaten Umgebung und stelle deutlich fest, wie der individuelle Charakter auch die Inneneinrichtung eines Hauses und das Miteinander der Bewohner prägt. Hinzu kommen die unterschiedlichsten Gründe für den Verkauf oder Kauf, ihre Zukunftspläne und der bisherige Lebenslauf, man könnte Bände darüber schreiben. Täglich, und ich sehe im Schnitt pro Jahr ca. 100 neue Häuser und entsprechend viele Interessenten und Verkäufer, erlebe ich deutliche Beweise für die „Kraft der Gedanken". Die einen haben mehrheitlich positive Gedanken und erleben ein positives Leben, die anderen hegen negative Gedanken und machen entsprechende Erfahrungen. Die meisten nutzen dabei das Gesetz der Resonanz völlig unbewusst und passiv, obwohl die aktive Nutzung viele Vorteile brächte. Was für jeden einzelnen gilt, gilt auch für Gesellschaften und ganze Völker.

Wichtig bei der Sache ist, dass wir die Verantwortung nicht mehr von uns weisen. Bisher war in unserem Leben immer jemand anderes schuld: Die Eltern, der Lehrer, die Politiker, die Ausländer, die Kinder, die Gene, die Religion oder Gott. Wir alle kennen die Frage: *„Warum lässt Gott das zu?"*. Doch wir selbst sind es, die Krieg führen, wir selbst sind es, die Fremdenfeindlichkeit zulassen, Ausgrenzung, Umweltzerstörung, Hunger, die Verbreitung von Aids, Späße über Schlechtergestellte, Gewaltfilme oder entsprechende Computerspiele etc. Wir alle tragen Mitverantwortung an den positiven wie negativen Ergebnissen in der Welt. Werden wir endlich wieder Kapitän unseres eigenen Schiffes, nehmen wir das Steuer selbst in die Hand! Schon Adam schob die Verantwortung auf die Frau und diese auf die Schlange. Schluss damit!

In dem Buch „*Geh den Weg der Mystiker*" von Peter Reiter [11] findet man dazu passend: „*Wir werden so lange nicht wieder in die Einheit und Harmonie allen Seins – ins Paradies – zurückkommen, bis wir gelernt haben, die Verantwortung und damit die Ursache unserer Handlungen wieder anzunehmen, statt die Schuld abzuwälzen. Denn mit der Projektion, dass es eine äußere oder andere Ursache gibt, die nichts mit uns zu tun hat, trennen oder spalten wir den einen und ganzheitlichen Geist und fallen demzufolge aus der Einheit, spalten die Welt in Innen und Außen, in Mein, Dein und Viele. Wir werden demzufolge erst wieder endgültig in diese Einheit zurückkehren, wenn wir eines Tages die Verantwortung für das Ganze, für Alles, übernehmen – für alles was geschieht. Dann gibt es kein Innen und kein Außen mehr, nur noch Eines.*"

Ich frage mich: Wenn uns der Placebo-Effekt in der Medizin hilft gesund zu werden, warum nutzen wir die Kraft der Gedanken nicht auch für alle anderen Dinge und Ziele im Leben? Jesus sagte: „*Wenn ihr Glauben habt wie ein Senfkorn, könnt Ihr Berge versetzen.*" (Matthäusevangelium 7,20). Warum glauben wir also nicht an uns, an unser Land, an die Menschheit, an den Frieden und versetzen Berge? Glauben wir doch einfach daran, dass es funktioniert und wenden wir diese Kraft an. Wir müssen dafür keine Seminare besuchen, keine teuren Schulungen bezahlen, nicht mal die genannten Bücher lesen. Wir müssen diese Kraft einfach nur anwenden in unserem täglichen Leben und *völlig bewusst* darauf achten, **was** wir denken. Stellen wir uns vor, dass diese Gedanken laut von allen anderen zu hören wären, würden wir dann noch dasselbe denken? Über den Nachbarn? Über den Kollegen? Über den Vorgesetzten?

Durch regelmäßige, vor allem *bewusste Anwendung* werden sich die Ergebnisse stetig verbessern und nachweisbar sein. Warum soll man nicht denen Glauben schenken, die damit Erfolg haben, statt den Skeptikern, die erfolglos bleiben?
Wir müssen alle wieder lernen, unsere Gedanken besser zu koordinieren, die Auswirkungen abschätzen, wie wir auch in der physischen Welt immer aufpassen, wohin wir laufen. So müssen wir auf die Richtung unserer Gedanken achten wie ein abgeschossener Pfeil in der materiellen Welt. So wie dieser Pfeil in der äußeren Welt etlichen Schaden anrichten kann, so müssen wir auch bei unseren einmal in die Welt geschossenen Gedanken an die Folgen denken. Ich habe auf diese Art nach 20 Jahren mein Rückenleiden besiegt.
Zusammengefasst ist unser Geist eine riesige Kopiermaschine für das Universum (das »System Gott«), entscheidend ist, was wir auf den Kopierer legen. Ist es etwas, das im Ursprung mit Liebe oder mit Angst zu tun hat? Man kann immer dankbar sein für irgendetwas. Und wenn man dankbar ist für das, was man schon hat, wird man mehr davon erhalten. Überlegen Sie einfach morgens unter der Dusche, wofür Sie dankbar sein können in Ihrem Leben.
Dankbarkeit aussprechen ist eine Art des positiven Schöpfungsprozesses.
Macht Euch die Erde untertan! *1. Moses, Genesis, 1,28* [1]

Aus der Bibel – Neues Testament [1]
Von der Stärke deines Glaubens hängt alles ab. *Matthäusevangelium 9,29*
Wenn du den Glauben hast... wird nichts unmöglich für dich sein. *Mat. 17,20*
Und alles, was ihr im Gebet erbittet, werdet ihr erhalten, wenn ihr glaubt. *Mat. 21,22*
Fürchte dich nicht, glaube nur! *Markusevangelium 5,36*
Alle Dinge sind möglich, dem der da glaubt. *Markusevangelium 9,23*
Alles worum ihr betet und bittet – glaubt nur, dass ihr es schon erhalten habt, dann wird es euch zuteilwerden. *Markusevangelium 11,24*
Bittet, so wird euch gegeben; suchet, so werdet ihr finden; klopfet an, so wird euch aufgetan. *Lukasevangelium 11,9* – Was der Mensch sät, wird er ernten. *Galaterbrief 6,7*
Bittet und ihr werdet empfangen. *Johannesevangelium 16,23-24*

„Gott" im Bestseller „Gespräche mit Gott – Band 1" [5]
Wenn du glaubst dass Gott ein allmächtiges Wesen ist, das alle Gebete hört und zu einigen „Ja", zu anderen „Nein" und zum Rest „vielleicht, aber nicht jetzt" sagt, dann irrst du dich. An welche Faustregel würde sich Gott denn halten? *S. 34*
Ihr seid eine große Schöpfungsmaschine und bringt buchstäblich so schnell, wie ihr denken könnt, eine neue Manifestation hervor. *S. 65*
Nur wer sagt: „Ich habe das getan", kann die Macht finden, es zu ändern. *S. 66*
Was ihr am meisten fürchtet, das wird euch am meisten quälen. Die Furcht zieht es wie ein Magnet zu euch heran. *S. 96*
In der Angst wurzelnde Gedanken produzieren eine Art von Manifestation auf der physischen Ebene. In der Liebe wurzelnde Gedanken produzieren eine andere. *S. 97*
Alles, was ihr seht, war einst jemandes Idee. In eurer Welt existiert nichts, was nicht zunächst als reiner Gedanke vorhanden war. *S. 121*
Ereignisse sind Begebenheiten in Zeit und Raum, die ihr gemäß eurer Wahl produziert, und ich werde mich niemals in eure Wahl einmischen. Wenn ich das täte, würde sich genau der Grund erübrigen, aus dem ihr von mir erschaffen wurdet. *S. 166*
Du bekommst immer, was du erschaffst, und du bist immer am erschaffen. *S. 183*

Aus „Die Antwort der Engel" [4]
Es gibt keinen wahren Glauben ohne Taten.
Es gibt keine wahre Tat ohne Glauben. Glaubst du an dich, so glaubst du an IHN.
Du bist Formende – nicht Geformte. Die Materie ist das Kind Gottes.

Jörg Starkmuth in „Die Entstehung der Realität" – Seite 291 [3]
In der indischen Spiritualität wird dieses Prinzip – das kosmische Gesetz von Ursache und Wirkung – als „Karma" bezeichnet. Es besagt, dass alles, was ein Mensch denkt und tut, irgendwann auf ihn zurückfällt – sowohl die angenehmen wie auch die unangenehmen Dinge. ...Dies stellt damit eine Art natürliches „Belohnungs- und Bestrafungssystem" dar, durch das jeder Mensch automatisch „erntet, was er sät", ohne dass dazu irgendeine äußere moralische Existenz notwendig wäre.

Konfuzius im 8. Lunyu 15,21
Der Edle verlangt alles von sich selbst, der Primitive stellt Forderungen an andere.
Der Edle geht gegen die eigenen Fehler an, nicht gegen die Fehler der anderen.

> **Weisheiten des Siddhartha Gautama (Buddha)**
> „Es gibt keinen Schöpfer außer dem Geist."
> „Alles was wir sind, ist ein Resultat dessen, was wir gedacht haben."
> „Wenn du wissen willst, wer du sein wirst, dann schau was du tust."

> **Peter Reiter in „Geh den Weg der Mystiker" – Seite 157 [11]**
> Aufgrund der Schaffenskraft des Willens, die ständig wirkt – ob bewusst oder unbewusst, sind Gedankenkontrolle und Beherrschung der Aufmerksamkeit so wichtig, vor allem, wenn ich durch spirituelle Übungen Wille und Aufmerksamkeit noch verstärke. Bislang erschaffe ich eben nicht nur das bewusst Gewollte, sondern ständig auch unbewusst das, was mir durch den Kopf geht, womit ich verhaftet bin, wohin es mich zieht oder womit ich in mir in Resonanz gehe, also alles was ich „zufällig" denke, fühle, begehre, ablehne und bekämpfe. Durch die Verhaftung mit den Objekten und Kreaturen – sowohl mit Begierde wie durch Widerstand – ziehe ich diese an. Daher ist es jetzt unsere Aufgabe, wieder bewusst den Willen einzusetzen, um fortan unsere Schöpferkraft zu steuern und die Wirklichkeit bewusst zu gestalten.

Alle Menschen haben die Anlage schöpferisch zu arbeiten.
Nur merken es die meisten nie. *Truman Capote*

Das Glück Deines Lebens hängt von der Beschaffenheit Deiner Gedanken ab.
Marc Aurel

Wohl ergeht es den Gläubigen, die sich demütigen in ihren Gebeten...
Koran [8], Sure 23, 1-2

Solange sich ein Mensch einbildet, etwas nicht tun zu können,
solange ist es ihm unmöglich es zu tun. *Baruch de Spinoza*

Wer sein Ziel kennt, findet den Weg. *Laotse*

Stärke erwächst nicht aus physischer Kraft,
sondern aus unbeugsamen Willen. *Mahatma Gandhi*

Wenn man etwas ganz fest will, dann setzt sich das ganze Universum dafür ein,
dass man es auch erreicht. *Paulo Coelho*

Ich werde niemals eine Antikriegsveranstaltung besuchen.
Aber wenn ihr eine Friedensveranstaltung habt, ladet mich bitte ein. *Mutter Teresa*

Jeder Geist der hellwach ist für die Kraft des rechten Denkens, muss zu dem Schluss gelangen, dass ein Mensch sich ändern... und sein eigenes Schicksal meistern kann.
Christian D. Larsson

Die Gedanken, die wir uns auswählen, sind die Werkzeuge,
mit denen wir die Leinwand des Lebens bemalen. *Louise L. Hay*

Wir können viel und Großes, wenn wir nachhaltig wollen. *Adolph Kolping*

Viele, die den falschen Weg eingeschlagen haben, geben dem Weg die Schuld.
Heinrich von Kleist

Viele verfolgen hartnäckig den Weg, den sie gewählt haben, aber nur wenige das Ziel.
Friedrich Wilhelm Nietzsche

Aus der Pflege glücklicher Gedanken und Gewohnheiten
entsteht auch ein glückhaftes Leben. *Norman Vincent Peale*

Wenn Sie sich gut fühlen, dann erschaffen Sie gerade eine Zukunft, die im Einklang mit Ihren Wünschen ist... Das Gesetz der Anziehung wirkt jede Sekunde... Alles, was wir denken und fühlen, erschafft unsere Zukunft. Wenn Sie besorgt sind oder in Angst, dann ziehen Sie mehr davon in Ihr Leben. *Marci Shimoff*

Wenn du dankbar bist für das Geringste, wirst du würdig sein, für das Größere.
Thomas de Kempis

Wogegen Du Deinen Widerstand richtest, dem schaffst Du Bestand. *C. G. Jung*

Woran wir denken und wofür wir danken, das bringen wir zustande.
Dr. John Demartini

Jeder ist seines Glückes Schmied. *Sallust*

Wollen wir in Frieden leben, muss der Frieden aus uns selbst kommen.
Jean-Jacques Rousseau

Darum kann das äußere Werk niemals klein sein, wenn das innere groß ist, und das äußere niemals groß sein oder gut, wenn das innere klein oder nichts wert ist. So beabsichtige nichts mit deinen Werken und ziele auf kein Warum ab, weder in Zeit noch in Ewigkeit, weder auf Lohn noch auf Seligkeit, noch auf diese oder das; denn solche Werke sind wahrlich tot. *Meister Eckhart*

Wenn du die Absicht hast, dich zu erneuern, tu es jeden Tag. Der Mann, der den Berg abtrug war derselbe, der anfing, kleine Steine wegzutragen. *Konfuzius*

Es ist absolute Wahrheit: Das – Ich – ist vollkommen und vollständig; das wirkliche Ich ist spirituell und kann deshalb niemals weniger sein als vollkommen; es kann niemals irgendeinen Mangel, Begrenzung oder Krankheit haben. *Charles Haanel*

Worte sind nicht wie Hunde, die man zurückpfeifen kann. *Leonardo Sciascia*

Wie man in den Wald ruft, so schallt es auch heraus. *Deutsches Sprichwort*

Fahre nur fort, und dir wird, was du ersehntest zuteil. *Ovid*

TEIL DREI – GEDICHTE, ZITATE, KOMMENTARE

Im folgenden Teil finden sich nun meine Gedichte zu verschiedenen Themen. Sie entsprechen meist Bildern aus der Natur, die eine tiefe spirituelle Aussagekraft besitzen. Die Naturvölker orientieren sich an solchen Bildern.

Mir kamen die Einfälle zu diesen Gedichten meist morgens nach dem Aufstehen. Sie waren so deutlich in meinem Kopf, dass sie einfach raus mussten, das Herz wummerte vor Aufregung. Ich brachte sie sogleich zu Papier und formte sie im Laufe der folgenden Tage zu einem Gesamtbild.

Als nächstes präsentierte ich diese Gedichte meinen Mail-Freunden aus dem Internetforum. Diese haben mit Kritik nicht gespart und mir allerhand Tipps gegeben, wie diese Gedichte noch aussagekräftiger, noch schöner und noch vollendeter werden. Natürlich gab es auch verschiedene Verständnisprobleme.

Gedichte sind ja nichts weiter als verdichtete Informationen oder Inhalte. Dinge, die man mit einfachen Worten auf den Punkt bringt. Ich bin mir nicht sicher, ob mir das immer gelungen ist. Mir selbst gefallen diese Gedichte, und ich lese sie selbst gerne immer mal wieder in Ruhe.

Man findet immer erst die von mir verfassten Gedichte, welche teilweise in kleinerer Schrift gesetzt wurden, sodass man sie nicht kürzen muss.

Dann im Anschluss, zur Untermauerung dieser Worte, passende Zitate von bekannten Persönlichkeiten aus möglichst vielen Kulturen, Religionen und Zeiten. Die meisten Namen dürften dem Leser bereits bekannt sein.

Daran anschließend folgen nochmals kurze, persönliche Kommentare von mir, um eine kleine Erklärung zu geben, obgleich es vielleicht ausreichen mag, wenn das Gedicht für sich im Raume stehen bleibt, auf die Seele einwirkt und entsprechend viele Emotionen oder eigene Bilder weckt.

All das soll die Seele in eine höhere Schwingung versetzen, ein Aha-Erlebnis auslösen, zum inneren Frieden beitragen und dadurch einen äußeren Frieden herbeiführen. Ich denke, diesen haben wir sehr nötig auf diesem Planeten.

Ob das alles gelingt? Ich bin auf die Reaktionen meiner Leser sehr gespannt und freue mich auf alle Kommentare, um eine spätere Auflage noch verbessern zu können. Vielleicht wummert ja auch Ihr Herz?

Nun folgen diese Streicheleinheiten für die Seele. **Viel Vergnügen damit!**

Ein Ältester, der viele Sprichwörter kennt, kann jeden Streit schlichten. *Sprichwort aus Nigeria*

Das Gedicht ist eine Art zweites Paradies, wo unerwartete Worte friedlich beieinander sind wie Wolf und Lamm. *Hilde Domin*

Gedichte sind Sonntage der Gedanken. *Friedrich Schlegel*

ICH

wünschte
müsste
könnte
würde
sollte
täte
hätte
wollte
hoffte
plante
suchte
ersehnte

BIN

Von Daniela Mateja, Pulheim
Im Januar 2005

Dieses Gedicht, welches ich gleich zu Beginn hier präsentieren möchte, ist nicht mein eigenes. Es stammt von einer jungen Dame, die in meiner Nähe wohnt und die mich nun schon lange innerhalb der Mailrunde meiner spirituellen Webseite begleitet. Ich fand es seither so gigantisch gut, dass ich sie bitten musste, es hier aufnehmen zu dürfen.

Für mich wirkte es wie ein Ausrufezeichen: So viele Dinge, die wir immer machen wollten, sollten, könnten, müssten etc. Doch in Wahrheit kommt es nur darauf an, wer oder was wir sind! Ausleben, wer wir sind. Handeln, so wie wir in Wahrheit sind und nicht, wie andere uns gerne hätten.

Daniela sagte mir jedoch, dass sie eine Sanduhr im Kopf hatte, als sie die Worte so aneinander fügte. Dass wir so unendlich viel Zeit verlieren mit all diesen Dingen, die uns in der materiellen Welt fesseln und vergessen ganz das „Ich bin" – also die Seele, unser wahres Ich. Das **„Ich"** (= Raum) und das **„Bin"** (= Zeit) sind der Anfang und das Ende unserer Handlungen, alles was dazwischen ist, ist zeitlich, es zerrinnt wie der Sand in der Uhr.

Der aktuell lebende 14. Dalai Lama, also das geistige Oberhaupt der Tibeter, schrieb in einem Buch, dass wir uns immer nur um die äußere Welt kümmern, sobald etwas aus dem Ruder läuft. Aber unser Innerstes wird sträflichst vernachlässigt. Er sagt: Tropft ein Wasserhahn, drehen wir ihn ab, Licht welches unnötig brennt, schaltet man aus, eine Batterie wird umgehend gewechselt, wenn sie leer ist. Doch geht es unserer Seele schlecht, beachten wir das nicht, versuchen es durch Ablenkungen in der materiellen Welt zu unterdrücken.

Es gibt Menschen, die glauben, dass Gott seit der Abfassung der Bibel vor 2000 Jahren verstummt ist. Sie sagen: Alles was danach kam, ist nicht die Stimme Gottes, kann nicht die Wahrheit sein, denn mit der Bibel wurde alles gesagt. Schade. Ich glaube sie verpassen eine Menge, was diese Welt und ihre Menschen zu bieten haben. Denn es gibt immer wieder „Zeugen", die Neues berichten können. Man muss nur nach ihnen suchen. Sicherlich ist die Bibel unser Fundament. Aber warum kann man auf diesem Fundament nicht ein tolles Gebäude mit prächtigen Mauern, Säulen und einem ausragenden Dach errichten? Dieses Dach könnte die verschiedenen Farben der verschiedenen Kulturen und Ausschmückungen annehmen.

Treten wir, am besten täglich, einen Moment aus dem Alltag aus, ziehen uns zurück, hören auf die innere Stimme und finden heraus wer **„Ich bin"**. In absoluter Stille entdeckt man wie groß die Seele ist und auch die Grenzen zu anderen werden verschwimmen... Dazu das Motto von SPONDUUN.TV: Lebe – Liebe – Lerne – Lache! / Live – Love – Learn – Lough!

Jeder Satz mit „Ich bin" ist eine kräftige Aussage über das Selbst.

Sei du selbst! Alle anderen sind bereits vergeben. *Oscar Wilde*

In dir selbst ist eine Ruhe und ein Heiligtum, in welches du dich jederzeit zurückziehen und ganz du selbst sein kannst. *Hermann Hesse*

Es gibt keinen Weg zum Glück. Glücklich-sein ist der Weg.
Siddhartha Gautama (Buddha)

Große Gelegenheiten, anderen zu helfen, ergeben sich selten, kleine dagegen tagtäglich. *Paul Gerhardt*

Es ist viel leichter den Übernächsten zu lieben, als den Nächsten. *Oskar Stock*

Das sei eure Ehre: Immer mehr zu lieben als ihr geliebt werdet. *Friedrich Nietzsche*

Wer Halt gewährt, verstärkt in sich den Halt.
Wer Trost spendet, vertieft in sich den Trost. *Martin Buber*

Tue alles, was du tust, so als ob es große Bedeutung hätte. *William James*

Die meisten Missverständnisse rühren davon her,
dass die Menschen sich nicht aussprechen. *Thomas Lewis*

Sprich nur, wenn dein Reden besser ist als dein Schweigen. *Arabisches Sprichwort*

Der kürzeste Weg zum Ruhm ist – gut zu werden. *Heraklit von Ephesos*

Alle Menschen sind gut. Man muss nur die Chance haben,
sie in ihrer Güte zu ertappen. *Alfred Polgar*

Ein dummer Mensch sollte lieber schweigen.
Doch würde er dies, wäre er nicht dumm. *Muslih Uddin Saadi*

Die ganze Philosophie liegt in zwei Worten: ertrage und entsage. *Epiktet*

Reich wird man erst durch Dinge, die man nicht begehrt. *Mahatma Gandhi*

Für mich stellen Liebe und Mitgefühl eine allgemeine,
eine universelle Religion dar. *14. Dalai Lama*

Die Frucht der Liebe ist Dienen. Die Frucht des Dienens ist Frieden.
Und Frieden beginnt mit einem Lächeln. *Mutter Teresa*

Selig sind, die reinen Herzens sind. *Jesus Christus laut Matthäusevangelium 5,8*

Gottes Geschenk ist das Leben selbst.
Was du mit diesem Geschenk machst, ist dein Geschenk an Gott. *Leo Buscaglia*

24 STUNDEN

Jeder Mensch hat täglich 24 Stunden zur Verfügung.
Die einen nutzen sie, die anderen verschenken diese kostbare Zeit...

Der eine steht zeitig auf, um möglichst viel vom neuen Tag zu haben.
Der andere schläft bis Mittags und hat bereits den halben Tag verschenkt.

Der eine ist voller Schaffenskraft und startet mit neuen Ideen in den Tag.
Der andere ist lustlos und trödelt vor sich hin – ohne neues Ziel.

Der eine ist völlig ruhelos, steckt nur in Gedanken und hetzt von A nach B.
Der andere gönnt sich Pausen, die er mit seinen Liebsten verbringt.

Der eine setzt seine Zeit für andere ein, hilft ihnen wo er kann.
Der andere zieht selbst mit Nachbarn und Familie vor Gericht.

Die einen geben sich ihren Trieben hin – daraus werden Süchte.
Die anderen spenden ihre wertvolle Zeit, um die ersten daraus zu befreien.

Der eine setzt sich für den Frieden ein, demonstriert auf den Straßen.
Der andere verbreitet weiter Angst und Hass gegen die, die anders sind.

Die einen meckern über die Politik, über die Vorgesetzten, tagein, tagaus.
Die anderen sind selbst aktiv, melden sich zu Wort, werden Vorgesetzte.

Die einen setzen sich für die Umwelt ein, schützen wo es geht.
Die anderen wandeln gedankenlos umher und denken nicht voraus.

24 Stunden sind uns allen gegeben – täglich neu.
Wir selbst entscheiden, was wir damit tun.
Jede Aktion ruft eine Re-Aktion hervor.
Beginnen wir den Tag mit einem Lächeln oder schauen wir grimmig?
Es liegt ganz allein bei uns wie wir uns durch die Zeit bewegen.

Ganz am Schluss – wenn wir am Ziel angekommen sind – werden wir sehen
ob es hilfreich oder schädlich war für unsere und die anderen Seelen.

Jeden Tag können wir morgens ganz neu anfangen.
Jede Stunde können wir mit negativen oder positiven Gedanken füllen.

Es ist Zeit die Uhr zu stellen; Beginnen wir einfach: **Jetzt!**

Carpe Diem – Nutze den Tag! *Horaz*

Der folgende Tag ist immer der Schüler des vorangegangenen. *Publius Syrus*

Es ist Zeit sich zu entspannen, wenn man keine Zeit dafür hat. *Sydney Harris*

Irgendwann ist der Punkt erreicht, an dem die materielle Befriedigung keinen Sinn mehr gibt. *Arnold Bennett*

Kein Fundbüro ist zuständig für verlorene Zeit. *Ernst R. Hauschka*

Übe deinen Beruf wie eine Berufung aus, und ihr werdet Freunde. *Norbert Stoffel*

Langeweile ist nicht Mangel an Ereignis, sondern Mangel an Interesse. *Elmar Kupke*

Ein Seemann, der ungeachtet der Windrichtung stets dieselben Segel setzt, erreicht den Hafen nie. Wir sollten jederzeit bereit sein, unsere Ansichten zu ändern, Vorurteile aufzugeben und geistig aufgeschlossen und aufnahmefähig zu sein. *Henry George*

Es gibt genug Menschen, die leben nicht, sie erledigen nur noch. *Ernst Penzoldt*

Das beste Mittel, jeden Tag gut zu beginnen, ist, beim Erwachen daran zu denken, ob man nicht wenigstens einem Menschen an diesem Tage eine Freude machen könnte. *Friedrich Nietzsche*

Die Europäer haben die Uhr, wir haben die Zeit. *Sprichwort aus Afrika*

Frage dich konsequent nach jeder Tätigkeit: Welche Bereicherung meines inneren Lebens hat sie mir gebracht? *Friedrich Rittelmeyer*

Am freiesten wird der sein, der am wenigsten Bedürfnisse hat. *Hans Thoma*

Wer wenig hat ist arm - wer wenig braucht ist reich. *Hélder Pessoa Câmara*

Glückseligkeit ist vor allem Maßhalten. *Yehudi Menuhin*

Das Beste, was wir für andere tun können, ist nicht nur unsere Schätze mit ihnen zu teilen, sondern ihre eigenen zu enthüllen. *Zig Ziglar*

Es gibt eine verbindliche Regel, die wir stets bedenken sollten: Lässt sich ein guter Zweck nur durch schlechte Mittel erreichen, ist er entweder nicht gut, oder die Zeit ist noch nicht reif dafür. *Leo Tolstoi*

Wer immer nur in Eile ist, läuft nicht selten ein ganzes Leben lang vor sich selbst davon. *Josef Kirschner*

Dem Geduldigen laufen die Dinge zu, dem Eiligen laufen sie davon. *Aus Indien*

„Es ist nicht wenig Zeit, die wir haben. Sondern viel Zeit, die wir nicht nutzen."
„Nur die Menschen, die für die Weisheit Zeit haben,
sind frei von Unruhe. Sie allein leben." *Seneca*

Kein Tag hat genug Zeit, aber jeden Tag, sollten wir uns genug Zeit nehmen.
Autor unbekannt

So wie eine gute Naturanlage durch Schlendrian verdorben wird, so wird mangelhafte Begabung durch Unterricht aufgehoben; und während die Lässigkeit sich nicht einmal an das Leichte wagt, bewältigt der sorgsame Eifer auch das Schwere. *Plutarch*

Manche halten einen ausgefüllten Terminkalender für ein ausgefülltes Leben.
Gerhard Uhlenbruck

„Ein Mensch, dem nicht jeden Tag wenigstens eine Stunde gehört, ist kein Mensch."
„Die große Schuld des Menschen ist,
dass er in jedem Augenblick die Umkehr tun kann und nicht tut." *Martin Buber*

Wir hätten alle mindestens eine Stunde Alleinsein am Tag nötig,
um aufzufüllen und Atem zu schöpfen. *Maria Schell*

Aus dem Koran [8]
Wer dem rechten Weg folgt, der folgt ihm allein zum Heil seiner eigenen Seele, und wer in die Irre geht, der geht nur zu seinem eigenen Schaden irre. *Sure 10, 108*
Und sprich niemals von einer Sache: Ich werde es morgen tun. *Sure 18, 23*

Vernon Cooper vom nordamerikanischen Stamm der Lumbee [18]
Alle Leute haben es eilig, doch sie gehen nirgendwo hin.
Die Menschen leben nicht, sie existieren bloß.
Sie entfernen sich von der geistigen Wirklichkeit.

Rudolf Steiner in „Wie erlangt man Erkenntnisse der höheren Welten" [17]
Geduld wirkt anziehend auf die Schätze des höheren Wissens. Ungeduld wirkt auf sie abstoßend. In Hast und Unruhe kann nichts auf den höheren Gebieten des Daseins erlangt werden. Vor allen Dingen müssen Verlangen und Begierde schweigen. *Seite 92*

„*Der Mensch lebt nicht vom Brot allein!*" ist ein bekanntes Zitat des Jesus aus Nazareth. Mittelmaß sollte unsere Richtschnur sein. Der Mensch braucht Zeiten der Aktivität und Zeiten der Passivität, also Pausen zur Regeneration.

Immer nur arbeiten, dem Geld hinterher laufen, wozu soll das gut sein? Eines Tages ist alles vorbei, und wir werden uns fragen: Was haben wir aus unserem Leben gemacht? Doch häufig treffe ich gelangweilte Menschen, die nichts mit ihrer Zeit anzufangen wissen und einen Großteil ihrer Freizeit ins Fernsehprogramm stecken. Umgekehrt welche, die den Tag voll stopfen mit Aufgaben, so dass ihnen kaum Luft zum Leben bleibt. Dabei ist klar, dass zu wenig Ruhe absolut schädlich ist für die körperliche Gesundheit.

Man überlege sich, mit wie viel Grundsätzlichem wir die Tage verbringen: Essen, Trinken, Schlafen etc. Für mich ist jede Stunde kostbar, jede Minute. Ich versuche Zeit *effektiv* zu nutzen. Investiert man jeden Tag nur allein 15 Minuten in eine Sache, sind das im Jahr sechs volle Tage, also fast eine Woche des Wachbewusstseins, die wir im Jahr mit dieser einen Sache verbringen, sei es allein die täglichen Nachrichten im Fernsehen zu verfolgen. Schenkt man täglich einer Sache eine ganze Stunde Aufmerksamkeit, multiplizieren Sie das mal vier. Es sind dann drei volle Wochen pro Jahr! Man rechne das einmal hoch auf unseren Fernsehkonsum oder andere fragliche Dinge.

Stehen wir aber täglich 30 Minuten früher auf und widmen uns einer schönen Aufgabe – ein Buch lesen, Gymnastik oder auch eine Pflicht, so werden wir am Ende der Woche sehen, dass wir 3,5 Stunden *mehr Zeit* dafür hatten.

Wenn man sagt, man habe keine Zeit für die Kinder, den Garten, für das Lesen von Büchern, sollte man diese halbe Stunde pro Tag „opfern".

Häufig werde ich gefragt: „Martin wie schaffst du das nur alles?" und weiß keine Antwort. Ich mache es einfach. „Man wächst mit den Aufgaben." sagt man in Deutschland und so ist es. So schreibe ich z.B. dieses Buch hier in den Abendstunden, wenn andere fernsehen. Es geht nicht um Zeitmanagement, sondern um Aktivitätenmanagement, also entscheiden, *was* Vorrang hat.

Kennen Sie den Film *„Täglich grüßt das Murmeltier"*? Der Hauptdarsteller wacht täglich am gleichen Wochentag auf, mit der gleichen Radiosendung, mit den gleichen anstehenden Aufgaben etc. Im Laufe des Films verschiebt sich sein Schwerpunkt: Während er anfangs noch arrogant seiner Arbeit nachgeht, entdeckt er später, dass es SINNvoller ist, an dem Tag Menschen zu helfen. Erst zum Schluss löst er die Aufgabe und entdeckt die *Liebe* als Lösung.

Was würden Sie tun, wenn Sie komplett neu anfangen könnten? Und ich sage Ihnen: Sie können gleich morgen früh neu anfangen und alles überdenken.

In der Esoterik sagt man: „Schau dir deinen Tag an. So wie du einen Tag verbringst, so ist dein ganzes Leben." Und wenn wir es genau betrachten, ist es ja so: Widmen wir täglich einem Thema gleich viel Aufmerksamkeit, tun wir das sicher auch das ganze Jahr über. Wir sollten also überprüfen, welche Schwerpunkte wir setzen. Fangen Sie *jetzt* an. Nutzen Sie das Leben!

Rufen Sie am besten gleich jetzt jemanden an, der einsam ist und schenken ihm eine Viertelstunde Ihrer Aufmerksamkeit. Er wird es Ihnen danken!

Investiere Deine Zeit gut und sinnvoll! Sie ist Gold wert...

Hierzu möchte ich noch folgenden interessanten Textauszug zitieren:

> **„Gott" im Bestseller „Gespräche mit Gott – Band 2" [5], Seite 230**
>
> „... Wenn du dein höchstes Lebensglück aus Erfahrungen beziehst, die nur in der äußeren Welt – der physischen Welt außerhalb deiner selbst – zu erlangen sind, wirst du NIE, weder als Person noch als Nation, auch nur ein Gramm aufgeben wollen, von allem, was du aufgehäuft hast, um dich damit glücklich zu machen. Und solange die „Besitzlosen" ihr Unglück an den Mangel von materiellen Dingen geknüpft sehen, werden auch sie sich in dieser Falle verfangen. Sie werden ständig haben wollen, was du hast, und du wirst dich konstant weigern, es mit ihnen zu teilen.
>
> Deshalb habe ich an früherer Stelle gesagt, dass es einen Weg gibt, Kriege wirklich auszuschalten – und alle Erfahrungen von Unruhe und mangelndem Frieden. Aber dieser beinhaltet eine spirituelle Lösung. Letztlich lässt sich jedes geopolitische Problem sowie auch jedes persönliche Problem auf ein spirituelles Problem zurückführen. ALLES im Leben ist spirituell, und daher haben alle Probleme des Lebens eine spirituelle Basis – und sind spirituell zu lösen.
>
> Kriege werden auf eurem Planeten geführt, weil jemand etwas hat, was ein anderer haben will. Das bringt jemanden dazu, etwas zu tun, was jemand anderes ihn nicht tun lassen möchte. Jeder Konflikt entsteht aus einem fehlgeleiteten Verlangen. Der einzig dauerhafte Friede in der Welt ist der Friede im Innern. Lasst jede Person inneren Frieden finden. Wenn du inneren Frieden findest, stellst du fest, dass du auch ohne alle diese Dinge auskommst.
>
> Das bedeutet einfach, dass du die Dinge der äußeren Welt nicht mehr brauchst. „Nicht zu brauchen" bedeutet große Freiheit. Es befreit dich als erstes von der Angst: Angst, dass du etwas, was du hast, verlieren wirst; und Angst, dass du ohne ein bestimmtes Ding oder Person nicht glücklich werden kannst. Zweitens befreit es dich von der Wut. Wut ist die Verkündung von Angst. Wenn du nichts zu fürchten hast, hast du nichts, worüber du wütend werden musst.
>
> Du wirst nicht wütend, wenn du etwas nicht bekommst, was du möchtest, weil dein Wunsch nur eine Vorliebe, aber keine Notwendigkeit bedeutet. Deshalb verbindest du keine Angst mit der Möglichkeit, dass du es vielleicht nicht bekommst. Und somit kommt auch keine Wut auf.
>
> Du wirst nicht wütend, wenn du andere etwas tun siehst, was sie deinem Wunsch nach nicht tun sollen, weil für dich keine Notwendigkeit besteht, dass sie irgendetwas Bestimmtes tun oder nicht tun. Somit kommt keine Wut auf. Du wirst nicht wütend, wenn andere unfreundlich sind, weil für dich keine Notwendigkeit besteht, dass sie freundlich sind. Du wirst nicht wütend, wenn andere lieblos sind, weil für dich keine Notwendigkeit besteht, dass sie dich lieben. Du hast keine Wut, wenn jemand grausam oder verletzend ist oder dir zu schaden sucht, denn für dich besteht keine Notwendigkeit, dass er sich anders verhält, und dir ist klar, dass du nicht verletzt oder geschädigt werden kannst.
>
> Du hast noch nicht einmal Wut, wenn dir jemand nach dem Leben trachten sollte, denn du hast keine Angst vor dem Tod. Ist dir die Angst genommen, kann dir alles andere genommen werden, und du wirst keine Wut empfinden..."

DAS RAD DES LEBENS

Wenn man die Welt sorgfältig beobachtet, so fällt einem auf, dass nicht nur die Natur, sondern auch die Religion, Kultur, die Wirtschaft und vieles mehr einem ständigen Kreislauf mit Höhen und Tiefen unterworfen sind. Man spricht von kultureller Blüte wie im Frühling oder von einem Winter des Glaubens, dem Überhitzen der Wirtschaft etc. Als Bild habe ich hier ein bekanntes Buchcover im Kopf, wo ein Baum mit Laub aus allen vier Jahreszeiten gleichzeitig zu sehen ist. Ein Viertel Winter, ohne Laub, ein Viertel Frühling, Sommer und Herbst. Ein fantastisches Bild.

Auch der Mensch muss in seinem Leben „Jahreszeiten" durchlaufen:

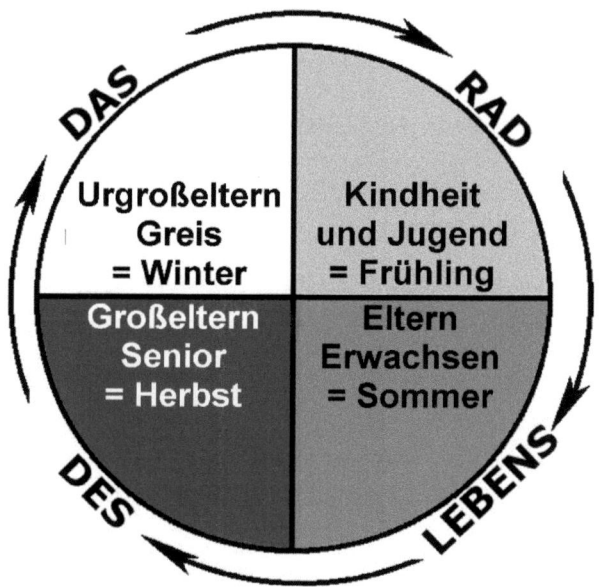

→ 4 mal 25% = 4 mal 25 kostbare Jahre!

Frühling (0 - 25 Jahre): Das neue Leben muss zunächst tiefe Wurzeln schlagen. Wurzeln, die alles Neue in sich aufsaugen und später festen Halt geben. In der Tat prasseln unendlich viele Informationen täglich, wie ein Frühlingsregen, auf das kleine Wesen ein. In enormem Tempo wächst es körperlich und geistig. Neue „Triebe" sprießen in alle Himmelsrichtungen. Alles ist quietsch-fidel, fröhlich und wundervoll bunt – die kindliche Leichtigkeit. Allerdings ist die Pflanze noch stark zerbrechlich und leicht formbar.

Sommer (25 - 50 Jahre): Die Wurzeln und das Astwerk festigen sich nun. Die Belaubung mit Blättern nähert sich seinem Höhepunkt. Statt der Frucht des Baumes werden beim Menschen Kinder in die Welt gesetzt, es wird ein schützendes Heim gesucht wie das Vogelnest. All das bringt Verantwortung mit sich, aber es macht den Sommer auch so warm und herzlich. Die Sonnenstrahlen sind wie der Zusammenhalt in der Familie. Aber es gibt auch Schwierigkeiten, die man als Kind nicht kannte. Die Sonne kann zu lange zu heiß sein, das Wasser wird knapp. In dieser Phase muss man bestehen, muss jedes irdische Wesen stark sein, muss sich auf seine Wurzeln verlassen können.

Herbst (50 - 75 Jahre): Der Herbst ist bekannt für seine Stürme. Und wenn man es betrachtet, kommt der Mensch in dieser Zeit tatsächlich in eine stürmische Umbruchphase. Nicht nur, dass sich auch beim Menschen das Laub verfärbt, sondern es naht das Ende des Berufslebens, die Kinder werden flügge, bekommen selber Kinder, werden selbstständig und ziehen aus, dadurch ergibt sich oft ebenfalls ein Umzug in eine neue Bleibe, kleiner, seniorengerecht, man macht sich winterfest. Doch im Herbst gibt es auch den Goldenen Oktober; man findet endlich Zeit und hat ausreichend Geld für ausgiebige Reisen und Hobbys sowie die Freude mit den Enkelkindern. Manche werden allerdings bereits vom starken Wind „umgepustet".

Winter (75 - 100 Jahre): Wer durch die Stürme des Herbstes noch nicht vom Baum geweht wurde, den heißen Sommer und den ersten Frost überstanden hat, der findet sich nun in der kalten Jahreszeit wieder. Wie in der Natur legt sich auch über das Haupt des Menschen ein weißer Schleier. Kalt wird es wegen des sozialen Umfeldes: Lieb gewonnene Freunde, Kollegen, Nachbarn und nahe Familienmitglieder, wie der Ehepartner, sterben weg. Man ist weniger aktiv, fühlt sich nicht mehr gebraucht. Doch es gibt auch sonnige Tage, gerade im Winter gibt es ja die schönsten Sonnenuntergänge. Und man selbst kann ein Licht anzünden, ein Licht das die Dunkelheit erhellt und Wärme spendet, an dem sich andere erfreuen, ein Licht, auf das die Welt angewiesen ist. Ein Leuchtfeuer aus Wissen, Erfahrung, praktischer Hilfe, welches an die nächsten Generationen weiter gegeben werden kann – voller Erwartung auf den kommenden Frühling, in welcher Form auch immer.

Bei Menschen, bei denen die genetischen, äußeren und inneren Voraussetzungen stimmen, kann auch ein Alter über 100 Jahre erreicht werden. Diese erleben einen längeren Winter, wie er auch in der Natur schon mal vorkommt. Laut der Bibel und auch der Wissenschaft ist uns aber eine biologische Grenze von 120 Jahren gesetzt (siehe 1. Buch Moses (Genesis) 6,3 in der Bibel [1]).
Konfuzius sagte:
> „Die Lebensspanne ist dieselbe, ob man sie lachend oder weinend verbringt."

Wenn der Winter naht, kann dann der Frühling noch fern sein? *Percy Bysshe Shelley*

Mitten im Winter habe ich schließlich gelernt,
dass es in mir einen unbesiegbaren Sommer gibt. *Albert Camus*

Im Grunde des Herzens eines jeden Winters liegt ein Frühlingsahnen, und hinter dem Schleier jeder Nacht verbirgt sich ein lächelnder Morgen. *Khalil Gibran*

Altwerden ist wie auf einen Berg steigen. Je höher man kommt, desto mehr Kräfte sind verbraucht, aber umso weiter sieht man. *Ingmar Bergman*

Es kommt nicht darauf an, dem Leben mehr Jahre zu geben,
sondern den Jahren mehr Leben. *Alexis Carrel*

Je älter man wird, desto ähnlicher wird man sich selbst. *Maurice Chevalier*

Nicht wie alt man ist, zählt, sondern wie man alt ist. *Marie Dressler*

Leben kann man nur vorwärts. Verstehen kann man es nur rückwärts. *S. Kierkegaard*

Das Leben ist lang, wenn es seinen vollen Inhalt hat. Was nützen dem Menschen achtzig untätig verbrachte Jahre? Das war kein Leben, nein, nur mittelmäßiges Verharren im Leben. Sein Sterben ist nicht spät erfolgt,
sondern hat nur eine lange Zeit für sich in Anspruch genommen. *Seneca*

Nur wenn der Mensch des Äußeren beraubt wird wie im Winter, besteht Hoffnung, dass sich ein neuer Frühling in ihm entwickelt. *Djehal od-Din Rumi*

Dieses Leben ist keine Frömmigkeit, sondern ein Fromm-Werden, keine Gesundheit, sondern ein Gesund-Werden, kein Wesen, sondern ein Werden, keine Ruhe, sondern ein Üben. Wir sind es noch nicht; können es aber werden. *Martin Luther*

Der Zweck deines Lebens ist nicht, zu tun, was die Mehrheit tut, sondern dem inneren Gesetz entsprechend zu leben, das du in dir selbst erkennst. Handle nicht deinem Gewissen oder der Wahrheit zuwider. Wenn du so lebst, erfüllst du deine Lebensaufgabe. Du kannst nicht gegen die Forderungen des Gewissens kämpfen. Es sind die Regeln Gottes, und es ist besser, sich ihnen zu unterwerfen. *Leo Tolstoi*

Fordere viel von dir selbst und erwarte wenig von anderen.
So bleibt dir mancher Ärger erspart. *Konfuzius*

In der ersten Hälfte des Lebens opfern wir unsere Gesundheit, um Geld zu verdienen. In der anderen Hälfte opfern wir Geld, um die Gesundheit wiederzuerlangen.
Es ist nicht erstaunlicher, zweimal geboren zu werden als einmal.
Alles in der Natur ist Auferstehung. *Voltaire*

Die Summe unseres Lebens sind die Stunden, in denen wir liebten. *Wilhelm Busch*

Der Herbst ist ein zweiter Frühling, wo jedes Blatt zur Blüte wird. *Albert Camus*
Mit einer Kindheit voll Liebe, kann man ein halbes Leben

hindurch für die kalte Welt haushalten. *Jean Paul*

Jeder, der sich die Fähigkeit erhält, Schönes zu erkennen, wird nie alt werden.
Franz Kafka

Ertrag jeden Menschen so wie Gott dich erträgt. *Unbekannter Autor*

Lebenskunst ist die Fähigkeit, gerade das Einfache besonders zu genießen.
Thomas Romanus Bökelmann

Ich finde das Alter nicht arm an Freuden.
Farben und Quellen dieser Freuden sind nur anders. *Wilhelm von Humboldt*

Das Schicksal der Familie ist über kurz oder lang das Schicksal des Landes. *A Kolping*

Die jüngere Generation ist der Pfeil, die ältere der Bogen. *John Steinbeck*

Der Moment des Todes ist der, wo die Seele die regierende Zentralkraft entlässt,
aber nur, um wieder neue Verhältnisse einzugehen,
weil sie von Natur unvergänglich ist. *Johann Wolfgang von Goethe*

So müssen viele alte Dinge (Eigenschaften, Einstellungen, Interessen, Schwerpunkte) in uns sterben, damit etwas ganz Neues entstehen kann. *Martin Sage*

Das Göttliche im Menschen, worin sein wahres Ich wurzelt, ist ewig und unveränderlich; es wird nicht geboren und stirbt nicht. *Dr. Franz Hartmann*

Selbstachtung, Selbsterkenntnis, Selbstbeherrschung –
diese drei führen das Leben empor zu Königlicher Kraft. *Alfred Lord Tennyson*

Es sind nur wenige, die auch im hohen Alter noch
der Vielfältigkeit der Welt offen stehen. *Werner Bergengruen*

Besitz? Leihgaben des Schicksals. Bestenfalls lebenslänglich. *Oliver Hasenkamp*

Lerne zu werden, der du bist. *Pindar*

Die Nützlichkeit des Lebens liegt nicht in seiner Länge,
sondern in seiner Anwendung. *Michel de Montaigne*

Leben ist nichts anderes als der Umgang mit der Welt. *José Ortega y Gasset*

Lebe so, dass du die Taten deines Lebens nicht zu verheimlichen brauchst,
aber auch kein Verlangen hast, sie zur Schau zu tragen. *Leo (Lew) Tolstoi*

Es wäre eine Freude zu leben, wenn jeder die Hälfte von dem täte, was er von den anderen verlangt. *Autor(in) unbekannt*

Jeder Mensch hat die Chance, mindestens einen Teil der Welt zu verbessern, nämlich sich selbst. *Paul Anton de Lagarde*

Ein neues Lebensalter, eine neue Lebenslage – und ein und derselbe Mensch wird ein ganz anderer. *Alexander Solschenizyn*

Das einzige Mittel, das Leben zu ertragen, ist: es schön zu finden. *Rudolf Leonhard*

Denken, was wahr und fühlen, was schön und sollen, was gut ist, darin erkennt der Geist das Ziel eines vernünftigen Lebens. *Johann Gottfried von Herder*

Das ganze Leben ist ein ewiges Wiederanfangen. *Hugo von Hofmannsthal*

Aus „Die Antwort der Engel" [4]
Geburt und Tod sind ein Paar, nicht Leben und Tod. Denn ewig lebt das Leben.

„Gott" im Bestseller „Gespräche mit Gott – Band 1" [5], Seite 260
Ihr seid nicht auf diesem Planeten, um irgendetwas mit eurem Körper, sondern um etwas mit eurer Seele herzustellen. Euer Körper ist lediglich das Werkzeug eurer Seele. Euer Geist ist die Kraft, die den Körper in Bewegung setzt.

Uncle Frank Davis vom nordamerikanischen Stamm der Pawnee
Ein Gleichnis seiner Mutter aus „Hüter der Erde" [18]
Das Leben ist wie ein Pfad auf dem wir Erfahrungen sammeln wie Papierschnipsel auf dem Weg. Wir müssen sie aufheben und in die Tasche stecken. Eines Tages können wir diese Stücke zusammensetzen, und wenn wir genügend zusammen haben ergeben sie einen Sinn, wenn nicht müssen wir weiter sammeln.

Aus dem Koran [8]
Wer recht handelt, ob Mann oder Frau, und gläubig ist, dem werden Wir gewisslich ein reines Leben gewähren; und Wir werden gewisslich solchen ihren Lohn bemessen nachdem besten ihrer Werke. *Sure 16, 97*
Und richte deine Blicke nicht auf das was Wir einigen von ihnen zu (kurzem) Genuss gewährten – den Glanz des irdischen Lebens –, um sie dadurch zu prüfen. Denn deines Herrn Versorgung ist besser und bleibender. *Sure 20, 131*

Aus der indischen „Bhagavad Gita" [9]
Wie ein Mensch, der seine alten Kleider abgelegt hat, ein neues Gewand anzieht, so offenbart sich die ewige Wesenheit, wenn die zerrissenen Kleider abgelegt sind, in anderen sich neu bildenden Leibern. *II. 22.*
Diese zwei Wege, der lichte und der düstere, sind als der Welt ewige Wege bekannt. Der eine führt zur Nimmerwiederkehr (Nirwana), auf dem anderen kehrt man wieder (zur Erde) zurück (Reinkarnation). *VIII. 26.*

Auch wenn in der Bibel an mehreren Stellen von Ehe und Familie abgeraten wird (siehe z.B. *Lukas 20,34-35, Matthäus 19,12* oder *1. Korintherbrief 7,07 + 37*) und Mönche wie Nonnen weltweit im Zölibat leben, habe ich mich schon früh entschlossen einmal Kinder haben zu wollen. Bei der Geburt eines Kindes erfährt man einen interessanten Zeitraffer der Evolution: Erst ist es ein unbedeutender Einzeller, der zum „Fisch" wird, es kommt zur Welt und kann sich nur auf dem Boden bewegen, danach auf allen vieren, richtet sich auf, lernt kurze Strecken zu gehen, später die Sprache. Alles in allem offenbar die gesamte Entwicklungsgeschichte des Menschen im Schnellverfahren.

Erstaunlich, dass alte Menschen häufig gerne noch mal Kind sein wollen und Kinder so schnell wie möglich alles tun wollen was Erwachsene tun.

Unser Leben an sich ist dabei bis heute mit vielen Wundern besetzt und immer wieder wurde gefragt: Was ist der Sinn des Lebens? Meiner Meinung nach ist es das Leben selbst. Es ist wie ein Spiel, in dem die Welt ein Spielbrett, wir die Figuren und die Naturgesetze die Spielregeln sind. Und jeder ist ein Spielverderber, der schon jetzt über die Zielgerade gehen will und sich das Leben nimmt, also die Spielregeln missachtet. Dazu später mehr.

Die oben abgebildete Darstellung des Lebensrades impliziert, dass es auch nach dem Winter wieder einen Frühling geben muss, wie es in der Natur ja der Fall ist. Alles ist einem ständigen Kreislauf unterworfen (Der Kreis wird ja übrigens mit der Zahl Pi berechnet, welche unendlich ist. Man könnte an eine Spirale denken, eine spiralförmige Entwicklung nach oben). Biologisch stimmt das für unseren Körper: So wie ein Blatt herabfällt, zu neuer Erde zerfällt und dann z.B. zu einer Beere wird, die von einem Tier gegessen wird etc., so ändert offenbar auch der Mensch einfach nur seine äußere Form und existiert weiter. Die echte Reinkarnationslehre wurde in der christlichen Kirche erst im Jahre 553 n. Chr. auf dem Konzil von Konstantinopel zur Irrlehre erklärt. Und in der Tat finden sich auch in der Bibel sehr viele Stellen, die deutlich, wie in anderen Religionen, auf eine Re-Inkarnation (Wieder-Fleischwerdung) hinweisen: Siehe z.B. *Matthäus 17* oder *Markus 8,28* wo vermutet wird, dass Jesus oder Johannes der Täufer der wiedergeborene Elia ist.

Was ist, wenn wir nach dem Ende unseres hiesigen Lebens feststellen würden, dass wir in Wirklichkeit eine hässliche Raupe waren, die sich in einen farbenfrohen Schmetterling verwandelt? Wenn wir 1:1 in eine andere Welt gelangen würden, in der es sofort – nur eben in einer anderen Form – weitergeht? Und wir würden vollkommen unvorbereitet auf dieses Ereignis stoßen, hätten niemals „Schmetterlings-Flugstunden" genommen, könnten also mit unseren neu verliehen Eigenschaften gar nicht umgehen... Und all das nur, weil wir immer dachten: „Wenn ich als Raupe sterbe, bleibt nichts mehr von mir übrig ..." Tja: Was dann?

Wie würden wir uns ab sofort verhalten, wenn wir eine *hundertprozentige Garantie* erhielten, dass es weitergeht nach dem so genannten Tode?

DER TOD IST DAS ZIEL

Mag es auch provokant klingen: Selbst Naturwissenschaftler wissen, dass das Ziel einer jeden Lebensform der Tod ist. Verwelkt eine Blume, ist das „Turnier" zu Ende. Erlebt der Mensch die letzte Minute seines Lebens, so hat er den langen „Hürdenlauf" auf Erden beendet und läuft in die Zielgerade ein. Das Rennen ist für ihn beendet. Er hat das manchmal lang ersehnte, manchmal lang gefürchtete Ziel erreicht, gab es auch noch so viele Zwischenziele – im Rennen Hürden genannt.

Bricht jemand jedoch das Rennen vorzeitig ab und hat keine Lust das Turnier nach den Spielregeln zu beenden, weil es aussichtslos erscheint, dann ist er/sie nicht nur ein erfolgloser Wettkämpfer sondern wird auch als mutloser, unsportlicher Spielverderber mit Buh-Rufen das Feld verlassen müssen, ohne große Begeisterung hervorzurufen.

Selbst wenn man nicht alle Hürden schafft, sollte man sich als guter „Verlierer" verhalten und wenigstens das Rennen beenden, und erhobenen Hauptes durch das Ziel laufen. Ganz im Gegenteil heißt es doch sich besser vorzubereiten auf das Ziel, also auf das Ende des „Rennens", sodass man mit Bravour durch das Zielband läuft und Begeisterung bei allen Zuschauern auslöst, die das „Turnier" verfolgen.

Nehmen wir mein anderes Beispiel: Den „Schulabschluss".
Betrachten wir das Leben als Schule, um für die nächste Stufe gerüstet zu sein.
Es gibt Leute die Klassenbeste sind und eine ganze Stufe überspringen, also die Schule früher beenden können, weil sie einfach schon alles „nötige Wissen" angesammelt haben. Andere müssen jedoch eine Extra-Runde drehen, weil sie sich haben hängen lassen, nicht auf das Klassenziel ausreichend vorbereitet sind und somit kaum eine Chance in der nächsten Stufe hätten. Andere sind einfach nur Durchschnitt.

Solche jedoch, die die Schule des Lebens frühzeitig abbrechen, weil sie keine Lust mehr haben weiterzumachen, sich überfordert fühlen oder einfach schon in früheren Klassen nicht genug aufgepasst haben und meinen, es wäre nun das Beste alles hinzuschmeißen, die werden schon sehr bald feststellen, dass dieser Weg für ihr zukünftiges Leben sicher nicht sehr hilfreich war und sie kaum weiter bringen wird.

Also: Lasst uns festhalten am Turnier, lasst uns gut trainierte Wettkämpfer sein, die gut auf das Rennen des Lebens vorbereitet sind, sodass sie das Klassenziel, das Ende des Wettlaufs am Ende auf der Zielgeraden mit Bestnoten abschließen. Lasst uns besser sein, als die anderen, die sich hängen lassen, die alles hinschmeißen.

Und vergessen wir nicht: Es gibt auch schlechte Gewinner. Solche die übermütig werden, weil sie sich bereits siegessicher fühlen, bevor der Wettkampf überhaupt richtig gestartet hat. Ein Fußballspiel dauert 90 Minuten, ein Marathon 42 km. Erst am Ende, wenn man durch das Ziel läuft, zeigt sich wer geeignet ist für die nächste Stufe, das nächst-höhere Turnier, die nächste Liga, die Weltmeisterschaft.

Der Tod ist das Ziel des irdischen Lebens. Lasst uns alle gut vorbereitet sein!

Das höchste Glück des Menschen ist die Befreiung von der Furcht. *Walther Rathenau*

Wie wenig ist am Ende der Lebensbahn daran gelegen, was wir erlebten,
und wie unendlich viel, was wir daraus machten. *Wilhelm von Humboldt*

Während die Lebenserwartung in den letzten Jahren erheblich gestiegen ist,
ist die Todeserwartung unverändert konstant geblieben. *Ernst R. Hauschka*

Wie beim Theater kommt es auch im Leben nicht darauf an,
wie lange es dauert, sondern wie gut es gespielt wird. *Thukydides*

Der Körper ist eine Erfindung der Seele. *Nicolás Gómez Dávila*

Wer das Leben liebt und den Tod nicht scheut,
geht fröhlich durch die sinkende Zeit. *Theodor Körner*

Wer Großes vollbringen will, muss leben, als ob er niemals sterben würde.
Luc de Clapiers Vauvenargues

Das eine in mir ist ungeboren, ist ewig gewesen, bin ich jetzt und werde ich ewig
bleiben. Das was von mir geboren wurde, das wird sterben, denn es ist sterblich,
darum muss es mit der Zeit verderben. *Meister Eckhart*

Wir stellen die Frage falsch, wenn wir sagen: „Was geschieht nach dem Tod?".
Wenn wir über die Zukunft sprechen, reden wir über Zeit,
aber mit dem Tod lassen wir die Zeit hinter uns. *Leo Tolstoi*

Was die Raupe Ende der Welt nennt, nennt der Rest der Welt Schmetterling. *Laotse*

Lauf vor dem Ende nicht weg, das allen ist gegeben:
Wer fürchtet seinen Tod, vergisst die Zeit zu leben. *Cato*

Verglichen mit dem Leben, das kommt, ist das jetzige der Tod.
Aus „Die Antwort der Engel" [4]

Einem guten Menschen kann weder im Leben
noch nach dem Tode Böses widerfahren. *Sokrates*

Lebe so, dass, wenn du die Welt verlässt, alle weinen und du allein lächelst.
Chinesisches Sprichwort

Ob ein Minus oder Plus, uns verblieben, zeigt der Schluss. *Wilhelm Busch*

Ist das Spiel vorbei, landen König und Bauer in derselben Schachtel. *Aus Italien*

Leben ist endlich. Lebe endlich! *Anke Maggauer-Kirsche*

Vom Universalgenie Leonardo da Vinci
„Wie ein gut verbrachter Tag einen glücklichen Schlaf beschert, so beschert ein gut verbrachtes Leben einen glücklichen Tod."
„Die Zeit verlängert sich für diejenigen, die sie zu nützen wissen."

Römische Sprichworte
„Das Ende krönt das Werk!"
„Jeden Tag, den das Schicksal dir schenkt, verbuche als Gewinn!"
„Der Tod ist die Pforte des Lebens."
„Der Tod ist uns sicher, seine Stunde aber ist ungewiss."

Vom römischen Philosophen Marc Aurel
All dein Tun und Denken sei so beschaffen, als ob du möglicherweise im Augenblick aus diesem Leben scheiden würdest. Aus der Mitte der Menschen zu scheiden, hat nichts Schreckliches. Tod und Leben, Ehre und Unehre, Schmerz und Vergnügen, Reichtum und Armut, all diese Dinge mögen den Bösen wie den Guten ohne Unterschied zuteilwerden, denn sie sind an sich weder ehrbar noch schändlich, sie sind also in Wahrheit weder ein Gut noch ein Übel.

Vom römischen Philosophen Seneca
Der Tod gehört zu den Dingen, welche zwar kein Übel sind, jedoch wie ein Übel aussehen. Die Eigenliebe sowie der Trieb nach Dauer und Selbsterhalten ist uns eingepflanzt verbunden mit dem Widerwillen gegen die Auflösung, denn diese, glauben wir, beraubt uns vieler Güter und zwingt uns zum Verzicht auf diese Fülle von Annehmlichkeiten, an welche wir uns gewöhnt haben. Dazu kommt als weiterer Abschreckungsgrund noch der Umstand, dass wir unsere hiesige Umgebung kennen, während wir nicht wissen, was uns im Jenseits erwartet: Vor dem Unbekannten schaudert uns. Zudem haben wir eine natürliche Furcht vor der Finsternis... Gehört also der Tod auch zu den gleichgültigen Dingen, so doch nicht zu denen, mit denen man sich leicht abfinden kann. Es bedarf reichlicher Übung, um der Seele die Festigkeit zu geben, welche in der Lage ist, den Anblick und die unmittelbare Nähe desselben zu ertragen.

Aus „Die Entstehung der Realität" von Jörg Starkmuth [3] – Seite 211
In den meisten spirituellen Traditionen wird davon ausgegangen, dass es einen nicht materiellen Teil des Menschen gibt, der den physischen Körper überdauert und nach dessen Tod in eine andere Existenzebene übergeht. ...man geht allgemein davon aus, dass die „Seele" im Körper wohnt und ihn nach dem Tod wieder verlässt.

„Gott" im Bestseller „Gespräche mit Gott – Band 1 und 2" [5]
Die Hinterbliebenen betrauern die Toten nur deshalb, weil sie die Freude nicht kennen, in die diese Seelen eintreten. *GmG 2, Seite 77*
Was ist die Hölle? Sie ist die Erfahrung des schlimmstmöglichen Resultats eurer gewählten Optionen, Entscheidungen und Schöpfungen. Sie ist die natürliche Konsequenz eines jeden Gedankens, der Gott leugnet oder nein sagt zu dem, wer-ihr-seid in Beziehung zu Gott. *GmG 1, Seite 72*

Aus dem Koran [8]

Jedes Lebewesen soll den Tod kosten. Und ihr werdet euren Lohn erst am Tage der Auferstehung voll erhalten. Wer also dem Feuer entrückt und ins Paradies geführt wird, der hat es wahrlich erzielt. Und das irdische Leben ist bloß ein trügerischer Genuss. *Sure 3, 185 (Das Buch Jesus)*

Sie werden dich nach der „Stunde" befragen, wann sie wohl eintreten wird? Sprich: „Das Wissen darum ist bei meinem Herrn allein. Keiner als Er kann sie bekannt geben zu ihrer Zeit. ... Sie soll über euch nur plötzlich hereinbrechen." *Sure 7, 187*

Und wenn du sprichst: „Ihr werdet wahrlich auferweckt werden nach dem Tode", dann werden die Ungläubigen gewisslich sagen: „Das ist nichts als offenkundige Täuschung." *Sure 11, 7*

Ich will euch alle ans Kreuz schlagen. Doch sie sprachen: „Da ist kein Leid; denn zu unserem Herrn werden wir zurückkehren." *Sure 26, 49-50*

Ihr werdet die Früchte eurer Taten kosten. *Sure 29, 55*

Dieses irdische Leben ist nichts als ein eitles Spiel und ein Zeitvertreib; die Wohnstatt des Jenseits aber – das ist wahres Leben, wenn sie es nur wüssten! ... Bald aber werden sie es erfahren! *Sure 29, 64-66*

Fürchtet euch nicht und seid nicht betrübt, sondern freuet euch des Paradieses, das euch verheißen ist. Wir sind eure Freunde in diesem Leben und im Jenseits. In ihm werdet ihr alles haben, was eure Seelen begehren, und in ihm werdet ihr alles haben, wonach ihr verlangt. *Sure 41, 30-31*

Ihr aber liebt das Vergängliche und vernachlässigt das Jenseits. Manche Gesichter werden an jenem Tage leuchtend sein, ... und manche Gesichter werden an jenem Tage gramvoll sein. ... Nein, der Mensch ist Zeuge wider sich selbst. *Sure 75, 20-25*

An jenem Tage werden den Menschen ... ihre Werke gezeigt werden. Wer auch nur eines Stäubchens Gewicht Gutes tut, der wird es dann schauen, und wer auch nur eines Stäubchens Gewicht Böses tut, der wird es dann schauen. *Sure 99, 6-8*

Aus der indischen „Bhagavad Gita" [9]

Die Berührung des Geistes mit dem Stofflichen, welche den Menschen befähigen Kälte und Wärme, Schmerz und Lust zu empfinden (die Inkarnationen), kommen und gehen. Sie gehören dem Zeitlichen an. Trage sie mit Geduld. *II. 14.*

Gott: Wer von der Welt scheidet und dabei nur an Mich denkt, geht, wenn er seinen Körper verlassen hat, in meine Wesenheit ein. Darüber ist kein Zweifel. *VIII. 5.*

Aus der Bibel – Neues Testament [1]

Wir wissen, wenn unsere irdische Behausung abgebrochen wird, erhalten wir von Gott ein ewiges, nicht von Menschenhänden errichtetes Heim im Himmel.
2. Brief des Paulus an die Korinther 5,1

Der Weizenkeim muss in die Erde und sterben, dann bringt er viel Frucht.
Johannesevangelium 12,24

Im Hause meines Vaters sind viele Wohnungen, ich werde euch die Stätte bereiten. ... Wenn ihr mich lieben würdet, dann würdet ihr euch freuen dass ich zum Vater gehe, denn mein Vater ist größer als ich. *Johannesevangelium 14,2 +28*

Wenn wir eins sind mit ihm (dem Christus) im Tod, so sind wir es auch in der Auferstehung. *Brief des Paulus an die Römer 6,5*

„Fürchtet euch nicht vor dem Leben und fürchtet euch nicht vor dem Tode." Das ist ein Zitat des berühmten US-amerikanischen Pfarrers und Bestsellerautors Norman Vincent Peale und fasst im Prinzip alles zusammen, was ich mit diesem Kapitel erreichen möchte. Es wäre mir eine große Freude, wenn ich den Menschen die Angst vor dem Tode nehmen könnte und statt der Verdrängung im Alltag ein Freuen auf das Ziel auslösen könnte. Das Thema Tod wird in den Industrieländern als unangenehmes Randthema empfunden, das man lange vor sich herschiebt. In diesem Kapitel geht es mir nicht um das Leben nach dem irdischen Leben, also im Jenseits, sondern mir geht es um das hiesige Leben und die Vorbereitung auf den sogenannten Tod.

Große Naturwissenschaftler, die alles „Unbeweisbare" im Leben abgelehnt und abgewiesen haben, erlebten in den Minuten des Ablebens den absoluten Frieden – trotz großer körperlicher Schmerzen. Z.B. sagte Thomas A. Edison (also ein analytisch denkender und absolut sachlicher Mensch) auf dem Sterbebett zu seinem Arzt: *"Es ist wunderschön hier drüben."* Jesus sagte laut Bibel *„Fürchte dich nicht, ich war tot, und siehe, ich bin lebendig."* (Offenbarung 1, 17-18) Siehe dazu die Trilogie von R. J. Lees *„Reise in die Unsterblichkeit"* [20]

Man wird ja laufend mit dem Tod konfrontiert – je älter man wird, umso häufiger; durch meine Arbeit im Besuchsdienstkreis der Kirche noch mehr als sonst. Die eigenen Geburtsjahrgänge häufen sich in den Todesanzeigen, es wird „normaler". Jeder weiß von Anfang an, dass eines Tages „die Stunde" kommen wird. Doch man denkt mit Schrecken: *„Bald bin auch ich dran!"*

Immer wieder spricht man zwar hier und da über das Thema Tod und trotzdem kommt es dann völlig überraschend *„wie der Dieb in der Nacht"* (Matthäusevangelium 24, 42-44), wie Jesus es so passend formulierte.

Erst vor kurzer Zeit erlebte ich, wie direkt vor mir jemand mit seinem Auto gegen eine Mauer fuhr und im Auto verbrannte. So plötzlich kann es zu Ende sein, ohne Vorwarnung. Deswegen rate ich jedem, innerlich und äußerlich darauf vorbereitet zu sein, und zwar immer, zu jeder Stunde, täglich.

Regelmäßig ist es ein Schock für diejenigen, die hier zurückbleiben, für mich bleibt da nichts anderes als Trost und Beistand beim Umgang mit der schweren Situation nach 50 Jahren Ehe oder, viel schlimmer, beim Verlust eines Kindes. Ich empfinde tiefes Mitgefühl, trotz der Gewissheit, dass es im Jenseits weitergeht. Martin Luther formulierte dazu einmal sehr passend: *„Die Glocken klingen viel anders denn sonst, wenn einer einen Toten weiß, den er lieb hat."*

Dennoch: Der Apfel fällt vom Baum, wenn er reif ist. Wenn das Korn reif ist, kommt die Sense und fährt über das Feld die Ernte ein.

All das ist für mich und viele andere ein freudiges Ereignis: Die Befreiung der Seele aus dem Käfig des irdischen Körpers, die Wiedervereinigung mit GOTT. Auch wenn das auf den ersten Blick eigenartig klingt und auch auf keinen Fall absichtlich und aktiv herbeigeführt werden sollte.

Die Wiederverkörperung in ein weiteres irdisches Leben ist für viele eine Art

Strafe, so in der jüdischen Kabbala und am bekanntesten im Buddhismus.

Viele Dinge lernen wir in der Schule, von den Eltern, in der Universität und glauben sie einfach, ohne sie selbst erlebt zu haben oder überprüfen zu können (wir hatten das schon in vorigen Kapiteln). So klingt es für jedes Kind völlig verrückt, wenn die Eltern ihnen erstmals erzählen, dass aus der unscheinbaren, extrem trägen und schrumpeligen Raupe nach einer Weile ein herrlich bunter, großer, elegant fliegender Schmetterling wird, der mit einer Raupe nichts mehr gemein hat. Bis heute habe ich nicht selbst gesehen, wie sich eine Raupe in einen Schmetterling verwandelt, und doch weiß ich, dass es so ist. Ich glaube nicht nur, dass es so ist, sondern für mich ist es absolute Gewissheit! Es wurde ja auch von den verschiedenen Stellen immer wieder bestätigt, von den Großeltern, den Lehrern, in Büchern und Filmen. Kein Zweifel kommt da in mir auf. Und genau so geht es mir mit den unzähligen Menschen, die von ihren Erlebnissen im so genannten Jenseits berichten. Sie sagen, dass wir den Körper abstreifen wie einen Taucheranzug, der optimal auf die Bedingungen des Einsatzes, hier auf Erden, zugeschnitten ist.

Wissenschaftler wie Dr. Elisabeth Kübler-Ross und Prof. Dr. med. Raymond A. Moody haben in den 1970er und 1980er Jahren weltweit Tausende Sterbende oder wiederbelebte Patienten befragt, die Bücher dazu wurden zu Bestsellern. Mein Favorit ist der Niederländer Willem Cornelis van Dam. Ihre Erkenntnisse haben viele bewegt und sowohl in Krankenhäusern als auch in der Kirchenarbeit viel verändert – Hospizvereine gründeten sich.

Sehen wir doch den Tod als einen Freund, statt einen Feind. Gäbe es den Tod nicht, wäre vieles auf der Erde völlig anders. Warum sollte man z.B. morgens aufstehen und zur Arbeit gehen, statt erst in 50 Jahren? Warum sollte man sich bei seinem Freund entschuldigen und nicht erst in 100 Jahren? Warum sollte man Mitleid mit Schwerkranken haben? Sie sterben ja nicht. Der Tod und das Leid anderer Menschen lässt uns Seelen die Liebe erfahren.

Meiner Meinung nach sollten wir ständig auf einen plötzlichen Tod (aus welchem Grund auch immer) vorbereitet sein: Nichts sagen, was man später bereuen würde, ohne Streit auseinander gehen, Dinge aus der Vergangenheit gerade stellen. Aber auch: Für die Erben die Abwicklung zum Tode so angenehm wie möglich zu machen. Dazu gehört, dass man sich ausführlich Gedanken macht wie alles sein soll, wie alles geregelt werden soll, wo was zu finden ist, wie man sich selbst seine Beerdigung vorstellt usw. Wenn Sie darüber nachdenken, werden Sie feststellen, dass das für die Hinterbliebenen viel bedeuten kann, wenn all das deutlich ausgesprochen, also niedergeschrieben wurde – letzte Worte, Grüße und Wünsche etc. Ich denke, es ist ein ganz wichtiges Thema, für jeden von uns, man sollte es nicht vernachlässigen und seine Zeit hier nicht unnötig vertrödeln. Vielleicht dient sogar das ganze Leben hier auf Erden nur diesem Übergang in die nächste Stufe des Lebens.

Der römische Philosoph Seneca schrieb: *„Wie auch der Mensch bei kleinerer Gestalt vollkommen sein kann, so kann auch das Leben bei kleinerem Zeitmaß vollkommen sein. Die Anzahl der Lebensjahre gehört zu den äußeren Dingen. Wie lange ich lebe, das hängt nicht von mir ab; aber solange ich lebe, ist es meine Pflicht würdig zu leben."*

Schon bei der ältesten Weltmacht in Ägypten war das Jenseits eine paradiesische Form des irdischen Lebens mit einem Jüngsten Gericht, wo die Toten vor Osiris (den Totengott) treten und ihre sittlichen Leistungen bekennen müssen, bevor sie eintreten dürfen. Laut dem *„Ägyptischen Totenbuch"* [19] stehen die Menschen vor den Göttern und erhalten zwei Fragen:

1. „Hat dir das Leben Freude gebracht?" und
2. „Hast du anderen Freude gemacht?"

Wir können nicht wie Adam (Hebräisch Mensch) die Verantwortung auf Eva (Hebräisch Frau) und diese auf die Schlange (Satan) verlagern wegen unserer Verfehlungen auf der Erde, sondern müssen uns selbst dazu bekennen. Die Sünde (von „Absondern") klebt wie Schmutz an unserem Seelenkleid, und wir sollten sehen, dass wir davon nicht zu viel hinübertragen. *„Die Seele hat die Farbe deiner Gedanken."* sagte der römische Philosoph Marc Aurel.

Aber natürlich ist auch das Trauern wichtig für die Hinterbliebenen. Es hat seinen festen Platz, auch wenn es nicht um den Verstorbenen geht, sondern um den eigenen Verlust. Man darf weinen und trauern um den Toten, doch man muss beachten, dass es demjenigen höchstwahrscheinlich viel besser geht als bisher, dass nur man selbst nun alleine in dieser Welt zurück bleibt.

Egal ob man Atheist ist und glaubt, dass mit dem körperlichen Tod einfach alles vorbei ist oder ob man einer Religion angehört, die an ein Jenseits und ein Fortbestehen der Seele glaubt: Der Übergang ist für den Sterbenden völlig unproblematisch und deshalb sollte man der Sonne wieder Platz machen und die dunklen Wolken beiseiteschieben (siehe Buchcover!).

Mit dem folgenden Zitat, des Römers Marc Aurel kann man meine Gedanken zum Thema leicht zusammenfassen: *„Verachte den Tod nicht, vielmehr sieh ihm mit Ergebung entgegen, wie einem Glied in der Kette der Veränderungen, welche dem Willen der Natur entsprechen. Denn jung sein und altern, heranwachsen und mannbar werden, Zähne, Bart und graue Haare bekommen, zeugen, schwanger werden und gebären und die anderen Tätigkeiten der Natur, wie sie die verschiedenen Zeiten des Lebens mit sich bringen, sind ja dem Aufgelöstwerden gleich. Deshalb ist es die Sache eines denkenden Menschen, sich gegen den Tod weder hartnäckig noch abstoßend und übermütig zu zeigen, sondern ihm als einer der Naturwirkungen entgegenzusehen. Wie du des Augenblickes harrst, in dem das Kindlein aus dem Schoß deiner Gattin hervorgehen soll, so sollst du die Stunde erwarten, in welcher deine Seele aus ihrer Hülle entweichen wird."*

Die Bibel [1] hat, ebenso wie der Koran, viele interessante Stellen zum Thema Tod, unter anderem diese hier: *„... mit dem Tod werdet ihr eine ewige Erlösung erwerben."* (Hebräerbrief 11,5) und *„... Frauen haben ihre Männer durch Auferstehung wieder bekommen."* (Offenbarung 20 bis Ende)

Ob es eine Hölle gibt, werde ich häufig gefragt. Ich möchte dazu wieder eines meiner Lieblingsbücher zum Thema zitieren: *„Es wird also kein Urteil gefällt im Leben nach dem Tod, aber es wird die Gelegenheit geben, alles noch einmal einer Betrachtung zu unterziehen, was ihr gedacht, gesagt und getan habt, um dann zu entscheiden, ob ihr dies noch einmal wählen würdet angesichts dessen, wer-ihr-seid eurer Aussage nach, und wer-ihr-sein-wollt."* (Aus *„Gespräche mit Gott – Band 1"* [5], Seite 276)

Genau so habe ich es oft gehört. Es gibt keine Hölle und es gibt auch nicht keine Hölle. Sondern man selbst unterzieht sich nach dem körperlich-irdischen Tod einer Reinwaschung. Manche nennen es auch Fegefeuer, weil alles „verbrennt" und ein neuer Mensch danach weiter existiert. Andere hängen allerdings noch lange qualvoll am Irdisch-Materiellen fest und benötigen viel Energie, um sich frei zu machen. Man erleidet „Höllenqualen", weil man seine Süchte und Triebe hier im Jenseits nicht mehr befriedigen kann. Man muss erst frei werden von diesen irdisch-materiellen Ketten, muss loslassen.

Zum Abschluss das Ende einer schönen Geschichte, in der sich zwei Zwillingsbrüder-Embryos im Bauch der Mutter unterhalten. Sie spekulieren darüber, ob es überhaupt ein Leben nach dem Leben im Mutterschoß geben kann. Die Wochen vergingen und die Jungen wuchsen im Bauch heran.
In dem Maß, in dem ihr Bewusstsein wuchs, stieg auch ihre Freude:
"Aber vielleicht gibt es ja ein Leben nach der Geburt." sagte der erste.
"Wie könnte das sein?" fragte der zweite.
"Wir werden unsere Lebensschnur verlieren, und wie sollten wir ohne sie noch weiter leben können? Und außerdem haben andere vor uns diesen Schoß hier verlassen, und niemand von ihnen ist bisher zurückgekommen und hat uns bezeugt, dass es tatsächlich ein Leben nach der Geburt gibt. – Nein, die Geburt ist das Ende!"
So fiel der eine von ihnen in tiefen Kummer und sagte:
"Wenn die Empfängnis mit der Geburt endet, welchen Sinn hat dann das Leben im Schoß? Es wäre sinnlos! – Womöglich gibt es tatsächlich gar keine Mutter hinter allem."
"Aber sie muss doch existieren," protestierte er, *"wie sollten wir sonst hierher gekommen sein? Und wie könnten wir am Leben bleiben?"*
"Hast du denn je unsere Mutter gesehen?" fragte der andere.
"Womöglich lebt sie nur in unserer Vorstellung. Wir haben sie uns erdacht, weil wir dadurch unser Leben besser verstehen können!"
Als die Zwillinge endlich ihre Welt verlassen hatten, öffneten sie ihre Augen. Sie schrieen, denn sie wurden geblendet von unvorstellbarem Licht. Was sie sahen übertraf ihre kühnsten Träume! **Willkommen im Leben!**

SEI EIN WEISER ERFINDER

Sei ein weiser Erfinder, sage ich Dir.
Denn jeden Tag erfindest Du Gedanken, Taten, Zukunftspläne und neue Ängste.

Du erfindest Dein Umfeld, Dein Haus, Dein Garten, Deine Hobbys.
Du erfindest Deine Freunde, Deine Partner, die Firma für die Du arbeitest.

Nicht nur Einstein ärgerte sich über die Nutzung seiner Erfindungen,
auch Nobel oder Winchester bereuten ihre Neuerungen später zutiefst.

Denn: Möchtest Du lieber, dass Dein (körperliches) Dynamit genutzt wird, um neue
Dinge ans Tageslicht zu fördern oder um explosionsartig (auch Gedanken!) zu töten?

Möchtest Du Deine Automobilität dazu nutzen,
um Menschen (geistig) zu befördern oder lieber, um sie zu überfahren?

Willst Du mit Deinen Atomen lieber Energie in die Welt bringen
oder eine zerstörerische Wirkung und Strahlung?

Soll die Menschheit mit Deinen neuen Gedanken beflügelt werden und erhoben zu
neuen Welten? Oder soll sie diese als Kriegswerkzeug missbrauchen können?

Soll mit Deinem Schwarzpulver ein Feuerwerk zur Freude entstehen
oder tödliche und zerstörerische neue Waffen?

Soll mit Deinen Erfindungen der Mensch entlastet werden?
Oder die Menschen entlassen werden?

Überlege gut: Die Wissenschaftler der Vergangenheit konnten nicht immer erahnen,
welche Folgen ihre Erfindungen haben werden. Doch denke daran, dass *jede* kleine
tägliche Entscheidung die ganze spätere Zukunft prägt.

Sie prägt Dein Umfeld, die Natur, die Gesellschaft, die Menschen,
Deine Familie und natürlich auch Dich selbst.

Jede Entscheidung im Hier und Jetzt hat ihre Auswirkungen
in der nahen und fernen Zukunft. Und die meisten wissen noch
nicht ob das mit dem biologischen Tod endet oder nicht.

Selbst die Entscheidung für ein Nahrungsmittel statt für ein Lebensmittel
wird katastrophale Auswirkungen auf Deine zukünftige Gesundheit haben
und somit auch auf die Gemeinschaft.

Denke immer daran: Du bist der tägliche Erfinder Deiner Umwelt und Zukunft!
Sei ein weiser Erfinder – **ERFINDEN IST GEBET**

Der erste Trunk aus dem Becher der Naturwissenschaften macht atheistisch,
aber auf dem Grund des Bechers wartet Gott. *Werner Heisenberg*

Jeder dumme Junge kann einen Käfer zertreten.
Aber alle Professoren der Welt können keinen herstellen. *Arthur Schopenhauer*

Ein Wunder passiert nicht gegen die Natur,
sondern gegen unser Wissen von der Natur. *Augustinus*

In unserer im Allgemeinen materialistisch eingestellten Zeit sind die
ernsthaften Forscher die einzigen tief religiösen Menschen. *Albert Einstein*

Was wir Zufall nennen ist vielleicht die Logik Gottes? *Georges Bernanos*

Das Ganze ist in jedem Teil anwesend, auf jeder Ebene der Existenz. Die lebendige
Wirklichkeit, total, ungebrochen und ungeteilt, befindet sich in uns allen. *David Bohm*

Der Beginn aller Wissenschaften ist das Erstaunen,
dass die Dinge sind, wie sie sind. *Aristoteles*

Lang ist der Weg durch Lehren, kurz und wirksam durch Beispiele. *Seneca*

Die Wurzeln des Wissens sind bitter, die Früchte aber umso süßer. *Cato*

Die Naturwissenschaft braucht der Mensch zum Erkennen,
den Glauben zum Handeln. *Alexander von Humboldt*

Schlecht-Denken macht schlecht. *Friedrich Heer*

Von allem Bösen abzusehen, das Gute zu vermehren stets, zu läutern seinen eigenen
Geist: Das ist des Buddhas Lehrgebot. *Siddhartha Gautama (Buddha)*

Jede Art Berufung ist bedeutsam und nötig,
damit das Gewissen gewiss sei. *Martin Luther*

Die Weisen sind damit zufrieden, unbekannt zu sein. *Thomas de Kempis*

Es ist auffällig, dass die meisten Wissenschaftler, die in die tiefsten Geheimnisse
der Natur eindringen, nach einiger Zeit entweder zu Zynikern werden
oder anfangen, an Gott zu glauben. *Raphael Bastan*

Es ist nicht möglich, alles zu wissen. *Horaz*

Unser Geist ist nur dann in Ordnung,
wenn er sich mit sich selbst in Frieden befindet. *Seneca*

Wer einen Fehler macht und ihn nicht korrigiert, begeht einen zweiten. *Konfuzius*

Wer A sagt, muss nicht B sagen, er kann auch erkennen, dass A falsch war.
Berthold Brecht

Wer sich aus der Verantwortung stiehlt, ist auch ein Dieb. *Rupert Schützbach*

Welch kleines Teilchen der unendlichen Zeit ist jedem von uns zugemessen und wie plötzlich wird es wieder von der Ewigkeit verschlungen? Welch winziges Teilchen ist der Mensch im Verhältnis zum Weltganzen, was für ein kleines Teilchen von der ganzen Weltseele! Wie klein ist endlich das Erdklümpchen, auf dem du herumkriechst! Dies bedenke alles und halte dann nichts für groß außer diesem: zu tun, wie deine Natur dich leitet, und zu leiden, wie die All-Natur es mit sich bringt. *Marc Aurel*

Man muss sich umso mehr über die Unvernunft der Menschen wundern, welche sinnlichen Genüssen hingegeben ihr Leben in Ausschweifungen und Faulheit zubringen, dagegen den Geist, das beste und herrlichste Gut der menschlichen Natur, ohne Pflege und gleichgültig verkümmern lassen – dabei gibt es doch so viele und mannigfaltige geistige Leistungen, welche zum Gipfel des Ruhmes führen! *Boethius*

Aus der Art der Fragestellung sieht man, was jemand nicht wissen will.
Ernst R. Hauschka

Wir ertrinken in Informationen, aber dürsten nach Wissen. *John Naisbitt*

Werde nie so reich an Geist, dass arm du würdest am Herzen. *Otto Ludwig*

Wie herrlich ist es, dass niemand eine Minute zu warten braucht, um damit zu beginnen die Welt zu verändern. *Anne Frank*

Gott kann nie durch Suchen gefunden werden, und doch finden ihn nur Suchende.
Bayezid Bistami

Jeder Mensch trägt einen Kontinent unentdeckten Wesens in sich.
Wohl dem, der sich zum Kolumbus der eigenen Seele machen kann.
Salvador de Madariaga y Rojo

Wir müssen lernen, gegenseitig unsere Theorien umzubringen, statt einander.
Karl Popper

Wir verleihen unserer Welt Bedeutung durch den Mut unserer Fragen und die Tiefe unserer Antworten. *Carl Sagan*

Aus „Gespräche mit Gott" – Band I [5]
„Beneidet nicht den Erfolg, bemitleidet nicht den Misserfolg, denn ihr wisst nicht, was nach dem Ermessen der Seele ein Erfolg oder Misserfolg ist." *Seite 62*
„Ein Ding ist nicht deshalb richtig oder falsch, weil ihr sagt, dass es so ist. Ein Ding ist nicht von sich aus richtig oder falsch." *Seite 83*

Die Welt hat sich seit Christi Geburt rasant verändert, und die größten Umwälzungen setzten mit der Reformation (also ab 1500) und dann richtig mit der Industrialisierung (ab 1800) ein. Vor allem Erfindungen großer Geister der letzten 500 Jahre haben diese Veränderungen möglich gemacht, vom Buchdruck über die Dampfmaschine bis zur heutigen Internettechnik.

Viele Erfindungen brachten ihren Erfindern großen Ärger, sie hätten es gerne rückgängig gemacht: Nobel mit dem Dynamit, Winchester mit seinen Gewehren, Einstein mit der Atomenergie, die dann auch zur Atombombe führte.

Auch heute stehen wir wieder an einem Wendepunkt: Die bisherige Lebensweise und die alten Techniken werden das Überleben der bald 10 Milliarden Menschen auf der Erde nicht sichern können. Es geht in naher Zukunft um das ökologische und soziale Perfektionieren der verschiedenen Lebensbereiche und Industrien – es muss nur gewollt und gefördert werden.

Wären wir doch alle so wie der König Salomon aus dem Alten Testament der Bibel: Weise, erfinderisch, verständnisvoll, gerecht, mit Liebe und Fürsorge für die Menschen aller Schichten. Armut und Probleme werden wir niemals ganz verhindern können, aber einzuschränken sind sie, und es sollte uns nicht gleichgültig sein. Vielmehr muss jedes Volk, jede Arbeit, jede Klasse gleich-gültig sein. Jeder ist wichtig und wird gebraucht. Beruf muss Berufung sein.

Wir sollten *alles* mit Begeisterung angehen, ganz oder gar nicht. Das entsprechende Fremdwort **„Enthusiasmus"** beginnt mit den alt-griechischen Wörtern **„En-Theos"**, also **„In-Gott"** sein. Ergeben wir uns also ganz dem gesamten »System Gott« und suchen wir die Verbindung zwischen Wissenschaft und Religion. Mithilfe der Quantenphysik und Heisenberg´schen Unschärferelation scheint das nun endlich Wirklichkeit zu werden, wovon Generationen geträumt haben. Wir werden sicher noch sehr viel mehr darüber in den nächsten Jahren erfahren, der Film *„Bleep"* [16] war dazu nur ein Anfang.

Erfinden ist beten. Beten ist erfinden unserer Umwelt. Auch Wissenschaftler müssen glauben – an ihr Ziel, an ihr Projekt. Sie müssen an die Berechnungen und Theorien der Vorgänger glauben, um damit arbeiten zu können und auch an sich selbst, ihre Fähigkeiten und Wissen, müssen sie glauben.

Menschen die schon mal eine Außerkörperliche Erfahrung (AKE / OBE) hatten, sprechen davon, dass eine Stimme oder das Licht bzw. verstorbene Verwandte, Jesus etc. ihnen sagte: „Das Wichtigste was es auf der Erde zu tun gibt ist **1. das Anhäufen von Wissen, 2. das Anhäufen von Liebe."**

Mohammed schreibt in seinem Koran [8] in Sure 30: *„Sie kennen nur die Außenseite des Lebens in dieser Welt, des Jenseits aber sind sie gänzlich achtlos. Haben sie denn nicht nachgedacht in ihrem Innern?"*

In *„Hüter der Erde"* [18] wird Vernon Cooper (Seite 63) vom Stamm der Lumbee zitiert mit: *„Dieser Tage suchen die Menschen Wissen, nicht Weisheit. Wissen gehört der Vergangenheit an, Weisheit der Zukunft."*

Suche die Weisheit!

LEBEN IM JETZT

Die Zeit ist ein gutes Instrument um sich zu verabreden, Termine zu vereinbaren oder Pläne für die Zukunft in unserem LEBEN zu schmieden.
Für diese Dinge des Alltags macht das Hilfsmittel durchaus Sinn.

Sie kann sich jedoch ungeheuer negativ auf Körper, Geist und Seele auswirken, wenn wir uns fortwährend in unseren Gedanken mit Vergangenem beschäftigen, ganz gleich ob es gute oder schlechte Erinnerungen sind – sie lenken uns ab vom JETZT.

Denn: Diese Phase der Vergangenheit ist längst abgeschlossen auf der Zeitschiene.
Es macht keinen Sinn uns damit fortlaufend zu beschäftigen.
Wir vergessen dabei das Hier und JETZT.
Da wo wir gerade gebraucht werden, da wo unser LEBEN stattfindet.

Sind es negative Erinnerungen, ärgern wir uns weiterhin über die dazugehörigen Ereignisse, Menschen oder Dinge. Wir werden beherrscht von Wut oder Trauer.
Meist egoistische Gedanken ohne jeden Nutzen.
Wir vergessen das JETZT. Wir vergessen das LEBEN.

Sind es positive Erinnerungen, kettet uns das fortlaufend an die Vergangenheit und lässt uns das JETZT vergessen – ja es wird geleugnet.
Unsere Gedanken schwelgen ab, lassen uns nicht bei den Dingen sein, die JETZT von Bedeutung sind. Wir verlieren an Konzentration, vernachlässigen die Umgebung.
Wir vergessen das LEBEN. Wir vergessen das JETZT.

Genauso verhält es sich mit der Zukunft. Diese ist noch gar nicht eingetreten.
Es macht keinen Sinn sich damit zu belasten.
Gedanken an die Zukunft sind entweder mit negativen Attributen besetzt wie Angst. Wir haben Angst vor einem kommenden Ereignis.
Dieses könnte jedoch ganz anders verlaufen. Wir vergessen das JETZT.

Sind es positive Gedanken für die Zukunft, mag auch das zunächst gut klingen, ist es ja auch, wenn man sich ein Ziel setzt. Knüpft man jedoch an dieses Ziel ein irgendwie geartetes egoistisches Attribut, wie Bewunderung, sozialer Aufstieg oder Anerkennung, dann lenkt auch das uns ab von unseren jetzigen Erfordernissen.
Wir vergessen das JETZT, wir leugnen es, sind nicht zufrieden damit, hoffen lediglich auf die Zukunft. Doch unser LEBEN findet JETZT statt.

Die Gegenwart, „Präsenz" (present), ist jedoch ein Geschenk, „Präsent" (present).
Es kommt direkt von Gott um unsere Erfahrungen JETZT zu machen.
Nutzen wir sie! Nutzen wir dieses Geschenk JETZT!

Denn wir haben alle Fähigkeiten um die Erfahrungen JETZT auszuwählen, die wir machen wollen. Dies gelingt nur wenn wir voll anwesend sind.
Versuchen wir also ständig unsere Gedanken zurück zu holen.
Zurück ins JETZT! Zurück zum LEBEN!

Deine beste Zeit war nicht und deine beste Zeit kommt nicht.
JETZT ist deine beste Zeit. *AutorIn unbekannt*

Warten können ist eine große Kunst. Nichts erwarten eine noch größere.
Ingrid Bergmann

Das Rezept für Gelassenheit ist einfach: Man darf sich nicht über Dinge aufregen, die nicht zu ändern sind. *Helen Vita*

Ließen wir von dem Versuch ab, glücklich sein zu wollen, könnten wir eine recht schöne Zeit verbringen. *Edith Wharton*

Nicht die Dinge selbst beunruhigen die Menschen, sondern die Vorstellungen von den Dingen. Wer mit seinem augenblicklichen und vom Schicksal verliehenen Los hadert, ist ein beschränkter Durchschnittsmensch; wer sein Los tapfer erträgt und alles sich daraus Ergebende vernunftvoll gestaltet, verdient, für einen tüchtigen Menschen zu gelten. *Epiktet*

Weise ist, wer seine Existenz eintönig gestaltet. Denn dann besitzt jeder kleine Zwischenfall das Privileg eines Wunders. *Fernando Pessoa*

Keine Zukunft vermag gutzumachen, was du in der Gegenwart versäumtest. *Albert Schweitzer*

Es gibt nur ein Mittel, sich wohl zu fühlen: Man muss lernen, mit dem Gegebenen zufrieden zu sein und nicht immer das verlangen, was gerade fehlt. *Theodor Fontane*

Die schweren Stunden vergiss, was sie Dich lehren behalte. *Römische Volksweisheit*

Göttlich zu werden bedeutet, mit der ganzen Schöpfung im Einklang zu sein.
Mahatma Gandhi

Wer das, was die Zeit bringt, für gut hält, wem es gleichgültig ist, ob er eine größere oder kleinere Zahl vernunftgemäßer Handlungen aufzuweisen hat, wer zwischen einer längeren oder kürzer dauernden Betrachtung der Welt keinen Unterschied macht, dieser sieht dem Tod nicht mit Schrecken ins Antlitz. *Marc Aurel*

Lass das Gestern nie zu viel vom heutigen Tage verbrauchen. *Walter A. Heiby*

Vergangenheit und Zukunft verbergen Gott vor unserer Sicht. *Rumi*

Was fürchtest du? Es kann dir nur begegnen, was dir gemäß und was dir dienlich ist. *Ephides*

Der Mensch ist unglücklich, weil er nicht weiß, dass er glücklich ist. Nur deshalb. Das ist alles. Wer das erkennt, der wird glücklich sein, sofort, im selben Augenblick.
Fjodor Dostojewski

Es gibt kein größeres Hindernis auf dem Weg zu Gott als die Zeit. *Meister Eckhart*

Die ganze Weisheit des Menschen sollte eigentlich darin bestehen, jeden Augenblick mit voller Kraft zu ergreifen. *Friedrich von Schiller*

Der innere Frieden ist das wahre Ziel bewusster Lebensführung. *Joshua Liebmann*

Viele Menschen versäumen das kleine Glück, weil sie auf das große vergeblich warten. *Pearl S. Buck*

Die Zukunft ist die Ausrede derer, die in der Gegenwart nichts tun wollen. *Harold Pinter*

Es gibt so viele Wünsche, die uns ärmer machen als wir sind. *Stefan Brotbeck*

Wenn man glücklich ist, soll man nicht noch glücklicher sein wollen. *Theodor Fontane*

Mach den ersten Schritt im Vertrauen. Du brauchst nicht den ganzen Weg zu sehen. Mach einfach den ersten Schritt. *Dr. Martin Luther King*

Der Glückliche ist mit sich und seiner Umgebung einig. *Oscar Wilde*

Die wahre Lebenskunst besteht darin, im Alltäglichen das Wunderbare zu sehen. *Pearl S. Buck*

Es gehört zu den alltäglichen Täuschungen, die Stunden der Vergangenheit und Zukunft reizender zu finden als die der Gegenwart. *Heinrich Zschokke*

Keine Zukunft vermag gutzumachen, was du in der Gegenwart versäumst. *Albert Schweitzer*

Jede Reise beginnt mit dem ersten Schritt. *Chinesisches Sprichwort*

Leben und leben lassen. Alle lieben. Das hilft allen. *Mahavira (Gründer des Jainismus)*

Ich schrieb einmal einem Verzweifelten, der mich um Rat bat in einer E-Mail: „Ich bin sehr froh, dass ich mich von vielen *„wenn ich mal, dann..."*-Dingen befreit habe. Es befreit tatsächlich und nimmt den Druck weg, den man sich selbst auferlegt. Was soll sich ändern, wenn man irgendetwas Spezielles erreicht hat? Eine Sache gekauft hat? Eine neue Frisur? Ein neuer Job? Manche denken, sie ziehen in ein anderes Land und alles wird besser. Doch bald stellen sie fest, dass sich nichts geändert hat. Man muss sich selbst ändern und mit dem „Jetzt" zufrieden sein – das macht frei!"

Aus der Bibel [1] – Matthäusevangelium 6, 34
Darum sorgt nicht für morgen, denn der morgige Tag wird für das Seine sorgen. Es ist genug dass jeder Tag seine Plage hat.

Aus „JETZT – Die Kraft der Gegenwart" [21] von Eckhart Tolle
„Es ist immer Jetzt!" – „Beende die Illusion von Zeit." – „Nichts existiert außerhalb der Gegenwart." – „Dein Leben ist Jetzt!" – „Finde das schmale Tor das zum Leben führt. Es heißt: Das Jetzt!" – „Alle Probleme sind Einbildungen des Verstandes." – „Du kannst nicht beides sein, unglücklich und voll im Jetzt." – „Wo immer du bist, sei total gegenwärtig." – „Schönheit erblüht in der Stille deiner Gegenwärtigkeit."

Aus „Suche nach dem Sinn" [6] von Willigis Jäger (Seite 89)
Jede kleinste Aktion, die wir vollziehen, sollte von großer innerer Wachheit begleitet werden – ganz bei dem zu sein, was wir gerade tun.

Aus „Die Antwort der Engel" [4] – Seite 158
Es gibt keinen heiligen Augenblick. Denn jeder Augenblick ist heilig.

„Gott" im Bestseller „Gespräche mit Gott – Band 1" [5], Seite 282
Das Sich-Sorgen und Beunruhigen ist so ungefähr die schlimmste Form mentaler Aktivität, die es gibt. Es ist sinnlos, vergeudete mentale Energie.

Aus der indischen „Bhagavad Gita" [9] V. 26.
Wer von Lust und Zorn frei ist, seine Natur gezähmt hat und seine Gedanken beherrscht und sich selber wahrhaft erkennt, der erlangt Nirwana in Brahma (Gott).

Weisheiten des Siddhartha Gautama (Buddha)
„Laufe nicht der Vergangenheit nach und verliere dich nicht in der Zukunft. Die Vergangenheit ist nicht mehr. Die Zukunft ist noch nicht gekommen. Das Leben ist hier und jetzt."
„Lob und Tadel bringen den Weisen nicht aus dem Gleichgewicht."
„Lerne loszulassen, das ist der Schlüssel zum Glück."
„Es gibt nur eine Zeit, in der es wesentlich ist, aufzuwachen. Diese Zeit ist jetzt."

Meister Eckhart aus „Geh den Weg der Mystiker" [11]
„Gott ist ein Gott der Gegenwart. Wie er dich findet, so nimmt und empfängt er dich, nicht als das, was du gewesen, sondern als das, was du jetzt bist."
„Dass ein Mensch ein ruhiges Leben in Gott hat, das ist gut; dass der Mensch ein mühevolles Leben mit Geduld erträgt, das ist besser; aber dass man Ruhe und Gelassenheit habe im mühevollen Leben, das ist das allerbeste."

Louis Farmer vom nordamerikanischen Stamm der Onondaga
Aus „Hüter der Erde" [18] Seite 188
Der weiße Mann feiert etwas, das vor 2000 Jahren geschah. Seitdem ist für ihn scheinbar nichts Wesentliches mehr passiert. Er hat nur die Erinnerung. Indianer feiern, was jetzt geschieht. Wenn die Erdbeeren im Frühling herauskommen, feiern wir das. Wir feiern was jetzt und mit uns geschieht – nicht etwas, das vor langer Zeit jemand anderem passierte. Wir danken dem Schöpfer für diese Geschenke – Er hat mit seinen Geschenken nicht vor 2000 Jahren aufgehört.

Sie kennen es sicher: Während dem Essen Zeitung lesen, während dem Fernsehen essen, während dem Autofahren telefonieren und während man bei der Arbeit sitzt, ist man in Gedanken bei den Problemen zu Hause und zu Hause in Gedanken schon wieder im Büro. Selten sind wir Menschen in Europa oder Nord-Amerika voll anwesend bei der aktuell wichtigen Sache.

Muslime beten fünfmal am Tag, damit rufen sie sich ins Hier und Jetzt. Auch wenn sie gerade noch so verzwickte Aufgaben lösen wollten, über Problemen brüteten, sie geben sich völlig dem Gebet und damit GOTT hin.

Die Gegenwart (Englisch: present) ist ein Geschenk (Englisch: present); wir müssen es nur anzunehmen lernen, statt auf weitere Geschenke in der Zukunft zu hoffen oder alten aus der Vergangenheit nachzutrauern.

NOWHERE (Nirgendwo) – NOW HERE (Jetzt Hier) wurde ich mal auf einer englischsprachigen Webseite begrüßt. Eine einzigartige Wortspielerei, die es auf den Punkt bringt, ein himmlisches Gedicht und Gesetz zugleich.

Auch mit Tätigkeiten wie Schachspielen, Malen oder Musik kann man lernen, sich auf eine Sache zu konzentrieren. Das ist das, was viele Sportarten so beliebt macht, einfach mal abschalten. In buddhistischen Klöstern wurde dazu die Bonsaikunst eingeführt, in Europa den Ziergarten.

Aber überhaupt: Einfach den jetzigen Moment voll annehmen, ohne Wertung, ohne Angst vor der Zukunft, ohne Groll über die Vergangenheit oder Wut über den jetzigen Moment und die aktuelle Situation, in absolut stoischer (die Stoiker lebten im alten Athen) Ruhe – das macht frei! Es führt zu innerem Frieden und lässt dadurch auch die Welt außen friedlicher werden.

Einfach frei sein von Wünschen und Zweifeln, so sagte der indische Siddhartha Gautama (Buddha), das befreit vom Leid der materiellen Welt.

Dazu kommt, dass es immer nur diesen einen jetzigen Moment gibt. Wir sind es, die sich bewegen, nicht die Zeit. Es ist immer nur der jetzige Moment. Es ist immer Jetzt. Siehe dazu den Bestseller *„JETZT – Die Kraft der Gegenwart"* [21] vom genialen Mystiker, dem Deutsch-Kanadier Eckhart Tolle. Seine Theorie ist unglaublich einfach und klar und leicht formuliert. Sie wird Ihnen helfen, das Leben anders zu betrachten als bisher.

Es gibt dieses Zen-Buddhistische Beispiel vom Seil, welches im Dunkeln auf dem Boden liegt. Der Schüler hat Angst, denn *er* denkt es sei eine Schlange. In Wahrheit ist es bloß ein aufgerolltes Seil, und er hat es so gedeutet. Es ist vergleichbar mit dem Alltag, wo wir mehr in eine Sache hinein interpretieren als notwendig, und das führt oft zu negativen Schlüssen und Angst.

Stellen Sie sich immer wieder, am besten Hunderte Male am Tag, die Frage: „Was denke ich gerade?" und halten inne. Sie werden sehen, dass man sogleich in den jetzigen Moment zurück findet. Gestatten Sie Ihrem Geist keine unnützen Ausflüge irgendwohin. Behalten Sie die Kontrolle!

Wer nichts mehr wünscht, der ist genauso glücklich, als ob er alles besitzt.
Genießen wir doch diesen einen Augenblick – Jetzt!

DIE ELEMENTE

Wir alle wissen wie klar und sanft Wasser ist.
Wie erfrischend im Sommer, wie friedlich in einem Bergsee.
Und dennoch wissen wir wie zerstörerisch es sein kann.
Wenn es ganze Häuser einreißt und Autos weg schwemmt.

Ebenso der Wind, die erfrischende Brise im Sommer.
Wie hilfreich für Mühlen und Segelschiffe.
Und dann diese wütende Gewalt bei Sturm,
der alles wild durcheinander wirbelt und sogar Bäume ausreißt.

Sehen wir das Feuer, wie friedlich und romantisch an der Kerze,
wie wichtig im Winter im Kamin oder am Lagerfeuer.
Es gart unser Essen und wärmt unsere Körper.
Doch wehe es entgleitet der Gewalt des Menschen,
dann kann es großen Schaden anrichten!

Die Lava ist ein guter Nährboden für Ackerland.
Doch wenn der Vulkan ausbricht ist niemand mehr sicher.

Wie schön rieselt fruchtbare Erde durch unsere Hände.
Bietet sie Platz und Nahrung für unzählige Lebewesen.
Doch bebt sie, reißt es vieles in Stücke und
zerstört was uns wichtig ist.

Erhält sie zu wenig Wasser, zu viel Sonne und dazu Wind, dann wandelt
sie sich zur lebensarmen Wüste – bedrohlich für Flora und Fauna.

Die Sonne selbst ist nötig für alles was lebt.
Selbst Energie lässt sich aus ihr gewinnen.
Doch bietet ihr keine Wolke Einhalt,
hat sie Auswirkungen, die uns allen bekannt sind.

All diese Elemente sind so wie sie sind.
Sie gehorchen den Naturgesetzen, tun nichts mit Absicht.

Der Mensch jedoch entscheidet selbst.
Jeden Tag neu, in jedem Augenblick, in jeder Situation.
Wir haben es in der Hand ob wir bedrohlich sind für andere
oder ob wir Freude unter die Geschöpfe bringen.
Überlege gut und handele weise!

Nichts geschieht in der Natur, was derselben
als Schlechtigkeit angerechnet werden kann. *Baruch de Spinoza*

Jedes Naturgesetz, das sich dem Beobachter offenbart,
lässt auf ein höheres, noch unerkanntes schließen. *Alexander von Humboldt*

Die Natur kennt keine Naturkatastrophen, nur der Mensch. *Max Frisch*

Ungerechtigkeit an irgendeinem Ort,
bedroht die Gerechtigkeit an jedem anderen. *Martin Luther King*

Kein Feuer ohne Rauch. *Paulo Coelho*

Besiege den Zorn mit Demut, besiege das Böse mit Gutem, besiege die Gier mit
Großzügigkeit und besiege Lügen mit der Wahrheit. *Dhammapada*

Glück ist das richtige Gleichgewicht zwischen
Zufriedenheit und Unzufriedenheit. *Annemarie Selinko*

Wenn wir die Menschen nur nehmen, wie sie sind, so machen wir sie schlechter;
wenn wir sie behandeln, als wären sie, was sie sein sollten, so bringen wir sie dahin,
wohin sie zu bringen sind. *Johann Wolfgang von Goethe*

Auch aus Steinen, die dir in den Weg gelegt werden,
kannst du etwas Schönes bauen. *Erich Kästner*

Wenn die Seele erst einmal zum Argwohn gespannt ist,
so trifft sie auch in allen Kleinigkeiten Bestätigung an. *Ludwig Tieck*

Die Liebe ist ein Wunder, das immer wieder möglich,
das Böse eine Tatsache, die immer vorhanden ist. *Friedrich Dürrenmatt*

Gott erscheint den Bösen nicht als Liebe sondern als Zorn. *Jakob Böhme*

Sobald *andere* sich vergehen sind wir strenge Sittenwächter! *Herkunft unbekannt*

Wer glaubt, erörtert die Grundsätze seines Glaubens nicht.
Er stellt sie allenfalls durch sein Leben dar. *Reinhold Schneider*

In der neuen Physik gibt es keine Materie mehr, alles besteht aus Kraftfeldern
dichter oder weniger dichter Art, das ist die neue Realität. *Albert Einstein*

Alles woran man glaubt, beginnt zu existieren. *Ilse Aichinger*

Ich bedaure nicht, was ich getan habe.
Ich bedaure was ich nicht getan habe. *Ingrid Bergmann*

Es nützt nichts, nur ein guter Mensch zu sein, wenn man nichts tut.
Siddharta Gautama (Buddha)

Die Hauptsache im Leben ist, keine Angst vor der eigenen Menschlichkeit zu haben.
Pablo Casals

Von Leo (Lev) Tolstoi

„Achte darauf, wie sich das Böse zeigt. Es gibt eine innere Stimme in deiner Seele, die dir stets sagt, wann das Böse naht. Es ist dir nicht wohl dabei, du schämst dich. Höre auf diese Stimme; halte ein und strebe danach, dich zu bessern, dann wirst du das Böse besiegen."… „Gleich wie Feuer nicht Feuer löscht, so kann Böses nicht Böses ersticken. Nur das Gute, wenn es auf das Böse stößt und von diesem nicht angesteckt wird, besiegt das Böse." … „Wer sich darüber freut, Böses mit Gutem zu vergelten, wird stets danach streben, diese Freude wiederzuerleben."

Aus Rudolf Steiner „Wie erlangt man Erkenntnisse der höheren Welten" [17]

Es muss erkannt werden, dass es ebenso verderblich ist, wenn ich meinen Mitmenschen hasse, wie wenn ich ihn schlage. ... Ich muss zugeben, dass mein Gefühl ebenso eine Wirkung hat wie eine Verrichtung meiner Hand. *Seite 111*

Die geringste Handlung, jeder kleine Handgriff hat etwas Bedeutungsvolles im großen Haushalte des Weltganzen. *Seite 147*

Aus der Bibel [1]

„Entrüste dich nicht über die Bösen, sei nicht neidisch auf die Übeltäter. Denn wie das Gras werden sie bald verdorren, und wie das grüne Kraut werden sie verwelken." *Psalm 37 von König David*

Jesus: „Was ihr für einen meiner geringsten Brüder getan habt, das habt ihr mir getan." *Matthäusevangelium 25, 40*

Jesus: „Segnet die, die euch verfluchen." *Lukasevangelium 6, 28*

Aus dem Koran [8]

Euer Herr hat Sich Selbst Barmherzigkeit vorgeschrieben; wenn einer von euch unwissentlich etwas Böses getan und hernach bereut und sich bessert, so ist Er allvergebend, barmherzig. *Sure 6, 54*

Schon beginnen sie wieder Gewalt auf Erden zu verüben, ohne Recht. O ihr Menschen! Eure Gewalttätigkeit richtet sich doch nur gegen euch selbst. Genießet die Gaben des Lebens hier unten. *Sure 10, 23*

Schlechte Dinge sind für schlechte Menschen, und schlechte Menschen sind für schlechte Dinge. Und gute Dinge sind für gute Menschen, und gute Menschen sind für gute Dinge. *Sure 24, 26*

Wer aber Unrecht tut und dann Gutes an Stelle des Bösen setzt, dann fürwahr, Allah ist (Ich bin) allverzeihend und barmherzig. *Sure 27, 11*

Und was ihr versehentlich gefehlt habt, das ist euch keine Sünde, sondern nur das, was eure Herzen vorsätzlich tun. Allah ist allverzeihend, barmherzig. *Sure 33, 5*

Wer das Rechte tut, der tut es für seine eigene Seele; und wer Böses tut, tut es gegen sie selbst. Und der Herr ist niemals ungerecht gegen seine Diener. *Sure 41, 46*

> **Thomas Banyacya vom nordamerikanischen Stamm der Hopi**
> Es gibt keinen „Hopi-Navajo-Landkonflikt". Es gibt nur die grenzenlose Gier des weißen Mannes. Wenn ihr nicht aufhört mit dem, was ihr tut, wird die Natur eingreifen. All die Naturkatastrophen sind die letzten Warnungen. Die Kräfte der Reinigung sind schon auf dem Weg. **Aus „Hüter der Erde" [18] Seite 95**

Wie schon weiter oben erwähnt, ist auch für mich **Gott=Gut / God=Good**. Und gerade wenn man denkt und glaubt, dass alles von „GOTT" (oder einem anderen übergeordneten „Wesen" etc.) erschaffen wurde, so kann man nicht fragen: „Warum lässt Gott das zu?" Denn: Alles wurde von Gott geschaffen und somit auch das, was wir oberflächlich betrachtet als schlecht oder böse ansehen. Elemente und Naturgesetze sind nicht schlecht und böse.

Natürlich gibt es immer wieder Dinge, die uns nicht gefallen, ja die uns zutiefst erschüttern, wie der Tod eines nahe stehenden Menschen, der aus unserer Mitte gerissen wird. Doch wir selber können ohne Erkenntnis der höheren Dinge nicht beurteilen, welchen tieferen Sinn diese Erfahrung für unsere Seele hat, welches Ziel sich dahinter verbirgt. Ich habe mit Leuten gesprochen, die fest davon ausgehen, dass wir aus eigenen Stücken in dieses Leben, in diese Kultur, Familie und Gesellschaft geboren wurden. Der Dalai Lama Tibets ist ebenfalls dieser Meinung. Viele glauben, dass wir exakt diese Erfahrungen machen müssen, damit unsere Seele die verschiedenen Arten der Liebe durchlebt, sie erfahrbar macht. Das sei der Grund, warum wir hier sind. Eltern, die um ihre Kinder weinen; Täter, die um ihre Opfer weinen; Gauner, die wegen ihrer Taten weinen. Es sind alles Tränen der Liebe, auch wenn sie im Leid und Schmerz vergossen werden. Wir lernen und wachsen dadurch.

Schlimm ist ja nie, was uns im wirklichen Leben begegnet, sondern schlimm ist nur, wie wir es interpretieren, wie wir es deuten und beurteilen. Jeder von uns weiß, dass es irgendwo jemanden gibt, dem es noch viel schrecklicher geht im gleichen Moment. Unser Urteilsvermögen reicht nicht aus.

Immer wieder höre ich vor der Geburt eines Kindes: „Hauptsache es ist gesund.". In mir kommt dann wieder der provokante Sokrates hoch und sagt: „Aber auch kranke und behinderte Kinder kann man lieben, und sie können ein schönes Leben haben und den Eltern Freude bereiten."

Einer der größten aktuell lebenden Mystiker, der Deutsch-Kanadier Eckhart Tolle, nennt das den *„Schmerzkörper"*. Immer wieder kommt er in uns hoch, möchte sich ins Leben und in Erinnerung rufen. Er möchte, dass wir uns ärgern, dass wir uns aufregen, aus jeder Sache ein Drama machen. Laut Eckhart Tolle sollte man ihn stets beobachten. Sobald er an die Oberfläche will, soll man ihn lediglich beobachten und damit drängt man ihn zugleich zurück. Versuchen wir zu sein wie der Regenbogen, der es schafft verschiedene Elemente zu vereinen: Das *Wasser des Lebens* und das gesamte Spektrum des *Lichtes der Welt*, in all seinen schönen Farben.

Leuchte – Brenne – Sei ein Lichtbringer!

ICH LIEBE ES

Ich liebe es die Sonne im Meer untergehen zu sehen und Gewissheit zu haben, dass sie schon in wenigen Stunden ganz sicher auf der anderen Seite wieder aufgehen wird.

Ich liebe es einen Hasen über das bestellte Frühlingsfeld springen zu sehen, weil es mir zeigt, wie lebendig das Leben sein kann, voller Freude, voller Energie.

Ich liebe es die Ringe eines Steinwurfes im Wasser zu beobachten, man erkennt wie sich vom Lebensquell aus alles in Wellenform auf andere Wesen überträgt – jede Aktion eine Reaktion hervorruft.

Ich liebe es die Zugvögel im Herbst in ihre zweite Heimat ziehen zu sehen, man beobachtet wie jeder seine naturgegebenen Ziele hat und sie vor allem in der Gemeinschaft erreichen kann.

Ich liebe es Vögel ihr Nest bauen zu sehen und dabei zu erleben wie sorgsam mancher seine natürlichen Aufgaben wahrnimmt. Ohne Sorge über den kommenden Tag und trotzdem im schönsten Gefieder.

Ich liebe es ein Senioren-Pärchen Hand in Hand gehen zu sehen, denn so erfährt man, dass es lebenslange Zuneigung gibt, selbst durch die allseits bekannten Täler des Alltags hindurch.

Ich liebe es geistig wie körperlich aktive Menschen zu sehen, statt solche die sich langweilen. Denn seit jeher haben neue Ideen und fleißige Hände unsere Welt voran gebracht und so geformt wie wir sie heute vorfinden.

Ich liebe es Kinder beim Spielen und Lernen zu beobachten und dabei zu erfahren wie wir alle einmal wissbegierig, lernwillig und an allem interessiert waren, offen für Neues, frei von bösen Gedanken, ohne Vorurteil und Überheblichkeit.

Ich liebe es Wälder von Windrädern drehen zu sehen und Solarfelder, man erfährt, dass uns diese naturgegebenen Kräfte kostenlos zur Verfügung stehen und nur noch von uns geerntet werden wollen.

Ich liebe es einen großen Baum zu sehen, der Wind und Wetter trotzt, Schatten spendet und seine Früchte verschenkt.

Ich liebe es freundliche Menschen zu treffen, solche die gerecht, ehrlich und großzügig sind. Die nicht nur nehmen, sondern auch geben. Solche die hilfsbereit geben, ohne etwas dafür zu verlangen.

Das Leben: Ich liebe es!
Und nehm´ es dankbar an.
Jeden Tag aufs Neue.

Gott lieben heißt: die Erde lieben und alles was auf ihr lebt. *Bo Yin Ra*

Liebe weniger, aber besser. *Lenin*

Liebe ist das Licht, das das Universum erhellt. *Mary Elisabeth Braddon*

Ohne Liebe zu sich selbst, ist auch die Nächstenliebe unmöglich. *Hermann Hesse*

Willst Du geliebt werden, so liebe! *Seneca*

Wohl erprobt sich die Liebe in der Treue,
aber sie vollendet sich erst in der Vergebung. *Werner Bergengruen*

Liebe ist das einzige, das wächst, indem man es verschwendet. *Ricarda Huch*

Wer Gutes tun will, soll es sofort tun. *Francois de la Rochefoucauld*

Ein Gramm Handeln ist mehr wert als tausend Tonnen Theorie. *Friedrich Engels*

Man soll der Gottheit keinen Tempel aus zusammengeschleppten Steinen aufbauen,
sondern ein jeder weihe ihr als Heiligtum sein Herz. *Seneca*

Im Notwendigen Einheit, im Zweifel Freiheit, in allem Liebe. *Römisches Sprichwort*

Die Liebe besiegt alles! *Vergil*

Füge der Schönheit des Leibes geistige Gaben hinzu –
sei liebenswert, willst du geliebt sein! *Ovid*

Du darfst die Fehler des Freundes sehen, verurteilen darfst du sie nicht! *Porphyr*

Ein Tropfen Liebe ist mehr als ein Ozean Verstand. *Blaise Pascal*

Entspanne dich. Lass das Steuer los.
Trudle durch die Welt. Sie ist so schön. *Kurt Tucholsky*

Vollkommen liebenswert und vollkommen hassenswert sind nur die Menschen,
die man nicht kennt. *Evelyn Waugh*

Du brauchst nur zu lieben und alles ist Freude. *Leo Tolstoi*

Glücklich allein ist die Seele, die liebt. *Johann Wolfgang von Goethe*

Ist denn nicht das Vergeben für ein gutes Herz ein Vergnügen?
Gotthold Ephraim Lessing

Wenn auf Erden die Liebe herrschte, wären alle Gesetze entbehrlich. *Aristoteles*

Immer wo du gehst und stehst: Wirke, erfreue und diene! *Baltasar Gracián*

Das Glück beruht oft nur auf dem Entschluss, glücklich zu sein. *Lawrence Durrell*

Ein Feigling ist unfähig Liebe zu zeigen; das ist dem Mutigen vorbehalten.
Wo Liebe ist, ist Leben. *Mahatma Gandhi*

Um Liebe zu erlangen ... füllen Sie sich selbst mit Liebe,
bis Sie zum Magneten werden. *Charles Haanel*

Ein fröhliches Herz entsteht normalerweise nur
aus einem Herzen, das vor Liebe brennt. *Mutter Teresa*

Liebe besteht nicht darin, dass man einander anschaut,
sondern dass man in dieselbe Richtung blickt. *Antoine de Saint-Exupéry*

Die Liebe ist vielleicht der höchste Versuch, den die Natur macht,
um das Individuum aus sich heraus- und zu dem anderen hinzuführen.
José Ortega y Gasset

So steht es recht mit einem solchen Menschen, der sich selbst lieb hat und alle Menschen so liebt wie sich selbst. Dieser Mensch ist Gott und Mensch. *Meister Eckhart*

Glück ist wie ein Maßanzug. Unglücklich sind meistens die,
die den Maßanzug eines anderen tragen möchten. *Karl Böhm*

Es gibt keinen Weg zum Glück. Glücklichsein ist der Weg.
Siddhartha Gautama (Buddha)

Ich glaube, dass jedes Ereignis im Leben eine Gelegenheit darstellt,
Liebe statt Angst zu wählen. *Oprah Winfrey*

Die Liebe ist ein Erleben des anderen in der eigenen Seele. *Rudolf Steiner*

Es gibt nur zwei Arten zu leben. So als wäre nichts ein Wunder.
Oder so, als wäre alles eines. Ich glaube an Letzteres. *Albert Einstein*

Das Verlangen nach Gegenliebe ist nicht das Verlangen der Liebe,
sondern der Eitelkeit. *Friedrich Wilhelm Nietzsche*

Je mehr wir urteilen, desto weniger lieben wir. *Honoré de Balzac*

Die Liebe, und einzig die Liebe, ist in der Lage, dir ein glückliches Leben zu geben.
Ludwig van Beethoven

Liebe den anderen dann, wenn er es am wenigsten verdient hat,
denn dann braucht er es am meisten. *Unbekannter Autor*

Die Liebe ist ein Erleben des anderen in der eigenen Seele.
Wo Liebe, wo Mitgefühl sich regen im Leben, vernimmt man den
Zauberhauch des die Sinneswelt durchdringenden Geistes. *Rudolf Steiner*

Liebe darf nicht nur schenken und geben; Liebe muss tausend Mal verzeihen.
Gertrud Maassen

Aus „Geh den Weg der Mystiker" [11] von Peter Reiter

Denn das Göttliche ist nicht innen und die Welt außen, wie wir es in unseren beschränkten dualen Kategorien begreifen, sondern das Göttliche ist überall (und nirgends) und durchdringt auch die Erscheinung. Habe ich das erkannt, kann ich das Göttliche überall und in allem sehen: in jedem Menschen, jeder Pflanze, jedem Stein. Ich gehe fortan staunend durch die Welt.

„Gott" im Bestseller „Gespräche mit Gott – Band 1 und 2" [5]

Wenn du dein Selbst nicht lieben kannst, bist du unfähig, jemand anderen zu lieben. ... Furcht und Hass sind am anderen Ende der Liebe angesiedelt. Das ist die primäre Polarität. *GmG 1, Seite 97*

Die zentrale Frage bei JEDER Entscheidung ist die: Was würde die Liebe jetzt tun? *GmG 2, Seite 152* Liebe gibt alles und verlangt nichts. *GmG 2, Seite 261 und Seite 263:*
„... durch dein leuchtendes Beispiel. Strebe nur nach Göttlichkeit. Sprich nur in Wahrhaftigkeit. Handle nur in Liebe. Lebe das Gesetz der Liebe jetzt und immerdar. Gib alles, brauche und fordere nichts. Meide das Weltliche. Akzeptiere nicht das Unakzeptable. Lehre alle, die danach streben, mich kennen zu lernen. Mach jeden Moment deines Lebens zu einem sprudelnden Quell der Liebe. Nutze jeden Moment, um den höchsten Gedanken zu denken, das höchste Wort zu sagen, die höchste Tat zu tun. Darin verherrliche dein heiliges Selbst, und so verherrliche auch mich. Bring der Erde Frieden, indem du allen Frieden bringst, deren Leben du berührst. SEI Friede. Fühle und äußere in jedem Moment deine göttliche Verbindung mit dem Allem, mit jeder Person, jedem Ort und jedem Ding. Akzeptiere liebevoll jeden Umstand, erkenne jeden Fehler an, teile alle Freude, vertiefe dich in jedes Mysterium, versetz dich an jedermanns Stelle, vergib jede Kränkung (die von dir zugefügte eingeschlossen), heile jedes Herz, ehre die Wahrheit einer jeden Person, verehre den Gott jedes Menschen, schütze die Rechte eines jeden, bewahre die Würde einer jeden Person, stille die Bedürfnisse eines jeden, geh von der Heiligkeit jedes Menschen aus, bring in jeder Person ihre größten Gaben hervor, bewirke Segen für jeden und verkünde die sichere Zukunft jedes Menschen in der gewissen Liebe Gottes. Sei ein lebendiges, atmendes Beispiel der in dir wohnenden höchsten Wahrheit. Sprich bescheiden von dir selbst, damit nicht jemand deine höchste Wahrheit als Prahlerei missversteht. Sprich leise, damit nicht jemand denkt, du wollest nur die Aufmerksamkeit auf dich lenken. Sprich sanft, damit alle die Liebe erfahren können. Sprich oft, so dass dein Wort sich wahrhaft verbreiten kann. Sprich respektvoll, damit niemand entehrt wird. Sprich liebevoll, so dass eine jede Silbe heilen kann. Sprich in jeder Äußerung von mir. Mach dein Leben zu einem Geschenk. Denk immer daran, du BIST das Geschenk! Sei jedem Wesen ein Geschenk, das in dein Leben eintritt, und einem jeden, in dessen Leben du eintrittst. ..."

> **In der Bibel [1] findet man ganz entscheidende Worte zur Liebe:**
> Im *Brief des Paulus an die Römer (13,9)* heißt es, dass alle 10 Gebote (Nicht ehebrechen, nicht töten, nicht lügen, nicht stehlen, nicht begehren deines Nächsten Hab und Gut und Frau etc.) in diesem einen Satz zusammen gefasst werden: „Du sollst deinen Nächsten lieben wie dich selbst." „Denn: Die Liebe tut dem Nächsten nichts Böses."
> Im *Johannesevangelium 4* steht: „Wer nicht liebt, der kennt Gott nicht; denn Gott ist die Liebe." *(8)* und „Gott ist die Liebe, und wer in der Liebe bleibt, der bleibt in Gott, und Gott in ihm." *(16)* sowie „Wenn jemand sagt: Ich liebe Gott, und hasst seinen Bruder, der ist ein Lügner. Denn wer seinen Bruder hasst, den er sieht, der kann nicht Gott lieben, den er nicht sieht." *(20)*
> Im *1. Brief des Paulus an die Korinther, Kapitel 13,* findet sich das poetische *„Hohelied der Liebe",* welches gleichzeitig der beliebteste Segensspruch für Eheschließungen ist:
> „Wenn ich in allen Sprachen der Menschen und in der Sprache der Engel reden könnte und hätte die Liebe nicht, so wäre ich nichts als eine lärmende Pauke oder eine klingende Schelle. Und wenn ich prophetisch reden könnte und wüsste alle Geheimnisse und alle Erkenntnis und hätte allen Glauben, sodass ich Berge versetzen könnte, und hätte die Liebe nicht, so wäre ich nichts. Und wenn ich alle meine Habe den Armen gäbe und ließe meinen Leib verbrennen und hätte die Liebe nicht, so wäre es mir nichts nütze. Die Liebe ist langmütig und freundlich, die Liebe eifert nicht, die Liebe treibt nicht Mutwillen, sie bläht sich nicht auf, sie verhält sich nicht ungehörig, sie sucht nicht das ihre, sie lässt sich nicht erbittern, sie rechnet das Böse nicht auf, sie freut sich nicht über Ungerechtigkeit, sie freut sich aber an der Wahrheit; sie erträgt alles, sie glaubt alles, sie hofft alles, sie duldet alles. Die Liebe hört niemals auf."

Zu der Zeit, in der ich dieses Buch hier schreibe, gibt es einen bereits berühmten Werbespruch einer bekannten Fast-Food-Kette: *„Ich liebe es".* Von diesem Spruch wurde ich wohl inspiriert, als ich das Gedicht oben schrieb. Ich denke, es gibt wesentlichere Dinge im Leben und auf der Welt als Hamburger, die man lieben könnte. Diese Burgerkette liebt sicherlich im Gegenzug die Bareinnahmen aus dem Verkauf, und der sehenswerte Anti-Fastfood-Film *„Super Size Me"* [22] zeigt jedem, der es sehen möchte, was dahinter steckt.

Es gibt aber neben der materiellen Liebe zum Essen und zum Geld sehr viele Arten von Liebe, die entscheidend sind für die Ent-Wicklung unserer Seele und für unsere Erfahrungen hier auf der Erde. Jede auf ihre Art entfaltet völlig andere Wirkungen und Gefühle in uns, löst bestimmte Handlungen aus.

So gibt es z.B. die elterliche Liebe zum Kind, die Geschwisterliebe, die eheliche Liebe zum Partner, die rein körperliche Liebe, die käufliche Liebe, die Liebe zum Haustier, ja sogar eine Vaterlandsliebe. Allerdings sind viele davon nichts für die Ewigkeit, denn Dinge sind vergänglich. Es gibt aber stattdessen die Seelenliebe, die geistige Liebe, die platonische Liebe. Alle drei kann man meist gar nicht mit Worten beschreiben.

Mir geht es hier um die Liebe zur Welt, um die ***„bedingungslose Nächstenliebe",*** welche den Kern des Christentums bildet. Um aber andere und die Umwelt lieben zu können, muss man zunächst sich selbst, sein „Selbst", also seinen *direkten* Nächsten lieben. Wer sich selbst nicht annehmen kann wie er ist, wie sollte er es bei anderen schaffen? Diese Lektion sollten wir üben.

Die körperliche Liebe mag für unser Fortbestehen auf der Erde eine entscheidende Rolle spielen, aber für mich nimmt sie, zumindest in diesem Buch, keinen besonderen Platz ein. Wie ich im Kapitel *„Ethik und Spiritualität"* bereits ausgeführt habe, muss *alles* in Ordnung sein, womit *alle* Beteiligten ausdrücklich einverstanden sind. Alles Weitere hat, meiner Meinung nach, uns andere nicht zu kümmern. Man mag lästern so viel man will, man mag auf Gesetze und Moral hinweisen oder irgendetwas sonst; so lange diese Punkte erfüllt sind, brauchen wir Menschen uns kein Urteil darüber zu erlauben.

Liebe vereint die Vielheit zur Einheit. So schreibt Peter Reiter in *„Geh den Weg der Mystiker"* [11]: *„Durch die Liebe werden zwei zu eins und heben die ewige Spaltung auf, obgleich es weiterhin zwei geben muss die sich lieben. Die Liebe verbindet den Gegensatz aus Einheit und Vielheit zu einer höheren Ganzheit."* Ein gutes Beispiel ist, wie sich einst die einzelnen Bundesstaaten der USA (ebenso unsere Bundesrepublik Deutschland) zu einem Nationalstaat zusammenschlossen oder die Europäische Union aus einst zerstrittenen Nationalstaaten. Jeder behält seine Individualität, und dennoch ist man friedlich ganz eng zusammen gerückt.

In meinem Gedicht oben geht es vor allem um die Liebe zur Natur und diesem wunderschönen blauen Planeten sowie seinen Bewohnern. Tag für Tag begegne ich jedoch Menschen, die überall immer nur das Negative suchen. In anderen Menschen, wie dem Chef, dem Ehepartner, in ihren Eltern oder Kindern, in bestimmten Situationen oder der Politik im Lande etc.
Ich möchte dazu aufrufen **das Positive** im Leben zu suchen – immer und überall! So arbeite ich beispielsweise seit vielen Jahren als Redakteur für das „Africa Positive Magazin". Die Gründer und ehrenamtlichen Mitarbeiter hatten bemerkt, dass die Presse nördlich des Äquators bevorzugt über das Negative in Afrika berichtet und die positiven Nachrichten unter den Tisch fallen lässt. Auf diese Art findet natürlich auch keiner Interesse, dort zu investieren, eine Kooperation oder Partnerschaft einzugehen und so weiter. Ironischerweise denken jedoch viele Leute, auf die ich treffe und denen ich von dem Magazin erzähle, in erster Linie an *„HIV positiv",* und das allein zeigt schon wieder die pessimistische Denkweise und wie wir von Angst geprägt sind.

Im Gegensatz dazu ist doch die **Kraft der Liebe** unglaublich groß: Die Mutter gibt alles für ihr Kind. Liebe hält über Kontinente, Menschen verlassen dafür ihre Heimat, Kultur und Familie usw.
Lieben = Leben / live = love (laugh!) *–* so einfach kann eine Veränderung sein. **Dankbarkeit üben ist eine Aussage der Liebe zum Leben!**

SEI WIE DAS TIER

Sei wie das Tier!

Der Rat klingt seltsam oder nicht? Kommt er noch sogar von einem Christ!
Doch schau was für Tiere gibt es da. Und entscheide Dich – das ganze Jahr.

Willst Du alles auseinander fleddern wie eine Piranha?
Oder möchtest Du fröhlich sein wie ein Delfin?

Möchtest Du in einer geordneten Gruppe leben wie ein Zebra?
Oder lieber allein durch die Wälder streifen wie ein Bär?

Willst Du als friedliches Schaf Deinen Tag verbringen,
oder wie ein reißender Wolf der Angst und Schrecken verbreitet?

Möchtest Du morgens ein Liedchen trällern wie der Singvogel?
Oder denkst Du das Gekrächze des Raben würde deine Nächsten erfreuen?

Willst Du mit deinem Partner ein Nest bauen
und liebevoll um die Küken kümmern wie ein Vogel?
Oder ziehst Du es vor, kein Zuhause zu haben und laufend
wechselnde Partner wie ein streunender Kater?

Möchtest Du den Anderen Angst einflößen, wie ein Skorpion?
Oder lieber wie ein Reh auch mal zurückschrecken?

Willst Du in Deinem Leben etwas leisten wie die Ameise und der Biber?
Oder lieber nur faul rumhängen wie ein Affe?

Möchtest Du die Leute lieber mit Deinen Sprüngen beeindrucken wie ein Känguru
oder einfach nur in Ruhe und Gelassenheit alt werden wie eine Schildkröte?

Lieber immer wieder zurückkommen zu Deinen Wurzeln wie ein Frosch?
Oder große Weltreisen unternehmen wie der Wal?

Ist es wichtig, gutaussehend und stark auf die Welt zu kommen wie ein Löwe?
Oder ist es nicht gleichwertig ein hässliches Entlein zu sein,
das sich später zum Schwan entwickelt?

Wisse: DU kannst Dich in jedem Moment entscheiden wer-Du-sein-willst.
DU kannst Dich täglich FÜR das eine und GEGEN das andere entscheiden.
Tiere folgen lediglich ihrem natürlichen Instinkt.

Du bist der Ochse der den Karren zieht.
Entscheide selbst die Richtung und er wird Dir folgen!

Liebet eure Feinde; tut denen Gutes, die euch hassen. *Lukasevangelium 6,27 [1]*

Du weißt nicht wie groß die Last ist, die du nicht trägst. *Sprichwort aus Afrika*

Wenn du mit dem Finger auf jemand anderen deutest, dann schaue dir deine Hand an. Du wirst sehen, dass drei Finger auf dich zeigen. *Persisches Sprichwort*

Wie du grüßt, wirst du gegrüßt. *Griechisches Sprichwort*

Wer lächelt, statt zu toben, ist immer der Stärkere. *Japanisches Sprichwort*

Wer über seine Leidenschaften, Begierden und Ängste herrscht, ist mehr als ein König. *John Milton*

Wenn jeder und jede anfängt vor der eigenen Haustüre zu kehren, dann wird die ganze Welt sauber. *Franz Alt*

Um liebenswürdig zu sein, ist das Hauptmittel, friedfertig zu sein. *Baltasay Gracián*

Gute Menschen streiten nicht, wer gerne streitet, ist nicht gut.
Wahre Worte sind nicht schön, schöne Worte sind nicht wahr.
Laotse im „Tao Te King" [13]

Der letzte Beweis von Größe liegt darin, Kritik ohne Groll zu ertragen. *Victor Hugo*

Spott ist oft Geistesarmut. *Jean de la Bruyère*

Rauheit erzeugt nur Hass, Streit und verderblichen Krieg. *Ovid*

Bete um ein dickes Fell und ein weiches Herz. *Romain Gary*

Hass und Zank hegen oder erwidern ist Schwäche.
Sie übersehen und mit Liebe zurückzahlen ist Stärke. *Adalbert Stifter*

Das sollte unsere Lebensaufgabe sein, sich selbst zu besiegen und täglich über sich selbst mehr Gewalt zu gewinnen, und etwas im Guten zuzunehmen. *Thomas de Kempis*

Die Menschen sind nicht nur schlecht aus guten Gründen, sondern oft auch gut aus schlechten Gründen. *Gilbert Keith Chesterton*

Das einzige, was wir fürchten müssen, ist die Furcht. *Franklin D. Roosevelt*

Wer Frieden will, darf nicht hetzen. Wer Frieden will, darf keine Art von Gewalt lieben und gebrauchen, auch nicht jenes des Wortes. *Luise Rinser*

Es ist traurig, dass Krieg und Leiden eher menschliche Opferbereitschaft mobilisieren als ein friedliches Leben. *Erich Fromm*

Bemühe dich im Unglück Gleichmut zu bewahren. *Römisches Sprichwort*

Ich hatte nie Schwierigkeiten, *gegen* etwas zu sein.
Ich hatte mehr Schwierigkeiten, *für* etwas zu sein. *Rudolf Augstein*

Ein Streit hört erst dann auf, wenn einer von beiden erkennt, dass er mitschuldig ist. Höre auf, anderen die Schuld zuzuschieben, dann empfindest du, was ein Alkoholiker empfindet, wenn er aufhört zu trinken, oder was ein Raucher empfindet, wenn er aufhört zu rauchen. Du spürst, dass du deiner Seele geholfen hast! *Leo Tolstoi*

Auge um Auge macht die ganze Welt blind. *Mahatma Gandhi*

Im Verzeihen des Unverzeihlichen ist der Mensch der göttlichen Liebe am nächsten.
Gertrud von le Fort

Ein jedes Missverständnis lässt sich durch Geradheit,
Offenheit und Liebe beseitigen. *Fjodor M. Dostojewskij*

Wenn Gott den Menschen misst, legt er das Maßband
nicht um die Taille, sondern um das Herz. *Gaudenia Bröcker*

Erwidere Böses mit Gutem. *Aus dem jüdischen Talmud*

Der Mensch braucht nicht alles zu billigen;
verzeihen muss er können. *Thomas Niederreuther*

Liebe die Wahrheit, aber verzeihe den Irrtum.
Verzeihen muss immer der Schuldlose. *Voltaire*

Der Weise findet niemanden schuldig, weder sich noch andere. *Epiklet*

Von der Natur aus gibt es weder Gutes noch Böses.
Diesen Unterschied hat die menschliche Meinung gemacht. *Sectus Empiricus*

Auch du wirst einmal sterben. Weißt du dies, wie kannst du dann noch streiten?
Siddharta Gautama (Buddha)

Wer noch nie einem Feind verziehen hat, hat noch nie eine
der höchsten Lebensfreuden genossen. *Johann Kaspar Lavater*

Lebe, wie du, wenn du stirbst, wünschen wirst, gelebt zu haben.
Christian Fürchtegott Gellert

Kämpfe gegen dich selbst. Warum suchst du äußere Feinde? Wer gegen sich selber kämpft, erreicht die Glückseligkeit. *Worte von Mahavira (Gründer des Jainismus)*

Gut = Gott = God = Good – Denken = Danken *von Franz Alt*

Leon Shenandoah vom nordamerikanischen Stamm der Irokesen
Ihr Weißen sprecht von Wildnis, doch die Wildnis war nicht wild – sie war frei. Tiere sind nicht wild, sie sind frei. *Aus „Hüter der Erde" [18] Seite 105*

Aus der „Cherubinische Wandersmann" [23] von Angelus Silesius – *Seite 77*
Gott ist allem gleich nahe. Gott ist dem Satan nah wie dem Seraphim (Oberengel), es kehrt nur der Satan den Rücken gegen ihn.

Aus „Geh den Weg der Mystiker" [11] von Peter Reiter, Seite 149
- Jede Bewertung ist letztlich eine Selbst-Bewertung
- Jede Kritik ist letztlich Selbstkritik
- Jedes negative Urteil ist letztlich eine Selbstverurteilung
- Jedes Bekämpfen ist letztlich ein Sich-Selbst-Bekämpfen
- Jede Bestrafung ist letztlich eine Selbstbestrafung

Weisheiten des Siddhartha Gautama (Buddha)
„Du wirst morgen sein, was du heute denkst." – „Leben heißt Leiden."
„Er hat mich beleidigt, er hat mich betrogen, er hat mich geschlagen, er hat mich beraubt. Die frei von Hassgedanken sind, finden gewisslich Frieden."

Aus der indischen „Bhagavad Gita" [9]
Wer schon auf dieser Erde, und noch ehe er von seinem Körper frei ist, dem Drange der Begierde und des Zornes widerstehen kann, der ist glücklich. Die Freuden, welche durch die Berührung mit der Außenwelt erlangt werden, gebären Leiden. Sie haben Anfang und Ende. Nicht in ihnen sucht der Weise sein Heil. *V. 22.*

Aus dem Koran [8]
Und die standhaft bleiben im Wohlgefallen ihres Herren ..., und das Böse durch Gutes abwehren ..., und die glauben und gute Werke tun – Glück wird ihnen und eine vortreffliche Heimstatt (im Jenseits) ... die aber die Unheil stiften auf Erden, auf ihnen ist der Fluch, und sie haben eine schlimme Wohnstatt. *Sure 13, 22-25*
Gebiete Gutes und verbiete Böses und ertrage geduldig, was dich auch treffen mag. ... und weise deine Wange nicht verächtlich den Menschen und wandle nicht hochmütig auf Erden; denn Allah liebt keinen eingebildeten Prahler. *Sure 31, 17-18*
Wer rechtgeleitet ist, der ist es zu seinem eigenen Besten; und wer irregeht, der geht irre zu seinem Schaden und du bist nicht Wächter über sie. *Sure 39, 41*

Aus der Bibel [1] der Psalm 52 des König David
Was rühmst du dich der Bosheit, da doch Gottes Güte noch täglich währt? Deine Zunge trachtet nach Schaden wie ein scharfes Schermesser, du Betrüger! Du liebst das Böse mehr als das Gute und redest lieber Falsches als Rechtes. Du redest gern alles, was zum Verderben dient, mit falscher Zunge. Darum wird dich auch Gott für immer zerstören. ... Und die Gerechten werden es sehen und sich fürchten und werden seiner lachen: „Siehe, das ist der Mann, der nicht auf Gott sein Vertrauen setzte, sondern verließ sich auf seinen großen Reichtum und war mächtig, Schaden zu tun.

Eine der bekanntesten Theorien des bekannten Psychologen Siegmund Freud ist die der gegensätzlichen biologischen Kräfte, die in uns wirken: Die der Zerstörung gegen die der Vereinigung (Liebe), der Lebenstrieb gegen den Todestrieb. Das ist es auch, was die Beispiele aus der Tierwelt ausmachen. Die Gegensätze, die es auszubalancieren gilt. Welchem Trieb wollen wir in unserem täglichen Leben Geltung verschaffen? Welcher soll gefördert und welcher soll zurückgedrängt werden?

Der 14. Dalai Lama (seit 1940 im Amt) wurde einmal gefragt, ob er sich denn niemals aufrege. Seine Antwort: „Warum sollte ich das tun? Danach müsste ich mich ja wieder abregen. Und das ist mir zu anstrengend."

Dazu gibt es eine sehr schöne Geschichte vom Spiegelsaal eines Schlosses: Ein Hund kommt rein, sieht all die Spiegelbilder ringsherum und bellt diese „anderen Hunde" wie wild an. Die anderen Hunde bellen (wie sollte es anders sein?) vor Wut zurück. Der Hund wird immer wütender und wütender. Schlussendlich bricht dieser Hund vor Erschöpfung zusammen und stirbt. Ein anderer Hund betritt den Spiegelsaal. Er sieht all die anderen Hunde (Spiegelbilder!). Er freut sich über all die netten Hunde und wedelt mit dem Schwanz. Und siehe da: Auch die anderen Hunde scheinen sich zu freuen und wedeln mit dem Schwanz. Der Hund verlässt freudig den Spiegelsaal...
Seien wir also achtsam, wie wir tagtäglich in den Spiegelsaal eintreten!
Übrigens: Selbst Jesus tritt in der Bibel auch schon mal als Rüpel auf. Zum Beispiel wirft er die Tische und Bänke im Tempel um. Die Geschichte dazu findet man in der Bibel [1], Matthäusevangelium 21,12.

Mitleid mit Opfern zu haben ist einfach. Ebenfalls Mitleid, oder besser Mitgefühl (denn wir wollen ja nicht leiden sondern mitfühlen), mit den Tätern zu haben fällt uns wesentlich schwerer. Aber genau das hat Jesus Christus und auch Buddha, der Dalai Lama und viele andere gepredigt: Nächstenliebe und Mitgefühl zu entwickeln. Das ist es, worum es den großen spirituellen Meistern der Geschichte ging. Die Täter, egal welcher Art, sind ja irgendwie dahin gekommen, wo sie gelandet sind. Sie wurden verführt, sie wurden geistig oder körperlich gepeinigt, sie waren zu schwach, ihrer Versuchung standzuhalten, sie fanden breite Unterstützung, so wie auch Hitler, Stalin und Mao oder viele andere, die uns aus der Geschichte bekannt sind. Für diese bösartigen Menschen (im täglichen Leben begegnen uns sicher sehr viele davon) Mitgefühl, Verständnis, Respekt, ohne Wertung und ohne Verurteilung zu entwickeln, ja zu leben, das ist eine schwierige und dennoch lohnenswerte Aufgabe, an der wir sehr rasch wachsen werden. Zunächst seelisch und wie es in den weisen Büchern der Geschichte heißt, folgen die materiellen Früchte auf dem Fuß. Der äußere Frieden entwickelt sich aus dem inneren Frieden.

Auch ich werde immer wieder gefragt: „Warum lässt Gott solche schlimmen Dinge wie den Krieg und den Hunger zu?" Aber dazu kann ich nur sagen, dass „GOTT" uns alle Möglichkeiten an die Hand gegeben hat, aber was wir daraus machen ist allein unsere Sache. Wenn wir gerne Krieg spielen möchten, lässt er uns Krieg führen. Warum sollte er unserem Wunsch widersprechen? Wenn wir andere Menschen Hunger leiden lassen wollen durch unsere ungerechte Verteilung oder andere Ungereimtheiten, dann ist auch dies unsere Wahl

Das Himmlische bekämpft das Irdische

als Menschheit. Wir selbst tragen die Verantwortung dafür, nicht ER. Wir ernten was wir säen! Und wir haben jederzeit die Möglichkeit, uns aktiv dagegen einzusetzen.

Passend dazu die Jahrzehnte alte Formel einer mittelgroßen, liberalen, deutschen Partei: *„Die Freiheit des einen endet, wo die Freiheit des anderen beginnt."* Viel einfacher lässt sich ein Gebot für den Frieden kaum formulieren.

Auf den streunenden Kater aus dem Gedicht anspielend möchte ich an die vielen bekannten Persönlichkeiten aus Sport, Musik und Film etc. erinnern, die laufend wechselnde Partner haben. Sie dürfen das natürlich tun und völlig frei ihr Leben gestalten. Auffällig ist jedoch, dass diese, wie viele „Otto-Normal-Verbraucher" ebenso, die Fehler immer wieder beim *anderen* suchen statt bei sich selbst. Sie hoffen durch einen neuen Partner ein besseres Leben, mehr Freude und Glück erreichen zu können.

Ich finde das ist so, als ob jemand eine schlechte Rückhand beim Tennis hat und statt dieses Manko bei sich selber zu trainieren, würde man immer wieder die Gegner und sogar das Spielfeld wechseln und sich dann darüber wundern, warum man immer noch kein Spiel gewinnt.

Akzeptieren wir doch den anderen so wie er ist! Versuchen wir, uns selbst zu trainieren statt den anderen umzuerziehen. Seien wir kreativ, statt reaktiv. Ziehen wir einfach selbst unseren Eselskarren, statt den anderen Karren sogar zu behindern. Empathie ist hier das Stichwort: Hineinversetzen / Einfühlen in den Nächsten.

Seien wir wie ein himmlisches „Tier", welches das „Irdische" bekämpft. Schauen Sie dazu noch einmal in die Grafiken im Kapitel *„Unio Mystica"*.

Seien wir also einfach „tierisch gut"!

SEI WIE DER BAUM

Sei wie der Baum rate ich Dir...
Wachse mit Geduld und strecke Dich zum Licht!

Spende Schatten unter weiten Ästen. Schütze alle vor dem traurigen Regen.
Biete Heimat für Vögel, Tiere und jeden der zu Dir kommt.
Der Baum verlangt nichts dafür.

Wandele das Licht der Welt in Energie und gib Sauerstoff (Leben) für andere.
Auch dafür erwartet der Baum keinen Lohn.

Lebe vom klaren, edlen Wasser, statt von trunken machendem Gesöff.

Trage Früchte als Zeichen Deiner höchsten Werte.
Gib die Früchte denen, die danach verlangen.
Gib sie denen, die Hunger leiden.

Nimm alles mit Geduld hin.
Egal ob Sturm, Regen und Eis oder Hitze und Trockenheit.
Der Baum erträgt es mit Fassung.

Ja: Nach der kalten Winter-Periode,
treibt er neu aus und erfreut sich am Licht.
Er zeigt dies mit einer wunderbaren Blütenpracht.
Von weitem sieht man schon, dass es ihm gut geht.

Wenn jemand Deine Rinde verletzt, nimm es hin.
Verschließe die Wunde, aber verstecke sie nicht.
Trage sie stolz, denn sie prägt Dich.

Bäume leben als Teil des Kreislaufs.
Bäume leben mitten im Jetzt, nicht in Vergangenheit oder Zukunft.
Bäume leben mit dem All und dem Ganzen.

Seine starken Wurzeln geben ihm Halt und Stütze.
Sie erinnern ihn stets daran wo er herkommt und hingehört.

Meterhohe Bäume entstehen aus winziger Frucht.
Eine kleine Nuss enthält das gesamte Programm des Baumes.

Das Programm enthält bereits alle Daten. Die Daten für die Form der Blätter.
Die Daten für die Farbe und Schale der Frucht. Die Daten für die Beschaffenheit
der Rinde. Die Daten für die Dichte des Holzes.
Die Daten für die Höhe des Stammes und die Form der Äste.
Aber sag mir: Wer hat eigentlich die Nuss programmiert?

Wenn wir fröhlich geben und dankbar empfangen, sind alle gesegnet. *Maya Angelou*

Gott und Natur sind zwei Größen, die sich vollkommen gleich sind. *Friedrich Schiller*

Wenn die Wurzeln tief sind, braucht man den Wind nicht zu fürchten.
Sprichwort aus Levante

Wie die reifen Früchte von den Bäumen fallen, so nimmt der Zustand der Reife von den Greisen das Leben weg. *Griechisches Sprichwort*

Wenn es Todsünden gibt, so sind es zuverlässig die Sünden gegen die Natur.
Christoph Wilhelm Hufeland

Der Mensch wird nicht für seine Sünden bestraft, sondern durch sie. *Elbert Hubbard*

Durch Anpassung oder deren Umgehung wächst das Holz ohne Hast und ohne Rast aus der Erde empor. Ebenso zeichnet den Edlen Hingabe aus und dass er nie in seinem Streben innehält. *I Ging*

Religion und Mathematik sind nur verschiedene Ausdrucksformen derselben göttlichen Exaktheit. *Michael Faulhaber*

Etwas stimmt mit der Erschaffung der Welt nicht, weil die Reichen glauben, sie seien die Wohltäter der Armen; dabei werden die Reichen von der Arbeit der Armen ernährt und gekleidet und leben in einem Luxus, den die Armen für sie hervorgebracht haben. Die Freuden der Reichen werden häufig mit den Tränen der Armen erkauft. Reichtum entsteht durch die Anhäufung menschlicher Arbeit; in der Regel bringen die einen die Früchte der Arbeit hervor, und andere häufen sie an. Das nennen die zeitgenössischen klugen Köpfe „Arbeitsteilung". *Leo Tolstoi*

Askese meint nicht so sehr Verzicht, sondern Einübung von Freiheit.
Johannes Gründel

Ein Baum mit vielen Früchten beugt sich demütig. *Paulo Coelho*

Vom Ziel her bist Du Kind des Schicksals.
Vom Ursprung her bist Du zugleich sein Urheber. *Hans-Günther Adler*

Nur dadurch, dass man das Gute tut, wird man gut. *Jean-Jaques Rousseau*

Lerne dankbarer stets empfangen und fröhlicher zu geben.
Johann Kaspar Lavater

Alles Vergängliche ist nur ein Gleichnis. *Rudolf Steiner*

Die beste Zeit einen Baum zu pflanzen, war vor 20 Jahren.
Die nächstbeste Zeit ist jetzt. *Sprichwort aus Uganda*

Der Baum muss zuvor gut sein, eher er gute Früchte trägt.
Kein Baum trägt Frucht zu seinem eigenen Genuss. *Martin Luther*

Das ist Gemeinschaft, wenn jeder von jedem empfängt
und jeder jedem danken kann. *Ernst Kühnel*

Ethik ist die Lehre vom Schönen *in* uns, Ästhetik die Lehre vom Schönen *um* uns.
Richard von Coudenhove-Kalergi

Wer seine Gefühle entfaltet, denke daran,
dass auch andere Menschen Platz brauchen. *Ernst R. Hauschka*

Besitz? Leihgaben des Schicksals. Bestenfalls lebenslänglich. *Oliver Hassencamp*

Reich ist, wer viel hat, reicher ist, wer wenig braucht, am reichsten, wer viel gibt.
Gerhard Tersteegen

Aus der Bibel [1]

An ihren Früchten sollt ihr sie erkennen. Kann man denn Trauben lesen von den Dornen oder Feigen von den Disteln? *Matthäusevangelium 7,16*
Ein guter Baum kann nicht schlechte Früchte hervorbringen und ein fauler Baum kann nicht gute Früchte bringen. *Matthäusevangelium 7,18*

Peter Reiter in „Geh den Weg der Mystiker", Seite 253 [11]

Wir müssen per Kontemplation (innere Sammlung) reifen wie die Äpfel. Wenn wir reifen, werden wir vom ersten starken Windhauch zu Fall gebracht. Das können ganz verschiedene Erweckungserlebnisse sein. Der Moment des Erwachens lässt sich, wie beim Apfel, nicht berechnen. Wie Jesus zum Tod sagte: Er wird kommen wie ein Dieb in der Nacht.

Meister Eckhart zitiert in „Geh den Weg der Mystiker", Seite 129 [11]

So muss die Seele, die Gott erkennen soll, so gefestigt sein in Gott, dass nichts sich in sie einzudrücken vermag, weder Hoffnung noch Furcht, weder Freude noch Jammer, weder Liebe noch Leid noch irgendetwas, das sie aus der Bahn zu bringen vermag. Der Himmel (und die Sonne) ist weithin an allen Orten gleich fern von der Erde. So auch soll die Seele gleich fern sein von allen irdischen Dingen, so dass sie dem einen nicht näher sei als dem anderen; sie soll sich gleich fern davon halten in Freude und in Leid, in Haben und Verlieren, was es auch sei: dem allen soll sie völlig abgestorben, gelassen und erhaben gegenüberstehen.

Aus der indischen „Bhagavad Gita" [9]

Wer seine Pflicht erfüllt, ohne etwas dafür zu verlangen, der ist ein Heiliger. *VI. 1.*

Aus dem Koran [8]

Die da spenden in Überfluss und Mangel, die den Zorn unterdrücken und den Mitmenschen vergeben, und Allah liebt, die da Gutes tun. *Sure 3, 134*

Auf dieses Gedicht kam ich bei der täglichen Pflege meiner Bonsai-Sammlung – 1993 bis 2013 züchtete ich heimische Bäume in kleinen Schalen. Von Bäumen kann man sehr viel lernen. Nicht nur aufgrund meiner selbst gezogenen Bonsais bin ich von den Bäumen so beeindruckt; für uns Deutsche (Germanen) hatte der Baum als Symbol über die Jahrtausende immer eine große Bedeutung: Als Landmarke auf dem Feld, als Weihnachtsbaum im heimischen Wohnzimmer (dieser Brauch hat sich über den ganzen Globus verbreitet), als Maibaum mitten auf dem zentralen Dorfplatz, als Osterbusch vor dem Haus, als Rahmen für Denkmäler, als Schatten spendende, vor Wind und Regen schützende Alleen durch das ganze Land, mit imposanten Bäumen links und rechts der Landstraßen und sogar auf unseren Münzen.

Auch international findet man Bäume, Blätter und Nüsse auf Flaggen, Wappen und Geldscheinen, sowie in der Bibel. Englische Parks sind geprägt von stattlich gewachsenen, freistehenden Bäumen auf großen Rasenflächen. In Asien gehören große Bonsais (Bon-Sai = Japanisch für „Baum im Topf") und von Menschenhand gestaltete Bäume zum Bild der Kloster- und Palastgärten, in Afrika dienen Bäume als Schattenspender, ohne die tropischen Regenwälder, entlang des Äquators, hätten wir nicht genug Sauerstoff auf der Erde. Bäume stehen für Stärke, Kraft, Widerstandsfähigkeit und Standhaftigkeit sowie ein langes Leben. Sie prägen bis heute unseren Alltag, auch in Städten.

Mit Bonsais im heimischen Garten oder Balkon holt man sich ein Stück Natur ins Haus. Sie benötigen volle Aufmerksamkeit, wollen regelmäßig gehegt und gepflegt werden. In buddhistischen Klöstern bietet diese Arbeit eine Art Meditation. Man gelangt völlig ins Hier und Jetzt und vergisst die Welt drum herum und ihre Probleme für den Moment der Hingabe zum Baum.

Bei der Betrachtung des Baumes erkennt man viele Details und Metaphern zu unserem eigenen Leben: Der Baum steht fest im Leben, er kann nicht weg, muss alles ertragen, was auf ihn einwirkt. Er steht völlig wehrlos allen Unwettern, Hitze und Risiken gegenüber. Er muss Langeweile ertragen, Stille, ständige Wiederholungen, Probleme der Umwelt. Doch der Baum ruht völlig in sich, lässt sich nie aus der Ruhe bringen, er erträgt alles und wächst einfach weiter Richtung Licht.

Dazu die buddhistische Frage: *„Warum sollte man unglücklich sein über etwas, das man ändern kann? Und warum sollte man unglücklich sein, über etwas das man nicht ändern kann?"* Ich selbst staune gleichzeitig über die Frage: *„Wer hat eigentlich die Kastanien, Eicheln und anderen Nüsse so programmiert, dass diese winzigen Dinger mit Hilfe von Wasser und Nährstoffen einen über 20 Meter hohen Koloss entstehen lassen mit immer den gleichen Eigenschaften wie Form der Blätter, Art der Rinde etc.?"*

Übrigens: Nüsse müssen „sterben", um dieses große „Etwas" hervorzubringen. Sie müssen ihre harte Schale durchbrechen, um etwas „Neues" entstehen zu lassen. Wenn sie ihre harte Schale nicht ablegen, werden sie nie die Möglichkeit haben zum Licht und zum Himmel emporzusteigen. So muss auch der Mensch seine harte Schale der eigenen Begrenzungen und kulturellen Konditionierungen durchbrechen, um zum Himmel wachsen zu können.

Bonsai-Bäume bedürfen und erhalten eine sehr intensive Pflege und Zuneigung. Sie könnten sonst kaum überleben in dieser kleinen Schale. Auch Menschen benötigen starke Wurzeln. Schlägt man sie irgendwann ab (wenn z.B. das Kind von den Eltern getrennt wird oder der Ehepartner stirbt), ist das ein großer Verlust für den Baum, wovon er sich nur schwer erholt. Die Wurzeln sollen unter der Erde eine identisch große und symmetrische Ausdehnung haben, wie die Baumkrone, die überirdisch sichtbar ist. Man kann lange über dieses schöne Bild und seine Gleichung meditieren. Wurzelballen

Sehr schönes Yin & Yang Symbol (Taiji) als Baum und Wurzel. *Urheber unbekannt*

und Baumkrone befinden sich im absoluten Gleichgewicht. Aber wie schafft es der Baum z.B. das Wasser bis in die meterhohen, entferntesten Äste und Blätter zu transportieren, ohne Muskeln, die es ziehen könnten? Chinesen sagen „Chi" zu dieser unsichtbaren Energie, welche Pflanzen-Blüten zum Licht drehen lässt und auch unsere Körperfunktionen in Betrieb und die Körpertemperatur bei konstanten 36,5 Grad hält (auch bei Säugetieren). Mittlerweile erkennen viele Krankenversicherungen die Akupunktur an, welche eine Blockade der fließenden Energie (Chi) im Körper, mit Hilfe von kleinsten Nadelstichen, auflösen soll. Offenbar funktioniert es also.

Beachten wir neben den positiven Eigenschaften des Baumes, wie im Gedicht beschrieben, dass jeder Ast, jede Blüte und jede Frucht eine eigene Aufgabe hat und ebenso wie jeder Mensch wichtig ist für die Gemeinschaft – vergleichen wir es mit einem Wald. Egal ob Müllmann, Putzfrau oder Topmanager, Firmenchef oder Präsident. Das gesamte Uhrwerk funktioniert nur, wenn alles aufeinander abgestimmt und jedes Rädchen an seinem Platz ist.

Der Baum lebt in starker Gemeinschaft, dem Wald, und überlebt selten als alleinstehender Solitär, wofür man eine sehr dicke und raue Schale benötigt.

Wenn man seine Krone weit zum Himmel strecken will, muss man auch tief im Irdischen (Familie etc.) verwurzelt sein, sonst bläst einen der nächste Sturm um. Bäume benötigen die richtigen Nährstoffe und ein geeignetes Umfeld, um zum Himmel wachsen zu können. Dunkle Nachbarn ersticken einen.

Schenke auch Du Deine Früchte und spende Schatten, wie der Baum!

SEI WIE DAS WASSER

Sei wie das Wasser! Dieser Rat kommt zwar von mir,
doch die Entscheidung liegt täglich bei Dir:

Willst Du sein wie die Schneeflocke: Leise und sanft?
Oder wie der Platzregen: Laut und verletzend?

Möchtest Du wie die Wasserturbine nützlich und produktiv sein?
Oder zerstörerisch wie eine Tsunami-Welle?

Willst Du eingeengt und festgefahren leben wie im Kanal?
Oder fröhlich dem Ziel entgegenplätschern wie der Bergbach?

Möchtest Du sauber und klar sein wie das Quellwasser?
Oder entscheidest Du dich ungenießbar zu sein wie die Kloake?

Willst Du wie der Wasserdampf leicht über den Dingen schweben?
Oder ist es Dir lieber hart und destruktiv zu sein wie der Hagel?

Möchtest Du beruhigend und friedlich sein wie der Waldsee?
Oder wild und unberechenbar wie der tobende Ozean?

Willst Du schön warm und entspannend sein wie ein Bad?
Oder eiskalt und schockierend wie der Einbruch ins Eis?

Lieber erfrischend und kühl wie ein Glas Wasser im Sommer?
Oder verbrennend und schmerzend wie der kochende Kessel?

Willst Du lieber Leben hervorbringen wie das Blumenwasser?
Oder giftig sein wie das Abwasser der Chemiefabrik?

Möchtest Du sein wie der warme Regen nach langer Trockenheit und neues Leben ermöglichen? Oder wie der dichte Nebel Angst und Schrecken verbreiten und anderen die Orientierung nehmen?

Ziehst Du es vor mit Donner und Schall wie die Niagara-Fälle auf Dich aufmerksam zu machen? Oder magst Du es still und leise wie der Wasserhahn, der den Lebewesen dient?

Wie Du Dich auch entscheidest: Wisse – Der Mensch hat diese Freiheit
in jedem Moment, an jedem neuen Tag.
Das Wasser folgt lediglich passiv seinem natürlichen Schicksal und Kreislauf.

Was wir wissen, ist ein Tropfen, was wir nicht wissen, ein Ozean. *Isaac Newton*

Sanftheit gestaltet, während Härte bloß zerstört. *Tagore*

Die Schönheit der Sonnenblumen erwächst aus dem wärmenden Sonnenlicht.
Doch ohne Regen blieben sie auf ewig im Finstern. *Unbekannter Autor*

Inmitten des Wirrwarrs gilt es, das Einfache zu finden. *Albert Einstein*

Die Natur kennt das große Geheimnis und – lächelt. *Victor Hugo*

Der Traum ist der beste Beweis, dass wir nicht so fest in unserer Haut
eingeschlossen sind, als es scheint. *Friedrich Hebbel*

Die Welt ist der Tempel! Die Lebenspraxis ist der eigentliche Gottesdienst.
Im Tun zeigt sich der Charakter und der Wert eines Menschen,
nicht im Verkünden von hohen Absichten. *Rahel Varnhagen van Ense*

Alle Fehler, die man hat, sind verzeihlicher als die Mittel,
die man anwendet um sie zu verbergen. *Francois de La Rochefoudcauld*

Sogar das Wasser im Kruge meint, es müsse ein Loch im Bach hinterlassen haben,
als es geschöpft wurde. *Karl Heinrich Waggerl*

Die Alten haben gesagt, dass der erleuchtete Geist einem im Wasser schwimmenden
Fisch gleiche. So ist es. Da gibt es kein Hindernis. Alles fließt sanft und glatt dahin.
Diese Freiheit, dieses Freisein, ist unbeschreibbar, unsagbar! *Ein Zen-Schüler*

Alle Dinge, große, kleine, flüssig, trocken, weich und hart, Tiere,
Pflanzen, Holz und Steine zeigen Gottes Gegenwart. *Friedrich Arnold Brockhaus*

Man ertrinkt nicht, weil man unter Wasser taucht,
sondern weil man unter Wasser bleibt. *Paulo Coelho*

Steter Tropfen höhlt den Stein. *Deutsches Sprichwort*

Aus „Der Cherubinische Wandersmann" von Angelus Silesius [23]
Im Meer ist alles Meer, auch das kleinste Tröpfchen:
Sag´, welche kleinste Seel´ in Gott nicht Gott wird sein. *Seite 86*

Aus dem chinesischen „Tao Te King" von Laotse [13]
Höchste Güte ist wie das Wasser. Des Wassers Güte ist es, allen Wesen zu nützen ohne Streit. Es weilt selbst an Orten, die alle Menschen verachten. Drum steht es nahe dem TAO. *Kapitel 8*
Auf der ganzen Welt gibt es nichts Weicheres und Schwächeres als das Wasser.
Und doch in der Art, wie es dem Harten zusetzt, kommt nichts ihm gleich. *Kapitel 78*

> **„Gott" im Bestseller „Gespräche mit Gott – Band 1" [5], Seite 300**
> Ihr könnt nicht nicht sein. Ihr mögt so oft die Form ändern, wie ihr wünscht, aber ihr könnt nicht aufhören zu sein. Doch ihr könnt aufhören zu wissen, wer-ihr-seid und in diesem Mangelzustand nur die Hälfte davon erfahren.

> **Aus dem Koran [8]**
> Und Er ist es, Der euch das Leben gab, dann wird Er euch sterben lassen, dann wird Er euch wieder lebendig machen. Wahrlich der Mensch ist höchst undankbar. ... Allah wird richten zwischen euch am Tag der Auferstehung über das, worüber ihr uneinig ward. ... Er weiß, was vor ihnen ist und was hinter ihnen ist; und zu Allah sollen alle Sachen zurückgebracht werden. ...tut das Gute, für euren Erfolg. *Sure 22, 66-77*

> **Aus der Bibel [1]**
> Wer vom Wasser des Lebens trinkt, das ich ihm geben werde, wird niemals mehr Durst haben; vielmehr wird das Wasser, das ich ihm gebe in ihm zur sprudelnden Quelle werden, deren Wasser ewiges Leben schenkt. *Johannesevangelium 4,14*

Natürlich merkt man dem Gedicht gleich an, dass es sich auch um das Leben nach dem Tod, um Wiedergeburt und Reinkarnation handelt. Es ist ja wirklich erstaunlich, wie unterschiedlich die Formen des Wassers sein können: flüssig, gasförmig oder sogar als Eis kommt es daher. Aber immer handelt es sich um das gleiche Wasser. Was für ein Wunder! Warum trauen wir Gott nicht ähnliche Wunder auch mit dem Menschen zu? Fest steht: In dieser Welt geht nichts verloren, es ändert nur seine Form – ein Gesetz der Physik!

Wie prächtig und herrlich ist unser *blauer* Planet. Das Wasser erscheint in verschiedensten Farben: Das Meer blau, der Dampf grau, die Regenwolke schwarz, der Schnee weiß, der Bergsee grün. Im schönen Regenbogen finden sich sogar *alle* Farben vereint. Hier wirkt das prächtige Zusammenspiel von Wasser und Sonne. Ohne diese beiden wäre auf der Erde kein Leben.

Das Wasserstoffmolekül $H2O$ ist jedem aus dem Chemieunterricht bekannt. Was nicht jeder weiß, ist, dass die beiden Wasserstoffatome in einem perfekten Winkel von 120 Grad (3 x 120 = 360 Grad) an das Sauerstoffatom angebunden sind. Doch: Wasser ist aufgrund neuerer wissenschaftlicher Forschungen nicht bloß $H2O$, sondern offenbar auch Informationsträger. Es gibt Naturwissenschaftler, die denken, wir wissen erst wenige Prozent über die Eigenschaften des Wassers.

Wir Menschen bestehen zu 70% (95% des Blutes) aus Wasser und verändern ständig unsere materielle Zusammensetzung. Alle sieben Jahre, so sagt man, sind alle Zellen des Menschen einmal umgewandelt mit Hilfe des Wassers als Informationsträger. Ständig sind wir im Austausch mit der Umwelt – ich bin, wie oben beschrieben, davon überzeugt. Es gibt einfach zu viele Hinweise, dass auch das nicht-materielle und unsichtbare „Ich" darüber hinaus, in einer anderen Form, weiter existiert. Diese „Information" wird gespeichert.

Der Österreicher Johann Grander behauptet, dass sein „Grander-Wasser", mit Hilfe von Bergbach-Tropfen, „totes" Leitungswasser (re)vitalisiert, also (wieder)belebt. Das Wasser soll mit Hilfe seiner Apparaturen (auch für den Hausgebrauch zu haben) wieder „programmiert" werden, mit positiven, biologischen Informationen. Viele bezweifeln, dass dieses Verfahren funktioniert. Millionen von Kunden in aller Welt geben ihm jedoch bisher Recht. In den Niederlanden wurden erste Gewächshäuser mit „Grander-Wasser-Geräten" ausgestattet. Angeblich wachsen nun größere und stärkere Tomaten, die auch noch einen besseren Geschmack haben sollen.

Die anerkannte Homöopathie macht sich das Prinzip zunutze, und viele erfahren Heilung, z.B. durch die Einnahme von „aufgeladenen" Globuli.

Wasser des Lebens? Es ist lebensnotwendig für alle Lebewesen auf diesem Planeten, aber wir gehen damit ganz schrecklich um: Chemikalien und Hormone in den Flüssen, versenkte Atom- und Giftmüllfässer im Ozean, Düngemittel und Pestizide auf den Feldern, saurer Regen durch unsere Abgase, Algenpest durch Klimaerwärmung, außerdem die Überfischung und immer wieder kehrende Ölkatastrophen etc..

Der japanische Naturheilarzt Dr. Masaru Emoto erforscht seit Anfang der 90er Jahre die Eigenschaften von Wasser und behauptet, dass es als Informationsträger auch Gefühle aufnehmen und speichern kann. Seine Wasserkristallbilder sind weltweit berühmt geworden. Ich möchte es der seriösen Wissenschaft vorbehalten, solche Behauptungen zu überprüfen. Was ich jedoch an dieser Stelle zu bedenken geben möchte: Wenn sich herausstellt, dass Wasser tatsächlich ein solcher Informationsträger ist, dass er sogar Gefühle speichern kann und der menschliche Körper ja zu fast ¾ aus Wasser besteht, dann wäre das allein schon eine Erklärung für viele unserer Krankheiten (siehe Kapitel *„10 goldene Regeln für die Gesundheit"* und *„Kraft der Gedanken"*).

Der Brunnen zur Quelle des Lebens wurde bei einer Vielzahl von Menschen mit Erde (Materie) zugeschüttet. Diesen Schatz gilt es wieder freizulegen. Denn wahres Leben bedeutet, dieses Wasser der reinen Quelle zu schöpfen.

„GOTT" überlässt es dem Menschen, ob er sich aus seinem flüssigen Stadium für ihn erwärmt und gasförmig zum Himmel auffährt, oder ob er ganz dem Materiellen verfällt, vom Irdischen nicht loskommt und eiskalt verhärtet.

Wenn man sein wahres Spiegelbild im klaren Wasser erkennen möchte, muss man erst mal die Wogen glätten...

Sei auch Du ein Brunnen mit dem Wasser des Lebens!

SEI WIE DIE PFLANZE

Sei wie die Pflanze dachte ich mir: Pflanzen müssen tiefe Wurzeln haben, um Wind und Wetter widerstehen zu können und ihre Nährstoffe aufzunehmen. Sie recken sich zum Licht und erblühen immer wieder aufs Neue.

Jede Pflanze hat ihre eigene Qualität: Die eine benötigt einen sandigeren Boden; die eine mehr, die andere weniger Licht um sich ganz zu entfalten. Aber für alle gilt: In einem zu engen Gefäß kannst du Dich nicht zu dem entwickeln, was Du sein könntest wenn Du alle Freiräume nutzen würdest.

Und jeder weiß: Bekommt die Pflanze zu wenig Wasser (1) vertrocknet sie, gibt es zu viel davon, schimmelt sie. Halte Dich fern von Seuchen und Pilzen (2). Sie schaden nicht nur Dir, sondern auch denen in Deiner Umgebung.

Auch wenn Du angeborene Dornen (3) hast, die andere verletzen und Du nicht mehr abschütteln kannst, hast Du trotzdem die Möglichkeit andere mit Deinen schönen Blüten und dem Duft zu erfreuen.

Selbst wenn andere wie ein Insekt zu Dir kommen und wollen Dir etwas von Deinem wertvollen Nektar (4) stehlen, lass sie ziehen, wer weiß was sie Gutes damit anrichten, auch wenn Du selbst dich ärgern könntest und keinen Sinn darin siehst. Womöglich schenken sie es schon bald einer anderen Pflanze?

Andere mögen über Dich urteilen ob Du nun eine Nutz- oder Zierpflanze oder eben nur ein Unkraut bist. Aber Du selbst entscheidest wie Du dich fühlst. Sogar wenn Du nur unscheinbar am Rande stehst und keine Beachtung findest, sei einfach Du selbst. Urteile wenigstens DU nicht über andere.

Wie bei Pflanzen gilt auch für Menschen: Heute hier und morgen dort hin verpflanzt zu werden, tut einem nicht gut. Wo gehört man hin? Schlage tiefe Wurzeln und breite Dich aus, ohne anderen zu schaden.

Im Gegensatz zu den Pflanzen, die passiv unserem Wunsch und den Naturgesetzen folgen müssen, haben wir es selbst in der Hand:

Wir entscheiden über unseren Boden. Wir selbst können die Richtung entscheiden in die wir wachsen. Wir selbst können unsere Blüten wählen. Sollen sie größer, schöner, farbenfroher sein? Sollen es mehr oder weniger Dornen sein? Mögen wir es trockener oder feuchter? Sollen die Wurzeln (5) tiefer oder breiter verlaufen?

Wir entscheiden in jedem Moment und jeden Tag neu. Blühe auf und schenke den anderen etwas von Deiner Pracht! Vergiss nicht: Nach dem Verblühen kommt wieder ein neuer Frühling!

(1) geistige Nahrung (2) Drogen und Süchte (3) Charakter (4) materielle + ideelle Werte
(5) Familie und Freunde

Hüte dich vor dem Imposanten! Aus der Länge des Stiels kann man nicht auf die Schönheit der Blüte schließen. *Peter Altenberg*

Seht euch die Lilien an: Selbst König Salomon, in all seiner Pracht, war nicht gekleidet wie eine von ihnen. *Bibel [1], Lukasevangelium 12,27*

Beklagt nicht, dass die Rosen Dornen haben, freut euch lieber, dass an den Dornenbüschen Rosen sind. *Unbekannter Autor*

Einen Schuss Wüste braucht der Mensch – um des Glücks der Oase willen. *M. Kessel*

Die letzte der menschlichen Freiheiten besteht in der Wahl der Einstellung zu den Dingen. *Viktor Frankl*

Wer weiß ob nicht die Lebenden tot und die Toten lebendig sind? *Euripidis*

Neid ist die Angewohnheit, statt der eigenen Glücksgüter die der anderen zu zählen. *Ernst von Feuchtersleben*

Es genügt nicht, mit den Pflanzen zu sprechen, man muss ihnen auch zuhören. *David Bergmann*

Die Natur ist ein Brief Gottes an die Menschheit. *Platon*

Der Mensch ist frei geschaffen, ist frei, und würd' er in Ketten geboren.
Friedrich von Schiller

Wie die Nahrung auf den physischen Leib, so wirkt der Glaube auf den Astralleib... So wie im äußeren physischen Leben sich die Geschlechter verhalten, so verhalten sich Glauben und Wissen... Nichts bleibt ohne karmischen Ausgleich. Egal ob positives Erlebnis oder negatives. Egal ob selbst verursacht oder nicht. *Rudolf Steiner*

Es ist vernünftiger gegenüber all diesem sinnlosen Treiben das, was die Natur uns rät, sofern man sinnvoll und weise haushalten will und nicht nur die wüste Begierde vorherrscht! Die muss man meiden! Ob deine zahlreichen Leiden du selber oder das Schicksal verschuldet, spielt keine Rolle! Spar dir die spätere Reue! Lass ab von verheirateten Frauen! Du erntest nur größeres Leid als süße Früchte du pflücktest. *Horaz*

In den kleinsten Dingen zeigt die Natur die allergrößten Wunder. *Carl von Linné*

Schön ist eigentlich alles, was man mit Liebe betrachtet. *Christian Morgenstern*

Weit ist der Weg vom Ohr zum Herzen, aber noch weiter ist der Weg zu den helfenden Händen. *Josephine Baker*

Die Welt hat genug für jedermanns Bedürfnisse, aber nicht für jedermanns Gier.
Mahatma Gandhi

Nichts in der Natur ist zwecklos. *Aristoteles*

Wenn du einen Menschen glücklich machen willst, dann füge nichts seinen Reichtümern hinzu, sondern nimm ihm einige von seinen Wünschen. *Epikur*

Nicht was die Dinge objektiv und wirklich sind, sondern was sie für uns, in unserer Auffassung sind, macht uns glücklich oder unglücklich. *Arthur Schopenhauer*

Schön ist eigentlich alles, was man mit Liebe betrachtet. *Christian Morgenstern*

Wenn es uns gut geht, sind auch die Zeiten gut.
Sie sind stets ganz so wie wir. *Augustinus*

Säe, säe und wenn du Göttliches säst, kann es keinen Zweifel mehr geben, es wird wachsen. *Leo (Lev) Tolstoi*

Wenn ich mit intellektuellen Freunden spreche, festigt sich in mir die Überzeugung, vollkommenes Glück sei ein unerreichbarer Wunschtraum. Spreche ich dagegen mit meinem Gärtner, bin ich vom Gegenteil überzeugt. *Bertrand Russel*

Manche ärgern sich darüber, dass die Rosen Dornen haben, andere freuen sich, dass die Dornen Rosen haben. *Alfred Mackels*

Und es kam der Tag, da das Risiko, in der Knospe zu verharren, schmerzlicher wurde als das Risiko zu blühen. *Anaïs Nin*

Auch nach einer schlechten Ernte muss man wieder säen. *Reinhold Schneider*

Leute, die Dinge tun, die zählen, halten sich nie damit auf, sie zu zählen!
AutorIn unbekannt

Aus „Der Cherubinische Wandersmann" [23] von Angelus Silesius

Bist du aus Gott geboren, so blühet Gott in dir. Und seine Gottheit ist dein Saft und deine Zier. *Seite 41*

Die Ros´ ist ohn Warum, sie blühet, weil sie blühet, sie achtet nicht ihrer selbst, fragt nicht ob man sie siehet. Ihr Menschen, lernt doch vom Blümelein. Wie ihr könnt Gott gefallen und gleichwohl schöne sein. *Seite 53*

Blüh´ auf, gefrorener Christ, der Mai ist vor der Tür: Du bleibest ewig tot, blühst du nicht jetzt und hier. *Seite 67*

Leon Shenandoah vom nordamerikanischen Stamm der Irokesen

Wirkliche Macht kommt nur vom Schöpfer. Die größte Stärke ist Güte. Religion besteht für uns darin, dem Schöpfer zu danken. Das bedeutet Beten für uns. Wir erbitten nichts von ihm, wir danken ihm. Wir danken ihm für alles, was existiert. Wir danken ihm für die Welt und jedes Tier, jede Pflanze. Das ist alles nicht selbstverständlich für uns. **Aus „Hüter der Erde" [18] Seite 104**

> **Rudolf Steiner „Wie erlangt man Erkenntnisse der höheren Welten" [17]**
> Sich vervollkommnen ist keineswegs Selbstsucht. Denn der unvollkommene Mensch ist auch ein unvollkommener Diener der Menschheit und der Welt. Man dient dem Ganzen umso besser, je vollkommener man selbst ist. Hier gilt: „Wenn die Rose selbst sich schmückt, schmückt sich auch der Garten." *S.148*

> **Aus dem chinesischen „Tao Te King" von Laotse [13]**
> Der Mensch, wenn er ins Leben tritt, ist weich und schwach, und wenn er stirbt, so ist er hart und stark. Die Pflanzen, wenn sie ins Leben treten, sind weich und zart, und wenn sie sterben, sind sie dürr und starr. Darum sind die Harten und Starken Gesellen des Todes, die Weichen und Schwachen Gesellen des Lebens. ...
> Sind die Bäume stark, so werden sie gefällt. *Kapitel 76*

> **Aus dem Koran [8]**
> Gott lässt das Lebendige hervorgehen aus dem Toten und lässt das Tote hervorgehen aus dem Lebendigen; Er belebt die Erde nach ihrem Tode, und in gleicher Weise sollt ihr wieder hervorgebracht werden. *Sure 30, 19*
> Wer die Ernte des Jenseits begehrt, dem geben Wir (Engel) Mehrung in seiner Ernte; und wer die Ernte dieser Welt begehrt, dem geben Wir davon, doch am Jenseits wird er keinen Anteil haben. *Sure 42, 20*

Haben Sie schon einmal eine Wüste nach starkem Regen erlebt? In den Jahren der Trockenheit haben sich durch den Wind Millionen von Samen über das lebensfeindliche Land verteilt. Ein starker Regen lässt von einem Tag zum anderen die ganze Wüste in den herrlichsten Farben erblühen. Blüten, die noch wenige Tage vorher niemand hier vermutet hätte. Blüten lassen das Land lächeln. Was hindert *uns* am wahren Lächeln? Was kostet *uns* ein Lächeln? Auf welchen Regen wollen *wir* warten? Öffnen wir doch die Vorhänge unserer Wohnung, ziehen wir die Jalousien an den Fenstern hoch und lassen die Sonne, lassen wir „GOTT" rein. Die Sonne scheint immer; wir müssen das Licht aber zulassen! Wären wir doch wie die Blumen, die einfach die Geschenke der Natur annehmen, für andere blühen und die Menschen erfreuen, ohne dafür eine Gegenleistung zu erwarten.

Nach allgemein gültigem Konsens gelten Blumen als hübsch und andere Pflanzen als Unkraut, also wertlos. Genauso werden die Menschen häufig eingeteilt. Dazu gibt es in Deutschland das schöne Sprichwort: *„Niemand hat sich selbst gemacht."* Hierbei wird allerdings öfter vergessen, dass das in beide Richtungen gilt. Weder sollte der eine auf den anderen herabschauen, noch der andere zum anderen neidvoll aufschauen. Die ungeschriebenen „Ästhetik-Gesetze" sind flüssig und ändern sich von Kultur zu Kultur und von Zeit zu Zeit. Angeblich liegt das Geheimnis des „Guten Aussehens" an der Symmetrie des Gesichtes, allerdings hat kein Mensch der Welt ein hundert Prozent symmetrisches Gesicht. Menschen nehmen enorme Unannehmlichkeiten, finanzielle

Aufwendungen und gesundheitliche Risiken auf sich, um äußerlich „schön" zu werden. So geht man in Europa ins Sonnenstudio, um braun zu werden und in Asien in Weißungsstudios, um hellhäutiger zu werden.

Allerdings bin ich, der viel mit Menschen in Kontakt kommt, der Meinung, dass man sein Äußeres schon allein dadurch verbessert, indem man nicht seine Seele über Jahrzehnte mit unnötigem Ballast belastet. Angst statt Freude, Pessimismus statt Optimismus, Hass statt Liebe, Stress ohne Ruhephasen, und Gier statt Großzügigkeit. All dieser Ärger ist ungesund und lässt uns äußerlich „altern". Doch Lachfalten sind nichts Negatives!

Pflanzen leben in absoluter Harmonie mit dem Kreislauf: Die einen erblühen, die anderen vergehen. Ein stetes Kommen und Gehen. Alles vollzieht sich in totaler Stille und Hingabe an die Elemente. Alle Pflanzen, so wie die großen Bäume, wachsen nach dem natürlichen Gesetz der Symmetrie. Haben Sie jemals den Querschnitt eines Weizenkornes gesehen? Ich saß vor kurzem staunend vor einer solchen Grafik in einem Biologie-Fachbuch. Es war gigantisch zu sehen, wie viele verschiedene Ebenen und Abschnitte sich allein in so einem kleinen Korn finden! Keimlinge und Brei daraus dienten seit jeher, z.B. auf Schiffen, zur Vermeidung von allen möglichen Krankheiten wie Vitamin-Mangel etc. Das trockene Weizenkorn ist im Prinzip unendlich lagerfähig. Wenn es mit Wasser in Berührung kommt, entfaltet es seine ganze Kraft. Der Engländer Lord Carnavon brachte sogar 3300 Jahre alte Weizenkörner aus dem Grab von Tutanchamun nach Europa, sie wuchsen im Labor in Frankreich zu gesunden, frischen Pflanzen. Nichts auf der Welt ist für unsere Ernährung so vollkommen wie das ganze Getreidekorn (Volle Korn). Es enthält alles, was der menschliche Körper für ein gesundes Leben benötigt.

Pflanzen kommunizieren sogar miteinander oder reagieren aktiv: Fleischfressende Pflanzen schnappen z.B. zu, wenn die Fliege landet, Blumen drehen sich am Fenster Richtung Licht, orientieren sich an der Erdanziehungskraft, außerdem reagieren sie auf äußere Gefahren und warnen ihre Nachbarn bzw. leiten selbst Giftstoffe in die Blattspitzen. Ein echter Vergleich mit unserem Gehirn funktioniert jedoch nicht. Dass Pflanzen auf „gutes Zureden" reagieren, ist bisher nicht 100% nachgewiesen. Pflanzenliebhaber sind allerdings überzeugt und bestätigen immer wieder einen Zusammenhang.

Übrigens: Rosen und Obstbäume müssen beschnitten werden, um ordentlich zu gedeihen. Auch Kinder brauchen solche Grenzen. Dazu später mehr.

Wachse auch Du; Lass Deine Seele sich frei entfalten und wachsen!

SEI WIE DIE SONNE

Sei wie die Sonne rate ich Dir...
Die Sonne strahlt. Strahle auch Du.

Die Sonne spendet Licht.
Spende auch Du und sei ein Licht.

Die Sonne leuchtet den Weg.
Helfe und leuchte auch Du.

Die Sonne fragt nicht nach Gut oder Böse.
Sie teilt nicht ein in Schwarz oder Weiß.
Die Sonne gibt Wärme, jedem. Gib auch Du.

Die Sonne stört es nicht, wenn sich jemand in den
Weg stellt für einen Tag – egal ob Erde, Mond oder Wolke.
Die Sonne gibt allen, immer. Wem gibst Du?

Die Sonne sieht alle Himmelskörper strahlen,
als Antwort auf Ihr Licht.
Die Sonne verschenkt Ihre Strahlen. Schenke auch Du.

Die Sonne verlangt keine Gegenleistung.
Was verlangst Du und warum?
Die Sonne brennt. Brenne auch Du!

Die Sonne benötigt kein Lob oder Dank für Ihre Tat.
Sie braucht keine Zuschauer. Wozu also Du?

Die Sonne strahlt auch wenn wir sie nicht sehen.
Manchmal über Umwege.
Oft entstehen dabei lange Schatten.
Aber sie verlangt nicht nach Nahrung.
Was ist mit Dir?

Die Sonne ermöglicht neues Leben.
Ohne sie gäbe es hier nichts.
Wir wissen, dass die Sonne nicht ewig brennt.
Ist Dir das auch täglich bewusst?

Geh auf das Licht zu, und du hast Licht und bist Licht.

Alles Vergängliche ist nur ein Gleichnis. *J. W. von Goethe*

Werde eine Sonne, und alle werden dich sehen. *Fjodor M. Dostojewski*

Licht ist Energie und ebenso Information – Inhalt, Form und Struktur.
Es bildet da Potential für alles. *David Bohm*

Jedem wird gegeben in dem Maße, wie er gibt. *Prentice Mulford*

Es ist besser, ein kleines Licht zu entzünden, als über die Dunkelheit zu klagen.
Weisheit des Konfuzius

Manche Menschen hinterlassen einen Brandfleck, andere Licht. *Peter Freichinger*

Fällt die Ursache weg, entfällt auch die Wirkung. *Römisches Sprichwort*

Der Gerechten Pfad glänzt wie das Licht am Morgen,
das immer heller leuchtet bis zum vollen Tag. *Sprüche 4,18 aus der Bibel [1]*

Viele Menschen unserer Gegenwart suchen nicht das Erklärliche,
sondern das Unerklärliche. *Rudolf Steiner*

Was der Sonnenschein für die Blumen,
ist das lachende Gesicht für die Menschen. *Joseph Addison*

Man sieht nur seinen Schatten, wenn man seinen Rücken der Sonne zu dreht.
Khalil Gibran

Wende dein Gesicht der Sonne zu, so fallen die Schatten hinter dich.
Sprichwort aus Thailand

Das Lächeln, das du aussendest, kehrt zu dir zurück. *Sprichwort aus Indien*

Je besser jemand ist, desto schwerer glaubt er daran,
dass andere schlecht sind. *Autor unbekannt*

Es besteht ein großer Unterschied zwischen Geben und Empfangen.
Römisches Sprichwort

Ich war schon so oft draußen im Weltraum, protzte der Kosmonaut, aber ich habe weder Gott noch Engel gesehen. Und ich habe schon so viele kluge Gehirne operiert, antwortete der Gehirnforscher, aber ich habe nirgendwo auch nur einen einzigen Gedanken entdeckt. *Aus dem Buch „Sophies Welt"*

Menschen sind wie bunte Glasfenster. Sie glänzen und scheinen,
wenn die Sonne auf sie fällt. Wenn die Dunkelheit kommt,
zeigt sich ihre Schönheit nur, wenn es innen licht ist. *Dr. Elisabeth Kübler-Ross*

Es gibt nur ein Sonnenlicht, obwohl es durch die Wände, die Gebirge und andere Dinge bis ins Unendliche zerteilt wird. Ebenso gibt es nur ein gemeinsames Grundwesen, auch wenn es sich in tausend eigentümliche Körperbildungen spaltet und nur eine Seele, auch wenn sie unter zahllosen Naturwesen mit eigentümlichen Begrenzungen aufgeteilt wird; einen denkenden Geist, obwohl auch dieser zerteilt erscheint. Nun sind zwar einige Teile der aufgeführten Gegenstände, wie die Lebensgeister und die ihnen unterstellten Körper ohne eine Empfindung füreinander und ohne gegenseitige Zuneigung, und doch hält auch sie der vernünftige Weltgeist und das Gesetz der Schwere zusammen. *Marc Aurel*

Es ist ein Gott in uns, auf seine Anregung hin erglühen wir. *Ovid*

Wenn du helle Dinge denkst, ziehst du helle Dinge an dich heran! *Prentice Mulford*

Hab doch Geduld! Die dunkelste Stunde ist immer die vor Sonnenaufgang. *Hans-J. F. Karrenbrock*

Es gibt kein isoliertes Individuum. Wer traurig ist, macht andere traurig. *Antoine de Saint-Exupéry*

Wer die Welt erwärmen will, muss ein großes Feuer in sich tragen. *Phil Bosmans*

Fortuna lächelt, doch sie mag ungern voll beglücken: Schenkt sie uns einen Sommertag, so schenkt sie uns auch Mücken. *Wilhelm Busch*

Ein fröhliches Herz entsteht aus einem Herzen das vor Liebe brennt. *Mutter Teresa*

Wenn du an dir nicht Freude hast, die Welt wird dir nicht Freude machen. *Paul von Heyse*

Wo alle loben, habt Bedenken. Wo alle spotten, spottet nicht. Wo alle geizen, wagt zu schenken. Wo alles dunkel ist, macht Licht. *Lothar Zenetti*

Geh mir aus der Sonne! *Diogenes*

„Gott" im Bestseller „Gespräche mit Gott – Band 1" [5], Seite 195
Ihr müsst zuerst euer Selbst als würdig ansehen, bevor ihr einen anderen als würdig ansehen könnt. Ihr müsst zuerst euer Selbst als gesegnet ansehen, bevor ihr einen anderen als gesegnet ansehen könnt. Ihr müsst zuerst euer Selbst als heilig erkennen, bevor ihr die Heiligkeit im anderen anerkennen könnt.

Aus „Der Cherubinische Wandersmann" [23] von Angelus Silesius
Wenn du den Rücken kehrst der klaren Sonne zu,
und siehst nicht ihr Licht – wer macht´s? Sie oder du? *Seite 22*
Das Licht der Herrlichkeit scheint mitten in der Nacht.
Wer kann es sehn? Ein Herz, das Augen hat und wacht. *Seite 75*

> **Aus „Geh den Weg der Mystiker" von Peter Reiter [11] Seite 246**
> Die Sonne (= der Geist) scheint immer, ich sehe sie aber nicht, wenn ich z.B. im Haus sitze und mich durch Vorhang, Jalousie, Wand – überhaupt dadurch, dass ich im Haus bin – von der Sonne getrennt habe. Sobald ich nun diese Begrenzungen wegnehme, sehe und spüre ich sofort, notwendig und ganz von selbst wieder die Sonne. Es würde also nichts nützen, die Sonne zu bitten, mehr zu scheinen oder zu versuchen, sie oder mich irgendwie zu manipulieren. Der einzige Weg besteht darin, die Begrenzungen aufzuheben, die zwischen mir und der Sonne stehen, und dazu muss ich nicht einmal das Haus abreißen oder die Objekte bekämpfen. Nein, ich muss einfach durch die Tür ins Freie gehen, oder wie Platon in seinem berühmten Gleichnis sagt: aus der Höhle gehen, sich wegwenden von den Schatten, den Begrenzungen, den Formen, mit Hilfe der inneren Stille.

> **Aus dem Koran [8]**
> Wahrlich, die guten Werke vertreiben die bösen. Das ist eine Ermahnung für die Nachdenklichen. Und sei standhaft, denn Allah (Gott) lässt den Lohn der Rechtschaffenen nicht verloren gehen. *Sure 11, 114-115*

> **Aus der Bibel [1]**
> Und Gott sprach: Es werde Licht! Und es ward Licht. Und Gott sah, dass das Licht gut war. *1. Moses (Genesis) 1,3-4*
> Das ist aber das Gericht, dass das Licht in die Welt gekommen ist, und die Menschen liebten die Finsternis mehr als das Licht, denn ihre Werke waren böse. Wer Böses tut, der hasst das Licht und kommt nicht zu dem Licht, damit seine Werke nicht aufgedeckt werden. Wer aber die Wahrheit tut, der kommt zu dem Licht, damit offenbar wird, dass seine Werke in Gott getan sind. *Johannesevangelium 3,19-21*
> Jesus sprach: „Glaubt an das Licht, solange ihrs habt, damit ihr Kinder des Lichtes werdet." *Johannesevangelium 12,36*

Laut dem Alten Testament, der Genesis, ist das Erste, was Gott in der Welt geschaffen hat: Das Licht! Im allgemeinen Sprachgebrauch (jedenfalls im Deutschen) steht Licht für Intelligenz: Der ist eine Leuchte! Ihr ist ein Licht aufgegangen! etc. Das Fernbleiben von Licht bedeutet jedoch genau das Gegenteil davon: Er tappt im Dunkeln oder lebt in geistiger Umnachtung.

Die Sonne ist seit jeher ein starkes Symbol für viele Religionen und wurde in vielen Kulturen als „GOTT" angebetet. Man denke an den Sonnenkönig Salomon des Alten Testaments, riesige Kultstätten der Antike für die Feier der Sonnenwende wie Stonehenge in Süd-England oder die Pyramiden in Mexiko. In fast allen „heidnischen" Religionen finden sich Sonnengötter: Re bei den Ägyptern, Sunna bei den Germanen, Helios bei den Griechen, Apollo bei den Römern und natürlich bei den Ureinwohnern Amerikas, den Indern, Japanern, Inuit etc. Die Sonne wurde vergöttert als Ursprung des Lebens. Man beachte Stichworte wie „Erleuchtung", „Licht der Welt" oder „Lichtgestalt".

Der Sonnenaufgang (Geburt) fasziniert uns genauso wie der beeindruckende Sonnenuntergang (Tod). Ich erinnere mich, wie wir in der größten Tempelanlage der Welt, der ehemals größten Stadt der Welt, Angkor Wat (1 Mio. Einwohner im Jahre 1000 nach Christus), ganz früh aufgestanden sind, um die Sonnenaufgänge von den höchsten Tempeln zu erleben. Es waren Hunderte Touristen, die jeden Morgen die vielen Treppen hoch pilgerten, um das einzigartige Spektakel über dem Dschungel von Kambodscha zu bestaunen.

Zusätzlich liefert die Sonne täglich (!) ein Vielfaches der Energie zur Erde, wie wir Menschen auf der Erde im ganzen Jahr (!) an Strom verbrauchen. Seit dem solarbetriebenen Mondfahrzeug Ende der 1960er Jahre hatte sich zwar wenig an der Weiterentwicklung der Solarenergie getan, doch in den letzten Jahren haben die Menschen begriffen, dass wir auf diese Art langfristig unseren Energiehunger umweltfreundlich und kostengünstig stillen können.

Die Sonne verlangt nichts für ihre Energie, die sie uns zur Verfügung stellt. Wir müssen nur ernten. Es wäre wie ein Kaufmann, der Profit aus seinem Handeln ziehen will. Das ist der Grund, warum Jesus im Tempel von Jerusalem die Tische und Bänke der Händler umgeworfen hat und Martin Luther gegen den Ablasshandel der katholischen Kirche protestiert hatte.

Noch bevor ich wusste, dass es in Tibet dieses Beispiel schon längst gibt, war mein Buch-Cover mit der Wolke vor der Sonne entwickelt. Die Wolke steht im Tibetischen Buddhismus für das Karma, also eine Art „Kontostand" unserer guten und schlechten Taten. Nehmen wir die Wolke weg, kommt wieder mehr Licht in unser Leben. Wir brauchen nicht der Wolke die Schuld zu geben, dass sie vor der Sonne steht. Wir selbst haben sie dorthin gebracht!

Unsere Sonne hört (oberflächlich betrachtet) immer auf zu scheinen, sobald uns jemand (z.B. der Lebensgefährte) kränkt: Die ehemals große Liebe scheint mit einem Mal erkaltet / erstarrt zu sein, sobald der andere uns betrügt oder verlassen will. Warum lieben wir ihn nicht weiter wie bisher? Wenn wir den Partner wirklich lieben, dann lieben wir doch auch alle seine Wünsche. Und wenn sein größter Wunsch ist, sich von uns zu trennen, dann könnten wir ihn doch auch darin unterstützen, statt es ihm noch schwerer zu machen, als es ohnehin schon ist. Die Ironie darin ist, dass wenn wir mit dieser Einstellung (voller Liebe) in eine Partnerschaft eintreten (statt Dinge zu fordern), es für den Partner gar keinen Grund mehr geben wird, uns zu verlassen.

Es gibt einem einen großen inneren Frieden, wenn man selbst für andere die Sonne spielt und ihnen Wärme und Licht schenkt. Das ist auch der Grund, warum ich im Besuchsdienst der Kirche aktiv bin, jeder hat etwas davon. Es geht um Menschlichkeit und Herzlichkeit im Alltag.

„Zünde ein Licht an, statt über die Dunkelheit zu klagen!" *(Konfuzius)*
Sei auch Du ein Lichtbringer! (Lat. = Luzifer von Luci / Lux = Licht)

SEI WIE DER VOGEL

Sei wie der Vogel, rate ich Dir... doch dieser Rat stammt nicht von mir.
Von einem Jesus aus Nazareth stammt die Idee. Aber was meinte er?

Beginne den Tag mit einem schönen Lied. Freue Dich über die aufgehende Sonne.
Ein Vogel sorgt sich nicht über die Zukunft.
Sondern er schaut sich alles aus der höheren Perspektive mit etwas Abstand an.

Der Flügelschlag im Takt des Herzens.
Dabei ist er absolut frei im Denken, unabhängig im Tun.

Ein Vogel macht sich keine Sorgen.
Er sät nicht, er erntet nicht, er besucht keine Schule, er näht nicht und trotzdem:
Täglich findet er seine Nahrung und trägt ein wundervolles Kleid,
schöner als der König Salomon sagte dieser Jesus.
Er ist frei und völlig unabhängig, braucht keinen Herrscher und keine Uhr.

Er stellt sich seinen Aufgaben:
Wenn von der Natur verlangt wird
ein Nest zu bauen, tut er es. Er erstellt ein absolutes
Wunderwerk, ohne jemals eine Ausbildung dafür erhalten zu haben.

Der Vogel geht nicht halbherzig an die Sache,
sondern vernachlässigt sogar seine Nahrungsaufnahme für das Projekt.

Wenn die Natur von einem Vogel verlangt
über den Eiern zu brüten und später die Küken
mit Nahrung zu versorgen, dann tut er es –
ohne Murren und Knurren bei Wind und Wetter.
Und was sind nicht allein die Eier
für ein grandioses und edel Ding der Natur?

Er sorgt sich zwar um seine Brut doch findet er sich
schnell mit dem Tod der Küken ab, wenn es so kommt.

Wie kommt es dass der Vogel diese Weisheit und Gelassenheit hat?
Und wir als Mensch sollen es nicht wissen!?

Kennen wir unsere Aufgaben und nehmen sie an?
Nehmen wir den Tag so wie er kommt?

Sei wie der Vogel, das rate ich Dir.
Ganz so wie es dieser Jesus aus Nazareth damals gelehrt hat!

Wir haben gelernt, wie Vögel zu fliegen und wie Fische zu schwimmen,
aber wir haben verlernt, wie Menschen zu leben. *Martin Luther King*

Der Vogel singt und fragt nicht, wer ihm lauscht; Die Quelle rinnt und fragt nicht,
wem sie rauscht; die Blume blüht und fragt nicht, wer sie pflückt;
O sorge, Herz, dass gleiches Tun dir glückt. *Julius Sturm*

Ich halte dafür, dass alle organischen Wesen, die je auf dieser Erde gelebt haben,
von einer Urform abstammen, welcher das Leben vom Schöpfer eingehaucht wurde.
Charles Darwin in seinem Hauptwerk

Kein Leben ist so hart, dass man es nicht leichter machen könnte,
durch die Art, wie man es nimmt. *Ellen Glasgow*

Der beste Weg, sich selbst eine Freude zu machen, ist:
zu versuchen, einem anderen eine Freude zu bereiten. *Mark Twain*

Das Leiden ist die Feuerprobe des Geistes. *Ferdinand Ebner*

Im Kleinsten ist die Natur am größten. *Griechisches Sprichwort*

Dem Vogel ist ein einfacher Zweig lieber als ein goldener Käfig. *Sprichwort aus Korea*

So mancher schwimmt im Überfluss und ist doch immer voll Verdruss.
Je mehr er hat, je mehr er will, nie schweigen seine Klagen still. *Johann Martin Miller*

Einen Teil sollst du verschenken. Einen Teil sollst du ausgeben.
Einen Teil sollst du sparen. *Arabisches Sprichwort*

Der sittliche Mensch liebt seine Seele, der gewöhnliche sein Eigentum. *Konfuzius*

Du sollst dich nicht mit fremden Federn schmücken. *Deutsches Sprichwort*

Es gibt keinen größeren Fehler als haben wollen. *Laotse*

Die Gier ist immer das Ergebnis einer inneren Leere. *Erich Fromm*

Neid schmälert nicht die Freude des Beneideten. Nur die eigene. *Oliver Hassencamp*

Alles, was uns wirklich nützt, ist für wenig Geld zu haben.
Nur das Überflüssige kostet viel. *Axel Munthe*

Glück ist allein der innere Friede. Lerne ihn finden. *Siddhartha Gautama (Buddha)*

Dem wachsenden Geld folgt die Sorge! *Horaz*

Besitz ist Leim. *Manfred Hinrich*

Das sind keine wahren Güter, die man in Fülle besitzen
und doch höchst unglücklich sein kann. *Griechisches Sprichwort*

Nimmt man jedoch dem Geld sein Ansehen, dann wird auch die große Macht der
Habsucht leicht durch gute Sitten überwunden. *Sallust*

> **„Gott" im Bestseller „Gespräche mit Gott – Band 1" [5]**
> Gedanken sind schöpferisch. Wenn du also glaubst, dass Geld etwas Schlechtes ist, du dich selbst aber für gut hältst ... na, du wirst schon sehen, welch ein Konflikt sich daraus ergibt. *Seite 247*
> Gewissen Seinszuständen entspringt ein so reiches, ein so erfülltes, ein so großartiges und so lohnendes Leben, dass ihr euch um weltliche Güter und weltlichen Erfolg gar nicht mehr zu sorgen braucht. *Seite 265*

> **Aus „Der Cherubinische Wandersmann" [23] von Angelus Silesius**
> Ich weiß, die Nachtigall straft nicht des Kuckucks Ton.
> Du aber, sing ich nicht wie du, sprichst meinem Hohn. *Seite 51*

> **Aus dem Koran [8]**
> Am Tage der Auferstehung wird ihnen umgehängt werden, womit sie geizig waren. Und Allah (Gott) kennt wohl euer Tun. *Sure 3 (Buch Jesus), Vers 180*
> Unter ihnen sind so manche, die Allah versprachen: „Wenn Er uns aus Seiner Fülle gibt, dann wollen wir bestimmt Almosen geben und dann wollen wir rechtschaffen sein." Doch als Er ihnen dann aus Seiner Fülle gab, da wurden sie damit geizig und wandten sich weg in Abneigung. *Sure 9, Vers 75-76*
> Was euch gegeben ist, es ist nur ein vorübergehender Genuss für dieses Leben, und das was bei Allah (Gott) ist, ist besser und bleibender. *Sure 42, Vers 36*
> Allah liebt keinen der eingebildeten Prahler, die geizig sind und die Menschen zum Geiz anhalten. *Sure 57, Vers 23-24*

> **Aus der Bibel [1]**
> ... fällt euch Reichtum zu, so hängt euer Herz nicht daran. *Psalm 62,11 von König David*
> Seht die Vögel unter dem Himmel an: sie säen nicht, sie ernten nicht, sie sammeln nicht in die Keller und Scheunen; und euer himmlischer Vater (Gott) ernährt sie doch. Seid ihr denn nicht viel mehr als die Vögel? *Evangelium Matthäus 6,26 und Lukas 12,24*
> Jesus sprach: Es ist leichter dass ein Kamel durch ein Nadelöhr gehe, als dass ein Reicher ins Himmelreich komme. *Matthäusevangelium 19,24*

Wir Deutschen sind besonders gut im Meckern, alles wird überall schlecht geredet. Eine dauernde Unzufriedenheit, egal ob mit dem neuen Auto, dem Chef, dem Urlaubshotel, dem Zustand der Straßen oder den Bemühungen der jeweiligen Regierung etc. Immer wieder habe ich dieses Phänomen beobachtet: Man klagt über den Stress im Büro und vergisst, dass andere gar keine Arbeit haben; man klagt über die hohe Heizrechnung und vergisst, dass andere frieren oder sogar auf der Straße leben müssen; man klagt über die Reparaturen am Haus und vergisst, dass andere kein Dach über dem Kopf haben; man klagt über die Regierung und vergisst, dass andere nicht einmal demokratisch wählen können. Die Kinder sind unartig? Die Eltern anstrengend? Wir vergessen, dass andere ihre Eltern nie kennen gelernt haben oder keine Kinder bekommen können. Diese Liste ließe sich unendlich weiterführen und soll nur verdeutlichen, dass wir zu selten dankbar sind für das, was wir haben, stattdessen klagen wir, wo es nur geht. Aber natürlich hat uns das in der Geschichte der Menschheit auch geholfen weiter zu kommen, Neues zu entwickeln – Techniken, Theorien, Hilfsmittel, Problemlösungen zu finden etc.

Die Vögel (und Tiere allgemein) bauen ihr Nest und ziehen die Kinder groß, bei Wind und Wetter, ohne zu klagen. Wozu auch? Sie folgen ihrem Bauchgefühl, der Intuition, und handeln einfach, ohne über die Zukunft nachzudenken. Wie Buddha sagte: Sie handeln „wissensklar", also voll bewusst. Sie hängen nicht mit den Gedanken in der Vergangenheit oder Zukunft.

Obwohl Vögel körperlich einfach gestrickt sind, weisen sie trotz ihrer geringen Gehirnmasse fantastische Fähigkeiten auf. Man denke nur an die Zugvögel im Frühling und Herbst, wie sie ihren Weg nach Süden und zurück nach Norden finden. Oder der Kolibri, der auf der Stelle in der Luft steht, um seinen Nektar aufzunehmen. Ebenso der Nestbau, das Brüten und vieles andere mehr – beeindruckend! Doch nicht einmal Charles Darwin war es möglich, durch all seine Forschungen, herauszufinden, ob das Huhn oder das Ei zuerst existiert hat. Wir wollen in naher Zukunft den Mars besiedeln, doch diese einfache Antwort bleibt die Wissenschaft wohl noch lange schuldig.

Mit diesem Kapitel geht es mir aber besonders um das Thema Geld und unsere allgemeinen Zukunftssorgen. Die Finanzkrisen und die hektischen Reaktionen darauf zeigen immer wieder, wie schnell das gesamte Wachstum gestoppt werden kann. *„Man kann nicht Gott dienen und dem Mammon (Geld)."* sagte Jesus. Häufig werde ich von selbst ernannten Sozialisten angesprochen, ob man das Geld nicht fairer verteilen müsse. Aber sind Reiche tatsächlich glücklicher? Durch meinen Beruf treffe ich regelmäßig auf sogenannte Reiche. Selten bin ich der Meinung, dass es wünschenswert ist, mit ihnen zu tauschen. Ich kann sogar sagen, dass ich in den Armenvierteln auf allen Kontinenten mehr glückliche Menschen getroffen habe, als in den reichen Industrienationen. Mein schönstes Erlebnis ist ein herrlicher Abend in einer Wellblechhütte im südafrikanischen Township Soweto. Das arme Lehrerehepaar hatte mir in seinem 4 x 4 m Zuhause (Schlafen, Wohnen, Kochen, Schreibtisch sowie Babybett in einem Raum!) ein Festessen, mit allem, was dazu gehört, zubereitet. Statt über ihre Armut zu klagen, waren sie absolut zufrieden und fröhlich sowie interessiert an mir. Sie gaben mir sogar noch Geschenke. Sie waren dankbar, dass sie Gastgeber sein durften und ich natürlich auch als Gast.

Eine Art von „Fastenzeit" oder „Askese" gehört in den Weltreligionen zu den jährlichen Festtagen. Man denke an den Ramadan im Islam oder das jüdische Laubhüttenfest. Bei allen wird Armut absichtlich für eine Zeit gelebt, um daraus Dankbarkeit zu lernen und spirituell zu wachsen. Ich weiß von Vereinen, deren Mitglieder – mitten in den Großstädten – ohne Geld leben. Sie meistern ihren Alltag durch Tauschgeschäfte; „Gib und Nimm" als Motto.

Vor Jahren lernte ich eine junge Dame auf einer Party kennen. Sie war kurz davor, für eine christliche Mission nach Indien zu gehen und ähnlich wie Mutter Teresa den Notleidenden zu helfen. All das ohne Aussicht auf ihre Zukunft, auf Rentenansprüche oder Schutz vor Arbeitslosigkeit etc. Sie folgt ihrem Instinkt! So etwas genießt sicher nicht nur bei mir größten Respekt.

Wir hier in Europa haben ja eine sehr lange Phase des Wachstums und eines behüteten Lebens im Luxus erlebt, wirklich fröhliche Gesichter habe ich aber nur in Entwicklungsländern erlebt. Meine Generation ist in Nordamerika, Europa, Japan und Australien ohne echte Sorgen um die Zukunft groß geworden, es ist für alles gesorgt. Wir beklagen uns schon über die kleinste Einschränkung des Lebensstiles, während unsere Großeltern noch von unseren alltäglichen Dingen nicht mal zu träumen wagten, ebenso die Menschen in ärmeren Ländern. Sehr oft höre ich die Aussage, dass man sich z.B. ein zweites Kind nicht leisten könne. In Wahrheit werden in den armen Ländern und armen Familien wesentlich mehr Kinder geboren als in den reichen. Es ist also meist eher Angst vor der Einschränkung in Zeit und Freiheit.

Zu dem Thema fällt mir noch ein deutsches Sprichwort ein: „Schmücke dich nicht mit fremden Federn!", und ich muss dabei unweigerlich an die Marken-Hysterie unter den sogenannten Reichen denken. Obwohl sich diese oft z.B. keinen Deut in der Qualität von No-Name-Produkten unterscheiden, werden horrende Mehrsummen bezahlt. Schon als Teenager glaubte ich, dass ich es besser kann und entwickelte eine Art Antimarke, in dem ich ausschließlich No-Name-Produkte kaufte. Da ich genau das aber immer sehr stolz im Freundes- und Bekanntenkreis hervorhob, fiel mir erst sehr spät auf, dass auch eine „Antimarke", eine Marke ist. So ähnlich wie Jesus sagte, dass nicht der besonders gut ist, der spendet, wenn alle zusehen, sondern wenn es eben keiner sieht. Seit einigen Jahren kaufe ich deshalb überwiegend nach ethischen und biologischen Maßstäben ein, ohne auf Marke oder Anti-Marke zu achten.

Im *„Cherubinischen Wandersmann"* [23] hat Angelus Silesius eine sehr schöne Rechnung aufgestellt: Stellt man die **1 nach hinten = 0001**, ist alles nichts. Stellt man die **1 nach vorne = 1000**, dann erst wird man reich.

Setzen Sie für die **0 = Geld, Materie, Vergnügen (Irdisches)** ein und für die **1 = „GOTT" – Also: 0001 oder 1000? Eine wunderbare Gleichung!**

SEI WIE DER FLUSS

Sei wie der Fluss rate ich Dir…Von der klaren Quelle aus der Du entspringst,
lass Dich treiben, einfach treiben wie der Fluss.
Schau Dir links und rechts die herrliche Welt an,
aber vergiss dabei nicht Dein Flussbett, das Dich führt.

Der Fluss schenkt den Lebewesen das klare Wasser. Er bietet die Möglichkeit mit ihm zu schwimmen oder seine Kraft zu nutzen. Aber er verpflichtet niemanden. Der Fluss kennt seinen Weg. Immer geradeaus. Gibt es ein Hindernis, egal ob kleine Steine oder große Felsen, macht er einen Bogen darum oder integriert (umspült) es. Er schreckt weder zurück, noch hat er Angst vor dem was kommt. Denn er weiß, dass ihn nichts aufhalten kann. Er fließt immer weiter, weiter hinab zum großen Meer.

Er nimmt alle Nebenflüsse (Einflüsse) in sich auf. Sein wertvoller Inhalt steigt dadurch an. Er wird größer, verändert seine Form, aber er bleibt immer der Gleiche. Die Menschen werden ihn verunreinigen, aber er nimmt es hin und es stört nicht seinen Verlauf. Er bleibt wer er ist und es geht weiter, zum endlosen Meer.

Manchmal tritt er sogar über seine Ufer. Es können heftige Zerstörungen und Katastrophen entstehen. Aber sobald er weiter fließt, zum Meer, hinterlässt er fruchtbares Land, welches einen neuen Anfang begründet. Auch die zerstörten Häuser und Fassaden werden wieder aufgebaut und die Arbeit führt die Menschen zusammen.

Schließlich ist er am scheinbaren Ziel; er strömt ins Meer und hat eine lange, interessante Reise hinter sich. Hier verliert sich seine Spur, doch das Wasser, das Wasser der Quelle, ist immer noch das Gleiche. Es ist der gleiche Fluss, vermischt mit den anderen. Es ist nur ein Zwischenziel im endlosen Kreislauf. Er wird schon bald durch das Licht der Welt zum Himmel empor gerufen und dort weiter existieren. Das gleiche Wasser, der gleiche Fluss von derselben Quelle. Er wird mit den anderen Wolken ziehen und sich die Welt von oben betrachten. Ja: Selbst sein eigenes Flussbett kann er von hier sehen – ein Rückblick. Kein Anfang und kein Ende, der Fluss fließt immer noch und ist doch im Himmel.

Hier wartet er auf einen günstigen Moment, auf eine schöne Stelle.
Hier wird er sich abregnen, nieder steigen zur irdischen Welt.
Er wird den Pflanzen Nahrung liefern und auch den Tieren, bis er versickert.
Er wird wieder aus einer Quelle hervortreten, als neuer Fluss oder als der gleiche.
Er wird wieder hinabgespült werden bis zum Meer. Er wird sich wieder mit neuen Bächen füllen, erneut verunreinigt werden und wieder zerstörend über die Ufer treten.
Aber sein Inhalt bleibt immer gleich – ein Teil des Ganzen. Alles ist eins im Fluss.
Schließlich wird er wieder empor steigen zum Himmel.
Der ewige Kreislauf wird von vorne beginnen.

Also: Lass auch Du es einfach nur fließen, fließen wie der Fluss.
Fließen wie es im Taoismus lange gelehrt wird – ohne Gegenwehr!

Man hat nur an so viel Freude und Glück Anspruch,
als man selbst gewährt. *Ernst von Feuchtersleben*

Nie zu bereuen und nie anderen Vorwürfe zu machen,
das sind die ersten Schritte zur Weisheit. *Denis Diderot*

Ich bedaure nicht, hier zur Welt gekommen zu sein und einen Teil meines Lebens hier gelebt zu haben. ... Und kommt das Ende, gehe ich ebenso aus dem Leben wie aus einer Herberge und nicht aus meinem Zuhause, weil ich glaube, dass mein Aufenthalt in diesem Leben vorübergehend und der Tod nur ein Übergang in einen anderen Zustand ist. *Leo Tolstoi*

Auch du bist aufs Schiff gestiegen, bist gefahren, bist in den Hafen eingelaufen. So steig nun aus! Geht es in ein anderes Leben – egal ob mit Göttern oder in einen Zustand der Fühllosigkeit – nun, so brauchst du keine Schmerzen und Freude mehr erdulden, noch dich von einem Behälter knechtisch einengen lassen, der umso unedler ist, je größere Vorzüge der darin Dienende hat. Denn jener ist der vernünftige Geist, der Genius in dir, dieser dagegen nur Erde und Verwesliches. *Marc Aurel*

Den Tod fürchten die am wenigsten, deren Leben den meisten Wert hat. *I. Kant*

Ich möchte mit Lorenzo von Medici sagen, dass die auch schon für dieses Leben tot sind, die auf ein anderes nicht hoffen. *Johann Wolfgang von Goethe*

Zufriedenheit mit seiner Lage ist der größte und sicherste Reichtum. *Cicero*

Ich glaube an die Unsterblichkeit der Seele. Die Wissenschaft hat uns bewiesen, dass sich nichts in nichts auflöst. *Wernher von Braun*

Glaub mir, dass kein Atom verloren geht dem All. *Hermann Lingg*

Aus dem chinesischen „Tao Te King" von Laotse [13]
Auf der ganzen Welt gibt es nichts Weicheres und Schwächeres als das Wasser. Und doch in der Art, wie es dem Harten zusetzt, kommt nichts ihm gleich. *Kapitel 78*

Aus „Die Antwort der Engel" [4]
Das erste Gefühl ist immer richtig. Höre immer auf das erste Gefühl. Was folgt, ist schon Nachdenken.

„Gott" im Bestseller „Gespräche mit Gott – Band 1" [5]
Dein Leben ohne Erwartung zu leben – ohne Bedürfnisse nach bestimmten Resultaten –, das ist Freiheit. Das ist Göttlichkeit. Das ist wie ich lebe. *Seite 159*

Rudolf Steiner in „Wie erlangt man Erkenntnisse der höheren Welten" [17]
Auf Vertrauen und Menschenliebe muss alles Wahrheitsstreben gebaut sein. *Seite 111*

> **Aus „Der Cherubinische Wandersmann" [23] von Angelus Silesius**
> Die Gottheit ist ein Brunnen, aus ihr kommt alles her.
> Und läuft auch wieder hin, drum ist sie auch ein Meer. *Seite 68*

> **Aus dem Koran [8]**
> Sie sagen: „Es gibt kein anderes als unser irdisches Leben, und wir werden nicht wiedererweckt werden." *Sure 6, 29*
> Aber könntest du nur sehen, wenn sie vor ihren Herrn gestellt werden! Er wird sprechen: „Ist nicht dies die Wirklichkeit?" *Sure 6, 30*
> Das Leben in dieser Welt ist nur ein Spiel und ein Zeitvertreib. Und besser ist wahrlich die Wohnstätte des Jenseits für jene, die rechtschaffen sind. Wollt ihr denn nicht begreifen? *Sure 6, 32*
> Glaubet ihr denn, Wir hätten euch in Sinnlosigkeit geschaffen, und dass ihr nicht zu Uns zurückgebracht würdet? *Sure 23, 115*

> **Aus der Bibel [1] – Neues Testament**
> „... denn alles was von Gott geboren ist, überwindet die Welt!" *1. Brief des Johannes 5,4*
> „... dass ihr wisset dass ihr das ewige Leben habt!" *1. Brief des Johannes 5,13*
> „... getötet nach dem Fleisch, aber lebendig nach dem Geist!" *1. Petrus 3,18*
> „... wie ein Gewand wechselst Du die Menschen aus!" *Brief an die Hebräer 1, 11-12*

Panta Rei (Alles fließt / Alles im Fluss) ist ein bekannter Lehrsatz aus dem alten Griechenland, aus vor-sokratischer Zeit. Heraklit wollte damit, ganz im Sinne von „Alles Eins", die Einheit aller Dinge darstellen und kommt damit der buddhistischen Lehre (auch Hinduismus / Pantheismus) auffallend nah. Seine Metapher war, dass man niemals zweimal in den gleichen Fluss steigen kann. Es ist immer anderes Wasser und doch ist es der gleiche Fluss, welcher von Anfang bis Ende miteinander verbunden ist. Es ist wie mit unserem ganzen Leben: Jeder Tropfen des menschlichen Körpers (jede Zelle oder Atom) ist ständig in Bewegung, also in Veränderung, und doch ist es immer das gleiche Wesen, die gleiche Erscheinung. Wie sehr wir uns auch äußerlich verändern, die Person bleibt. Auch der Fluss ist, wie der Vogel, immer im Jetzt, immer in der Gegenwart. Selbst wenn man sich von der Illusion der Zeit leicht blenden lassen kann: Der Fluss ist gleichzeitig an der Quelle und an der Mündung ins Meer. Er ist genau jetzt am Wasserfall und an der Brücke, er ist immer „da", obwohl er doch fortlaufend fließt.

Auch der Fluss regt sich nicht über bestimmte Umstände auf, er nimmt sie hin. Wir können daraus lernen, dass „Glücklich sein" ein Geisteszustand ist. Die Ursache, ob wir zufrieden oder unzufrieden sind mit der aktuellen Situation, ist also im Geist und nicht in den äußeren Dingen und Umständen zu suchen. Leiden entsteht immer durch Widerstand gegen „das was ist". Die altgriechischen Stoiker waren bekannt für ihre „stoische Ruhe". Sie machten es zur Disziplin alles hinzunehmen wie es kommt, ohne Emotionen.

Sich einfach treiben zu lassen, muss aber nicht bedeuten, dass man nicht auch weiterhin aktiv und eigenständig von Zeit zu Zeit, etwas Eigenes und Neues in Angriff nehmen sollte. Auch ein Fluss füllt hier und da einen See, beginnt einen neuen Nebenarm, bevor es weiter geht. Wichtig ist, dass der Fluss nicht gegen Hindernisse, die sich daraus ergeben, angeht, sondern sie umspült, und integriert in seinen Lauf. Seit vielen Jahren praktiziere ich die chinesische Kampfsportart Tao Tai Chi Chuan. Hier ist es das oberste Gebot, keine Kräfte einzusetzen gegen den Angreifer, sondern ganz im Gegenteil die von ihm eingesetzte Kraft aufzunehmen und so umzulenken, dass er damit selbst zu Fall kommt, ohne dass man sich dafür anstrengen muss. Es sieht äußerst edel aus und wurde im japanischen Aikido noch weiter perfektioniert.

Nun muss ich an ein Beispiel aus dem Liberalismus denken: Wenn Sie im täglichen Leben darauf achten, wie z.B. von Behörden bestimmte Dinge vorgegeben werden und die Menschen / Bürger diese Vorgaben aus rein praktischen Gründen verändern. So musste ich auf dem Schulweg zu unserem Haus immer wieder grinsen, wenn ich einen Trampelpfad sah. Die Stadtwerke hatten einen tollen und aufwändigen Weg von der Bushaltestelle zu unserer Siedlung angelegt, doch die Menschen machten sich daraus nichts und liefen lieber über die matschige Wiese, weil es einige Meter sparte. So wurde nach und nach ein breiter Trampelpfad aus dieser Abkürzung. Auf die gleiche Weise suchen sich Tiere und vor allem das Wasser immer den kürzesten Weg. Wir Menschen können noch so sehr versuchen, sie in unsere Bahnen zu lenken, letztendlich ergibt sich das natürliche Flussbett von ganz allein.

Häufig werde ich gefragt, ob das Leben (unser Schicksal) bereits feststeht. Ich denke, wie bei dem Flussbett (man könnte es mit einem Computerspiel vergleichen), ist der grobe Rahmen vorgegeben und wir entscheiden uns dann für die Details. Man könnte auch sagen, dass die Theater-Kulisse und die anderen Darsteller bereits ausgewählt sind. Aber unser Verhalten (Spielkunst beim Auftritt) entscheidet darüber, wie das Stück ausgeht.

Mir selbst kam das Gedicht oben wieder ganz spontan, und es wollte zu Papier gebracht werden. Wie bei anderen Metaphern, musste ich schmunzeln, dass ich wieder einmal auf das Thema „Reinkarnation" mit der Nase gedrückt wurde, obwohl ich mich dagegen bisher äußerst gewehrt habe. Doch man kann tun, was man will: In der Natur gibt es diese kontinuierlichen Kreisläufe, die auch auf eine Re-Inkarnation (Wiederfleischwerdung) hindeuten. So fließt auch der Fluss am Ende wieder ins Meer, woraus er stammt – der Sohn kehrt zurück zum Vater! Das Wasser selbst verschwindet nie von der Erde.
Lass es einfach fließen – umspüle die Felsbrocken, die auf Dich zukommen, statt zu versuchen, sie weg zu spülen!

STILLE UND LÄRM

„Stille und Lärm", das hört sich an wie „Gut und Böse".
Ist denn Lärm böse? Die Wissenschaft sagt: Ja!
Sowohl für die Seele als auch für den Körper ist Lärm schädlich.

Die einen denken vielleicht bei Lärm an laute Musik ihres Lieblingskünstlers, ein tolles Konzert, eine Disco und finden es berauschend. Die anderen denken an ein Stadion mit laut grölenden Sportfans und finden nichts dabei. Entspannung? Freude?

Aber was ist mit Großstadtlärm? Mit all dem Verkehr, den Baustellen, all den Menschen, Maschinen und erschlagenden Eindrücken? Positiv? Was ist mit der Stille?

Wie groß ist da die Freude wenn man dann zu Hause ankommt und die Tür hinter sich schließt oder auch nur in einen Stadtpark gelangt? Hier ist sie endlich – die Stille.

Nicht umsonst schwärmen doch Segel-, Drachen- und Ballonflieger
oder Bergsteiger, Taucher und Segelbootfahrer von ihrem Hobby
oder Astronauten von ihrem Beruf, wo sie sich absolut der Stille hingeben.
Stille im außen und meist auch im Innern. Einfach „sein".

Wie schön ist es eine ruhige Schneelandschaft zu erleben, eine Waldlichtung, ein schlafendes Baby oder Ringe die sich in einem Bergsee ausbreiten.
Stille Nacht, heilige Nacht – gibt uns das nicht Frieden? Stille!

Aber nicht jeder kann diese Stille ertragen. Man denke an Nebel oder die dunkele Nacht, die manchen beängstigen, weil nicht bekannt ist was nun kommt. Angst!

Wenn zu dieser äußeren Stille die innere Stille der Gedanken folgt – so wie in einem Kloster – dann ist es für viele unerträglich. Sie versuchen verzweifelt eine Aktivität für das Loch zu finden, die Zeit totzuschlagen – die Langeweile quält sie.

Im Buddhismus ist es gerade das Ziel die Gedanken anzuhalten, absolute Stille im Innern wie im Äußeren zu praktizieren. Gedanken anhalten! Innehalten! Schwierig?

Es gibt Esoteriker, die behaupten, dass der äußere Lärm aus dem inneren Lärm – der rasenden Gedanken – entsteht. In kopflastigen Gesellschaften gibt es mehr Lärm als in natur- und instinktnahen Gesellschaften. Kann das wahr sein?

Entscheiden wir uns doch einmal bewusst *für* diese Stille!
Ein einziger Augenblick der Stille ist wie ein Lichtblick, der uns weiter begleitet.

Fang an mit Deinem Spiegelbild:
Schau es einige Minuten an und konzentriere Dich voll und ganz auf diesen Menschen, versuche ihn zu erfassen, klar und ohne Urteil, ohne Wertung.
Spürst Du etwas? Die Stille? Die Seele? Dein Ich? Wunderbar!

Alle meine Lehrer sind tot – außer der Stille. *W. S. Merwin*

Glück ist eine stille Stunde, Glück ist auch ein gutes Buch,
Glück ist Spaß in froher Runde, Glück ist freundlicher Besuch. *Clemens Brentano*

Der Friede beginnt in DIR. *14. Dalai Lama*

Kehr in dich still zurück, ruh in dir selber aus, so fühlst du höchstes Glück.
Friedrich Rückert

Man sollte auch an Wochentagen ein paar Augenblicke Sonntag sein lassen.
Albert Schweitzer

Sieh auf die Natur: Sie ist beständig in Aktion, steht nie still, und doch schweigt sie.
Mahatma Gandhi

Etwas Ruhe ist oft besser als eine gute Brühe. *Sprichwort aus dem deutschen Schwabenland*

In der Einsamkeit liegt Kraft, in der Stille Erholung. *Georg Lehmacher*

Die wenigsten wollen Ruhe, wenn sie Ruhe wollen, sondern Abwechslung.
Erhard Blanck

Wenn du dich selbst dazu bringen kannst, still zu sein,
so wirst du unaussprechliche Worte Gottes vernehmen. *Jakob Böhme*

Die Wahrheit redet im Innern, ohne dass man laute Worte vernimmt.
Thomas de Kempis

Heimkehren zum Wurzelgrund heißt: Stille finden. *Laotse*

Unmöglich, dass du jemals durch irgendein Bild selig werden könntest.
Und daher muss da Schweigen und Stille herrschen...
...das ist das Allerbeste und Alleredelste, wozu man in diesem Leben kommen kann,
wenn du schweigst und Gott wirken und sprechen lässt. *Meister Eckhart*

Ich meinte erst, Beten sei Reden. Ich lernte aber, dass Beten nicht bloß Schweigen ist, sondern Hören. So ist es: Beten heißt nicht sich selbst reden hören, beten heißt still werden und still sein und warten, bis der Betende Gott hört. *Sören Kierkegaard*

Wie schnell zerstreuen sich Unrast und Verzweiflung in der Stille der Natur.
Lion Feuchtwanger

"Ich zwinge meinen Geist, nur auf sich gerichtet zu sein
und sich nicht nach außen hin ablenken zu lassen."
"Erst dann bist du ein Mensch, wie er sein soll, wenn du gleichgültig bist gegen jeden Lärm, wenn keine Stimme dich aus der gewohnten Fassung bringt." *Seneca*

Die Stille ist das Element, in dem sich große Dinge bilden. *Thomas Carlyle*

Wie ein Umschlag heilt Stille die Schläge des Lärms. *Oliver Wendell Holmes*

Wenn man seine Ruhe nicht in sich selbst findet, ist es zwecklos, sie andernorts zu suchen. *Francois de la Rochefoucauld*

Eines Tages wird der Mensch den Lärm ebenso bekämpfen müssen, wie die Pest.
Robert Koch

Meister Eckhart aus „Geh den Weg der Mystiker" [11], Seite 111
Fürwahr, der Mensch kann Gott nichts Lieberes bieten als Ruhe. Des Fastens, Betens und aller Kasteiung achtet und bedarf Gott nicht – im Gegensatz zur Ruhe.

Aus „Die Antwort der Engel" [4]
Die kleinen Geräusche in dir haben sich außen verkörpert.
Mit dem Tier beruhigst du das Tier nicht.

Aus „Der Cherubinische Wandersmann" [23] von Angelus Silesius
Gott ist so über allem, dass man nichts sprechen kann.
Drum betest du ihn auch mit Schweigen besser an. *Seite 50*
Weder Kreatur, noch Gott, kann dich in Unruh´ bringen.
Du selbst verunruhst dich mit all den vielen Dingen. *Seite 55*

Rudolf Steiner in „Wie erlangt man Erkenntnisse der höheren Welten" [17]
Durch Konzentration und Meditation arbeitet der Mensch an seiner Seele. Er entwickelt dadurch in ihr die seelischen Wahrnehmungsorgane. Während er sich konzentriert und meditiert, wächst innerhalb seines Leibes seine Seele, so wie das Kind im Leibe der Mutter. *Seite 176*

Aus dem chinesischen „Tao Te King" von Laotse [13], Kapitel 11
Dreißig Speichen umgeben eine Narbe: In ihrem Nichts besteht des Wagens Wesen. Man höhlt Ton und bildet ihn zu Töpfen: In ihrem Nichts besteht der Töpfe Wesen. Man lässt Türen und Fenster, damit die Kammer werde: In ihrem Nichts besteht der Kammer Wesen. Darum: Was ist, dient zum Besitz. Was nicht ist, dient dem Wesen.

Aus dem Koran [8]
Sammelt eure Aufmerksamkeit zu jeder Zeit und an jeder Stätte der Andacht, und rufet Ihn an. *Sure 7, 29*

Aus der Bibel [1]
„Sei stille und erkenne dass ich Gott bin." *Psalm 46, 11*
„Aber sei nur stille zu Gott, meine Seele; denn er ist meine Hoffnung. Immer wieder muss ich es mir sagen: Vertrau auf Gott, dann findest du Ruhe! Er allein gibt mir Hoffnung." *Psalm 62,6*
„Im Stillehalten und Vertrauen besteht eure Stärke." *Prophet Jesaja 30,15*

60.000 Gedanken denken wir jeden Tag! – errechnete die Hirnforschung. Wie der PC-Lüfter ständig im Hintergrund summt, so erzeugen auch unsere Gedanken einen ständigen geistigen „Lärm" in unserem Kopf.

Es ist natürlich einfach, zur Ruhe zu finden an einem ruhigen, harmonischen Ort oder in Gesellschaft mit netten, freundlichen Leuten. Eine absichtliche Stille finden wir zum Beispiel in Klöstern. Deswegen erleben Mönche und Asketen, die sich in die Stille zurückziehen, spirituelle Erfolge. Doch wahre Größe, eines spirituell ausgerichteten Lebens, zeigt sich erst im Umgang mit schwierigen Menschen, in lauter, unruhiger Umgebung oder in unschönen Momenten, die uns verzweifeln lassen. Wenn man auch dann noch die Ruhe bewahren, die Gedanken bremsen kann – das ist meisterlich. Schon Jesus sagte: „Was ist schon Besonderes daran, eure Freunde zu lieben? Dasselbe tun auch die Heiden und Zöllner." *Matthäusevangelium 5,47*

Aber schaffen *wir* das? Einfach mal Stille zuzulassen, sie sogar zu genießen? Nichts zu denken? Die Gedanken anzuhalten? Es fällt uns gar nicht so leicht wie es sich anhört, oder? Vor allem in solch einer Situation, die es unmöglich erscheinen lässt, Ruhe zu bewahren. Stille auszuhalten ist für viele (es wird oft gleich in die Kategorie „Langeweile" eingeordnet) gar nicht so einfach.

Fast alle Ideen dieses Buches kamen mir in den Momenten der Stille, morgens nach dem Aufstehen oder bei bewussten Handlungen des Alltags. Selbst beim Autofahren (ohne laute, aggressive Musik) können intuitive Eingebungen und große Gedanken aus der Tiefe der Seele empor steigen. Ein Immobilienkollege, in der Zeit meiner Ausbildung, war der Erfolgreichste mit den meisten Verträgen und dem höchsten Umsatz. Ich lernte sehr viel von ihm, und eines seiner Geheimnisse war, dass er bewusst in jedem Auto auf das Radio verzichtete. Er gewann somit bei jeder Autofahrt reichlich kreative Zeit zum Nachdenken – Stille – und konnte seine Strategien für das nächste Gespräch oder den kommenden Tag ausführlich vorbereiten.

Aber natürlich gibt es auch schöne, inspirierende Musik:
„Musik wäscht den Staub des Alltags von der Seele." *Berthold Auerbach*
Aber welche Art von Musik? Hardrock? Klassik? Oder je nach Stimmung verschieden? Meiner Meinung nach (siehe dazu das Kapitel *„Empfehlungen"*) ist das besonders diejenige, die (klassisch-instrumental) ohne Stimmen auskommt, also einem nicht erneut Gedanken einflößt und geistig ablenkt.

Über die Jahre, in denen ich mehr und mehr die Bedeutung der Stille erkannte, habe ich mir verschiedene Tätigkeiten angeeignet, die der Stille einen angemessenen Raum geben: Bonsai und Tai Chi hatte ich bereits genannt. Beim Tai Chi Sport wird Stille in der Bewegung gesucht. Volle Konzentration auf den Körper bewirkt auch ein Anhalten des Denkapparates. In Thailand hatte ich, in einem der buddhistischen Klöster, einen Kurs in „Walking Meditation" – mit gleichem

Ziel – besucht. Aber auch Beschäftigungen wie das uralte Schachspiel (das Wort „Schach" vom persischen Wort „Schah" für König), welches über die Seidenstraße aus Asien über Persien und Arabien / Afrika nach Europa kam, bieten Möglichkeiten die Gedanken für einen Moment voll auf eine Sache auszurichten, und Stille ist dafür Voraussetzung.

Vor wenigen Monaten war ich mit einer Gruppe in einem „Haus der Stille" der evangelischen Kirche. Dieser sogenannte „Wüstentag" erinnerte an die 40 Tage, die Jesus in der Wüste verbrachte. In der Wüste herrscht absolute Stille und Leere. Hier kann man sich lediglich mit seinem Körper und seiner Seele beschäftigen, ohne äußere Ablenkungen. Und dies taten wir auch dort.

Zum 18. Geburtstag schenkte mir meine Mutter meine erste Pfeife. Ich rauche bis heute Pfeife nur in ganz seltenen Momenten, nach einem erfolgreichen Tag oder an einem besonderen Ort. Ich suche mir dann ein stilles Plätzchen mit schöner Aussicht und lasse das Erlebte Revue passieren mit meiner „Friedenspfeife". Jeder kennt eine Tätigkeit, mit der er die geschwätzige Stimme im Kopf zum Schweigen bringen kann, egal ob Basteln oder Jogging etc.

Wenigstens fünf Minuten sollten wir uns täglich einen Moment Stille gönnen und den Geist zur Ruhe kommen lassen. Statt verlorener Zeit gewinnt man Kraft für die noch anstehenden Aufgaben. Man erreicht eine Stufe des inneren Friedens, der wiederum zu äußerem Frieden führt. In den christlichen Klöstern nannte man es auf Latein „ora et labora", also „bete und arbeite". Beides gehört zusammen: Die „Aktivität" und die „Ruhe". Kontemplation (Lat. = Betrachten) heißt es in der christlichen Mystik: Geistige Versenkung in absoluter Stille oder untermalt mit gregorianischen Chören. Eine entspannte Haltung und sanfte Aufmerksamkeit auf einen liebevollen Gedanken oder auf einen bedingungslos liebenden Gott gerichtet. Die asiatische Meditation versucht mit gezielter Konzentration (von Zentrieren / Zentrum), auf einen Gegenstand oder einen Gedanken, eine Leere des Geistes zu erreichen. Das indische Yoga hat schon vor Jahrzehnten Einzug in westliche Wohnzimmer gehalten. Im Islam widmet man sich fünfmal täglich dem Gebet, auch hierbei findet man eine kurze Vollbremsung des Denkapparates, um sich ganz Gott hinzugeben. Der Indianertanz ist identisch mit einem Gebet, die islamischen Sufis kennen Vergleichbares. Bei allen Varianten wird eine Bewusstseinserweiterung angestrebt, eine transzendentale Erfahrung der Seele.

Denken Sie an meinen oben erwähnten Tipp: Schauen Sie ganz tief in die Augen ihres Spiegelbildes, schalten Sie die Sprache und die Gedanken aus. Wenden Sie es täglich an, und sie werden nach wenigen Tagen einen Erfolg spüren; die Nächstenliebe wird geweckt, das Selbstbewusstsein steigt, der äußere Mensch entspannt, die Seele erblüht, Kraft und Kreativität nehmen zu.

Schenk auch Du Deiner Seele täglich Stille und Aufmerksamkeit!

FREUDE AM LEBEN

Es macht Freude, glückliche Menschen zu sehen.
Singende, tanzende und lachende Menschen.
Die, die selbst Spaß empfinden oder anderen Freude bereiten.

Mütter zu treffen, die sich auf die Geburt ihres Kindes freuen.
Oder Eltern, die das Kind bereits im Arm halten.
Es macht Freude, spielende Kinder zu beobachten.
Hungrige Kinder, die Essen erhalten.

Es macht Freude, junge Menschen zu sehen, die albern sind.
Und solche, die frisch verliebt sind.
Fragende Menschen, die noch etwas lernen wollen.
Und jene, die darauf Antworten wissen.

Es macht Freude, arbeitende und denkende Menschen zu sehen.
Solche, die Ziele haben und an ihren Ideen arbeiten.
Menschen, die die Welt verändern wollen.

Es macht Freude, alte Menschen zu sehen, die sich gerne haben.
Hilfe-Suchende zu erleben, die Hilfe erhalten.
Hilfe-Gebende zu sehen, die dankbare Abnehmer finden.

Es macht Freude, händereichende Politiker zu erleben.
Ehrliche Menschen. Fröhliche Menschen. Zuverlässige Menschen.
Solche, die ihre Aufgaben ernst nehmen, sie als Berufung sehen.

Es macht Freude Menschen zu finden, die sich für andere einsetzen.
Solche die es für die Umwelt tun oder für Tiere – völlig uneigennützig.

Es macht Freude, betende Menschen zu sehen.
Herzliche Menschen, die auch für andere beten.
Dankbare Menschen, die alles zu schätzen wissen.
Solche, die sich für Frieden und Verständigung einsetzen.

Hast auch Du Freude an denen? Ob auch Gott an ihnen Freude hat?

Verspürst Du in bestimmten Situationen keine Freude, gibt es nur einen Rat:
Verändere die Situation oder verlasse sie so schnell wie möglich!

Das Leben macht Spaß; Sei auch Du eine Freude für andere!

Freude – die einfachste Form der Dankbarkeit. *Karl Barth*

Unser Leben kann nicht immer voller Freude,
aber immer voller Liebe sein. *Thomas von Aquin*

Ja sagen zum Leben heißt auch Ja sagen zu sich selbst. *Dag Hammarskjöld*

Wer Freude schenkt, macht zwei Leben reicher. *Frida Romay*

Es zieht Freude die Fröhlichen an. *Friedrich Schiller*

Der Mensch ist nicht zum Vergnügen, sondern zur Freude geboren. *Paul Claudel*

In jede hohe Freude mischt sich eine Empfindung der Dankbarkeit.
Marie von Ebner-Eschenbach

Ohne Liebe zu sich selbst ist auch die Nächstenliebe unmöglich. *Hermann Hesse*

Manchmal haben wir die Kraft, Ja zum Leben zu sagen.
Dann kehrt Frieden in uns ein und macht uns ganz. *Ralph Waldo Emerson*

Der beste Weg, sich selbst eine Freude zu machen, ist:
zu versuchen, einem anderen eine Freude zu bereiten. *Mark Twain*

„Wie herrlich leuchtet in mir die Natur! Wie glänzt die Sonne, wie lacht die Flur."
„Die beste Freude ist das Wohnen in sich selbst." *Johann Wolfgang von Goethe*

„Du sollst nicht dem Leben mehr Jahre, sondern den Jahren mehr Leben geben."
„Alles Isolierte führt irre. Nur die Ganzheit ist zuverlässig
und leitet den Menschen zum Heil." *Martin Buber*

Ein Pessimist ist nicht einmal glücklich, wenn er unglücklich ist. *Man Ray*

Denn ein Herz voll Freude sieht alles fröhlich an,
ein Herz voll Trübsal sieht alles trübe. *Martin Luther*

Niemand braucht ein Lächeln so bitter nötig wie derjenige,
der für andere keines mehr übrig hat. *Phil Bosmans*

„Ein böser Mensch schadet nicht nur anderen, sondern sich selbst."
„Der Zorn lässt sich durch nichts rechtfertigen."
„Der Grund für den Zorn liegt stets in Dir." *Leo (Lev) Tolstoi*

Glück bedeutet, seine Freude in der Freude des anderen zu finden. *Georges Bernanos*

Je mehr du dein Leben preist und feierst, desto mehr gibt es im Leben zu feiern.
Oprah Winfrey

Wenn du jemandem begegnest, so denke daran, dass es eine heilige Begegnung ist. Wie du ihn siehst, wirst du dich selbst sehen. Wie du ihn behandelst, wirst du dich selbst behandeln. Wie du von ihm denkst, wirst du von dir selbst denken. Vergiss dies niemals, denn in ihm wirst du dich selbst finden, oder dich selbst verlieren. *Unbekannt*

Du bist nicht glücklich? Mache andere glücklich! *Albrecht Goer*

Gott schenkte dir das Gesicht. Lächeln musst du selbst. *Irisches Sprichwort*

Wer sich heute freuen kann, der soll nicht warten bis morgen. *J. H. Pestalozzi*

Das Leben ist bezaubernd, man muss es nur durch die richtige Brille ansehen.
Alexandre Dumas

Lächeln ist wie ein Fenster, durch das man sieht, ob das Herz zu Hause ist.
Russisches Sprichwort

Es ist schön zu leben, weil Leben Anfangen ist, immer, in jedem Augenblick.
Cesare Parese

Das Leben ist wundervoll. Es gibt Augenblicke, da möchte man sterben, aber dann geschieht etwas Neues und man glaubt man ist im Himmel. *Edith Piaf*

Ein guter Witz kann einem die ganze schlechte Laune verderben. *Werner Mitsch*

Von guter Laune kann man sagen, dass sie eines der besten Kleidungsstücke ist, die man in Gesellschaft tragen kann. *William Makepeace Thackeray*

„Man sollte nicht sprechen von der Kunst, glücklich zu sein, sondern von der Kunst, sich glücklich zu fühlen." „Nicht was wir erleben, sondern wie wir empfinden, was wir erleben macht unser Schicksal aus." *Marie von Ebner-Eschenbach*

Alle Lebewesen, außer den Menschen, wissen,
dass der Hauptzweck des Lebens darin besteht, es zu genießen. *Samuel Butler*

Wer noch staunen kann, wird auf Schritt und Tritt beschenkt. *Oskar Kokoschka*

Heiterkeit kann kein Übermaß haben, sondern ist immer gut;
Melancholie dagegen ist immer schlecht. *Baruch de Spinoza*

Leben ist das Einatmen der Zukunft. *Pierre Leroux*

Leben ist Begeisterung! *Paulo Coelho*

Lache das Leben an! Vielleicht lacht es ja zurück. *Jean Paul*
Lächeln heißt: Der Seele ein Fenster öffnen. *Norbert Stoffel*
Achtung: Lächeln ist ansteckend! *Martin Sagel*

Weisheiten des Siddharta Gautama (Buddha)
„Es gibt keinen Weg zum Glück. Glücklich sein ist der Weg."
„Gegen die Übel der Welt (Feuer der Begierde) hilft der Durst nach Leben."
„Das Leben ist kein Problem, das es zu lösen,
sondern eine Wirklichkeit, die es zu erfahren gilt."

Aus „Wiederkehr der Mystik" von Willigis Jäger [6]
... Gott will nicht verehrt werden, Gott will gelebt werden. *Seite 148*

Aus dem Bodhicharyavatara, Kapitel 6 „Geduld", Abschnitt 3 [27]
Wer den Stachel des Hasses im Herzen trägt, findet keinen inneren Frieden, kennt keine wirkliche Freude und kein Wohlergehen. Er findet weder Schlaf noch Ausgeglichenheit. Hass ist ein Pfeil, der den Geist zerfleischt und die Freude vertreibt. Unter seinem Einfluss wird aus den harmonischsten Gesichtszügen eine hässliche Grimasse. Die Gemütsruhe, aber auch das physische Gleichgewicht werden durch ihn angegriffen: Wir finden keinen Schlaf mehr, verlieren den Appetit und altern vorzeitig. Selbst wenn wir normalerweise gutmütig sind, verändert sich unsere Persönlichkeit unter dem Einfluss von Hass. Wir werden unfähig, die Güte anderer zu schätzen, und empfinden selbst gegen die Menschen Misstrauen, die uns viel geholfen haben, so schaden wir uns selbst und anderen, statt den Hass als Ursache allen Übels zu erkennen und alles daran zu setzen ihn auszumerzen.

„Gott" im Bestseller „Gespräche mit Gott – Band 1" [5]
„Es gibt nur einen Grund für alles Leben, nämlich dass ihr und alles was lebt, diese Herrlichkeit in ganzer Fülle erfahrt. Alles, was ihr sonst sagt, denkt oder tut, dient diesem einen Zweck. Es gibt nichts anderes, was eure Seele tun möchte." *Seite 44*
„Wenn du dich dabei ertappst, dass du negative Gedanken hegst, Gedanken die deine höchste gedankliche Vorstellung von etwas negieren – dann denk noch einmal." *S.147*
„Schuldgefühle sind eine erlernte Reaktion." *Seite 184*
„Ihr findet euer Heil nicht in der Aktion des anderen,
sondern in eurer eigenen Reaktion." *Seite 196*

Aus „Geh den Weg der Mystiker" von Peter Reiter [11], Seite 267
Nicht nur von Natur aus, sondern über ihre Natur hinaus, erfreut sich meine Seele aller Freude und aller Seeligkeit, der Gott sich selbst in seiner göttlichen Natur erfreut. Denn, da ist nichts als Eines, und wo Eines ist, da ist Alles ...

Aus dem chinesischen „Tao Te King" von Laotse [13], Kapitel 49
Der Berufene hat kein eigenes Herz. Er macht das Herz der Leute zu seinem Herzen. Zu den Guten bin ich gut, zu den Nichtguten bin ich auch gut; denn das Leben ist die Güte. Zu den Treuen bin ich treu, zu den Untreuen bin ich auch treu; denn das Leben ist die Treue. Der Berufene lebt ganz still und macht sein Herz für die Welt weit.

Aus dem Koran [8]
Denn wer da dankbar ist, der ist dankbar zum Besten seiner eigenen Seele. *Sure 31, 12*

Ist es nicht eine unglaubliche Ehre für uns alle, auf diesem herrlich blau-grünen Planeten, mitten im finsteren, leeren, kalten und totenstillen Weltall, eine Weile leben zu dürfen? Genießen wir doch diese Zeit! Betrachten wir all die Geschenke, die dieser Planet für uns zu bieten hat, statt immer wieder nach den Problemen und Risiken Ausschau zu halten. Lächeln beansprucht wesentlich weniger Gesichtsmuskeln, als ein grimmiges, böses Gesicht.

Freude am Leben entsteht vor allem durch **Vertrauen ins Leben.** Laufend erlebe ich, dass Menschen ängstlich (z.B. Einbrüche), skeptisch (z.B. Qualität eines Produktes) und misstrauisch (z.B. Geschäftspartner) gegenüber den täglichen Dingen sind. Ausgerechnet denen, die genau solch eine Einstellung an den Tag legen, passiert dann auch immer wieder etwas Derartiges. Sie geraten an einen Betrüger, ihnen wird etwas gestohlen oder ein Produkt hält nicht, was es verspricht (während andere damit zufrieden waren).

Seit ich mich mit dem Gesetz der Resonanz / Gesetz der Anziehung (siehe Kapitel *„Kraft der Gedanken"*) beschäftige, bin ich hingegen noch weitaus optimistischer geworden und gehe mit Vertrauen in die Welt hinaus. Ich kann sagen: Die oben genannten Probleme tauchen seither immer seltener auf oder gar nicht mehr. Ich sage mir: „Alles wird schon gut gehen." oder „seine Richtigkeit haben." Und wenn nicht, dann versuche ich dennoch, den „jetzigen Moment" anzunehmen wie er ist. Entweder man kann ihn ändern und tut es oder man kann ihn nicht ändern, und dann hilft es auch nicht, darüber zu klagen. Nicht *was* wir sehen und erleben, ist entscheidend, sondern *wie* wir es sehen und damit umgehen –also darauf reagieren oder auch nicht reagieren.

Jesus aus Nazareth predigte eine universale Nächstenliebe, die uns all diese Ängste überwinden lässt. Denn diese Nächstenliebe ist weder personengebunden, noch situationsabhängig. Diese Liebe soll dauerhaft in uns brennen; und mit einem Schlag verschwinden alle Ängste, und wir sind frei. Ich denke da z.B. an den Juden, der ein Konzentrationslager unter den Nazis überlebte. Er war bekannt dafür, dass er zu jedem freundlich war – auch zu den Aufsehern. Er sagte: „Es gibt bereits so viel Leid hier, ich möchte nicht auch noch dazu beitragen." Mit stoischer Ruhe nahm er diese Höllenqualen an.

Wenn wir versuchen mit Gott Kontakt aufzunehmen, dann *bitten* (= beten) wir immer nur um etwas. Warum *danken* wir nicht auch einmal? Die wahren Meister sagen, dass „Dankbarkeit" eher zu dem gewünschten Ergebnis führt. Man könnte sagen: Wenn das „Universum" bemerkt, dass uns eine Sache wichtig ist (egal ob positiv oder negativ), dann schickt es uns mehr davon...

Hab´ also Freude am Leben und nimm es dankbar an!

SEI WIE DAS KIND

Sei wie das Kind, rate ich Dir... Doch dieser Rat stammt nicht von mir. Von einem Jesus aus Nazareth stammt die Idee. Aber was meinte er?

Kinder wissen nichts von Zeit, Stunden oder Stress. Das kleine Kind sitzt völlig gottergeben dort und spielt. Es beschäftigt sich mit absoluter Hingabe und Freude. Dabei stellt es kaum Ansprüche und spielt mit einfachsten Dingen. Die Ansprüche steigen erst mit dem Alter.

Das Kleinkind regt sich nicht über die Nachbarn auf oder zieht vor Gericht. Es ärgert sich nicht über Vergangenes und macht sich keine Sorgen über die Zukunft. Es lebt völlig im Hier und Jetzt.

Das kleine Kind lacht und ist fröhlich. Es ist wissbegierig, stelle viele Fragen, hört gerne zu und lernt schnell, es ist interessiert an allem Neuen und jeder Person, die in sein Leben tritt. Bist Du das auch?

Das Kind schämt sich nicht. Es sagt und zeigt auch wenn es Hunger hat oder Durst, wenn es müde ist oder traurig. Es zeigt ehrliche Gefühle, stellt ehrliche Fragen. Wie hältst Du es damit?

Das Kind hat Mut, ohne es zu wissen. Mit Mut greift es nach neuen Dingen um sie kennen zu lernen. Es kann aber auch loslassen.
Ja: Es ist ehrlich in seiner Art. Denn das kleine Kind lügt nicht und betrügt nicht. Es kennt keinen Hass und keine Reichtümer. Kinder machen keinen Unterschied zwischen arm und reich oder Religionen und Rassen. Für sie gibt es die Welt einfach nur wie sie ist. Sie wird nicht gedeutet!

Deswegen führen Kinder auch keine Kriege. Erwachsene tun das.
Kinder greifen nicht zu Waffen, denn sie kennen keine Rache.
Nein: Kinder verletzen nicht – nicht absichtlich!
Doch all das verändert sich mit zunehmendem Alter.

Kinder lassen sich führen, sie lassen sich treiben wie der Fluss. Ganz so als hätten sie das Tao Te King des weisen Laotse bereits vor der Geburt studiert. Ob es Jesus auch gelesen hatte?

Seid wie das Kind, das rate ich Euch.
Ganz so wie es der Meister Jesus aus Nazareth gelehrt hat!

Zwei Dinge sollten Kinder von ihren Eltern bekommen:
Wurzeln und Flügel. *Johann Wolfgang von Goethe*

Kennst Du ein Kind, dann kennst Du GOTT. *Unbekannter Autor*

Der Sinn von Erziehung liegt darin, Spiegel in Fenster zu verwandeln. *Sydney Harris*

Kinder entwickeln sich gut, wenn ihre Eltern sich gut entwickeln. *W. D. Wall*

Man darf nicht verlernen, die Welt mit den Augen eines Kindes zu sehen. *H. Matisse*

Erziehung ist die Hilfe zum Selbstwerden in Freiheit. *Karl Jaspers*

Selbstvertrauen ist die Quelle des Vertrauens zu anderen. *Francois de La Rochefoucauld*

Sich ein unverrunzeltes Herz zu bewahren, zuversichtlich, freundlich, liebenswürdig und ehrwürdig zu sein – das bedeutet, über das Alter zu triumphieren. *Amos Alcott*

Es geht mit den Kindern des Geistes wie mit den irdischen:
Sie wachsen, während sie schlafen. *Hans Christian Andersen*

Außer handfesten Lebensregeln sind gute Erinnerungen das Beste,
was man Kindern mitgeben kann. *Sydney J. Harris.*

Die antiautoritäre Erziehung können nur Leute erfunden haben,
die selber keine Kinder haben. *Liselotte Pulver*

Jedes Kind ist ein Zeichen der Hoffnung für diese Welt. *Sprichwort aus Kamerun*

Wer sein Kind liebt, braucht es nicht zu erziehen. *Sprichwort aus Indien*

Wer die Lebenslaufbahn seiner Kinder zu verpfuschen gedenkt,
der räume ihnen alle Hindernisse weg. *Emil Oesch*

Wenn man möchte, dass seine Kinder mit beiden Beinen auf dem Boden stehen,
dann muss man die Füße mit einigen Pflichten beschweren. *Autor(in) unbekannt*

Die strengsten Richter eines Mannes, sind seine Kinder. *Thornton Wilder*

Tu einem Kind Ehre an und es wird dir Ehre antun! *Sprichwort aus Zimbabwe*

Man kann seine Kinder noch so gut erziehen, sie machen einem ja doch alles nach.
Karl Kaltenegger

Kinder, die man nicht liebt, werden Erwachsene, die nicht lieben. *Pearl Sydensticker*

14. Dalai Lama
Das Wichtigste im Erziehungsalltag sind Achtsamkeit, Respekt und Gelassenheit.

Weisheiten des Siddharta Gautama (Buddha)
„Spannst du eine Saite zu stark, wird sie zerreißen.
Spannst du sie zu schwach, kannst du nicht auf ihr spielen."
„Wenn du ein Problem hast, versuche es zu lösen.
Kannst du es nicht lösen, dann mache kein Problem daraus."

Weisheiten des Konfuzius
„Ein wahrhaft großer Mensch verliert nie die Einfachheit eines Kindes."
„Ein Augenblick der Geduld kann viel Unheil verhüten."
„Einen Edelstein kann man nicht blank machen, ohne ihn zu reiben."
„Was du mir sagst, vergesse ich. Was du mir zeigst, daran erinnere ich mich.
Was du mich tun lässt, das verstehe ich."

Aus „Der Cherubinische Wandersmann" [23] von Angelus Silesius
Christ, so du kannst ein Kind von ganzem Herzen werden,
so ist das Himmelreich schon deines hier auf Erden. *Seite 50*

Rudolf Steiner in „Wie erlangt man Erkenntnisse der höheren Welten" [17]
Bin ich Erzieher und mein Zögling entspricht nicht dem, was ich wünsche, so soll ich mein Gefühl zunächst nicht gegen den Zögling richten, sondern gegen mich selbst. Ich soll mich so weit als eins mit meinem Zögling fühlen, dass ich mich frage: „Ist das, was beim Zögling nicht genügt, nicht die Folge meiner eigenen Tat?" Statt mein Gefühl gegen ihn zu richten, werde ich dann vielmehr darüber nachdenken, wie ich mich selbst verhalten soll, damit in Zukunft der Zögling meinen Forderungen besser entsprechen könne. Aus solcher Gesinnungsart heraus ändert sich allmählich die ganze Denkungsart des Menschen. Das gilt für das Kleinste wie für das Größte. *S.106*

Aus dem chinesischen „Tao Te King" von Laotse [13]
„Das Weiche siegt über das Harte. Das Schwache siegt über das Starke." *Kapitel 36*

Aus dem Koran [8]
„Tötet eure Kinder nicht aus Furcht vor Armut; Wir sorgen für sie und euch.
Fürwahr, sie zu töten ist eine große Sünde." *Sure 17, 31*
„Besitz und Kinder sind Schmuck irdischen Lebens. Die bleibenden, guten Werke aber sind lohnender bei deinem Herrn und hoffnungsvoller." *Sure 18, 46*

Aus der Bibel – Neues Testament [1]
„Hütet euch! Wenn dein Bruder sündigt, so weise ihn zurecht und wenn er bereut, vergib ihm und wenn es sieben Mal am Tag ist." *Lukasevangelium 17*
„Ihr Väter, reizt eure Kinder nicht zum Zorn." *Paulus Brief an die Epheser 6,4*
„Ihr Väter, reizt eure Kinder nicht, dass sie nicht scheu werden." *Kolosserbrief 3,21*

Jesus sagte: **"Den Kindern gehört das Reich Gottes."** *(Markus 10,14 sowie Lukas 18,16)* Doch in den Industrienationen und besonders bei uns in Deutschland werden Kinder immer häufiger als Last empfunden. Sie sind lästig. Natürlich: Kinder zu haben bedeutet Einschränkung der Freiheit, der Freizeit und der Finanzen. Doch gerade bei uns werden in erster Linie die Finanzen als Argument genannt. Man könne sich kein Kind, oder kein zweites Kind, leisten. Allerdings können sich meine Freunde in den Entwicklungsländern nicht mal die einfachsten Dinge kaufen, welche für uns selbstverständlich, sogar in „armen" Haushalten, dazugehören. Ausgerechnet die armen Familien haben jedoch oft mehrere Kinder, die sie auch groß ziehen. Es gibt Statistiken aus allen Kontinenten, dass die Reichen weniger Kinder, die armen Familien aber meist mehrere Kinder haben. Die Gleichung geht also nicht auf.

Hinzu kommt, dass man in den reichen Industrieländern reichlich finanzielle Unterstützung, wie steuerliche Vorteile etc. erfährt für jedes Kind, um einen Anreiz zu schaffen. Während dessen müssen meine Freunde z.B. in China (aufgrund der Bevölkerungsexplosion) sogar Strafzahlungen ab dem zweiten Kind an den Staat abführen oder es muss z.B. Schulgeld entrichtet werden.

Bei uns in Europa gab es noch nie in der Geschichte eine so lange Periode des Friedens, der wirtschaftlichen Stabilität und des Wachstums. Außerdem werden die Menschen immer älter, die Kindersterblichkeit ist auf ein Minimum gesunken, wir haben genug zu essen, zu trinken und gute soziale Absicherungen, selbst die Kriminalität muss in der Europäischen Union niemanden beunruhigen. Die Voraussetzungen könnten also kaum besser sein.

Doch selbst wenn sich manche für ein Kind entscheiden, sagen sie, dass sie kein zweites möchten. Dabei wird gerade der Wert eines weiteren Kindes absolut unterschätzt: Als Entlastung für die Eltern, z.B. in vielen Situationen, wo der Erstgeborene bisher nur Vater und Mutter als Ansprechpartner und Spielkameraden hatte. Außerdem um so früh wie möglich soziales Verhalten zu erlernen, teilen zu lernen etc. Geschwister sind die Menschen, die wir in der Regel die längste Zeit in unserem Leben kennen werden!

Wir alle waren einmal Kinder, und wir brauchen Kinder für ein Fortbestehen. Ein Land benötigt mindestens 2,5 Kinder pro Paar, um eine stabile Bevölkerung zu haben, in Deutschland (und vielen anderen Industrieländern) liegt diese Zahl bei unter 1,5. Die aktuelle Demografie (Bevölkerungsentwicklung) bedeutet also, dass es keine wirtschaftliche Entwicklung aufgrund des Bevölkerungswachstums mehr geben wird. Kosten für unsere Infrastruktur und die soziale Absicherung müssen somit auf weniger Arbeitskräfte verteilt werden. Es sei denn, wir schaffen es, massiv einen Zuzug von außen zu erreichen, dieser ist allerdings von einem großen Teil der Bevölkerung nicht erwünscht. Die Katze beißt sich also in den eigenen Schwanz!

„Wenn ihr nicht umkehrt und werdet wie die Kinder, dann werdet ihr nicht ins Himmelreich kommen." *(Matthäusevangelium 18,3)* sagte Jesus der Christus. Und ich denke an diesen Eigenschaften mangelt es immer häufiger in den reichen Gesellschaften. In armen Regionen der Welt findet man Spontaneität, Leichtigkeit, Freiheit, Gutgläubigkeit, Herzlichkeit, Fröhlichkeit, ein waches Interesse am anderen – all das, was kleine Kinder ausmacht. Und das ist das, was die Armen den reichen und satten Gesellschaften voraushaben.

Mir selber wurde immer wieder von spirituell Fortgeschrittenen (siehe Kapitel *„100 Kurznachrichten von Mike"*) gesagt, es sei besser, keine Familie zu haben. Sicher: Kinder halten einen von der oben erwähnten Stille ab, Meditation wird damit fast unmöglich. Sogar die Bibel rät an verschiedenen Stellen von Ehe und Familie ab (siehe *Neues Testament [1]: 1. Korintherbrief 7,7-9 und 7,36-38 oder Lukas 20,34-35 und Matthäus 19,12*), doch ich habe mich trotzdem für dieses traditionelle Familienleben entschieden. Denn ich finde, dass man ganz besonders gut durch diese anstrengenden Aufgaben spirituell wachsen kann, nehmen wir allein den Altruismus, also die selbstlose Hingabe für andre.

Altruismus (von Latein „Alter" = der andere) ist laut Onlinelexikon: „die willentliche Verfolgung der Interessen oder des Wohles anderer oder des Gemeinwohls. Die Zurückstellung eigener Interessen für Kinder, Kranke, Alte, Tierschutz und Umweltschutz etc. Diese Uneigennützigkeit ist das Gegenteil von Egoismus." Diese gelebte Empathie (Hineinversetzen in den anderen) von den Eltern zum Kind, sollten wir auch Fremden zukommen lassen.

Es geht aber um mehr: Kinder sind reine, unverbrauchte Wesen. Sie spielen und entdecken voller Hingabe, sie sind absolut im Hier und Jetzt in die aktuelle Sache vertieft, sie versinken im Spiel und vergessen die Welt um sich herum. Die Älteren sind immer schon bei der nächsten Sache in Gedanken. Kinder sind neugierig und voller Interesse am Neuen, absolut ungezwungen und unbefangen. Sie entdecken die Welt voller Enthusiasmus (Griechisch „En Theos" = In Gott). Kinder können gut loslassen. Wenn sie alle Facetten einer Sache kennen gelernt haben, lassen sie es einfach liegen und gehen zum nächsten über, bevor Langeweile aufkommt. Sie kennen noch keine unbegründeten Ängste, sie kennen keine Vorurteile, unterscheiden nicht zwischen schwarz und weiß, sie kennen keine Diebe, weil sie kein Eigentum kennen. Sie denken nicht in Gut und Richtig. All das bringen wir Erwachsenen ihnen erst bei. Sie zeigen ihre Emotionen (E-Motion = Energie in Bewegung). Sie lachen, wenn sie fröhlich sind, sie weinen, wenn sie traurig sind, sie brüllen, wenn sie wütend sind, Hunger oder Durst spüren. Wir Erwachsenen können solche Dinge sehr gut überspielen, haben gelernt es nicht zu zeigen. Wir lachen nicht in der „falschen" Situation, brüllen nicht den Chef an, wenn wir wütend auf ihn sind. All das entlädt sich bei uns z.B. über Krankheiten, Aggressionen (z.B. im Straßenverkehr oder im Sport), Frust in der Familie, Mobbing im Beruf und der Schule oder wird durch Alkohol und Drogen betäubt. Natürlich muss man auch schon mal wütend streitende Kinder auseinander ziehen, doch schon kurze Zeit später sagen sie: „Das ist mein bester Freund."

Ja: Kinder sind anstrengend! Vielleicht haben Sie selber Kinder und wissen wie es ist, nach einem langen Tag da zu sitzen und sein Kind zu füttern, obwohl man selbst starken Hunger oder Durst hat. Wenn man mitten in der Nacht aufstehen muss, weil das Kind gewickelt werden muss oder einen Albtraum hatte. Obwohl man selbst hundemüde ist und wieder früh aufstehen muss, sitzt man Händchen haltend am Bett. Kinder können schon im frühesten Alter wahre Ungeheuer sein. Erst recht, wenn bei ihnen Hunger, Müdigkeit und Überreiztheit zusammen kommen. Sie können dann furchtbar aggressiv, unfair und egoistisch sein. Doch all das ist nicht gemeint, wenn spirituelle Meister von den Kindern als Vorbild sprechen.

Rudolf Steiner hat mit seiner Anthroposophie und der Gründung der Waldorfschulen versucht Kinder schon früh auf das hiesige Leben auch spirituell vorzubereiten. Kinder, die in Harmonie und Nähe zur Natur groß werden, sind seltener krank und schlafen besser! Ein fester Rhythmus, eine Balance zwischen Aktivität und Ruhe, ist absolut wichtig für das Wachstum. Allgemein sind diese Kinder friedlicher und gehen besser mit ihrer Umwelt um. Das gleiche gilt für die Eltern, auch sie brauchen Ruhephasen zur Regeneration.

Kinder brauchen Liebe, Zuneigung und Aufmerksamkeit. Sie brauchen genug Anregungen von uns, um die Welt kennen zu lernen, aber eben auch Regeln und Disziplin. Wie im Tierreich oder bei den Naturvölkern, genauso wie in der Großstadt, ist Disziplin eine wichtige Voraussetzung, um Gefahren zu erkennen und zu umgehen. Man muss gewisse Regeln lernen, nicht nur, um im Rudel zu bestehen, sondern auch Einzelgänger müssen sich an Regeln halten, um überleben zu können. Ängste sind deshalb von Natur aus überlebenswichtig und auch bei Tieren aus Instinkt üblich, um Gefahren für das eigene Leben zu vermeiden. Als Beispiel seien hier giftige Pflanzen und gefährliche Tiere genannt, denen man nicht in die Falle gehen will. Man sucht ein sicheres Versteck bei Gewitter, um nicht vom Blitz getroffen zu werden oder vermeidet den Kontakt mit offenem Feuer. Tiere schrecken frühzeitig zurück, bevor es bedrohlich werden könnte, sie gehen kein unnötiges Risiko ein. Heutzutage geben wir den Kindern allerdings immer mehr, völlig unnatürliche, Ängste mit auf den Weg, sodass der Lebensmut verschwindet.
Manche Völker in der Geschichte waren jedoch schon zu mutig und stürzten damit viele ins Unheil. Auch hier ist somit der Mittelweg vonnöten.
Kinder brauchen also auch Regeln und festen Halt; sie wollen lernen von uns. Werden die Regeln nicht eingehalten, müssen Strafen folgen.

Strafen ohne Gewalt, ohne Aggression; nur, dass das Kind weiß, was zu tun ist und was nicht. Man bindet ja auch Rosen-Sträucher fest oder beschneidet Büsche und Bäume. Aber das Gras wächst nicht schneller wenn man daran kräftig zieht. Kinder verlangen nach Gesetzen, Grenzen, festen Regeln. Eltern müssen die Kinder vorbereiten auf das spätere Leben. Diese Dinge müssen jedoch aus tiefstem Herzen kommen und mit Liebe erfüllt sein. Das Kind muss sich *immer* auf das eigene Zuhause freuen können.

Kinder brauchen also eine starke Hand, die Halt gibt. Damit ist aber keinesfalls der Einsatz von körperlicher oder psychologischer Gewalt gemeint. So wie der Gärtner am Busch unerwünschte Triebe abschneidet, so ist auch bei Kindern von Zeit zu Zeit nötig sie zurechtzuweisen und auf die Einhaltung der Regeln zu bestehen. Wenn also Kinder unzufrieden sind, aggressiv werden und bewusst gegen die Regeln verstoßen, wollen sie vor allem ihre Grenzen ertasten und lernen dadurch für das spätere Leben. Kinder stellen Eltern und Großeltern immer wieder auf die Probe, ob sie noch zu ihrem Wort stehen. Sie wollen wissen, ob das Gesagte (Gebote und Verbote) tatsächlich Gültigkeit hat oder nicht. Es ist nicht immer einfach, aber es lohnt sich – zum Wohle unserer Kinder – hier am Ball zu bleiben. Es sind wertvolle Lektionen, und deshalb ist es wichtig, dass auch die Eltern sich exakt an die Vereinbarungen halten. Wenn man erst eine Strafe androht und dann nicht einhält, wäre es so als ob man erst vor der giftigen Schlange warnt und sie dann vor den Augen des Kindes streichelt. Umgekehrt ruft es Angst vor den Eltern hervor, wenn man Strafen ausführt, die vorher nicht angekündigt wurden. Ermahnung und Führung sind also richtig und wichtig. Ohne Erziehung würde man achtlos über die Straße laufen, Stricknadeln in Steckdosen stecken und die heiße Herdplatte anfassen. Das Kind selbst sieht die Gefahr nicht. Dazu empfehle ich sehr das Buch *„Lob der Disziplin"* [25].

Kinder und Eltern müssen sich hundert Prozent aufeinander verlassen können. Dazu ist es notwendig, dass man sich regelmäßig austauscht und gemeinsame Zeit miteinander verbringt, sich um die Kinder kümmert. Kinder müssen erfahren, dass Eltern vertrauenswürdig und glaubhaft sind; sie müssen dafür keine Kumpels werden, Kinder brauchen Eltern. Also muss man auch selbst so handeln, wie man es vom Kind erwartet, alles andere kann kein Vertrauen schaffen. So habe ich einen „Vater-Kind-Kreis" in unserer Stadt gegründet, der darauf ausgerichtet ist, schon früh die Väter den Kindern näher zu bringen. Nebenher werden damit viele Probleme angegangen, die hier nicht alle behandelt werden können und sollen. Informationen dazu findet man auf meiner Webseite.

Starke Eltern bringen starke Kinder hervor!

DER MITTELWEG

Die Taoistische Lehre, aus dem Reich der Mitte namens Tao Te King von dem alten Meister Laotse, spricht vom edlen Mittelweg, der uns durchs Leben führen soll. Sie ist über 2500 Jahre alt. Im Yin & Yang Symbol werden die Gegensätze gegenüber gestellt, häufig tänzelt noch ein Drachen zwischen diesen beiden.
Er sucht den Mittelweg zu finden.

Uns, im christlichen Abendland Großgewordenen, klingt solcher Art Lehre immer wieder fremd, doch allzu einfach lassen sich seine Gesetze überprüfen.
Finden wir sie doch überall um uns bestätigt.

Wir wissen gut, dass eine heiße Speise unangenehm ist, genauso wie eine kalte.
Das gleiche empfinden wir beim Badewasser.

Wir fürchten dauerhafte Trockenheit wie die große Flut.
Wir wünschen keine Langweile, aber auch keinen Terminstress.

Zu wenig Wind kann heiß werden, zu viel Wind zerstört die Häuser.
Leise Musik hört man nicht, zu laute zertrümmert das Trommelfell.

Ist uns doch allen klar, dass zu wenig Bewegung ebenso schlecht ist, wie eine Überstrapazierung der Glieder und Gelenke über längere Zeit.

Zu wenig essen schadet, zu viel essen schadet.
Zu wenig trinken schadet, zu viel trinken schadet.
Langsame Autos blockieren den Verkehr, zu schnelle gefährden ihn.

Finanziell arme Menschen sind nicht zu beneiden, ebenso zu reiche Menschen, die Angst um ihr Vermögen und keine Wünsche mehr haben.

Jemand der zu leise, zu langsam und zu wenig spricht wirkt uninteressant.
Aber jemand der zu laut, zu schnell und zu viel redet wirkt aggressiv.

Wir alle kennen diese Dinge aus dem täglichen Leben.
Wenn man darüber nachdenkt, weiß man wie sehr auch uns die Mitte gefällt.
Der Mittelweg, und nicht die Extreme, führt zum Frieden.

Was Jesus sagte war dazu kein Gegensatz: „Sei nicht lauwarm."
Er meinte nicht bloß die Entscheidung für „heiß" oder „kalt".
Sondern er meinte, dass wenn wir uns einmal für einen Weg entschieden haben, dann sollen wir ihn auch halten und nicht bloß halbherzig verfolgen.

So sollten auch wir es mit dem Mittelweg halten: Fern bleiben von allen Extremen. Wir werden immer wieder feststellen, dass die Extreme uns weg führen von den Menschen und von unserem eigenen Glück.

Du wirst in der Mitte am sichersten gehen. *Ovid*

Weisheit ist Harmonie. *Novalis*

Freude, Mäßigkeit und Ruh´, schließt dem Arzt die Türe zu. *Friedrich von Logau*

Gleich wichtig ist es, sich bei der Freude wie beim Schmerz zu mäßigen. *Seneca*

Den rechten Weg wirst nie vermissen, handle nur nach Gefühl und Gewissen!
Johann Wolfgang von Goethe

Ein Geist, der mit verschiedenen Geschäften umgeht, kann sich nicht sammeln.
Martin Luther

Die Entspanntheit und Leichtigkeit ehrt über alle Maßen
und kleidet vortrefflich eine starke und hochgemute Seele. *Michel de Montaigne*

Am reichsten sind Menschen, die auf das meiste verzichten können. *Aus Indien*

Was strebt ihr alle mit all eurem Lärmen um Glück? Ich glaube, ihr sucht den Mangel durch Fülle zu verjagen; doch das schlägt euch zum Gegenteil aus. *Boethius*

Ein tugendhaftes Leben zu führen ist wie einen störrischen Esel auf einen Berg zu treiben. Das Gegenteil davon ist wie wenn man einen Fels den Berg runterrollt.
14. Dalai Lama

Du hast eine Rolle in einem Stück zu spielen, das der Direktor bestimmt. Setzt er ein kurzes oder ein langes an, du musst es dir gefallen lassen. Gibt er dir die Rolle eines Bettlers, musst du sie dem Charakter der Rolle entsprechend spielen, und ebenso, wenn du einen Krüppel oder einen Herrscher darstellen sollst. Denn das ist deine Aufgabe, die erhaltene Rolle gut zu spielen; nicht die Rolle auszuwählen. *Epiktet*

Trenn dich von Dingen, denen die Welt nachläuft. Sage dich von Reichtum los, welcher seinen Besitzern gefährlich oder zur Last wird. Sage dich los von den Lüsten des Körpers und des Geistes; sie wirken verweichlichend und entnervend. Sage dich von Ehrgeiz los, denn er ist aufgebauscht, leer, windig und geht ins Grenzenlose. *Seneca*

Selten gerät außer sich, wer gewohnt ist, in sich zu gehen. *Jakob Adolf Lorenz*

Stets betrachte sich der Mensch so, als habe er zur Hälfte Sünden und zur Hälfte Verdienste. Heil ihm, wenn er ein Gebot ausgeübt hat, denn er hat die Waagschale seiner Verdienste zum Überwiegen gebracht; wehe ihm, wenn er eine Sünde begangen hat, denn er hat die Waagschale seiner Schuld zum Überwiegen gebracht. *Talmud*

Verbindet die Extreme, so habt ihr die wahre Mitte. *Friedrich Schlegel*

Das angenehmste Leben führen die, die nichts denken. *Sophokles*

> **Römische Sprichworte**
> „Das Glück ist es, die Mitte zu wahren." – Ein Weiser trachte nicht nach Geld!" – „Es ist ein Zeichen von Weisheit, alles gelassen zu ertragen." – „Banne die Furcht!"

> **Aus „Wiederkehr der Mystik" von Willigis Jäger [6]**
> Ein spiritueller Weg, der nicht in den Alltag
> und zum Mitmenschen führt, ist ein Irrweg. *Seite 50*

> **Aus „Der Cherubinische Wandersmann" [23] von Angelus Silesius**
> „Wer unbeweglich ist in Freude und in Pein, der kann auch
> nicht mehr weit von Gottes Gleichheit sein." *1. Buch, 51. Vers*
> „Fragst du, was Gott mehr liebt, ihm wirken oder ruhen?
> Ich sage, dass der Mensch, wie Gott, soll beides tun." *1. Buch, Seite 48*

> **Aus dem chinesischen „Tao Te King" von Laotse [13]**
> „Wer auf den Zehen steht, steht nicht fest. Wer mit gespreizten Beinen geht, kommt nicht voran. Wer selber scheinen will, wird nicht erleuchtet. Wer selber etwas sein will, wird nicht herrlich. Wer sich selber rühmt, vollbringt keine großen Werke. Wer sich selber hervorhebt, wird nicht erhoben." *Kapitel 24*
> „Wer andere erkennt, ist gelehrt. Wer sich selbst erkennt, ist weise. Wer andere besiegt, hat Kraft. Wer sich selbst besiegt, ist stark. Wer zufrieden ist, ist reich. Wer seine Mitte nicht verliert, ist unüberwindlich." *Kapitel 33*

> **Aus der hinduistischen Bhagavad Gita [9]**
> Wer immer gelassen ist, gleichmütig gegen seine Gefährten, gegen Freunde und Feinde, gegen die, welche keinen Anteil an ihm nehmen, gegen Fernstehende und Verwandte, Gute und Schlechte – der soll gelobt sein. *Kapitel VI. 9.*

> **Aus dem Koran [8]**
> Wer dem rechten Weg folgt, der folgt ihm nur zu seinem eigenen Besten. *Sure 27, 92*

Der Mittelweg ist wichtig für den Menschen zur Erhaltung des eigenen Körpers, Geist und Seele und natürlich zum Schutz der anderen Menschen, das ist meine Überzeugung. Überall findet man im Alltag, dass das richtig ist. Körper und Geist benötigen Zeiten der Aktivität, in denen sie gefordert werden und Pausen. Zeiten, in denen sie ausruhen können, in denen sie trainiert werden und wieder entspannen. Reich oder arm? Laut oder leise? Alles hat seine Vor- und Nachteile und manchmal auch seine Berechtigung. Deswegen ist es gut, nicht in Extreme zu verfallen. Siehe auch das Kapitel *„Yin & Yang"*.

In meinem Beruf als Außendienstmitarbeiter gilt es einen ausgewogenen Mittelweg zu finden und zu gehen: Auto, Kleidung, Sprache, Auftreten. All das sollte nicht zu „billig", aber auch nicht zu überkandidelt gewählt sein. Das eine wirkt nach erfolglosem Kaufmann, die andere Variante weckt evtl. Neid und schürt Vorurteile. Dabei sind das alles Äußerlichkeiten, die sich jedoch automatisch aus der inneren Einstellung ergeben, das erlebe ich nur allzu oft.

Gegen die Lehre des Mittelweges wird mir häufig das Zitat von Jesus vorgehalten, man solle nicht lauwarm, sondern entweder heiß oder kalt sein. Dabei ist das kein Widerspruch zu dem Gang des Mittelweges. Das was Jesus meinte war „Wenn du für eine Sache bist, dann sollst du dich ganz für diese Sache einsetzen, bist du gegen sie, dann vertrete auch diese Position, aber sei nicht lauwarm." Natürlich muss man einen tropfenden Wasserhahn zudrehen und Licht, das nicht benötigt wird, ausschalten. Man muss sich also dann und wann entscheiden. Und damit kann ich mich durchaus identifizieren.

Den gesunden Mittelweg zu finden – wie der Drache zwischen Yin und Yang zu tänzeln – das ist eine wahre Kunst, die uns durch das Leben führen kann. *Konzentration* leitet sich ja vom Wort *Zentrum / Zentrieren* ab. Eine Hinwendung zur Mitte, eine Ausrichtung auf die Seele – auf „GOTT", welcher im Zentrum über allem steht. Das, bereits erwähnte, chinesische Tao Tai Chi Chuan (welches ich seit September 2000 praktiziere) versucht als Sportart den Mittelweg zu finden. Es ist eine Art rhythmischer Gymnastik,

Hervorragende Grafik zum Tanz auf dem Mittelweg *Urheber unbekannt*

fast sogar ein langsamer Tanz, vom Kung Fu abgeleitete Übungen und Formen. Es symbolisiert den Kampf zwischen Kranich (Himmel) und Schlange (Erde). Die Bewegungen wechseln zwischen vor und zurück, hoch und runter, links und rechts, schieben und ziehen, schnell und langsam, mal stark und mal schwach. Es ist sanft und trotzdem kraftvoll. Es wird oft verglichen mit der harmonischen Bewegung von Algen im Wasser, welche von der Meeresströmung vor und zurück bewegt werden, ganz sanft und doch stark und mit festem Halt. Auch die Äste der Bäume schwingen derart.

Das hinduistische Ahimsa, Gandhis gewaltloser Weg ein Ziel zu erreichen, war und ist für viele bis heute – so auch für mich – ein großes ethisches Vorbild. Es sollte allgemein Anerkennung finden und gelehrt werden. Man denke auch an den Mittleren Pfad des Buddha. Dadurch erreicht man eine Stufe des inneren Friedens, indem man die laute Stimme im Kopf, für den Moment der Übung, zum Schweigen bringt. Der gelassene Mensch des Mittelweges tritt anderen Menschen und neuen Ereignissen offen gegenüber, er braucht sich nicht mehr abzugrenzen, gegen nichts anzukämpfen. Mitgefühl für alles und jeden ohne Emotion macht sich breit, universelle Liebe ohne Identifikation. Warum sollte man es ablehnen oder sich fürchten? Es ist Teil von einem selbst.

Lass auch Du Dich treiben! – wie die Algen im Meer...

WAS, WENN...?

Was, wenn Jesus aus Nazareth recht hatte und sowohl Reichtum als auch Wissen absolut unwichtig sind, sondern entscheidend sei der Umgang mit dem Nächsten und damit verbundene universelle, weder personen- noch sachbezogene, Liebe?

Was, wenn Mohammed aus Mekka recht hatte mit seiner Philosophie vom Leben als Vorbereitung auf ein Jenseits; sich jede Handlung von uns somit direkt auswirkt und deshalb auch der Staat und Gott sich nicht voneinander trennen lassen? Gelebter Frieden mit den Mitgeschöpfen – Islam = I Salam = Y Schalom = Der Frieden!

Was, wenn dieser Buddha aus Nepal recht hatte, dass Macht und Ansehen völlig belanglos sind, sondern lediglich unser persönlich angesammeltes Karma von Bedeutung für unser Leben und das Erreichen des Nirwana im ewigen Nichts?

Was, wenn der Hinduismus Indiens recht hat, nachdem wir immer wieder geboren werden – auch in anderen Wesen, und wir mit Gott eins sind?

Was, wenn der alte und weise Laotse Chinas mit seinem Tao Te King recht hatte, nachdem immer der Mittelweg im Leben entscheidend ist, also der Ausgleich zwischen den Extremen? Das sei der Weg der Weisen.

Was, wenn die Ureinwohner Amerikas und andere Schamanen oder Naturreligionen recht haben mit ihrem Glauben, dass Gott in jedem Element steckt?

Was, wenn die Anhänger des Voodoo in Afrika recht haben, dass die hiesige Welt allein durch Gedanken und rituelle Handlungen beeinflusst werden kann?

Was, wenn die Okkultisten recht haben mit ihrer Aussage, dass es ein Leichtes sei Kontakt mit den Geistwesen im Jenseits aufzunehmen?

Was, wenn die Mystiker aller Jahrhunderte recht hätten mit ihrer
Re-Ligio (Re-Link = Rück-Verbindung zu GOTT),
dass Gott tief in uns, in unserer Seele sitzt und von uns gefunden werden möchte?

Was, wenn die Pantheisten recht haben, dass Gott nicht außerhalb unserer Welt ist, wie von den monotheistischen Religionen behauptet, sondern dass wir mitten in diesem Gott sind, und Er überall in und um uns herum ist?

Was, wenn ALLE gleichsam recht haben mit ihren Kernaussagen?
Ginge es uns dann schlechter oder besser oder gleichgut?
Ginge es der Menschheit insgesamt besser oder schlechter?
Hätten wir also einen Nachteil oder einen Vorteil?
Lasst sie uns doch alle gleichberechtigt nebeneinander stellen!

Lasst uns voneinander lernen!

Streitet nicht mit dem Volk der Schrift und sprecht:
Unser Gott und Euer Gott ist ein und derselbe. *Koran [8], Sure 29, 46*

Der Mensch, der sich vom Zwang der Religion befreit,
wird frei sein für die Gnade der Religion. *Paul Tillich*

Jesus und Kirche sind zweierlei. *Prof. Dr. Uta Ranke-Heinemann*

Wo Interessen im Spiel sind, hat die Wahrheit schlechte Karten. *H.-J. Quadbeck-Seeger*

Christus hat weder eine Kirche oder Staat gegründet noch irgendein Gesetz erlassen
oder Regierung / Autorität eingesetzt. Er wollte Gottes Gebote in das Herz der
Menschen einsetzen, damit sie selbst Herr über sich würden. *Herbert Newton*

Wo Menschen angebetet werden, ist es gut, sich zu entfernen. *Günther Weisenborn*

„Der einzige Diktator auf Erden, den ich anerkenne, ist die leise Stimme in mir."
„Man möge mir zu sagen erlauben, dass Jesus keine neue Religion,
sondern ein neues Leben predigte." *Mahatma Gandhi*

Was wäre aus dem Christentum als Religion der Liebe geworden –
wir wissen es nicht. Es ist in institutionalisierter Form als die Religion des Schwertes
und des Hasses alt geworden. *Alexander Mitscherlich*

Sorgt dafür, dass ein jeder als individuelle Persönlichkeit geachtet
und niemand vergöttert wird. *Albert Einstein*

Es ist schwer, es zugleich der Wahrheit und den Menschen recht zu machen.
Thomas Mann

Das Gefährliche an den Halbwahrheiten ist,
dass immer die falsche Hälfte geglaubt wird. *Hans Krailsheimer*

Den letzten Intelligenztest müssen die Menschen noch bestehen,
nämlich sich miteinander zu vertragen. *Heinz Haber*

Besser auf dem rechten Weg hinken, als festen Schrittes abseits wandern. *Augustus*

Gott zu ehren ist gut, besser ist es, ihn zu lieben, am allerbesten aber ist:
Ihn in sich selbst zum Leben zu erwecken. *Leo Tolstoi*

Fröhliche Menschen sind nicht bloß glückliche,
sondern in der Regel auch gute Menschen. *Karl Julius Weber*

Auf dem Sportplatz der Moral gibt es mehr Schiedsrichter als Spieler. *Ernst Ferstl*

Die schrecklichsten aller Mauern sind die in den Hirnen der Menschen. *J. Nehru*

Lass fremde Art doch gelten, selbst dann, wenn sie dich quält.
Gar oft ist, was wir schelten, grad was uns selber fehlt. *Wilhelm Kuhnert*

Willst du andere glücklich machen, so zeige Mitgefühl.
Willst du selbst glücklich sein, dann zeige Mitgefühl. *14. Dalai Lama*

Wenn deine Einsicht meiner Lehre widerspricht,
so sollst du deiner Einsicht folgen. *Siddhartha Gautama (Buddha)*

Niemand ist ein ärgerer Feind des Christentums, als das Christentum. *Hermann Kesten*

Ein Christenmensch ist ein freier Herr über alle Dinge und niemandem untertan.
Ein Christenmensch ist ein dienstbarer Knecht aller Dinge und jedermann untertan.
Martin Luther

„Gott" im Bestseller „Gespräche mit Gott – Band 1" [5]
Meine Lehrer verkündeten sämtlich die gleiche Botschaft. Und diese lautet nicht „ich bin heiliger als ihr", sondern „ihr seid so heilig, wie ich es bin." *Seite 195*

Weisheit Buddhas aus „Der Friede beginnt in dir." [24], Seite 17
Vertraut nicht den Lehrern, sondern der Lehre; vertraut nicht den Worten, sondern ihrem Sinn; vertraut nicht dem relativen Sinn, sondern dem absoluten; vertraut nicht dem Intellekt, sondern der Weisheit.

Aus „Wiederkehr der Mystik" von Willigis Jäger [6]
„Wie in Jesus, ist dieses göttliche Prinzip in jedem von uns Mensch geworden." *S. 126*
Über seine Unio Mystica: „Jeder Absolutheitsanspruch erschien lächerlich." *S. 151*

Meister Eckhart aus „Geh den Weg der Mystiker" [11]
„Ein jeder behalte seine gute Weise und beziehe alle anderen Weisen darin ein und ergreife in seiner Weise alles Gute und alle Weisen. Wechsel der Weise macht Weise und Gemüt unstet. Was dir die eine Weise zu geben vermag, das kannst du auch in anderen erreichen, sofern sie nur gut und löblich ist und Gott allein im Auge hat. Nicht alle Menschen können einem einzigen Weg folgen."
„... Nicht gedenke man Heiligkeit zu gründen auf ein Tun, man soll Heiligkeit vielmehr gründen auf ein Sein."

Aus der Bibel – Neues Testament [1]
Jesus war gegen „... diese Lehren, die nichts als Menschengebote sind." *Mat. 15,8*
Jesus sagte: „Du sollst den Herrn, deinen Gott, lieben von ganzem Herzen, von ganzer Seele und von ganzem Gemüt." Dies ist das höchste Gebot. Das andere aber ist dem gleich: „Du sollst deinen Nächsten lieben wie dich selbst." *Mat. 22,36-40*
„... wer das Schwert zieht wird auch dadurch umkommen." *Matthäusevangelium 26,52*
„Wer an mich glaubt, glaubt an den der mich gesandt hat. Und wer mich sieht, sieht den der mich gesandt hat." *Johannesevangelium 12, 44-45*

So wie der Magen zum Menschen gehört, so auch Lunge, Herz und Leber und viele andere wichtige Organe und Körperteile wie die Hand oder der Fuß. Könnten diese sprechen, würden sie womöglich sagen: „Ich bin das wichtigste Organ, ohne mich funktioniert der Körper nicht, ich alleine reiche aus, um den Körper am Leben zu erhalten." Dass dem nicht so ist, wissen wir alle. Aber warum sollte es im Bereich der Religionen anders sein? Jeder hat doch seine Daseinsberechtigung, jeder denkt, er läge genau richtig mit seiner Religion und Konfession, und das denken die anderen eben auch. Also kann entweder nicht jeder richtig liegen oder nicht jeder falsch oder eben beides: Was wäre, wenn alle recht haben? Wenn sie alle als Kuchenstück zum Kuchen gehören? Der bekannte deutsche Benediktiner-Mönch Willigis Jäger, der derzeit durch viele Bücher zur Mystik und Begeisterung für den Zen-Buddhismus auf sich aufmerksam macht, schreibt in *„Suche nach dem Sinn"* [6]:

„Alle Religionen haben eine exoterische Seite, sie haben Bekenntnisse, Heilige Schriften, Rituale und Zeremonien. Die meisten Gläubigen bewegen sich auf dieser Ebene. Aber alle Religionen kennen auch einen spirituellen Weg, eine esoterische Seite, der über die Konfession hinausführt in die Erfahrung ... Im Hinduismus ist es der Weg des Raja-Yoga oder Patanjali, im Buddhismus sind es Zen und Vipassana, im Islam der Sufismus, im Judentum die Kabbala und im Christentum die Wege der Mystik. Auf dieser letztgenannten Ebene sind sich alle Religionen und Glaubensrichtungen sehr ähnlich. Hier gibt es nicht die großen Unterschiede wie in der äußerlichen Exoterik." Er schreibt auch: *„Vom Gipfel aus erkennt man, dass die verschiedenen spirituellen Wege nur verschiedene Aufstiegsrouten sind. Oben ist die eine, wahre Religion zu finden."*

Und es geht noch viel weiter: Alle evangelischen / protestantischen Gemeinden beziehen sich auf einen der Reformatoren wie Martin Luther, Zwingli oder Calvin. Doch diese waren allesamt Katholiken und hatten anfangs, zumindest Luther, nicht die Absicht, den Papst zu stürzen, den Vatikan zu bekämpfen oder eine neue Glaubensrichtung zu begründen. Sie wollten ihn lediglich „reformieren", weil sie das Gefühl hatten, dass einiges im Argen liegt. Unsere offizielle christliche Lehre und religiöse Praxis, ist wiederum eine bunte Mischung aus den alten griechischen, römischen und germanischen Kulturen. Diese waren jedoch vorwiegend polytheistisch und beteten somit viele Götter in Form von Naturerscheinungen (Sonnenwende, Mondscheibe etc.) oder als Söhne und Töchter von Göttern an, so wie die gesamte damalige Welt von der Vielgötterei geprägt war. Jesus hingegen war ein aramäischer Jude und vertrat somit die damals seltene israelische Lehre des „Einen Gottes". Ebenso wie die Christen führen auch die Muslime ihren Glauben auf das Alte Testament der Hebräer zurück; Jesus, Maria und Johannes der Täufer spielen eine bedeutende Rolle im Koran und im Islamischen Glauben.

Aus dem Buch *„Die 5 großen Weltreligionen"* [28] stammt dieses Zitat
(Es geht um die konfessionellen Differenzen zwischen Katholiken und Protestanten ebenso wie im Vergleich zu anderen Weltreligionen):

> *„Die Universalität der christlichen Botschaft verbietet es, in diesen Religionen nur Lug und Trug am Werk zu sehen und zu übersehen, dass sich in ihnen Spuren und Fragmente der Wahrheit und der Wirklichkeit Gottes finden. In dem tastenden Suchen der Menschheit nach Gott lebt das tastende Suchen Gottes nach der Menschheit ... der universelle Heilswille Gottes ... jede Wahrheit, von wem auch immer verkündet, kommt vom Heiligen Geist. Deshalb gibt es nach christlicher Überzeugung für jeden Menschen eine objektive Möglichkeit des Heils, wenn er den Willen Gottes so erfüllt, wie er ihn in seiner konkreten Situation in seinem Gewissen erkennen kann. ... Aber auch das Christentum kann seine „Fülle" konkret-geschichtlich erst erreichen, wenn es seine bisher fast ausschließlich westliche Form überschreitet und den Reichtum der Völker und ihrer Religionen in sich aufgenommen hat. Nur in diesem größeren Zusammenhang kann man den viel diskutierten Absolutheitsanspruch des Christentums richtig verstehen. ... nicht fanatische Enge und Intoleranz, sondern gerade umgekehrt eine Verheißung für alle und darum eine Verpflichtung zum Dienst für alle. ... indem eine neue Gestalt des Christentums, ein indisches, chinesisches, afrikanisches Christentum entstehen kann. ... nur so kann es einen Beitrag leisten zur Versöhnung und zum Frieden unter den Völkern. ... im Dienst für eine alles Recht und alle Gerechtigkeit überbietende Sorge um eine menschlichere Welt."*

Ich denke immer: Wenn in meinem Kopf bereits **alle** Religionen gleichberechtigt nebeneinander stehen können, dann müsste das doch auch in den Köpfen der Milliarden anderer Menschen möglich sein. Aber ist es auch immer gewollt? Diesen Willen zum Dialog vermisse ich leider viel zu häufig, auch und gerade bei solchen, die sich „Christen" nennen. Man sollte hier den Balken im eigenen Auge betrachten, bevor man den Stachel im Auge des Nachbarn sucht. In unserer Stadt gibt es z.B. mittlerweile regelmäßige Treffen der verschiedenen Religionen zum Runden Tisch. Das ist gut und wichtig.

Meinen großen Respekt verdient immer wieder der Dalai Lama Tibets, der sich seit langer Zeit über die Fremden aus der „westlichen Welt" amüsiert, die sich dem Buddhismus zuwenden wollen und ihn als Person verehren. Er sagt, ganz im Sinne der Reinkarnationslehre, dass wir alle aus einem bestimmten Grund an genau diesem Ort und Land, in dieser Familientradition, Kultur und Religion etc. geboren wurden. Hier sind unsere Aufgaben, hier hat unsere Seele etwas zu lernen und zu erfahren. Warum sollten wir also nach einer anderen Tradition, Religion, Kultur etc. Ausschau halten?

Ich selbst bin zwar aktives Kirchenmitglied unserer evangelischen Gemeinde und bin also somit räumlich und zeitlich vor allem hier zu finden.

Jedoch widerspricht das nicht meinem gleichweiten Abstand, geistig-spirituell gesehen, zu allen anderen Glaubens-richtungen der Welt. Man kann sich intensiv mit den fremden Traditionen beschäftigen, ohne seine eigene dafür aufgeben zu müssen. Wenn ich als deutscher Tourist oder als Geschäftsreisender für eine Zeit ins Ausland gehe und in eine andere Kultur eintauche, bedeutet das ja nicht, dass ich dann als Fremder wieder zurückkomme. Ich bin immer noch Deutscher, habe aber – im besten Falle – einiges dazu gelernt, was mir selbst sicherlich nicht schaden wird. Dazu kristallisierte sich in meinem Kopf schon vor langer Zeit diese nebenstehende Grafik heraus. Ich selbst befinde mich in der Mitte, mit gleichem Abstand zu allen Glaubensrichtungen und betrachte somit alle Religionen und andere Weltanschauungen gleichberechtigt.

Alles eine Frage des Standpunktes
Zukunftsperspektive für das 21. Jahrhundert?

Gleicher Abstand zu allen Religionen oder Anteilen der „Einen Wahrheit". Im Zentrum, im Ich, wird alles betrachtet und verarbeitet.

Es gibt nur eine einzige Wahrheit, aber die christliche Lehre ist nur ein Teil davon. Es gibt nur einen einzigen Gott, doch der christliche Gott ist nur ein Aspekt davon. Es kann nicht nur die christliche Lehre und Betrachtung von Gott die alleinige Wahrheit sein, alle anderen hätten dann Unrecht. Das gleiche gilt natürlich auch umgekehrt. Alle Lehren bauen aufeinander auf, haben Grundsätzliches voneinander abgekupfert, und jeder Gründer hat etwas Neues dazu addiert. Woher Jesus seine Ideen haben könnte, die irgendwie so gar nicht zum Judentum passten, möchte ich im nächsten Kapitel erläutern, denn ich fand eine heiße Spur. Ich suchte nach der Verbindung der Monotheisten (2,1 Mrd. Christen, 1,3 Mrd. Muslime, 15 Mio. Juden) zu den Religionen Asiens (900 Mio. Hindus, 500 Mio. Buddhisten, 400 Mio. Anhänger der traditionellen chinesischen Weltanschauungen), zusammen 5,3 Milliarden Menschen und somit 85% der Weltbevölkerung, und wurde fündig!

Als Beispiel fällt mir noch mal der ehemalige Katholik Martin Luther ein. Dieser Mönch hat Großes für Deutschland, die deutsche Sprache und womöglich für die Welt geleistet. Aber auch er hatte seine Schattenseiten, wie ich mehr und mehr herausfinden musste, trotzdem bleibe ich Protestant. Leider folgten ihm die Bauern und Adeligen damals nicht in erster Linie aus Glaubensfragen, sondern handelten zum großen Teil mit Kalkül: Weg von den Fesseln der katholischen Kirche, weg von den hohen Steuern und Auflagen des Vatikans, weg mit dem Ablasshandel und so weiter. Auch die katholische Kirche hat über die Jahrtausende viele Fehler begangen.

Ich tue es nicht gerne, aber es gehört hier her: Umgekehrt hatten sogar solche Monster der Geschichte, wie Hitler (der ganz Europa in die Katastrophe stürzte und in Schutt und Asche legte), ihre guten Eigenschaften und haben etwas Positives geleistet, auch wenn es erst im Rückblick klar wurde. Das ist sicher mit dem weißen Punkt im schwarzen Bereich des Yin & Yang-Symbols gemeint. Wenn wir heute dem Islam fanatisch-extremistische Tendenzen vorwerfen, müssen wir beachten, dass es diese Auswüchse auch im Christentum immer gab und sich grausigste Taten sogar mit der Bibel rechtfertigen lassen, so wie mit dem Koran ebenso.

Ich bin davon überzeugt, dass, 500 Jahre nach der Reformation, die Kirchen, auch die reformierten, wieder reformiert werden müssen. Von einem reinen Verwaltungs- und Machtapparat hin zu mehr echter Spiritualität; als lebendige Kirche und mit einem wahren „Gottes-Dienst". Sie müssen globalisierter denken, interkultureller handeln, und auch der Dialog mit den anderen Religionen muss zum festen und ständigen Programm werden. Wir brauchen eine echte Nachfolge Christi und nicht bloß eine Befolgung der niedergeschriebenen Worte und Gesetze sowie ein bloß formales Bekenntnis zu Jesus.

Ganz im Sinne dieses asiatischen Spruches: *„Es ist egal mit welchem Boot (christliches, jüdisches, muslimisches, buddhistisches Boot etc.) wir den Fluss der Täuschung überqueren, später brauchen wir es sowieso nicht mehr, wenn wir drüben angekommen sind und zurückschauen."* Moses, Buddha, Jesus und Mohammed wollten selbst nicht angebetet werden. „GOTT", die Seele und die „Erleuchtung" standen bei ihnen im Mittelpunkt.

Respekt vor anderen Religionen und Meinungen, das ist das Mindeste, was man erwarten kann. Bist du ein Jude? Jesus war gläubiger Jude. Bist du ein Katholik? Luther war gläubiger Katholik. Bist du Moslem? Juden und Christen werden im Koran als Brüder der Schrift bezeichnet. Bist du Christ? Glaubst du es sei christliches Verhalten, wenn man die Ökumene oder den interreligiösen Dialog ablehnt? Wo sich Menschen verschiedener Glaubensrichtungen zusammen finden zum gemeinsamen Gebet oder zum Gespräch, was soll daran falsch sein? Jesus hatte den Samariter oder römische Zollbeamte (also „Andersgläubige" bzw. „Ausländer") zum Essen eingeladen, was damals völlig unüblich war. Wie oft haben wir schon einen ausländischen Kollegen zum Essen, zum Geburtstag oder zur Neujahrsfeier eingeladen?
Schau wie auch Du ein Stück Frieden in die Welt bringen kannst!

JESUS UND DIE WEISEN AUS DEM MORGENLAND

Jedes Jahr am 6. Januar feiert die christliche Kirche den Gedenktag der **„Heiligen Drei Könige"**, der in jedem Kalender fest eingetragen ist. Die meist besuchte Sehenswürdigkeit Deutschlands ist der Kölner Dom, in welchem sich, in einem goldenen Sarg, die Gebeine dieser Heiligen Drei Könige befinden sollen – der Grund warum überhaupt diese riesige Kathedrale, mit 158 m Höhe, seit 1248 nach Christus gebaut wurde. Diese Knochen sind erst wenige Jahrzehnte vorher in Mailand aufgetaucht und auch in der römischen Kirche treten diese Heiligen Drei Könige, namens Casper, Melchior und Balthasar, erst recht spät auf. Dabei ist in unserer Bibel weder von „Königen", noch von der Zahl „Drei" und natürlich auch nicht von diesen drei Namen an irgendeiner Stelle die Rede. Man fragt sich, was dann überhaupt dort, 25 km östlich von mir, im Kölner Dom aufbewahrt und den Touristen und Pilgern präsentiert wird, immerhin seit Mitte des 13ten Jahrhunderts. Eines von vielen biblischen Irrtümern die man zum Beispiel im *„Kleinen Lexikon der Biblischen Irrtümer"* [29] findet. Im Gegenteil findet man zu diesem Feiertag nur eine einzige Stelle in der *Bibel*, nämlich im *Matthäusevangelium 2, Vers 1*. Die Sache war also wohl schon den ersten Evangelisten nicht wichtig genug, und diese Weisen werden nicht weiter beschrieben. Im Griechischen Original ist von **„Magiern aus dem Osten"** (Weise aus dem Orient) die Rede. Magoi = Magier war ursprünglich die Bezeichnung der Priesterkaste aus dem alten Babylon, die sich später über das ganze Perserreich ausbreiteten. Oft werden sie als „Sterndeuter" übersetzt, also Astrologen (keine Astronomen!), die ja auch dem Stern zu Jesus gefolgt sein sollen. Ich persönlich würde sie wohl lieber als Gelehrte oder Philosophen bezeichnen. Ich will genau diese Stelle verwenden um wissenschaftlich einen weiteren Beleg für „Alles Eins" zu liefern.

Nicht nur, dass ich damit versuche eine Verbindung von den westlichen zu den östlichen Glaubensvorstellungen herzustellen, sondern Sie werden erkennen, dass die Welt des Altertums bereits viel mehr im gegenseitigen Austausch stand, als man sich das heute rückblickend, aus Sicht der so genannten globalisierten Welt, vorstellen würde. Als ich mich nämlich bei all meinen Recherchen wunderte wo dieser Jesus nun (ausgerechnet in einer Gesellschaft des Judentums mit diesem strengen und strafenden Gott, der außerhalb steht und uns für unsere Taten verurteilt) diese friedliche Lehre der blanken (nicht personen-, sach-, orts- oder zeitgebundenen) Nächstenliebe herhatte.

Diese christlichen Ideen wirken doch recht stark nach den buddhistischen und asiatischen Traditionen, sodass ich versuchte ein fehlendes Puzzlestück zu finden. Und dann suchte ich also nach einer Spur und wurde fündig...

Ex Oriente Lux – Aus dem Osten kommt das Licht. Dieser lateinische Satz wurde bei der Römischen Kirche für das „Licht der Welt", nämlich Jesus

Christus, verwendet, der von Rom aus gesehen aus dem Osten kam. Und ich wundere mich, warum die Theologen die biblischen Erzählungen immer nur auf Basis des Judentums, des Römischen Reiches und der Hellenistischen Welt erforschen. Sie haben scheinbar nie Richtung Osten geschaut, doch ich bin mir sicher, dass man genau dort viele Erkenntnisse gewinnen kann. Während heute „Orient" nur noch für die Region der Türkei und den Balkan steht, bezeichnete der Begriff ursprünglich auch die gesamte asiatische Welt bis Indien, China und Japan. Orient stammt vom Lateinischen „Oriens" = Aufgehen und meint, wo die Sonne aufgeht. Im Englischen steht Orient bis heute für ganz Asien.

Lebte Jesus in Indien? (fett gedruckt: Begriffe, die man nachschlagen sollte!). Es gibt Bücher und Filme darüber, dass Jesus in Indien starb, bzw. dass er nach dem Kreuzigungstod und der Auferstehung nach Indien ging, weil er und seine Jünger im Römischen Reich als politische Aufrührer gesucht wurden. Es gibt Theorien, dass Jesus zwischen seinem 12ten und 30ten Lebensjahr, eine sehr lange Spanne, in der er geschichtlich nicht fassbar ist und sich auch die biblischen Evangelien ausschweigen, bereits in Indien war – quasi zur Ausbildung in der buddhistischen Lehre. Siehe dazu z.B. den Film vom Himalaja-Experten Jeff Salz oder die Bücher von Holger Kersten. Wo hat sich Jesus befunden als er „40 Tage in der Wüste" gewesen sein soll? Jesus gilt für alle als hellwacher, ausgeglichener Geist, sein Leben und seine Lehre gelten als friedliebend wie auch der Buddhismus. Ich zeige hier, dass Jesus gar nicht bei den Indern gewesen sein musste, um den Buddhismus kennen zu lernen, sondern die Inder, bzw. die Buddhisten, können ebenso bei ihm gewesen sein.

Jesus = Yuz Asaf? Da Jesus auch ein muslimischer Prophet ist, wird in Kaschmir in der Stadt Srinagar sein Grab (unter dem Namen des islamischen Heiligen **Yuz Asaf** = Jesus der Versammler / auch Aisha und Issa genannt) bis heute bewacht und verehrt. Laut der islamischen Gruppe Ahmadiyya (die das Grab seit 1891 bewacht) wird an dieser Stelle der koranische Isa Ibn Maryam (Jesus Sohn der Maria) verehrt, der hier verstorben sein soll. Berichte aus dem 17ten Jahrhundert schreiben, dass er ins indische Kaschmir kam und dort später, 78 nach Christus, eines natürlichen Todes gestorben sei. Das Grab in der Khanyar-Straße der Altstadt von Srinagar ist sogar nach jüdischer Tradition von Ost nach West ausgerichtet. Laut der Buddhisten vor Ort soll es sich bei Jesus sogar um die 5te Wiedergeburt des Buddha handeln. Schon der englische Himalaja-Reisende, Baird T. Spalding, schreibt in seinem Buch *„Leben und Lehren der Meister im Fernen Osten"* [30] über seine Reise in den Himalaja 1894 und den Berichten über Jesus. Es gibt mehrere arabische, persische und kaschmirische Geschichtswerke der dortigen Historiker, die zum Teil ausführlich über die Ankunft des Jesus mit einer Karawane aus Palästina schreiben.

Es gibt z.B. verschiedene Straßen, Plätze und Häuser die nach Jesus benannt sind. Am westlichen Eingang zur Stadt Srinagar (Kaschmir) gibt es z.B. eine „Jesuswiese" und das Kloster „Aishmuqam" (Aish = Jesus, Muqam = Ort).

Zunächst aber die seriösen, geschichtlich gesicherten **Fakten:**

Die Sumerer und Babylon – Schon die erste echte Hochkultur der Menschheit, die Sumerer von Mesopotamien (Hauptstadt Babylon), im Zweistromland zwischen Euphrat und Tigris (heutiger Irak), von denen bis heute niemand weiß, wo sie herkamen und warum sie so plötzlich solch geniale kulturelle Errungenschaften hervorbrachten, hatten bereits intensiven Kontakt mit Ägypten im Westen und dem Indus-Tal im Osten, also den beiden anderen Hochkulturen 3.000 vor Christus! Wie aus dem Nichts bauten die Sumerer (Babylonier) plötzlich Städte, Paläste, Tempel, feste Strassen und Kanalanlagen zur künstlichen Be- und Entwässerung. Jeder kennt den Turmbau zu Babel, und der Gilgamesch-Epos (ca. 2.600 v. Chr.) ist noch heute weltbekannt und spricht unter anderem von der Suche nach dem Ewigen Leben. Man denke dabei an das Nirwana des Buddha und sein Streben danach.

Das Perserreich – Erste überregionale Weltmacht war das Perserreich (heutiger Iran) mit der Hauptstadt Persepolis. Von 550 bis 330 vor Christus herrschten die Perser von Ägypten bis kurz vor Tibet und dem Himalaja. Noch heute sprechen die Völker des Irans, Afghanistans, Teile des Iraks und Pakistans sowie der Norden Indiens Persisch (eine „indogermanische Sprache"), und erst durch die Verbreitung des Korans lernten sie auch Arabisch (eine „semitische Sprache"). Die Perser konnten jedoch nie die Griechen rund um das Mittelmeer sowie Ägypten unterwerfen. Es gab verschiedene große Schlachten zwischen Persern und Griechen sowie Ägyptern, doch immer wieder wurde ihnen die Herrschaft über das Mittelmeer verwehrt. Sie dehnten sich also vorwiegend nach Osten aus, bis an den Indusfluss, an der Grenze zum heutigen Pakistan. Im äußersten Osten am Hindukusch (Persisch für „Toter Hindu"), also im Gebiet der Arier, haben sie u. a. die nummerierten Provinzen Aria XIV, Baktrien XV, Arachosien XVII, India XVIII, Gandhara XIX, Marka XX und Partien XXIII gegründet, die 513 vor Christus (ca. 50 Jahre vor der Geburt des Siddhartha Gautama = Buddha) über den Indus-Fluss reichten. In der Hauptstadt von Baktrien, Bactra, kreuzten schon zu dieser Zeit die Handelswege aus China (Seidenstraße) auf dem Weg nach Westen über Babylonien (Mesopotamien) bis zum Mittelmeer und durch die persische Königstrasse auch nach Europa.

Die Griechen und das Alexanderreich – Die Perser wurden als Weltmacht durch die Griechen (Hellenen) abgelöst, die bisher nur rund um das Mittelmeer als einflussreichste Kultur galten und den Persern stets ein Bollwerk waren, um nicht weiter nach Westen zu expandieren. Die Griechen hatten sich zum „Attischen Seebund" zusammengeschlossen und Makedonien war mit den Persern gegen die Griechen verbündet. Unter dem Makedonier Alexander dem Großen (ausgebildet vom griechischen Philosophen und Studenten von Alexandria, Aristoteles) wurde das gesamte Perserreich unterworfen und bis zum Hindukusch und Indus offizielle hellenistische Provinzen gegründet, bzw. die Provinzen der Perser wurden beibehalten, und eine ganze Reihe Städte namens „Alexandria" angelegt. Alexander der Große starb auf dem Höhepunkt der Expansion am Typhus-Fieber im Indus-Tal, also Indien.

Die Seidenstraße – Nun wird es spannend, denn natürlich gab es ständigen Austausch mit diesen östlichsten Provinzen und ständige gegenseitige Beeinflussung, auch mit den regionalen Kulturen vor Ort. Über die historischen Handels- und für die hellenistischen Truppen und Beamten notwendigen Versorgungswege gab es, neben dem Warenhandel, auch Informationsaustausch über Politik, Kultur, Kunst, philosophische Schriften und Weltanschauungen. Man denke nur an das schon früh weltweit verbreitete Schachspiel (Schach vom Persischen Wort „Schah" für König).

Die Römer – Um die Zeit der Geburt Jesu waren die Griechen gerade erst, durch die Römer als Weltmacht abgelöst. Griechisch blieb Weltsprache. Römer lernten die griechische Sprache so wie wir heute Englisch und gingen bestenfalls sogar auf die damalige Top-Universität der „Bibliothek von Alexandria" in Ägypten, welche eine griechisch-hellenistische Multikulti-Stadt, ein Schmelztiegel der Kulturen, war. Rom hatte erst vor wenigen Jahrzehnten mit seiner eigenen Expansion begonnen. Auch Jerusalem war eine Weltstadt, ein Knotenpunkt vieler überregionaler und internationaler Straßen. Hier trafen die verschiedensten Kulturen aufeinander und es war erst seit kurzer Zeit durch die Römische Armee besetzt. Rom hatte sich, nach seiner Ausweitung über das italienische Festland, noch nicht nach Nord-Europa (der Begriff „Europa" stand im Griechischen lediglich für „das Hinterland") oder Afrika, sondern zunächst nur über den griechisch-attischen Seebund und damit rund um das Mittelmeer ausgedehnt. Um zu erkennen, wie sehr Griechisch noch lange Zeit auch im Römischen Reich als Weltsprache galt, ist interessant zu wissen, dass die Bibel zuerst nur in griechischer Schrift – auch im Vatikan – weiter gegeben wurde. Erst 200 nach Christus wird die Bibel auf Latein übersetzt, der dann neuen Weltsprache. Zur Zeit der Geburt und des Lebens Jesu trafen in Jerusalem die verschiedensten Kulturen aufeinander. Hier saßen Menschen aus der gesamten damaligen Welt zum Essen im Gasthaus zusammen: Römer, Griechen, Hebräer, Palästinenser, Araber, Perser, Ägypter, Afrikaner, Samariter, Libanesen, Syrer, Mitteleuropäer und jüdische Griechen etc. Römische Münzen wurden auch in China gefunden!

Gandhara – Die ehemals persische Provinz Gandhara (heute im Osten von Afghanistan und im Westen von Pakistan) und die Hauptstadt Taxila wurden durch das Heer Alexander des Großen **im Jahre 326 vor Christus griechisch-hellenistisch**. Siddhartha Gautama (Buddha) starb nur 150 Jahre zuvor, nicht weit von hier, am Ganges. Nach dem Tod Alexanders, führten die Generäle des Alexanderreiches den östlichen Teil als „Partherreich" (224 vor Chr. bis 224 nach Christus) weiter und unterhielten nachweislich **engen Kontakt mit China seit 148 vor Christus. Die Parther galten als buddhistisch,** und man nennt es „zentralasiatischen Buddhismus" oder auch **„Grae-co-Buddhismus"** und es lohnt sich diesen Suchbegriff in verschiedenen Lexika nachzuschlagen. Jeder wird sich an die zwei, bis zu 55 m großen, und aus Fels gemeißelten Buddhastatuen erinnern, die ca. 500 nach Christus nahe einem der ältesten buddhistischen Klöster erstellt wurden und 2001 durch die extremistisch-fanatischen Taliban gesprengt wurden. Diese Provinz Bamiyan liegt im Zentrum von Afghanistan und lag **in der Antike strategisch besonders günstig an der Seidenstraße**. Es war Haltepunkt vieler Reisender und Händler aus Rom, Griechenland, Ägypten, Israel und Persien auf dem Weg nach China, Indien und den Himalaja mit Tibet und Nepal. Nördlich davon befand sich das große Reich der Skythen (südlich von Russland) und diese wurden schon 60 nach Christus vom Apostel Paulus löblich erwähnt als **„Alle eins in Christus"**. Die so genannten „Indo-Skythen" lebten ebenfalls in der Region des heutigen Afghanistan / Pakistan und Indien. Diese prägten von 100 vor Christus bis 50 nach Christus so genannte **„indo-griechische" Münzen** mit **griechischen Buchstaben** und auf einer Seite **mit Griechischen Göttern,** auf der anderen Seite **mit Buddha-Ansichten**. Die abgebildeten indo-griechischen Könige nannten sich auf diesen Münzen **„König der Könige"**. Griechische, persische und indische Künste gingen hier eine Symbiose ein und bildeten einen einzigartigen eigenen Stil. Offensichtlich wurden **hier erstmals Buddha-Statuen** entwickelt, nach alter griechischer Tradition der Götterfiguren mit Tunika, und von hier – dem Zentrum des Graeco-Buddhismus – in die gesamte buddhistische Welt als Muster exportiert. Außerdem soll die Mischung aus Hellenismus und indischem Buddhismus entscheidend zur Entwicklung des Mahayana-Buddhismus in China, Korea und Japan beigetragen haben, unter anderem also dem Zen. In Kandahar sind noch heute **Gedenksteine in griechischer und aramäischer** (der Sprache Jesu!) **Schrift**, in Bezug auf König Ashoka von Indien, erhalten. Interessant ist auch, dass die Parther (aus der 23. persischen Provinz Partien) zur Zeit des Römischen Imperiums einen starken, militärischen und hellenistischen Gegenpol darstellten, der Rom nicht weiter nach Osten vorstoßen ließ. Vielleicht ist das der Grund, warum wir nicht weiter in Verbindung mit dem (Graeco)Buddhismus blieben? Baktrien (25. pers. Provinz) war sogar ein echtes **griechisch-hellenistisches Königreich**, nördlich des Hindukusch und der Stadt Kabul. Später gehörte es zum ersten indischen **Großreich der Maurya.**

Das Königreich Indien – Im Lexikon findet man unter dem Stichwort „Edikte von Ashoka" 33 Texte (geschrieben ca. 238 vor Christus) des ersten Großkönigs des ältesten Großreiches in Indien. König Ashoka regierte von ca. 268 bis 232 vor Christus und bekehrte sich acht Jahre nach der Krönung und nach seiner blutigsten Schlacht zum friedliebenden Buddhismus. Er besuchte daraufhin alle Orte des Buddha. Die Edikte wurden in den verschiedenen Sprachen und Schriften der Völker des Reiches verfasst, sodass sie in seinem gesamten Herrschaftsgebiet veröffentlicht und verstanden werden konnten, um die **buddhistische Lehre als Grundlage seiner Herrschaft** (soziale und friedliche Politik) im gesamten Reich bekannt zu machen. In Taxila, der Hauptstadt von Gandhara (welche schon seit 326 vor Christus, durch die Armeen Alexander des Großen, griechisch-hellenistisch wurde) wurden diese Texte **auch ins Griechische und Aramäische** (der Sprache des Jesus aus Nazareth) übersetzt und auf großen Stelen veröffentlicht. An der Spitze der Ashoka-Säulen wurde das bekannte „Rad des Dharma" angebracht, bis heute das Symbol des Buddhismus. Es heißt, neben den moralischen und ethischen Aussagen, unter anderem: **„Er schickte Gesandte bis in die hellenistischen Reiche am Mittelmeer..."** und **„...er wollte sie alle zum Buddhismus führen."** In den Edikten schreibt König Ashoka stolz, dass er das „Dharma" (hinduistische Ethik) bis zu den 6500 km entfernten Reichen am Mittelmeer (Griechen, Ägypter etc.), durch Gesandte, getragen habe. Die Texte zeugen von einem klaren Verständnis der Machtverhältnisse am Mittelmeer. Ashoka sah das Dharma nicht als einzige heilsbringende Lehre an. Er förderte vielmehr den Austausch zwischen den Religionen, da er (wie ich) daran glaubte, dass sie im Grunde auf dieselbe gemeinsame Essenz zurückzuführen sind.

Die drei Geschenke für das Jesuskind – **Gold** (lateinisch Aurum = Gelb) gab es in Südosteuropa bereits seit 4000 vor Christus. Während Ägypter das Gold im eigenen Land fanden, mussten die Römer auf Fundstätten in Kleinasien und im Rest Europas zurückgreifen. Die früheste Dokumentation über Goldminen stellt die Seefahrt der griechischen Argonauten zum Golden Vlies in Kolchis (heute Georgien) dar. In dem Gebiet zwischen Kaukasus und Schwarzem Meer wurde das älteste Goldbergwerk der Welt gefunden, wo schon 3000 v. Chr. Gold abgebaut wurde. In der Antike siedelten hier dunkelhäutige Ägypter (schwarzes Meer?) und Griechen. Der Höhepunkt dieser Kultur lag zwischen 600 und 400 vor Christus. Jedenfalls für mich ein Beleg, dass das Gold in erster Linie aus Nord-Ost kam als z.B. aus Süden / Arabien.

Myrrhe (semitisch für bitter) wurde schon in Ägypten um 1000 v. Chr. zur Einbalsamierung von Toten genutzt. Es wurde u. a. in Äthiopien gewonnen, welches **Vis á Vis zum indischen Kontinent** und direkt am Indischen Ozean liegt. Es wurde auch für kultische Salbungen verwendet, und das griechische Wort „Christus" bedeutet in Hebräisch „Messias", also Gesalbter.

Weihrauch kannten schon die alten Sumerer von Babylonien und gilt für mich als interessantester Hinweis. Denn diese Baumart (Weihrauchbaum) wächst in Trockengebieten, also zwar z.B. in Arabien und Äthiopien, aber eben **auch in Indien**. Neben der „Seidenstraße" gab es vor allem die „Persische Königstrasse" und die **„Weihrauchstraße"** (eine der ältesten Handelsrouten der Welt, bereits 1000 vor Christus) aus Arabien zum Mittelmeer, also auch Israel mit Jerusalem und Bethlehem. Der hohe Bedarf für kultische Handlungen im Mittelmeerraum führte seit dem 5. Jahrhundert vor Christus zu einer Blüte der Route sowie der Städte und Reiche die sie verband.

Wie wir ja wissen, sollen **Gold, Myrrhe und Weihrauch** von den „Weisen aus dem Morgenland" für das Jesuskind als Geschenk mitgebracht worden sein. Weihrauch war sehr begehrt und beliebt, neben dem Nutzen für die Tempel fanden vor allem die Römer Gefallen an dem Geruch. Um das Jahr Eins soll allein das Römische Reich 1.500 Tonnen pro Jahr konsumiert haben. Weihrauch kam zwar in erster Linie über die beiden Weihrauchstraßen aus Arabien nach Israel und das Römische Reich. Aber schon **die Ägypter bevorzugten seit 100 vor Christus den Seeweg aus Indien** (wo neben Arabien der zweite, bekannte Rohstoffplatz war), um die hohen Zölle der arabischen Herrscher zu umgehen. Aus Indien kamen zusätzlich zu der Zeit Gewürze und Edelsteine nach Palästina. Laut einem Lexikon benötigten die Kamelkarawanen 100 Tagesmärsche für die 3400 km lange Strecke vom arabischen Hafen Dhofar am Indischen Ozean nach Gaza und Israel. Da also die **„Weisen aus dem Osten"** (entspricht Asien / Orient – also dort wo die Sonne aufgeht) nach Bethlehem kamen, um Jesus zu treffen, gehe ich davon aus, dass diese Magier (Mystiker? Erleuchtete? Buddhistische Gelehrte?) ihren Weihrauch nicht aus Arabien, im Süden, mitbrachten, sondern eben aus dem Osten. Denn, da man in der Geschichtsschreibung natürlich lieber einen bekannten Namen verwendet, wundert mich, dass man hier keine Staatszugehörigkeit nennen konnte oder wollte. Im Osten oder in der Nachbarschaft befanden sich ja einige, auch in der Bibel genannte, bekannte Staaten, die man hätte einfach nennen können: Babylonien, Persien, Libanon, Syrien, Armenien, Arabien etc. Doch man tat es nicht, was mich sehr wundert.

Bibliothek von Alexandria – Die bis heute wohl bekannteste Bibliothek, die Top-Universität des Altertums, lag in der Stadt Alexandria im Norden Ägyptens. Diese Metropole hatte unter dem Statthalter Ptolemaios III. (284 bis 222 vor Christus) bereits **rund 500.000 Einwohner**. Hier lebten Griechen (Hellenen), Juden, Perser, Syrer, Araber und **Inder** (nach Einwohnerzahl sortiert) und natürlich unendlich viele Sklaven, Händler, Seeleute etc. aus Afrika, Europa und Asien. Der griechische Theologe Clemens von Alexandrien (150 bis 215 n. Chr.) berichtet von einer **buddhistischen Gemeinschaft in Alexandria**.

Dort finden sich noch heute **buddhistische Grabsteine** aus der Zeit, unter anderem bestückt mit dem buddhistischen Rad des Dharma.

Als im 4. Jahrhundert das Christentum Staatsreligion im Römischen Reich wird, werden auch in Alexandria alle heidnischen Tempel und Anlagen zerstört, im Auftrag des römischen Patriarchen Theophilios. In meinem seriösen Geschichtsatlas steht: **„389 nach Christus wird die Bibliothek von Alexandria von christlichen Fanatikern (Eiferern) in Brand gesetzt".**

Die Philosophen des Altertums – Siddhartha Gautama (Buddha) wurde 563 vor Christus in Nepal (heute Indien), am Rande des Himalajas, geboren und starb 483 v. Chr. Parallel zu ihm lebte Konfuzius in China und lehrte seine Lehre von der Nächstenliebe und vom Tao. China hatte zu dieser Zeit eine erste Blüte. Interessanterweise fallen fast alle großen Philosophen (Philosophia = Griechisch für „Liebe zur Weisheit") Griechenlands, auf die sich noch heute viele unserer Weltanschauungen gründen, in dieselbe Zeit, die auch die Hochphase de Hellenismus rund um den Attischen Staatenbund, unter Athen, ist. Die folgenden, weltweit noch heute bekannten, griechischen Philosophen lehrten **eine frappierend ähnliche Lehre wie die des Taoismus oder des Buddhismus**, der in dieser Zeit gerade um die Welt geht: **Demokrit, Diogenes, Epikur, Heraklit, Platon, Pythagoras, Sokrates, Zenon (Stoiker)** – es gibt so **auffallend große Parallelen**, dass es sich lohnt diese Namen in einem Lexikon nachzuschlagen und dabei an den Buddhismus zu denken. Sie alle lebten zwischen 550 und 250 vor Christus, also parallel und nach der Zeit des Buddha und seiner neuen Sekte der Sangha (Gemeinschaft).

Der griechische Historiker Herodot war bereits zur damaligen Zeit ein Weltenbummler. Er schrieb über das gesamte vormals Persische Reich bis ans Schwarze Meer. Er muss auch über die Kontakte zum Buddhismus ganz im Osten, bei Gandhara, gewusst haben, wenn er nicht sogar selbst dort war.

Gottes Sohn – Neben der Tatsache dass es in der griechisch-hellenistischen Kultur, ebenso wie in der Religion des Römischen Reiches, „Gottessöhne" gab, nämlich Kinder einer menschlichen (Jung)Frau und eines Gottes wie Zeus oder Apollo etc., ist auch noch der Hinweis interessant, dass „Gottes Sohn" ein Ehrentitel in der altertümlichen Welt des Orients war, quasi eine Auszeichnung für gottesfürchtige Menschen. Genauso wie jeder Erleuchtete im Buddhismus ein „Buddha" (Erleuchteter) ist und nicht bloß die geschichtliche Person des Siddharta Gautama aus Lumbini in Nepal / Nordindien.

Die Urchristen – Die Christen wurden anfangs verfolgt, denn im Römischen Reich galten sie als aufrührerische Sekte. Deshalb wanderten sie zunächst Richtung Süden und Osten. So wurde das Christentum schon 325 in Aksum / Äthiopien zur Staatsreligion erklärt. Die sogenannten Kopten in Ägypten gehören ebenfalls zu den ältesten Christen. Der Überlieferung nach gilt Markus, der Verfasser des Markusevangeliums, als Gründer der Kopten (koptisch = altägyptische Sprache, bevor Arabisch Landessprache wurde). Er lebte in Ägypten, wurde der erste Bischof von Alexandria und starb 68 n. Chr. den Märtyrertod. Schon in den ersten Jahrhunderten war der Großteil Nordafrikas christianisiert, und als später der Islam aufkam, wurde den Christen Autonomie zugestanden. Noch heute soll der Anteil der Christen im friedlichen und islamischen Ägypten um die 10% der Gesamtbevölkerung betragen. 2002 wurde die koptische Weihnacht sogar als offizieller Feiertag eingeführt.

Christliche Taufe, Bethaltung, Klosterleben – Wer aufmerksam beobachtet, erkennt, dass sowohl in den polytheistischen Religionen des Altertums als auch bis heute in den monotheistischen Religionen wie Judentum und Islam weder die Taufe der Christen noch deren Gebetshaltung mit gefalteten Händen und auch das monastische Leben der Mönche im Kloster ein Vorbild am Mittelmeer findet. Die ersten Christen haben zumindest diese Dinge völlig neu eingeführt. Alle drei finden jedoch ihre Vorbilder im Osten, in Ost- und Süd-Asien – ja im Buddhismus, also Indien und China.

Wenn man den Ursprung der christlichen „Wassertaufe" sucht, wird man kaum fündig. Natürlich ist sie zurückzuführen auf Johannes den Täufer (ein Asket), der Jesus im Fluss getauft haben soll. Aber woher hatte *er* die Idee? Eigenartigerweise lassen sich die Juden und die Muslime, und ließen sich auch die Griechen oder Römer, nicht taufen. Deswegen ist sie auch nicht im Alten Testament erwähnt.

Ganga – die rituelle Reinigung / Taufe: Ganga ist der indische Name für den Fluss Ganges sowie für die hinduistische Göttin des Wassers. Ganga gilt Hindus nicht nur als heilig, sondern sie ist die lebendige Wasserform der Göttin. Jedes Jahr gibt es am Ganges, welcher als heiligster der sieben heiligen Flüsse gilt, ein großes Pilgerfest und jeder Inder möchte wenigstens einmal im Leben dort gewesen sein, um sich im heiligen Wasser des Ganges zu reinigen. Das Bad soll von den Sünden reinwaschen. Gangeswasser dient zusätzlich bei vielen Riten als „Weihwasser", und gläubige Hindus nehmen das Wasser als Medikament mit nach Hause. Es ist eine Art Taufe, eine spirituelle Reinigung im Flusswasser, welche die Pilger hier vollziehen. Muslime und Juden kennen so eine Taufe nicht, die Christen schon. Wie kommt das?

Reinkarnationslehre – Erst im Jahre 553 n. Chr. wurde die Reinkarnationslehre (Wiedergeburt), beim Fünften Allgemeinen Konzil in Konstantinopel, verdammt. Auf Druck des Römischen Kaisers wurde die 451 n. Chr. beim vatikanischen Konzil bestätigte Lehre nun als Ketzerei bezeichnet. Schon Origines, der Begründer der Kirchenwissenschaft, lehrte die Präexistenz der Seelen, dass also die Seelen der Menschen schon vor der Entstehung der Welt vorhanden waren. Für ihn bestand der Sinn des Lebens in der materiellen Welt, ganz buddhistisch, darin, dass sich alle Seelen durch viele Inkarnationen hindurch läutern und veredeln – und zwar alle Seelen, nicht nur jene, die an Jesus glauben. Die Reinkarnationslehre wurde beim Konzil in Lyon (1274) und Konzil in Florenz (1439) erneut besprochen und erneut verurteilt. Auch bei Jesus gingen doch manche noch von einem wiedergeborenen Elia aus...

Christliche Sekten = Buddhistische Kommunen? Ich vermute, dass sich die häufige Bezeichnung „Sekte" im Neuen Testament z.B. auf die Essener (zu denen Jesus oft gezählt wird), Nazoräer oder die Qumran-Leute bezieht, die womöglich in einer Art buddhistischer Kommune (Ashram) lebten. Alle Gemeinschaften kannten Riten der rituellen Waschung. Ist also Johannes der Täufer (Johannestaufe im Jordan) in Wahrheit ein Anhänger der indischen Traditionen gewesen? Irgendetwas war jedenfalls anders bei ihm, etwas, das es bei den jüdischen Rabbinern und Gelehrten nicht zu finden gab. Und die Stelle der Taufe des Jesus (und auch einige der späteren Jünger und Apostel wurden durch ihn hier getauft!) ist eine der wenigen Textpassagen, die in *allen* biblischen Evangelien gleichermaßen erwähnt wird. Interessant auch, dass sich die pantheistischen Aussprüche des Jesus wie „Ich und der Vater sind eins." *Johannesevangelium 10,30* frappierend mit dem hinduistischen Glauben decken.

Die Thomaschristen – Erstaunlicherweise ist allgemein anerkannt, dass die christlichen Gemeinden in Indien älter sind als die in Nord- und Mitteleuropa (also Deutschland und England etc.). Zwischen 42 bis 55 nach Christus soll der Apostel Thomas in Persien, Afghanistan, Pakistan und Indien missioniert und evangelisiert haben. Nach diesem Jünger des Jesus nennen sich bis heute die indischen Christen „Thomaschristen". Auch der Apostel Matthäus soll bis nach Parthien / Partherreich (nördliche Ostprovinzen) gereist sein, um den östlichsten Griechen am Hindukusch und Indus vom Christus zu predigen.

Die Apokryphen – Schriften, die nicht in den offiziellen Kanon der Bibel aufgenommen wurden (wieso eigentlich?), obwohl sie aus der Zeit des Jesus stammen und von ihm berichten. Diese Apokryphen deuten ähnliche Dinge, wie ich sie hier ins Gespräch bringe, an, wenn auch nicht so klar und eindeutig, womöglich da sie verschlüsselt wurden / werden mussten.

Der Islam – Im Jahre 614 kam der Islam durch die Perser nach Bethlehem und die Geburtskirche des Jesus wurde nicht zerstört, da man die „Weisen aus dem Morgenland" mit arabisch aussehenden Turbanen (wie in Indien noch heute üblich, z.B. Sikhs) dort in Stein gemeißelt sah, man erkannte Landsleute.

Die einzelnen Entfernungen – Heute geht man von 6 km/h Schrittgeschwindigkeit aus, die Menschen früher waren sicher noch besser zu Fuß als wir heute, aber dafür waren die Wege unter Umständen schlechter und der Schutz vor den Unwettern nicht so einfach wie vielleicht heute. Zur Veranschaulichung habe ich mit modernen Hilfsmitteln die folgenden Luftlinien nachgemessen und mit Hilfe von Historikern eine benötigte Zeit errechnet, die gute Wanderer ungefähr für diese Distanzen benötigen würden:

Strecke von – nach	km	ca.-Zeit	Bedeutung weil
Wittenberg - Rom	1.100	30 Tage	Fußweg Martin Luthers
Taxila (Gandhara) - Lumbini	1.500	40 Tage	Lumbini ist Buddhas Geburtsort
Köln - Moskau	2.000	50 Tage	Mein Großvater zu Fuß als Soldat
Jerusalem (Israel) - Gandhara	3.100	80 Tage	Kerngebiet Graeco-Buddhismus
New York City - Los Angeles	4.000	100 Tage	Treck der ersten Siedler in USA
Babylon - Lumbini (N.-Indien)	4.000	100 Tage	Vormalige Weltstadt Babel
Jerusalem (Israel) - Tibet	4.000	100 Tage	Gleiche Strecke wie bis Delhi
Jerusalem (Israel) - Lumbini	4.800	120 Tage	Jesus und Buddhas Kerngebiete
Alexandria - Lumbini	5.200	130 Tage	Damals Weltmetropole i.Ägypten

Man benötigte also kein halbes Jahr um von Jesus Geburtstadt (Bethlehem) zu Buddhas Geburtsstadt (Lumbini in Nord-Ost-Indien) zu Fuß zu gelangen. So sieht man, dass es für Jesus gar nicht unmöglich gewesen ist dorthin zu gelangen oder viel eher umgekehrt, die Inder auch in Israel sein konnten.

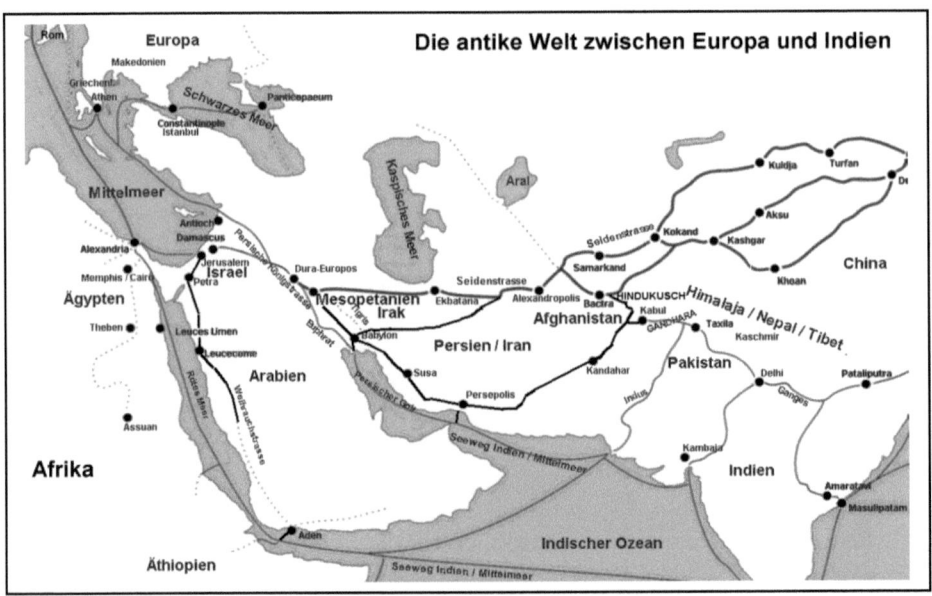

Geschichtliche Fakten vor allem aus „*Der große Bildatlas der Weltgeschichte*" [26].

Zeittafel zu den geschichtlichen Fakten des Altertums

800 v. Chr.	Griechenland vereinigt sich unter Athen zum Staatenbund
600 v. Chr.	Entstehung Bhagavad Gita in Indien und Tao Te King in China
531 v. Chr.	Buddha beginnt seine aktive Lehrtätigkeit in Nord-Indien
520 v. Chr.	Pers. Königstrasse als Verlängerung der Seidenstraße bis Europa
500 v. Chr.	Das Perserreich (Arier aus dem Iran) ist die größte Weltmacht
500 - 330	Perserreich umfasst Türkei, Israel, Irak, Afghanistan bis Indien
480 v. Chr.	Die Perser zerstören Athen – Hauptstadt der Mittelmeermacht
449 v. Chr.	Die Griechen / Hellenen besiegen die Perser bei Zypern
356 v. Chr.	Alexander der Große wird geboren, von Aristoteles ausgebildet
336 v. Chr.	Alexander d. Große wird mit 20 Jahren König von Makedonien
336 v. Chr.	Alexander beginnt nie da gewesene Eroberung Richtung Osten
332 v. Chr.	Israel / Palästina werden durch Alexander den Großen besetzt
332 v. Chr.	Gründung des hellen. Kulturzentrums Alexandria in Ägypten
330 v. Chr.	Chinesische Seide gelangt auf europäische Märkte
327 v. Chr.	Gandhara, im heutigen Afghanistan, wird hellenistisch
325 v. Chr.	Soldaten Alexanders kehren über Seeweg zurück aus Indien
323 v. Chr.	Alexander der Große stirbt in Babylon (heute Irak), 33 Jahre alt
300 – 200	vom Mittelmeer bis nach Indien ist die Welt hellenistisch
250 v. Chr.	Rom expandiert erstmals über das heutige Italien hinaus
168 v. Chr.	Erster Sieg Roms über das hellenistische Alexanderreich
165 v. Chr.	Makedonien wird eine römische Provinz
146 v. Chr.	Ganz Griechenland ist römisch, Leitkultur bleibt d. Hellenismus
138 v. Chr.	China-Expedition nach Innerasien, Kontakt zum Hellenismus
130 v. Chr.	Hochphase der Seidenstraße – Austausch von Rom bis Japan
63 v. Chr.	Israel und Palästina wird durch die römische Armee besetzt
31 v. Chr.	Ägypten, mit Alexandria, wird römische Provinz
ca. 6 v. Chr.	Jesus von Nazareth wird geboren und führt unauffälliges Leben
30 n. Chr.	Jesus tritt ins öffentliche Leben und stirbt zwei Jahre später
33 n. Chr.	Der Apostel Paulus beginnt mit seiner Missionierung
78 n. Chr.	Das Markus-Evangelium (erstes Evangelium!) wird geschrieben
100 n. Chr.	Intensiver Seehandel von Rom mit Indien und China
110 n. Chr.	Größte Ausdehnung des Römischen Reiches (4 Mio. Bürger)
135 n. Chr.	Die Juden werden in alle Welt zerstreut
165 n. Chr.	Offizielle römische Gesandtschaft in China
200 n. Chr.	Bibel wird erstmals von Griechisch in Latein übersetzt
320 n. Chr.	Weltweit erstes christliches Kloster in Oberägypten
390 n. Chr.	Christliche Fanatiker setzen Bibliothek von Alexandria in Brand
391 n. Chr.	Christentum wird Staatsreligion im Römischen Reich
410 n. Chr.	Rom wird durch die germanischen Goten erobert und zerfällt
660 n. Chr.	Der Islam gelangt erstmals nach Afghanistan und Gandhara

Mein großes Vorbild ist das Universalgenie Pythagoras (ca. 570 v.Chr. bis ca. 480 v.Chr.) von der griechischen Insel Samos, berühmt durch seine Glanzleistungen in der Mathematik, die bis heute gültig sind und als Schöpfer des Begriffs Philosophie, scharte eine große Jüngerschaft um sich mit vielen Parallelen zu den asiatischen Glaubenslehren. Denn sie glaubten auch an die Seelenwanderung zwischen Tieren und Menschen, sie lebten streng vegetarisch und vor allem von Pythagoras selbst wurde aufgeschrieben, dass er in Babylon war, um zu studieren und dass er weite Hosen wie die Perser trug.

Es bleibt also festzuhalten, dass Jesus nicht einmal selber nach Indien hätte gehen müssen, was aber ohne weiteres möglich gewesen wäre, sondern es gab bereits um ihn herum Gruppen von Buddhisten, von denen er ohne Schwierigkeiten die Ideen des Buddhismus hätte erlernen können. Die „Weisen aus dem Morgenland" sind dabei einfach nur ein interessanter Hinweis, über den ich bei meiner Recherchearbeit gestolpert bin. Ich möchte diese Theorie nicht als bereits bewiesene Tatsache verstanden wissen, sondern als mögliche Antwort auf die mich faszinierende Frage, wo dieser Jesus (als Jude) diese damals ungewöhnlichen Ideen her hatte. Es ging mir um das fehlende Puzzlestück zwischen den Religionen des Moses, Jesus und Mohammeds einerseits und den asiatisch-buddhistischen Lehren andererseits. Ich denke, ich habe dazu einen interessanten ersten Anstoß geliefert. Ich finde das spannend!

Durch die gemeinsamen Ursprünge ist eine enge Verwandtschaft aller Weltreligionen gegeben, die fast die gesamte Weltbevölkerung vertreten. Was mir fehlte, war die Verbindung – eine Brücke – zu den östlichen. Ich denke ich konnte aufzeigen, dass eine solche Verflechtung sehr einfach darstellbar ist und somit auch logisch nachvollzogen werden kann. Diese Erkenntnisse könnten dem Frieden dienen. Das ist mein tiefer Wunsch und höchstes Ziel. Wie schon vorne im Kapitel *„Alles Eins"* erwähnt, entsteht durch die Erkenntnis dass alles eins ist, ein tiefes Mitgefühl gegenüber allen anderen Lebewesen. Nächstenliebe wird selbstverständlich und keine auferlegte Pflicht.

Ex Oriente Lux – Aus dem Osten kommt das Licht!
Vielleicht sollten wir uns an diesem Hinweis „ORIENTieren"?

> Aus einem Irrtum wird keine Wahrheit, auch wenn man ihn noch so weit verbreitet,
> und aus einer Wahrheit wird kein Irrtum, selbst wenn kein Mensch sie sieht.
> *Mahatma Gandhi*

... Fest steht, dass sich schon sehr viele Irrtümer verbreitet haben, auch seitens des Christentums...

TEIL VIER – UMWELT, GESUNDHEIT, VEGETARISMUS

Ganz im Sinne von „Alles Eins" und der Dreieinigkeit von „Körper, Geist und Seele" – Körper als Teil der materiellen Welt, Geist als Teil des göttlichen Bewusstseins und Seele als ewig existentes „Ich" – bin ich der Meinung, dass neben unserer Gesundheit auch die Umwelt und die anderen Lebewesen mit einbezogen werden müssen. So ergab es sich, dass die nachfolgenden Themen für mich mehr und mehr Bedeutung erhielten. Denn ich halte sie für wesentlich für den inneren und äußeren Frieden sowie für das 21. Jahrhundert.

ZEHN GOLDENE REGELN FÜR DIE UMWELT

Umweltschutz und Respekt vor der Natur sollte noch mehr ins allgemeine Bewusstsein aufgenommen werden und für jeden „Christen" (etc.) zum Alltag gehören. Spätestens durch das Buch *„Der ökologische Jesus"* [31] wurde ich persönlich dafür sensibilisiert. Die nachfolgende Liste ist nicht vollständig, aber sie soll eine Anregung für unseren Umgang mit der Natur sein.

Strom: Jede Kilowattstunde Strom, die wir verbrauchen, muss produziert werden; das fängt beim kleinen „Stand-By-Licht" an und geht bis zum voll erleuchteten Haus in der Adventszeit. Sparen wir nicht nur aus finanziellen, sondern auch aus Umweltgründen! Man könnte viele Kraftwerke abschalten, wenn wir uns einschränkten; vom Gerätekauf bis zum Reduzieren von Luxus (z.B. Treppe statt Aufzug.). Immer die Augen offen halten, was man genauso gut ausschalten könnte, ohne Einschränkung des Komforts. Es gibt so viele Alternativen (z.B. echten Ökostrom), die wir nutzen können und sollten.

Wasser: Sauberes Trinkwasser ist ein endliches Gut und wird immer knapper. Wir könnten uns in Sachen Wasser nicht nur durch technische Hilfsmittel (Wasserdurchlaufreduzierer), sondern auch durch die individuelle Lebensweise einschränken, z.B. Wasserhahn abstellen beim Einseifen oder Zähneputzen etc. Neben dem Sammeln von Regenwasser sollte man vor allem auch überlegen, was viel und was wenig Wasser verbraucht. So entscheidet allein unser Einkaufzettel und die Ernährungsweise, ob wir ein Wenig-Wasser-Verschwender sind oder nicht: Obst und Gemüse in heißen Trockenregionen (Südspanien, Israel etc.) ist nur mit größtem Wasser-Aufwand zu ziehen. Zusätzlich kippen wir alle Tag für Tag Unmengen von Chemikalien ins Wasser und wissen nicht, was daraus wird. Einer der Gründe für Bio-Lebensmittel.

Heizung: Nur ein Grad weniger im Haus senkt nicht den Wohnkomfort, aber enorm den Verbrauch an Öl, Gas oder anderen Heizstoffen. Außerdem sollte man wissen, dass regelmäßiges Stoßlüften mehr Heizkosten spart als es auf den ersten Blick verursacht, da sich nur frischer Sauerstoff ordentlich verteilt und erwärmt. Eine vernünftige Hausdämmung ist wichtig, und mit modernen Heizungstechniken kann so viel Heizenergie gespart werden (teilweise sogar völlig unabhängig von den bekannten Heizmaterialien), dass sich das nach wenigen Jahren nicht nur für die Umwelt, sondern auch für den Geldbeutel rechnet. Zusätzlich erhöht es den Wiederverkaufswert.

Müll: Immer wieder höre ich das Argument, dass der Müll bei uns zwar getrennt, aber später doch auf einem einzigen Berg entsorgt wird. Ich selbst konnte mich mehrmals vom Gegenteil überzeugen: Die Entsorger kalkulieren fest den Wiederverkaufswert der gesammelten und gefilterten Rohstoffe in ihre Rechnung ein. Trotzdem kann man Müll möglichst vermeiden, indem man Produkte ohne oder mit wenig Verpackung kauft. Aluminium ist eines der umweltschädlichsten Materialien, wir sollten möglichst darauf verzichten. Würde jeder immer ein Stück Müll vom Wegesrand aufheben und zur nächsten Mülltonne mitnehmen, gäbe es schon bald keinen Grund mehr über Müll in der Natur zu klagen. Zusätzlich ist man ein gutes Vorbild für andere.

Autofahren: Beim spritsparenden Autofahren gibt es einige sehr effektive Techniken, um den Verbrauch enorm zu senken, ohne Einschränkung des Fahrkomforts – man sollte dazu ein Fahrertraining absolvieren. Aber kurzgefasst: Möglichst immer in den nächsthöheren Gang schalten, Bremsen vermeiden – wer bremst verschwendet bereits aufgewendete Energie. Man senkt den Verbrauch, indem man vorrausschauend fährt und früh genug runter schaltet, also mit dem Motor bremst. Nur so viele elektronische Geräte wie nötig einschalten (jede Lampe benötigt Energie) und auf unnötigen Ballast im Auto verzichten. Alles unter 3 km sollte mit dem Fahrrad oder zu Fuß zurückgelegt werden – früher ging das auch und ist wesentlich gesünder und spart Kosten, außerdem nimmt man die Umwelt bewusster wahr. Schon ab 20 Sekunden soll das Ausschalten des Motors mehr Treibstoff sparen als der Anlasser benötigt um wieder zu starten. Wo möglich sollte das Bus- und Bahnfahren selbstverständlich sein. Verzichtet man auf ein Auto und fährt stattdessen mit Taxi und Bahn (Bus), spart das viel Geld – man muss dazu alle objektiven Kosten hinzuziehen, wie den Wertverlust etc. Ein spritsparendes Auto, welches möglichst selten benutzt wird, ist in jedem Fall der beste Weg. Parallel muss weiter an umweltfreundlichen Antrieben geforscht werden.

Fliegen: Das Fliegen hat von allen Transportmitteln die schlechteste Umweltbilanz. Für unsere Natur ist es eine Katastrophe, wenngleich auch ich gerne in fernste Länder reise. Wir sollten diesen Luxus so gut es geht einschränken. Mittlerweile gibt es Möglichkeiten seine CO_2 – Bilanz durch andere Maßnahmen auszugleichen. Aber wer macht das tatsächlich freiwillig?

Strahlen: Die Strahlenbelastung hat enorm zugenommen. Viele waren früher völlig unbekannt und fordern ihren Preis. Radioaktive Strahlung in höheren Mengen (man denke an Nuklear-Müll) ist der Natur fremd, aber wir Menschen kippen die verstrahlten Tonnen sogar einfach ins Meer oder lagern sie nicht sicher unter der Erde – eine Zeitbombe für spätere Generationen.

Batterien: Energie direkt aus dem Stromnetz ist wesentlich preisgünstiger, weil effektiver und damit umweltschonender als Strom über Batterien und Akkus. Fest steht, dass alles was ohne Strom funktioniert besser ist als etwas, das mit Strom (oder Benzin etc.) funktioniert. Das merken wir nicht nur am Geldbeutel oder an der Umwelt, sondern auch an unserer Gesundheit, wenn wir uns immer weniger bewegen wegen der automatischen Hilfsmittel etc.

Lebensmittel: Durch unseren Einkauf entscheiden wir als Verbraucher täglich wie es mit der Umwelt weiter geht. Bioprodukte waren vor 100 Jahren noch selbstverständlich. Wir sollten sehen, dass wir da wieder hinkommen. Es geht dabei um unseren Heimatplaneten. Die heutige Massentierhaltung ist erst in den letzten Jahrzehnten entstanden und ist ein schweres Los für unsere Natur. Angefangen von den großen Güllemengen, wird in der „Herstellung" von Fleisch und Milch enorme Energie verpulvert und vor allem Land-Flächenverbrauch unvorstellbaren Ausmaßes. Ein Vegetarier braucht über den direkten Weg der Nahrung ca. 2.700 Liter Wasser am Tag, während die Nahrung des Fleischessers täglich das Doppelte an Wasser benötigt. Jedes Essen ist eine Entscheidung für oder gegen die Natur. Wir sollten uns bei jeder Mahlzeit im Klaren darüber sein. Siehe Kapitel *„Warum vegetarisch?"*

Holz: Zwar wird derzeit der größte Holzbestand der Erde für die Essstäbchen der Chinesen benötigt, aber insgesamt sollten nur zertifizierte Holzsorten aus Ökolandbau gekauft werden, das ist natürlich nicht immer einfach. Auch hier muss beachtet werden, dass ein Großteil der gefällten Tropenwälder Südamerikas lediglich auf das Konto der Futtermittel-Industrie geht.

> Weder besteht die Natur ohne Gott, noch Gott ohne die Natur.
> Was nämlich ist die Natur anderes als Gott? *Seneca*

> Gott und Natur sind zwei Größen, die sich vollkommen gleich sind.
> *Friedrich Schiller*

> Die Natur ist ein Brief Gottes an die Menschheit. *Platon*

> Gott hat die Erde nicht für den einzelnen Menschen geschaffen. *A. Kolping*

Wir haben unsere Umwelt so radikal verändert, dass wir uns jetzt selber ändern müssen, um in dieser neuen Umwelt existieren zu können. *Norbert Wiener*

Wenn es Todsünden gibt, so sind es zuverlässig die Sünden gegen die Natur. *Christoph Wilhelm Hufeland*

Die zunehmende Wärme der Erdatmosphäre wird durch die wachsende Kälte der Menschen wieder ausgeglichen. *Ernst R. Hauschka*

Der Mensch steht heute vor der Alternative: Untergang des Menschen oder Wandlung. *Karl Jaspers*

Jeder einzelne soll sagen: Für mich ist die Welt geschaffen. Daher bin ich mitverantwortlich. *Aus dem Babylonischen Talmud, Sanhedrin 7*

„Macht Euch die Erde untertan.", so lautet einer der bekanntesten Sätze aus dem Alten Testament welches Juden, Moslems und Christen als Grundlage dient. Aber ob mit „untertan" wirklich solch eine Misswirtschaft gedacht war?

Ich denke als ethisch lebender Mensch, egal ob Christ, Moslem, Jude oder Buddhist etc., darf uns unser Planet nicht egal sein. Wir haben eine Verantwortung, die nicht bei der eigenen Familie aufhört. Jeder muss aufgeklärt werden wie einfach es ist, Ökostrom zu beziehen, sich an Umweltprojekten zu beteiligen, moderne Techniken zu nutzen oder welche Auswirkungen es hat, wenn man große Fast-Food-Ketten mit seinem Mittagessen unterstützt.

Wie ich einmal las, würde sich der Stromverbrauch auf der Welt verdoppeln, wenn jeder indische Mann einen elektrischen Rasierapparat benutzen würde, China hat noch mehr Einwohner. Aber sollen wir ihnen verdenken, den Lebensstil der westlichen Welt annehmen zu wollen? Diesen haben sie in allen amerikanischen und europäischen Spielfilmen kennen gelernt. Natürlich können und wollen wir ihnen diese Errungenschaften nicht verwehren, dennoch muss dies mit anderen Methoden und Techniken geschehen als bisher.

Bio-Produkte und Bio-Boom sind nicht an erster Stelle als Vorteil für die eigene Gesundheit zu verstehen, sondern vor allem, um die immer stärker werdenden Belastungen der Erde zu vermeiden. Noch vor 100 Jahren waren all diese „Chemie-Keulen" unbekannt, und heute verseuchen sie das Grundwasser und damit die Kleintiere etc. Es geht so nicht weiter!

Klima-Hysterie? Selbst wenn es bloß eine Hysterie wäre, würde es doch nicht schaden, wenn wir auf alternative Energiegewinnung und Techniken (z.B. Fahrzeugantriebe) umsteigen würden. Strom ernten aus Luft und Sonne? Wunderbar! Wie gerne sehe ich, wenn heutige Bauern ihr Einkommen aus Sonne und Wind gewinnen. Wie ich schon mehrfach hörte wird in diesen Jahren der Break-Even-Point in Spanien, Nordafrika und Kalifornien erreicht sein: Solarstrom wird erstmals gleich teuer produziert werden können, wie bisheriger Strom aus Kohle, Öl und Atomkraft. Wäre auf jedem Dach in Deutschland eine Fotovoltaik-Anlage installiert, hätten wir bereits dreimal so viel Strom wie eigentlich benötigt wird, und das jeden Tag und kostenlos! Groß-Projekte wie „Desertec", also Solarstrom in der Sahara u. a. für Europa, sind fantastisch und sollten vor vielem anderen absoluten Vorrang haben.

Der Umgang mit der Umwelt ist oft respektlos und gleichgültig oder sagen wir unüberlegt. Selbst in Deutschland, wo es ja recht sauber ist, ärgere ich mich über die täglich sichtbaren Umweltsünden wie Müll, der achtlos in den Wald geworfen wird, ohne zu überlegen. Tun die Menschen das mit Absicht?

Neueste Entwicklungen wie das Internet sorgen ganz stark für umweltbewusstes Verhalten ohne dabei bewusst zu handeln. Große Online-Tauschbörsen und Auktionshäuser sorgen dafür, dass gebrauchte Gegenstände nicht nutzlos auf der Müllkippe oder in der Verbrennungsanlage landen, sondern dass sie für einen günstigen Preis einen neuen Nutzer finden, der weiterhin Spaß daran hat. Für meist nur einen symbolischen Euro oder Dollar wechselt ein Gegenstand, der vielleicht sogar deutlich mehr wert ist, den Besitzer. Dadurch ist eine moderne Tauschgesellschaft entstanden, die sich noch dazu für ihr faires oder unfaires Verhalten positiv oder negativ bewerten kann. Sorgen auch die Neuwaren-Geschäfte im Internet für ökologischen Fortschritt? „Wie?" mag man da fragen. Doch die Antwort ist einfach: Haben sich noch in den 1990er Jahren unzählige Autos täglich in Bewegung gesetzt, um Gegenstände zu kaufen und vor allem um Preise zu vergleichen, ist dies heute von Zuhause aus zu jeder Tages- und Nachtzeit möglich. Die Waren werden nicht mehr mit den vielen individuellen Autos abgeholt, sondern der Paketdienst bringt diese Menge an Paketen in einem Wagen gebündelt zu den Endabnehmern, es müssen nicht 100 Pkw für 100 Pakete los fahren, sondern ein Wagen bringt 100 Pakete zu den diversen Haushalten der Straße.

Für mich ist ein anderer wichtiger Boom im „Fairtrade" zu verzeichnen. Zumindest in Deutschland werden Produkte aus fairem Handel immer beliebter, während die Weltkonzerne zu Hungerlöhnen produzieren lassen, um noch billiger anbieten zu können als der Konkurrent. In einem Marken-Turnschuh z.B. von 100 Euro, sollen nur knapp 1 Euro Lohnkosten enthalten sein. Ein unfaires Verhältnis. Umgekehrt versuchen die „Fairtrade"-Marken auch bei Billigprodukten bewusst ihre Produkte zu einem höheren Endkundenpreis zu verkaufen, um diesen Mehrerlös an die Erzeuger in den ärmeren Entwicklungsländern weiterzureichen. Meist unter der Bedingung, dass dafür ökologische Herstellungsverfahren und soziale Standards garantiert werden. Da diese Produkte immer mehr Abnehmer finden, spreche ich ein Kompliment für die Verbraucher aus, da sie mit diesem symbolischen Mehrpreis bewusst Vermögen in die ärmeren

Länder leiten. Es ist noch ein kleiner Markt, doch es zeigt, dass das Bewusstsein für diese großen Zusammenhänge wächst. Der Kinofilm „*We feed the world*"[33] zeigt im Groben die perversen Auswüchse des kapitalistischen Systems der reichen Länder. Während Kinder in afrikanischen, asiatischen oder latein-amerikanischen Staaten verhungern, sorgen andere dafür, dass große Mengen Lebensmittel in die reichen Länder als Tierfutter für die Milch- und Fleischwirtschaft verschifft werden etc.

Seltsamerweise wollen wir bei vielen Dingen (Autos, Kleidung, Schmuck etc.) immer nur das Beste und Teuerste haben. Doch bei Lebensmitteln wird gespart, ein Grundbedürfnis des Menschen wird zur Nebensache. Man kauft beim Discounter ein und dieser macht damit Milliarden. Nach Anbaumethoden (Gentechnik, Pestizide, Fungizide), Herstellungsverfahren (Kinderarbeit, chemische Belastung für Mitarbeiter, soziale Arbeitsbedingungen) oder anderen ethischen Dingen, fragt niemand, Hauptsache es ist billig. Dabei muss auch gesunde und fair gehandelte Ware nicht teuer sein, schauen Sie selbst...

Nimmt man die armen Leute im Amazonas, die ihre Wälder abholzen um dort Futter für das Vieh der Amerikaner anzubauen, dann sind doch einige Antworten schnell gefunden. Diese Bauern wollen ja nicht einfach die Umwelt zerstören und die Wälder vernichten, sondern sie denken, darin liege die einzige Chance in Zukunft ihren Lebensunterhalt zu verdienen.

Der Mensch kann auf den ersten Blick machen, was er will, immer belastet er die Umwelt: Ob Sie im Restaurant nach dem Händewaschen die Hände mit Papier oder mit dem elektrischen Fön abtrocknen, immer stellt es eine Belastung für die Natur dar. Selbst wenn wir ein Handtuch verwenden, muss dies hin und wieder gewaschen werden. Aber: Nachhaltigkeit in der Breite ist das Stichwort! Die Reformbewegung zwischen 1880 bis 1915 war wie das Einlegen des Rückwärtsganges in die natürliche Lebensweise. Auch heute wieder (Stichwort „Lohas-Bewegung") spürt man, dass ein starkes Umdenken stattfindet. Ähnlich wie in den 1980er Jahren, nach der Tschernobyl-Katastrophe und durch die Gründung von Greenpeace und grüner Parteien überall auf der Welt etc. Wenn wir *alle* 10% Energie, Wasser etc. einsparen würden, könnten 100 Konsumenten bereits Energie für 10 weitere Menschen „erkaufen". Rechnet man das auf alle 6,5 Milliarden Menschen hoch, ist vieles machbar. Ich empfehle dazu den Film „*Eine unbequeme Wahrheit*" [32] von Al Gore.

Natürlich ist es schwer, einen guten Mittelweg zu finden zwischen modernem, komfortablem Leben und möglichst gesunder und ökologischer Lebensweise, aber ein bisschen Einschränkung hier und da? Es muss sein!
Ich wünsche Ihnen viel Erfolg bei der Suche nach neuen Wegen!
Mein Tipp: Unterstützen Sie große Umweltorganisationen bei der Arbeit.

ZEHN GOLDENE REGELN FÜR DIE GESUNDHEIT

Schon als Kind hatte ich mir vorgenommen, mindestens 100 Jahre alt zu werden. Laut Bibel (1. Moses 6,3) sind sogar 120 Jahre möglich, bei gesunder Lebensführung. Ich stellte fest, dass dazu neben den genetischen Voraussetzungen auch die äußeren und inneren stimmen müssen, diese haben wir fast ausschließlich selbst in der Hand. Über die Jahre habe ich aus allen Informationen folgende allgemeine „Goldene Regeln" für mich erarbeitet, die ich relativ strikt befolge. Auf verschiedene Anfragen hin möchte ich sie folgendermaßen zusammenfassen. Ob sie wirklich helfen, dafür kann ich nicht garantieren.

Schlaf: „Nicht zu wenig, nicht zu viel!" 7-8 Stunden, weniger ist schlecht auf Dauer, deutlich mehr aber auch; Schlaf nach Mitternacht ist ungünstig; Frischluft (kurz vor dem Schlaf lüften) und Dunkelheit ist wichtig; Mittagsschlaf ist äußerst hilfreich (max. 30 Min.!), die Tiefphase des Körpers ist gegen 14 Uhr, zu dieser Zeit passieren die meisten Autounfälle. Morgens um 10 Uhr ist der Geist am frischesten, abends zwischen 22 und 23 Uhr wird er träge.

Bewegung: „Täglich aber sachte!" Wir alle wissen, dass zu wenig Bewegung schlecht ist, aber zu viel führt zu schnellerer Abnutzung der Gelenke. Asiatische Bewegungsübungen sind meiner Meinung nach die beste Alternative, das bedeutet tägliche Gymnastik wie Yoga, Tai Chi oder ähnliches. Sport wie Schwimmen, Surfen oder Rollschuhfahren ist ebenso sanfte Gymnastik. Natürlich muss man sich, besonders Männer, auch hin und wieder ausschwitzen, an seine Grenzen gehen. Aber meiner Meinung nach funktioniert das am besten mit nützlicher, körperlicher Arbeit (Garten, Handwerken etc.).

Ernährung: „Abwechslung für den Tempel der Seele!" Das tägliche Essen, auch das Frühstück, sollte immer abwechslungsreich sein und so viel Rohkost wie möglich beinhalten – die „vitalstoffreiche Vollwertkost". Dazu gehören neben Obst und Gemüse (5 mal am Tag!) auch Nüsse und alle Lebensmittel die möglichst wenig, am besten gar nicht, verarbeitet sind; also weder mechanisch, noch erhitzt, aber erst recht nicht chemisch behandelt. Kalt geschlagener Honig gilt auch als Rohkost. Bei anderen mechanisch veränderten Zutaten ist auf „kalt gepresst" zu achten. Selbstredend, dass Lebensmittel aus Bio-Anbau nicht nur besser für die Umwelt (Grundwasser, Tierwelt etc.), sondern auch für uns selbst sind. Sämtliche Zusätze sind überflüssig, dazu gehören auch Vitamin-Zusätze und erst recht die vielen Konservierungs- und Aromastoffe. Tierische Fette sollten auf ein Minimum reduziert werden. Der Körper kann sie verarbeiten, braucht sie aber nicht. Noch dazu verbrauchen alle tierischen Lebensmittel (Fleisch, Milch, Eier) riesige Ressourcen wie Wasser (doppelt), Energie und 10-mal mehr Landfläche als die gleichen Kalorien aus pflanzlicher Kost. Hinzu kommen die Güllemengen die das Grundwasser und die Böden übersäuern. Vollkorn-Produkte sind Weißmehl-Produkten vorzuziehen. Aber nur wenn es exklusiv auf der Packung erwähnt ist, handelt es sich um das „volle Korn". Diese wichtigen Inhaltsstoffe braucht der Körper, erst dann ist es ein „Lebensmittel" und nicht bloß ein „Nahrungsmittel". Salz in Mengen und Zucker ist ebenfalls zu meiden (es sei denn in seiner rohen Form), egal ob er sich so nennt oder in anderen Varianten daher kommt: Glukose, Traubenzucker etc., alles keine echten Alternativen. Er schädigt neben den Zähnen auch das Gehirn, Blut etc. Süßen mit Honig und notfalls Vollrohrzucker in kleinen Mengen sollte das Einzige sein. Auch künstliche Süßungsmittel sind überflüssig und auf Dauer schädlich. Gewöhnt man sich über wenige Wochen an ungesüßte Speisen und Getränke (Tee etc.), wird man nichts vermissen.

Flüssigkeit: „Reichlich!" So viel trinken wie möglich (2 bis 3 Liter am Tag), am besten Wasser, dazu gehört auch Tee. Aber wiederum nicht zu viel, es überdehnt den Magen. Fruchtsäfte sind in größerer Menge schädlich für den Magen, weil sie mehr Inhalt der Frucht beinhalten, als man an Früchten essen könnte. Jeder Apfel ist also nicht nur besser als künstliche Vitamin-Präparate, sondern auch besser als der daraus gepresste Saft. Milch, Kaffee und schwarzer Tee gelten nicht als Flüssigkeit. Im grünen Tee sind viele wertvolle Inhaltsstoffe und es werden außergewöhnliche Vitalisierungs- und Regenerationsstoffe darin vermutet, welche teilweise bereits nachgewiesen sind.

Kosmetik: „Möglichst darauf verzichten!" Die modernen chemischen Produkte für den Körper waren früher völlig unüblich (Man nahm z.B. Bier als Haarfestiger). Die ansteigenden Allergien sind deutliche Signale, dass unsere Körper (und auch unsere Umwelt) nicht damit klar kommen. Deswegen sollten diese Produkte zum einen so selten wie nötig genutzt werden, zum anderen ist es wichtig diese regelmäßig auszutauschen, damit der Körper keiner Dauerbelastung ausgesetzt ist. Noch besser sind Naturkosmetikprodukte. Haarfärbemittel sind völlig tabu. Regelmäßiges Nutzen von Zahnseide erhöht die Lebenserwartung erstaunlicherweise enorm, ebenso das Wechseln der Zahnbürste und das regelmäßige Händewaschen. Aber auch sonst gibt es unendlich viele Chemikalien, die täglich auf unseren Körper einwirken – darauf sollte man achten!

Strahlen: „Achtung Gefahr!" So angenehm es im Sonnenschein ist, und auch nötig in kleinen Mengen, auf Dauer ist Sonne gefährlich, das zeigt sich am Sonnenbrand, der absolut zu vermeiden ist. Schlimmer als das ist die dauerhafte Nutzung von künstlichen Solarium-Sonnenbädern, denn diese Strahlen sind andere als die tatsächlich in der Natur vorkommenden. Bei Strahlen aus Elektro-Geräten (Elektrosmog, Röntgen) und Funkverbindungen (Mobilfunk, Bluetooth) sind die Aussagen noch nicht einig, man sollte aber auch hier die Nutzung möglichst einschränken. Geräte immer komplett ausschalten, wenn sie nicht benötigt werden und möglichst auf Abstand zum Körper halten. In Flugzeugen ist die Strahlungsbelastung der Atmosphäre übrigens enorm hoch.

Genussmittel: „Sollten es auch bleiben!" Alkohol, Süßes und Tabak sind völlig unnötig, aber so lange sie in wirklich kleinen Mengen genossen werden, sind es „Genussmittel". Bei größerem, regelmäßigem Konsum werden sie zu Suchtmitteln und zerstören den Körper langfristig auf böse Art. Das allein hat mich seit Kindheit dazu bewegt, sie möglichst zu meiden, aber nicht völlig abzulehnen. Es wird zwar der kleinen Einheit Alkohol am Tag eine positive Wirkung auf den Körper nachgesagt, aber letztlich gibt es auch hier Gegengutachten, die eine höhere Lebenserwartung bei völliger Abstinenz zeigen.

Psyche: „Für Ausgleich sorgen!" Bei all den äußeren Faktoren, vergisst man, dass ein hoher Anteil die eigene Psyche ausmacht. Viele Autoren sprechen über den engen Zusammenhang zwischen unserer eigenen Einstellung zum Leben und z.B. der Erkrankung an Krebs oder Herzprobleme etc., auch ich bin Anhänger dieser Theorie. Ein funktionierender Freundeskreis und guter Familienzusammenhalt sind deswegen nachweisbare Faktoren für eine hohe Lebenserwartung. Auch die eigene Hilfe für andere gibt einem das Gefühl wichtig zu sein und gebraucht zu werden, etwas Gutes getan zu haben, was einen somit auch selbst glücklich macht. Deshalb hilft es ausgeglichen, friedliebend und konzentriert zu sein, sowie keine Bedingungen zu stellen. Herzlichkeit ist eine der Voraussetzungen für inneren und äußeren Frieden.

Gehirn: „Wer rastet der rostet!" Zusätzlich sei hier noch auf das regelmäßige Training des Gehirns hingewiesen, ebenfalls äußerst wichtig. Das kann mit neuen Eindrücken einer Reise oder auch mit Schachpartien, bzw. anderen Rätseln, passieren. Übrigens: Vor allem das Gehirn funktioniert nur bei genug Flüssigkeits- und Sauerstoffzufuhr (durch Bewegung an der frischen Luft!) sowie ausreichend Schlaf, also Denk-Pausen (äußere und innere Stille), auch in Form von Meditation / Kontemplation. Dauerberieselung durch Musik (vor allem mit Gesang) ist nicht förderlich – harmonische, instrumentale Musik ist eine Ausnahme. Regelmäßiges Lachen soll sich ebenfalls positiv auswirken, es gibt sogar spezielle Kurse zur „Lach-Meditation" – Freude am Leben als Rat!

Seele: „Sie gestaltet die Welt um uns!" Mehr als all das oben erwähnte bin ich jedoch überzeugt, dass wir all das Geschehen in uns und um uns herum selbst in der Hand haben (Siehe Kapitel *Kraft der Gedanken*), schon allein die Auswahl der Speisen und deren Auswirkung auf unseren Körper. Nach dem alt-bekannten Gesetz von „Aktion/Reaktion" oder der Volksmund sagt: „Wie man in den Wald ruft, so schallt es auch heraus", funktioniert unsere Welt, und zwar bis ins kleinste Detail und die allerletzte Konsequenz – als Spiegel der Seele. Ich weiß, wie sehr auch mein naturwissenschaftlich und christlich geprägter Geist diese Theorie abgelehnt hat. Denkt man aber darüber nach, schaut man sich als Beobachter die Menschen um einen herum und uns selber in Ruhe an, so muss man zu dem Schluss kommen, dass wir all das selbst beeinflussen was wir täglich erleben. Ich könnte viele Beispiele nennen wie: „Juckt dich etwas?" (Fußpilz) „Wetzt du die Krallen ab, damit du keinen verletzt?" (Fingernägel kauen) „Zeigst du deine Krallen?" (Lange Fingernägel) „Zerbricht dir das Herz?" (Herzprobleme) „Hast du etwas nicht richtig verdaut?" (Magen-Darm-Probleme) „Hast du die Nase voll und hältst dir andere auf Abstand?" (Erkältung) „Schmerzt das Aufrichten?" (Zeige Rückgrat) „Hast du einen steifen Arm / ein steifes Bein?" (Unbeweglichkeit) „Hast du Angst vor dem Tag?" (Langschläfer) „Schau doch mal in dein direktes Umfeld und nicht nur in die Ferne (Zukunft)!" (Kurzsichtiger) „Warum hörst du schwer?", „Wo ist der Bruch in deinem Leben?" (Armbuch).

Ich muss sogar annehmen, dass sich alle Unfälle aus der inneren Einstellung zum Leben heraus ergeben.

All das ist kein persönliches Wissen von mir und es gibt keine Garantie für ein langes und gesundes Leben. Es sind Lebensregeln, die ich von alten, gesunden Menschen oder weisen und gelehrten Menschen gelernt und notiert habe. Meine eigene Gesundheit und die meiner Familie zeigt, dass diese Tipps zu einem guten Ergebnis führen. Aber ganz schnell kann auch alles zu Ende sein – so wie ein Rennfahrer zwar fest mit dem Sieg rechnet, aber Fahrfehler nicht verhindern kann. Man sollte auf das Ende immer vorbereitet sein. Doch durch Ratschläge aus den verschiedensten Quellen haben sich diese Regeln heraus kristallisiert und wurden oft bestätigt. Ich hoffe sie helfen mir und dem Leser als Orientierungshilfe für eine gesunde Zukunft. Fest steht für mich: Wenn wir immer für eine ausgeglichene Harmonie zwischen Körper, Geist und Seele sorgen, dann werden wir auch gesund sein.

Auf dass man nicht nur „alt", sondern auch *gesund* alt wird.

> Neun Zehntel unseres Glückes beruhen allein auf der Gesundheit.
> Mit ihr ward alles eine Quelle des Genusses. Hingegen ist ohne sie kein
> äußeres Gut, welcher Art es auch sei, genießbar. *Arthur Schopenhauer*
>
> In einem gesunden Körper wohnt ein gesunder Geist. *Juvenal*
>
> Der Körper ist Übersetzer der Seele ins Sichtbare. *Christian Morgenstern*
>
> Der Körper ist stets der erste Schüler der Seele. *Östliche Weisheit*
> Der Körper ist das Haus der Seele. Sollten wir unser Haus nicht pflegen,

damit es nicht verfällt? *Philon von Alexandria*

Jedes Mal wenn ein Mensch lacht, fügt er seinem Leben ein paar Tage hinzu.
Curzio Malaparte

Anstrengungen machen gesund und stark. *Martin Luther*

Hätte ich gewusst, dass ich so lange leben werde,
hätte ich besser auf mich aufgepasst. *Frank Sinatra*

Der Mensch möchte vor den Folgen seiner Laster bewahrt werden,
aber nicht vor den Lastern selbst. *Ralph Waldo Emerson*

Tu deinem Körper etwas Gutes, damit die Seele Lust bekommt,
darin zu wohnen. *Theresa von Avila*

Wir müssen die Ursachen der Krankheit bekämpfen und nicht ihre Symptome.
Max Bircher-Bener

Wehe denen, die Helden sind Wein zu saufen. *Bibel [1], Jesaja 5,22*

Menschen können Krankheiten heilen –
Krankheiten können Menschen heilen. *Gerhard Uhlenbruck*

Die meisten Menschen geben ihre Laster erst auf
wenn sie ihnen Beschwerden bereiten. *William Somerset Maugham*

Die Ärzte verzeihen uns jeden Lebenswandel, so lange er in ihr Wartezimmer führt.
Sigmund Graff

Wer sich sorgt, der wird nicht geheilt! *Römisches Sprichwort*

Man muss untersuchen, ob der Schmerz ein Übel ist. *Autor unbekannt*

Man wird ausdauernder für das tätige, nach außen gerichtete Dasein,
wenn man sich von Zeit zu Zeit ganz in sich selbst zurückzieht. *André Maurois*

Die Kranken sind ihrer Seele näher als die Gesunden. *Marcel Proust*

Wer gemächlich isst, dessen Tage und Jahre währen lang. *Sprichwort aus Israel*

„Nun könntest du vielleicht sagen: „Woher weiß ich, ob es der Wille Gottes ist oder nicht?" Wisset: Wäre es Gottes Wille nicht, so wäre es auch nicht. Du hast weder Krankheit noch irgendetwas, wenn es Gott nicht wollte." „Bist du krank und bittest Gott um Gesundheit, so ist dir die Gesundheit lieber als Gott." *Meister Eckhart*

Das Gericht, das wir essen, wird uns zum Gericht! *Autor unbekannt*

Glück ist gut für den Körper, denn Kummer stört den Geist. *Marcel Proust*

Was kann der Tod dafür, dass du nicht richtig gelebt hast? *Felix Parker*

Ich habe mich entschieden glücklich zu sein, das ist gesünder. *Voltaire*

Krankheit ist kein Schicksal, sondern nur ein momentaner Ausdruck des Bewusstseins. *Jörg Starkmuth in „Die Entstehung der Realität"* [3]

Wir sind, was wir denken. Alles, was wir sind, entsteht aus unseren Gedanken. Mit unseren Gedanken formen wir die Welt. *Siddhartha Gautama (Buddha)*

Herzlichkeit heilt Herzen. *Otto Buchinger*

Willst du den Körper heilen, musst du zuerst die Seele heilen. *Platon*

Gesundheit ist weniger ein Zustand als eine Haltung, und sie gedeiht mit der Freude am Leben. *Thomas von Aquin*

Deine Gesundheit muss in Mitleidenschaft gezogen werden, wenn du, Tag für Tag, das Gegenteil von dem sagst, was du fühlst. *Boris Pasternak*

Gesundheit ist die Harmonie von Innerem und Äußerem. *Ebo Rau*

Ein gesunder Körper ist gerne gepaart mit einer heiteren Seele. *August von Kotzebue*

Eine Krankheit zu befürchten heißt, sie zu verursachen. *Emile Coué*

Erkläre dich für gesund, und du magst es werden. *Ernst von Feuchtersleben*

Freude ist ein außerordentliches Heilmittel, das oft den ganzen Organismus neu beleben kann. *Carl Hilty*

75 Prozent meiner Patienten brauchen weder ein Chirurgenmesser, noch ein Medikament – sie brauchen Gott. *Dr. John A. Schindler*

Man sollte so leben, als ob man morgen stirbt und so lernen, als ob man unendlich lebt. *Mahatma Gandhi*

„Gott" im Bestseller „Gespräche mit Gott – Band 1" [5]
Jede Krankheit wird von euch selbst erschaffen. *Seite 281*
Die Gesundheit verbessert sich sofort, wenn das Sich-Sorgen ein Ende hat. *S.282*
Jegliche Krankheit wird zuerst im Geist erschaffen. *Seite 283*

Aus „Lebensbedingte Krankheiten" von Dr. Max Otto Bruker [38], Seite 100

Dass die Überzüge und die Umgebung der inneren Organe mit schmerzhaften Warnsignalen versehen sind, während die Organe selbst nicht schmerzen, könnte zu dem Gedanken verleiten, dass in der Schöpfungsidee nur mit einer Bedrohung der Organe von außen her, etwa durch Verletzung, gerechnet wurde und die Möglichkeit einer Zerstörung der Organe von innen her, etwa durch fabrikatorisch hergestellte Teilnahrungsmittel, nicht einkalkuliert war. Damit, dass der Mensch die raffiniertesten technischen Methoden erfinden würde, um sich von innen her auf chemischem Wege unter Umgehung der Warnsignale zu schädigen, hat die Natur wohl nicht gerechnet.

Aus dem Bestseller „The Secret – Das Geheimnis" [15]

„Unsere Physiologie manifestiert Krankheit um uns Rückmeldung zu geben, um uns wissen zu lassen, dass wir eine unausgewogene Sichtweise haben oder dass wir nicht liebevoll und dankbar sind. Die Zeichen und Symptome des Körpers sind nichts Schreckliches." *Dr. John DeMartini*

„Wir wollen uns daran erinnern, soweit wir können, dass jeder unangenehme Gedanke etwas Schlechtes ist, das wir unserem Körper antun." *Prentice Mulford*

„In einem emotionell gesunden Körper kann Krankheit nicht sein. Der Körper stößt jede Sekunde Millionen von Zellen ab und erschafft gleichzeitig Millionen neue Zellen." *Bob Proctor*

„Wenn sich Menschen lediglich mit ihren Symptomen und dem Kranksein beschäftigen, wird es nur noch schlimmer. Es kann keine Heilung eintreten, bevor sie ihre Aufmerksamkeit von der Krankheit aufs Gesundsein umschalten. Das ist das Gesetz der Anziehung." *Bob Doyle*

Rudolf Steiner in „Wie erlangt man Erkenntnisse der höheren Welten" [17]

Wie im Mutterschoße das Kind reift, so im physischen Leib der geistige Mensch. ... Niemand kann ein gesundes höheres Selbst gebären, der nicht in der physischen Welt gesund lebt und denkt. Natur- und vernunftgemäßes Leben sind die Grundlage aller wahren Geistesentwickelung. *Seite 155*

Aus dem Koran [8]

... esset und trinket, doch überschreitet das Maß nicht. *Sure 7, 31*

Jesus Christus laut der Bibel [1] im Neuen Testament

Ist der Becher von innen sauber, dann wird er auch außen sauber. Reinige zuerst das Innere des Bechers, damit auch das Äußere rein wird. Außen scheint ihr fromm, aber innen seid ihr voller Heuchelei und Unrecht. *Matthäusevangelium 23,25-28*

... Dein Glaube hat dich gesund gemacht. *Markusevangelium 5,34*

Nichts was von außen kommt in den Menschen verunreinigt ihn, sondern was von innen kommt, aus seinem Herzen, verunreinigt ihn. *Markusevangelium 7,15*

Siehe, du bist gesund geworden, sündige hinfort nicht mehr. *Johannesevangelium 5,14*

Jesus zu Lazarus: Krankheit ist um der Herrlichkeit Gottes willen und um den Sohn Gottes durch sie zu verherrlichen. *Johannesevangelium 11,4*

Unser Leib ist ein Tempel des Heiligen Geistes, den wir von Gott haben und der uns nicht gehört. *Paulus Brief an die Korinther 6,19*

Staunen wir eigentlich oft genug über unseren Körper? Er ist ein wahres Wunderwerk der Natur! Betrachten wir jedes einzelne Organ, das Muskelgewebe, den Skelettaufbau, das Gehirn, die Haut, das Gehör, das Gebiss, die Sinne der Zunge oder der Nase: Er scheint perfekt, wie von einem Designer, für diese Welt entwickelt zu sein – wir sind bestens angepasst. Jedes Detail hat seinen speziellen Zweck und Sinn: Die Nasenlöcher sind nach unten gerichtet, sodass unser Gegenüber nicht unsere Atemluft ins Gesicht bekommt oder Regen hineinläuft, gleichzeitig riechen wir ob das Essen noch gut ist. Die Augenbrauen leiten Schweiß, Dusch- oder Regenwasser an den Augen vorbei. Die Iris lässt den Lichteinfall des Auges bei Dunkelheit größer werden als bei Tageslicht. Die Ohrmuschel verstärkt jedes Geräusch. Der Brustkorb schützt die wichtigen Organe, der Schädel das Hirn. Der Rücken ist so geformt, dass alles Wasser das auf den Körper trifft, am unteren Ende der Wirbelsäule durch die unhygienischsten Stellen läuft. Die Wasserkühlung des Körpers funktioniert einwandfrei. Magen, Darm und Leber schaffen es aus den unterschiedlichsten Zutaten die Energie und Vitamine zu verwerten, die benötigt werden und filtern dabei die Gifte heraus, jedenfalls bis zu einer gewissen Grenze, denn irgendwann gibt der Körper auf. Jeder Zahn hat seine eigene Form und spezielle Funktion, das Material gehört zu dem härtesten, das man auf der Erde finden kann. Füße und Hände arbeiten perfekt mit den fünf Gliedern – ohne dicken Zeh könnten wir kaum aufrecht gehen.

Der aufrechte Gang hat uns zu einem kulturellen Evolutionssprung verholfen: Die Hände waren nun ständig frei, um Dinge zu halten und zu transportieren. Wir können einen Kasten Bier hochheben und kurz danach millimetergenau eine Tasse Tee zum Mund führen – all das sowohl bei minus 40 Grad als auch bei plus 40 Grad. Die Sprache brachte einen weiteren Vorsprung gegenüber allen anderen Lebewesen. Unser Gehirn wird auf sehr lange Sicht nicht künstlich nachzubauen sein, nicht einmal die Entstehung des Auges ist wissenschaftlich zu erklären. So kam es, dass vor ca. 5000 Jahren die Sumerer, wie aus dem Nichts, eine fantastische Hochkultur aus dem Boden stampften.

Leider hat unser Körper auch einige Nachteile und Schwachpunkte, die ihn anfällig machen: Wir brechen uns Knochen, reißen uns die Haut auf, Augen werden schlechter, Zähne faulen oder brechen ab, Erkältungen, Magen-Darm-Erkrankungen, grippale Infekte und die vielen größeren Krankheiten.
Doch unser Körper ist und bleibt ein Wunder der Natur, ein biologisches Meisterwerk, ein Geschenk Gottes, ein Vehikel für unser Leben auf der Erde – eben der Tempel der Seele. Umso erstaunlicher ist, wie wir ihn behandeln:
Drogen, Zigaretten, Alkohol, Fettsucht, Magersucht – wenn Sie mich fragen sind das alles Anzeichen dafür, dass man seinen Körper nicht liebt. Wer seinen Körper nicht liebt, liebt sich selbst nicht. Wenn man sich selbst nicht liebt, wie

kann man dann seinen Nächsten lieben, achten und ehren? Irgendwann wird der Körper abgestreift wie ein Taucheranzug, richtig, aber so lange wir ihn brauchen, ist es wichtig, ihn bei bester Kondition aufrecht zu erhalten.

Während wir bei unserem Auto genau wissen wie wir es zu pflegen haben, worauf wir achten müssen und was wir wann durchführen sollten (z.B. Luftdruck prüfen, Ölwechsel mit der entsprechenden Ölqualität, das richtige Benzin, Reifenwechsel, Betriebstemperatur, Bremsscheibendicke etc.), vernachlässigen wir das bei unserem eigenen Körper total, selbst wenn wir wissen was wir zu tun (z.B. genug bewegen, trinken, schlafen, frische Luft, Sonnenlicht, gesundes Essen etc.) und zu lassen haben (z.B. Alkohol, Nikotin, fettes Essen, Zucker, Stress, zu wenig Schlaf etc.). Während also niemand auf die Idee käme in den Dieseltank seines Fahrzeuges eine beliebige Flüssigkeit zu füllen, aus Gefahr den Motor damit zu zerstören, gehen wir mit unserem wertvollen menschlichen Körper absolut grauenhaft um.

So ist es z.B. seit ca. 1970 in den sogenannten „westlichen Industrienationen" zur absoluten Normalität geworden, Kleinkinder mit im Labor künstlich hergestelltem Milchpulver großzuziehen. Parallel dazu sind seither (es gibt sicher viele weitere Gründe mehr) auch Allergien und „neumodische" Krankheiten bei kleinen Kindern immer häufiger geworden. Wir sollten uns also fragen, ob wir unsere Lebensmittel mehr und mehr (bald völlig) der chemischen Industrie anvertrauen (Stichwort Genmanipulation) oder ob wir nicht wieder mit dem natürlichen Kreislauf umgehen lernen und leben wollen; und dann vielleicht wieder früher aber dafür eben gesund sterben. Stattdessen wachsen ganz normale Kinder mit ungesunden Dingen auf, wie z.B. süßen Cornflakes und weißem Toastbrot mit Schokoladenaufstrich etc.

Es gab vom weltweit größten Nahrungsmittelkonzern (ich mag nicht einmal den Namen nennen) vor wenigen Jahren eine Umfrage unter jungen Müttern zur besten Babynahrung. Als Antworten kamen vor allem zu Tage: Sie solle 1. schnell zubereitet sein, 2. schnell satt machen und 3. möglichst lange ein Sättigungsgefühl geben und damit Ruhe und Zufriedenheit schenken. Die Mütter bekamen worum sie baten: Einen zwar lecker schmeckenden (weil süßen) Instantbrei, der lange satt macht. Man wunderte sich jedoch, warum die Kinder nun alle so dick wurden. Nach der Gesundheit fragte also niemand. Insgesamt ist es unglaublich was die multinationalen Großkonzerne uns vorsetzen. Als Richtlinie der unabhängigen Ernährungsberater gilt:
„Kaufe nichts wofür Werbung gemacht wird!"

Täglich sind wir unzähligen chemischen Stoffen ausgesetzt, die vor gerade mal hundert Jahren noch unbekannt waren: In der Kleidung, im Shampoo und Waschgel, in Kosmetikartikeln wie Cremes, in Waschmitteln, Wandfarben, Konservierungs-, Aroma- und anderen Zusatzstoffen in Lebensmitteln, im

Deo, in Reinigungsmitteln, Zahncremes, Medikamenten, Vitaminpräparaten etc. Neben diesen „normalen" Alltagsdingen, gibt es auch die Extrembeispiele mit dauerhafter „Junkfood-Ernährung" aus Fertiggerichten, Chips und Limonade. Erstaunlich übrigens, dass mittlerweile in fast jedem Produkt Zucker zur Basis gehört. Hier zeigt sich, wie widerstandsfähig, gegen diese Flut von Angriffen auf unsere Gesundheit, der Körper eigentlich ist. Und dennoch gibt er früher oder später auf, mit Symptomen, die schwächer (Allergien) oder stärker (Diabetes) ausfallen. Die meisten dieser Leiden waren früher bei uns und sind noch heute bei naturverbundenen Völkern völlig unbekannt. Das hatte seinerzeit die Reformbewegung veranlasst, gegen die „Industrialisierung" unserer Nahrung zu protestieren, obwohl es damals noch kaum Chemie auf dem Feld gab. Und der neue Bio-Boom zeigt, wie Recht sie damit hatten.

Man braucht nicht alles Moderne zu verteufeln, doch in dieser Masse ist es eine Qual für unseren Körper und auch die Umwelt. Wir müssen einen Mittelweg finden, wie man Errungenschaften der modernen Wissenschaften mit dem natürlichen Kreislauf in Einklang bringt. Man kann noch so viele und dicke Bücher zu gesunder Ernährung lesen, aber letztendlich läuft alles auf das Gleiche hinaus: Unserem Körper dient nur die reine, natürliche Kost.

Wir können davon ausgehen, dass fast alles was wir in einer Verpackung kaufen können eine „Konserve" ist. Sobald die Lebensmittel verpackt sind, sind sie auch dem Verfallsprozess (siehe Mindesthaltbarkeitsdatum) preisgegeben. Und wenn es noch so frisch klingt (Saft, Milch, Brot etc.): Entweder ist es bereits industriell gefertigt (Zucker), also verarbeitet und damit so gut wie wertlos, oder es verliert täglich an wertvollen Inhaltsstoffen. Auch Gemüse und Obst, verliert stündlich an Nährwert sobald es geerntet wurde. Man kann sogar sagen: Je länger Lebensmittel haltbar sind, desto wertloser sind sie.

Ich habe eine Tante die Ernährungsberaterin ist und von der ich viel lernen durfte, leider erst im etwas fortgeschrittenerem Alter, statt bereits in der Kindheit. Sie hatte mal einen schönen ausgleichenden Satz formuliert: *„Nicht was wir zwischen Weihnachten und Neujahr zu uns nehmen, sondern zwischen Neujahr und Weihnachten ist entscheidend."* Wir können also in Ausnahmefällen, zu besonderen Anlässen und Festlichkeiten, auch mal ungesund leben (Alkohol, Tabak, Süßkram) und über die Stränge schlagen, also ungesund leben. Aber entscheidend ist, *wie* wir sonst unser Essen zubereiten – das ganze Jahr über.

In den westlichen Industrienationen sagt man, dass wir überwiegend nicht mehr an Mangelerscheinungen aufgrund Hunger leiden, sondern wir haben Mangelerscheinungen trotz des Überflusses: insgesamt essen wir zu viel, zu fett, zu schnell. Wir trinken zu süß, zu kalt, zu säurehaltig. Dazu all das vollgestopft mit künstlichen Inhaltsstoffen. Der bekannte, friedliche, indische Revolutionsführer Mahatma Gandhi hat aufgrund seines asketischen Lebens darauf bestanden, dass er maximal fünf Zutaten pro Tag zu sich nimmt. Diese konnten in verschiedenen Speisen verarbeitet sein und auch täglich wechseln, aber eben immer sparsam. Sogar das kann eine Art Genuss darstellen!

Mehr als 1/3 der Gesundheitskosten in Deutschland werden für die Behandlung von „Zivilisationskrankheiten" durch falsche Ernährung ausgegeben. In Asien ist es üblich den Arzt solange zu bezahlen, wie man selbst gesund ist.

Meiner Meinung nach müssten wir unsere Nahrung anhand von Kriterien in dieser Reihenfolge auswählen: *1. Sie muss satt machen, 2. Sie muss gesund sein, und kann dann 3. auch noch gut schmecken.* Die moderne Art ist jedoch: *1. Lecker sein und 2. satt machen und kann 3. auch gesund sein.* Diese Reihenfolge sollten wir wieder umkehren und auch noch ethisch und umweltbewusst ausrichten.

Es gibt zwei sehr interessante Filme, die ich dazu empfehlen möchte: „*Super Size Me*" (wie lebt es sich einen Monat nur mit Fast Food) und „*We feed the world*", ein Film über die Ernährungskette vom Entwicklungsland bis auf unseren Esstisch. Beide sind sehr imposant und lehrreich.

So bin ich irgendwann zu einem der in Deutschland verschrieenen **„Körnerfresser"** geworden und fühle mich äußerst wohl, vor allem gesund, dabei. Das Ganze schmeckt übrigens trotzdem lecker und ist sehr abwechslungsreich. Unglaublich, wie oft ich den Satz höre: „*Das ist mir zu gesund!*" – meist in Verbindung mit meiner vegetarischen, vollwertigen Ernährung. Man stelle sich das mal für andere Dinge vor: „Diese Lackpolitur ist zu gut für mein Auto."; „Das Motoröl hat eine zu hohe Qualität." Oder für ein Haus: „Diese Heizung ist zu sparsam."; „Die Fassadenfarbe hält zu lange."; „Die Dachpfannen sind zu stabil.". Natürlich spreche ich hier nicht für den übertriebenen Fitnesswahn, er kommt dem Aufmotzen von Autos (Car-Tuning) mit Spoiler und tollen Felgen oder der übertriebenen Dekoration eines Hauses mit Türmchen und Säulen gleich. Ich rede von der ganz normalen Pflege und Wartung und die Verwendung von solider Qualität, die eine lange Haltbarkeit garantiert. Wie beim Haus oder Auto möchte man doch einen möglichst langen und guten Werterhalt, ohne Ausfälle und teure Reparaturen, erreichen. Bei Haus und Auto wissen wir genau, was zu tun ist, wann der nächste Werkstatttermin ansteht oder die Fenster wieder gestrichen werden müssen. Unseren Körper jedoch behandeln wir so unendlich schlecht und wundern uns hinterher, wenn es irgendwo reinregnet oder ein paar Teile klappern.

Der klassischen Schulmedizin werfe ich eine materialistische Ausrichtung vor und dass sie seit jeher versäumt (neben der Tatsache, dass sie sich kaum um gesunde Lebensweise bemüht, sondern lieber Medikamente und Therapien verschreibt) einen Bezug zwischen **Geist und Seele zum Körper** zu suchen. Erst wenn der Patient völlig auffällig ist, wird er zum Psychologen (Seelenklempner) geschickt. Der Rest wird mit Chemie und anderen Mitteln aus dem Weg zu räumen versucht, doch hier geht es meist nur um das Symptom. Meiner Meinung nach müssen die Ursachen der Krankheiten im Innern gesucht werden. Ich denke, dass _alles_ einen seelisch-geistigen Ursprung hat. Tägliche „mentale Hygiene" sollte deswegen zum Tagesablauf gehören wie das Zähneputzen, **ganzheitlich** ist das Stichwort! Körper, Geist und Seele wollen gleichberechtigt entwickelt und gepflegt werden.

Vom ersten Tag an der Mutterbrust wird Essen und Trinken mit Liebe und Zuneigung in Verbindung gebracht: „Liebe geht durch den Magen." Essen gehört damit zu jedem Rendezvous, aber auch zu besonderen Festtagen: „Essen wie Gott in Frankreich." Jedem ist bekannt, dass ein Geschäftsessen Türen öffnen kann, die sonst womöglich verschlossen geblieben wären. Das sind nur wenige Beispiele, dass gutes Essen auch für gute Stimmung sorgt und mit „Liebe" zu tun hat. So wird aus spiritueller Sicht angenommen, dass sich bei Dickleibigen mangelhafte Liebe und Zuneigung im Äußeren manifestiert.

Kann es denn sein, dass **_alle unsere Krankheiten einen geistigen Ursprung_** haben? Ich bin zwar kein Experte und kann nicht ins Detail erklären warum, aber dennoch bin ich seit Jahren überzeugt, dass _alle_ unsere Krankheiten und sogar Unfälle von innen heraus kommen. Egal ob unterdrückte Emotionen und Gefühle, aufgestaute Wut, Hass oder auch Ängste (von Enge!) und was sonst noch alles: Immer gibt uns das jeweilige Symptom einen Hinweis, eine Information (In-Form gebrachter Gedanke!), stellt dem Geist und dem Körper eine Frage oder gibt uns ein Warnsignal. Wir müssen hinhören! So z.B.: Warum findet ein Diabetiker nichts Süßes mehr am Leben? Wem möchte ein Erkälteter etwas husten? Von wem hat er die Nase voll? Vor wem buckelt ein Rückenkranker oder traut sich kein Rückgrat zu zeigen? Warum hat jemand angriffslustige Krallen? Was juckt einen Fußpilzkranken? Wer oder was hat einem Herzkranken das Herz gebrochen oder verhärten lassen? Was schlägt ihm auf den Magen? Worüber zerbricht er sich den Kopf? Warum kann jemand gut in die Ferne schauen, aber nicht ganz nah bei sich? Warum hat jemand einen steifen Nacken, ist so hartnäckig? Kennen Sie auch solche Beispiele? Viele Metaphern der Alltagssprache decken den starken Zusammenhang zwischen Körper und Geist auf. Mir ist z.B. in den letzten Jahren vor allem der zeitliche Zusammenhang zwischen „Brüchen im Leben", also dem Tod eines nahe stehenden Verwandten und tatsächlichen „Knochenbrüchen" aufgefallen. Sehr oft erlebte ich, dass wenige Tage, bis zu einer Woche, ein Zurückgebliebener einen Knochenbruch erlitt.

In kaum einem Bereich finden sich so deutliche Zeichen für **„die Kraft der Gedanken"** (siehe Teil 2), wie beim Thema Gesundheit. Manchmal sind 100 Leute im Raum und nur wenige stecken sich an. Natürlich könnte man als

Argument anführen, dass die einen eben ein schwächeres Immunsystem haben. Aber warum haben sie das? Täglich treffe ich doch Menschen, die über nichts anderes reden, als über ihre Krankheiten. Sobald sie den Raum betreten, nehmen sie entsprechende „Haltung" an, damit jeder sieht, wie schlecht es ihnen geht. Wie gerne doch Kinder und Alte krank sind, um bemuttert und bemitleidet zu werden, stundenlang unterhalten sie sich über ihre neuesten Krankheiten: „Ich habe ganz schlimmes Fieber!", und geraten dadurch immer tiefer in den Strudel weiterer Krankheit. Andere, die immer positiv denken und handeln, sind häufiger frei von Krankheiten. Der Glaube versetzt Berge!

Der „Placebo-Effekt", aus dem Kapitel *„Kraft der Gedanken"*, soll hier noch mal als eindeutiger Beleg dafür angeführt werden – also ein nutzloses Medikament (aus Mehl oder purem Zucker etc.), welches dennoch hilft. Viele Bücher gibt es zu dem Thema, mit Metaphern für die diversen Symptome. Siehe dazu z.B. den Bestseller *„Krankheit als Weg"* [34].

Ich selbst hatte 1991 **an einem Freitag, den 13., einen Unfall** mit meinem Motorroller, weil ich an die Kraft eines „Freitag, den 13." glaubte. Nicht der Tag selber und das Datum waren schuld, sondern meine Gedanken waren es, die sehen wollten, was heute so alles passiert. Ein anderes Beispiel sei genannt: Einen Tag vor meiner Abschlussprüfung der Ausbildung war ich sehr aufgeregt, ich konnte nicht einschlafen. Meine heutige Frau machte mir daraufhin einen **„Gute-Nacht-Tee"**, der auf wundersame Art und Weise sofort wirkte. Wir wurden beide müde, gingen zu Bett und schliefen tief und fest. Es funktionierte! Doch als ich morgens in die Küche kam, sah ich, dass wir in Wahrheit aus Versehen einen anderen Tee aus der gleichen Serie, nämlich **„Guten-Morgen-Tee"**, getrunken hatten. Wir mussten herzlich lachen darüber, doch im Endeffekt zeigt es, wie sehr doch unsere Gedanken den Körper steuern. Auch meine extremen Rückenschmerzen und -krämpfe, die mehrmals im Jahr (vor allem bei kalten Temperaturen) seit meinem dreizehnten Lebensjahr auftraten, konnte ich in den letzten beiden Jahren durch viele neue Wege heilen. Es war am Ende ein Zusammenspiel aus Ernährungsumstellung, neuer Matratze und Schuhe, gesundem Sport (Tai Chi und Krafttraining) sowie einer neuen Einstellung zum Leben und dem Niederschreiben von negativen Gedanken. Evtl. beeinflussen wir also auf einem natürlichen physikalischen Weg die Welt, siehe dazu das Buch *„Die Entstehung der Realität"* [3].

Die Kraft der Gedanken wirkt auf unser Leben und damit die Gesundheit, natürlich auch umgekehrt. So wie uns ein Arzt glaubhaft machen kann, dass das Medikament XY gut wirkt, so wirken sich auch die 1000 anderen Gedanken am Tag, die negativer Natur sind, auf unsere Gesundheit aus. Reden Sie sich ruhig immer wieder ein, dass man als Rentner krank wird, andere bleiben trotzdem gesund bis ins hohe Alter. Reden Sie sich ein, dass man sich in der Bahn eine

Grippe einfängt, Sie werden garantiert eine bekommen! Es gibt immer andere Menschen, die sich nicht anstecken oder krank werden. Warum schaffen sie das? Vielleicht sagen sie sich einfach: Ich bin 100% gesund! Krankheiten wie Fettsucht und andere Süchte sind doch auf unseren Geist, unsere Einstellung zu den Dingen, zurückzuführen. Frieden und Liebe erreicht und fördert man jedoch nicht durch Alkohol und andere Drogen! **Sucht kommt von Suche.** Dieser Suche sollte nachgegangen werden (was fehlt im Leben?) und nicht der Sucht, egal ob bei uns oder nahen Verwandten. Kerngesund? Wenn der Kern gesund ist, ist auch der Apfel gesund!

Zum Schluss möchte ich noch auf die häufige Frage eingehen ob denn dann **„Krankheit eine Strafe"** ist? Ich würde es eher so betrachten, dass der Geist, als eine Art Waffe, ständig auf den Körper einwirkt und dieser irgendwann nachgibt. Das ist ein ganz normaler, natürlicher Vorgang – es ist ein Gesetz! Man muss sich vorstellen, dass sich selbst in einem gesunden Körper täglich Tausende Krebszellen, Bakterien, Viren und Bazillen befinden, die aber abgetötet werden. Der Körper regeneriert sich ständig, diese bösartigen Zellen stellen eigentlich keine Gefahr dar. Warum reicht dieser Kampf bei manchen irgendwann nicht mehr aus? Versuchen Sie diese Abwehrkräfte täglich zu unterstützen durch gesunde Ernährung und entsprechenden Lebenswandel, eine ausgeglichene Lebenseinstellung ohne Stress, frei von Ängsten, ein herzlicher Umgang mit ihren Mitmenschen – auch diejenigen die sie nicht mögen! Auf diese Art kommen selbst genetische Defekte nicht bei allen Risikopatienten zum Ausbruch. Und das wäre natürlich sonst gar nicht zu begreifen.

Anders mag es aussehen bei frühen Kinderkrankheiten, die womöglich sogar zum Tode führen. Hier auf die „negativen" Gedanken der kleinen Kinder hinzuweisen ist sicher fehl am Platz. Auch den negativen Gedanken der Eltern, wie in manchen Kulturen, möchte ich das nicht aufbürden. Hier scheint irgendwie noch etwas viel Größeres am Werk zu sein, was nicht negativ verstanden werden muss, sondern vielleicht einen viel tieferen Sinn hat. Dazu empfehle ich vor allem die Trilogie *„Reise in die Unsterblichkeit"* [20].

Dr. med. Gottfried Hertzka in „So heilt Gott – Die Medizin d. hl. Hildegard v. Bingen"
Stelle Dir das Gute vor, das aus Deinem Tun jeweils werden soll, und fasse es in Worte oder einen Leitsatz zusammen, und das Gewünschte wird Wirklichkeit. Ich stehe auf dem Standpunkt, dass selbst scheinbar unverschuldetes Unglück uns nie zustößt, ohne dass wir selbst in Gedanken ihm Raum gegeben haben. Da es seit den Zeiten des seligen Hippokrates, des Ahnherrn aller Ärzte, zu den Aufgaben des Arztes gehört alles abzuwenden, was einem Patienten Schaden bringen könnte, ... benütze ich die Gelegenheit eines Unfalles immer dazu, seine hintergründigen Ursachen im falschen Denken des Betroffenen aufzudecken. Dass wir dabei in den Bereich des Religiösen, der vornehmsten Quelle unserer Lebenssicherungen, geraten, wen soll´s wundern?

WARUM VEGETARISCH

Zum Schluss eine Sache, die mir sehr am Herzen liegt, denn ich selbst habe mehr als 25 kostbare Jahre gebraucht, um zu verstehen, dass das Töten von Tieren für unseren Verzehr unethisch, unökologisch, unökonomisch, ungesund und ja: unchristlich ist. Aber vor allem ist der Fleischverzehr völlig unnötig. Ich beneide darum die Menschen, die den Schritt zum Vegetarismus bereits fünf, zehn oder sogar zwanzig Jahre früher geschafft haben als ich. Im Nachhinein wäre ich also gerne sehr viel früher und deutlicher auf die Vorteile einer fleischlosen Mischkost und auf die erheblichen Nachteile des Fleischverzehrs hingewiesen worden, z.B. in der Schule. Heute fühle ich mich viel freier, gesünder und im Frieden mit den Tieren. Gleichwohl weiß ich, wie schwer es ist, einen überzeugten Fleischesser, wie ich selbst es war, davon zu überzeugen. Mit Händen und Füßen hat man sich gegen diese dämlichen „Ökofreaks" und langweiligen „Körnerfresser" mit Wollpullover gewehrt, die doch ganz offensichtlich nur mit ihrem Tofu missionieren wollten.

Neben den vielen vegetarisch lebenden Bekannten, überzeugten mich vor allem die vielen großen Persönlichkeiten der Geschichte aus allen Bereichen wie der um 550 vor Christus lebende Pythagoras (nach ihm wurden über Jahrtausende alle Vegetarier „Pythagoreer" genannt, da er als Erster eine solche Bewegung durch seine Ethiklehre auf den Weg brachte). Die ersten Pythagoreer lebten in einer Gemeinschaft, die sich neben den Naturwissenschaften (Mathematik, Astronomie) auch den musischen (Dichtung, Musik, Philosophie), den praktischen Dingen (Politik, Rhetorik) und eben einem ethischen Leben verschrieben hatten. Aber es seien auch andere Gelehrte und (Universal)Genies als Beispiel genannt: Leonardo da Vinci, Albert Einstein, Mahatma Gandhi, Leo Tolstoi, Albert Schweitzer und viele mehr...

Für diese (siehe nachfolgende Zitateliste), wie für mich, ist der Vegetarismus eine sehr einfach umzusetzende Lebensweise die, auf meist ethischer Grundlage, viele Probleme beheben könnte. Zum einen die eigene Gesundheit, aber auch den Welthunger, viele ökologische und ökonomische Probleme usw.

Vegetarier leitet sich wohl vom lateinischen Wort für Vegetation (Pflanze) ab, so wie das englische Wort vegetable (Gemüse), also rein pflanzliche Nahrung. Aber immer wieder trifft man Leute und vor allem Kellner in Restaurants, die meinen, dass doch Eier, Käse oder gar Fisch auch dazu gehören müsste. Das ist der Grund warum irgendwann der Begriff „vegan" (aus der ersten und letzten Silbe von Veg-etari-an) ins Leben gerufen wurde, um den Unterschied zwischen den strengen Vegetariern zu den „halben" Vegetariern deutlicher abzugrenzen. Eigentlich wäre es nicht nötig, denn natürlich gehören Fisch, Eier oder Milch nicht zur Vegetation. Die alt-griechischen Pythagoreer lebten jedenfalls vegan, bzw. sogar frugivor (Rohköstler), sie nannten es „Enthaltung von Beseeltem". Sie glaubten an eine Seelenwanderung (wie die Hindus) nach dem irdischen Tod, also auch zwischen Mensch und Tier. Ich sage immer: „Ich esse nichts was Augen hat oder Vater und Mutter hatte." Strenge Veganer gehen aber noch weiter und wollen allgemein keine Produkte die für die Ausbeutung der Tiere stehen, sie lehnen also auch alles andere ab, wofür vorrangig keine Tiere sterben müssen: Milch, Wolle, Seide, Honig, Eier etc.

Laut „UN Food and Agriculture Organization" (FAO) sterben jährlich 56 Milliarden Tiere durch die Hand des Menschen, allein in der EU sollen es rund fünf Milliarden sein (ohne Wassertiere). In den USA werden z.B. über eine Millionen Hühner pro Stunde (!) getötet. Allein in Deutschland werden jedes Jahr 450 Millionen Tiere gewaltsam, für den Verzehr und Konsum, zu Tode gebracht – pro Tag 1,2 Millionen! In der Wochenzeitung Handelsblatt waren im Jahr 2005 die drei größten Hersteller-Länder von Fleischprodukten zu lesen: 1. China mit 72 Mio. Tonnen pro Jahr, 2. USA mit 39 Mio., Brasilien mit 20. Mio. und 4. Deutschland mit 7 Mio. Tonnen Fleisch. Die Vereinten Nationen (UNO) schreiben in ihrem Klimabericht 2006, dass die weltweite Tiermast so viele Klimagase freisetzt wie alle Transportmaschinen / der Verkehr zusammen; also Autos, Flugzeuge, Schiffe, Dieselloks etc. Jakob von Uexküll, Gründer des Weltzukunftsrates (www.worldfuturecouncil.org), sagte vor wenigen Jahren: *„Schon drei Prozent weniger Fleischkonsum in den Industrieländern würde dazu führen, dass eine Milliarde Menschen weniger hungern würden."*

Mittlerweile habe ich aber das Gefühl, dass es eine große weltweite Bewegung (Revolution?) des Friedens und der Gewaltlosigkeit gibt – immer mehr machen mit. In Deutschland sollen sich ca. 9 Prozent als „überwiegend vegetarisch lebend" bezeichnen. Die belgische Stadt Gent hat 2009 den allgemeinen Vegetariertag eingeführt: Donderdag = Veggiedag. Jeden Donnerstag gibt es in allen Restaurants und Kantinen der Stadt vegetarische Kost. Sie will Europas Vegetarier-Hauptstadt werden. Es sind bereits deutsche und andere europäische Städte nachgezogen, die das Konzept ebenfalls eingeführt haben.

Natürlich könnte ich ungemütlich sein und Fleisch von Tieren, das täglich auf unseren Tellern landet, als Leichenteile, Aas oder Kadaver bezeichnen. Es ist zwar wahr, wie jeder weiß, aber es klingt erst mal nicht sehr positiv. Da aber Vegetarismus mit einer friedliebenden, positiven Lebenseinstellung einhergeht, versuche ich meine Worte entsprechend vorsichtig und sensibel zu wählen. Meine anfängliche Euphorie, als ich noch der Illusion aufsaß andere müssten doch genauso von meiner neuen Erkenntnis und Ernährungsweise begeistert sein, wie ich, ist schnell der Realität gewichen: Die einen schwammen schon lange auf der Veggie-Welle (teilweise war ich recht erstaunt welche Verwandten und Bekannten sich plötzlich als Vegetarier entpuppten und oft schon seit Jahrzehnten praktizierten) und die andere Fraktion hat es als bloße Ökospinnerei einfach vom Tisch gewischt – als vorübergehende Macke –, so wie ich selbst noch wenige Jahre oder Monate zuvor diese „Körnerpicker" verteufelt hatte. Dabei war ich einfach begeistert, wie einfach, friedlich und gesund, vor allem aber lecker es sich ohne Fleischkost leben lässt. So ähnlich ging es auch dem Bestsellerautor Jonathan Safran Foer von *„Tiere Essen"* [39].

Ganz klar, dass man sich, einmal diesen Weg eingeschlagen, nochmals weiter entwickeln kann, wenn man richtig nachdenkt: Pelz? Leder? Alles tote Tiere! Vegetarismus ist nicht nur eine Ernährungsweise, sondern auch eine Lebenseinstellung. Denn es ist unglaublich, in wie vielen Produkten (Kosmetikartikel, Medikamente etc.) tierische Inhaltsstoffe enthalten sind oder an Tieren getestet wurden, nur damit es wieder unter neuem Namen auf den Markt gelangen kann. Dabei sind viele dieser Dinge völlig unnütz, bzw. gab es früher natürliche Alternativen, die viel gesünder waren. Als Haarfestiger eignete sich seit Jahrhunderten Bier, Medikamente und Kosmetikartikel gibt es bereits en Masse oder wurden früher auch auf natürlichem Weg gewonnen (Heilkräuter und Tees etc.). Meist müssen sie nur aus dem einen Grund an Tieren auf bestialische Art getestet werden, damit wir sie wieder in neumodischer Verpackung, unter anderem Namen und womöglich zu höherem Preis, kaufen können. Immer wieder neue Produkte zu Lasten der Tiere.

Überall um uns herum haben wir tote Tiere: Ledertaschen, Ledergürtel, Schuhe, Ledersitze, Pelze und Lederjacken, Armbänder, Halsbänder, Lederhosen, Ledercouch, selbst Lenkrad, Handbremse und Schaltknauf im Auto sind mit Leder ummantelt. Wir umgeben uns mit Leichenteilen toter Tiere wo man nur hinsieht. Sogar Dingen wo man es gar nicht vermutet, sind Zutaten von toten Tieren beigemischt: Fotofilme und Fotopapier, Kosmetik wie Haarspray und Cremes, Süßigkeiten wie Lakritz und Fruchtgummi, Seifen, Chips usw.

Jedoch: Schuhe, Gürtel, Jacken, Taschen etc. werden mittlerweile auch lederfrei angeboten – in erstklassiger Qualität und Optik und sogar biologisch. Ebenso Kosmetikartikel, Süßigkeiten, Medikamente etc.
Ich selbst habe all das ausprobiert, allein schon aus Spaß, und irgendwann hatte ich für alles einen Hersteller für z.B. lederfreie Uhrenarmbänder (natürlich in Lederoptik!) oder Portemonnaies etc. gefunden. Die lederfreien „Lederschuhe" (handgefertigt aus England zu einem günstigen Preis) sind äußerst komfortabel zu tragen, reißen nicht mehr bei Wasserkontakt und sind sogar kompostierbar (Kautschukbasis!). Ich bin seit Jahren mit den verschiedensten Modellen sehr zufrieden, nur meine Kölner Händlerin nicht, denn: Sie verschleißen nicht mehr so schnell wie Lederschuhe!

Die Ernährungsstufen (Übergänge sind fließend)

Kannibale	Isst jede Art von Fleisch, auch Menschenfleisch
Fleischesser Typ 1	Isst jede Art von Fleisch, auch roh (Eskimos, Japaner etc.)
Fleischesser Typ 2	Isst jede Art von Fleisch, aber nur gebraten etc.
Fleischesser Typ 3	Isst kein rotes Fleisch, nur braunes Fleisch, Geflügel und Fisch etc.
Fleischesser Typ 4	Isst außer Geflügel und Fisch kein Fleisch
Fleischesser Typ 5	Isst nur noch Fisch, ansonsten vegetarisch
Vegetarier Typ 1	Ovo-Lacto-Vegetarier (rein pflanzlich, aber auch Milchprodukte und Eier)
Vegetarier Typ 2	Lacto-Vegetarier (rein pflanzlich, aber Milch und Milchprodukte)
Vegetarier Typ 3	Strenger Vegetarier (rein pflanzlich, kein Leder, aber Honig, Seide, Wolle)
Vegetarier Typ 4	Veganer (vegan aus Anfangs- und Endsilbe von Veg-etari-an) (nur pflanzlich, kein Honig, Wolle, Seide, Leder, Kosmetik etc.)
Vegetarier Typ 5	Frutarier / Rohköstler (nur solche Pflanzen, die man nicht zerstören muss)
Asket	z.B. indische Hindus die z.B. von Regenwasser & Baumrinde leben

Als äußerst unpassendes Gegenargument (wenn keine anderen mehr zu finden sind) höre ich häufig: 1. *„Vegetarisches Essen? Ich bin doch kein Kaninchen!"* und 2. *„Ich will doch den Tieren nicht das Futter weg essen!"*

Auch wenn beide sehr albern und nicht ernst gemeint sind, möchte ich dazu kurz in diesem Rahmen Stellung nehmen:

1. Natürlich essen nicht bloß Kleintiere wie Kaninchen Gemüse und Obst, sondern vor allem Großtiere: Von Giraffen und kräftigen Stieren, über schnelle Hengste und Bisons, bis hin zu Elefanten und Nashörnern, leben gerade diese beeindruckende Tiere (inkl. Dinosaurier) vegetarisch – ja sogar vegan.

2. Im Gegenteil essen wir nicht den Tieren das Futter weg, sondern unsere „Nutztiere" essen den anderen Menschen das Futter weg. Wie schon oben gezeigt, verbraucht 1 Kalorie aus Fleisch ein Vielfaches mehr an Energie, Wasser und Land, als 1 Kalorie aus pflanzlicher Kost, aber vor allem müssen sie täglich gefüttert werden, allein um ihre Körpertemperatur zu halten. Selbst Hunde- und Katzenfutter ist vegetarisch zu haben; die Tiere werden genauso alt und bleiben absolut gesund!

Mir fällt auf, dass wir den Tieren andere Namen geben als uns selbst um sie ja von uns abzugrenzen. So nennen wir die Tierkinder Kalb oder Lamm, wir nennen den Vater Bulle oder Eber und die Mutter Kuh oder Sau. Tatsächlich geben wir den „Nutztieren" nicht einmal Namen wie unserem Haustier. Warum tun wir das? Gewinnt man auf diese Art mehr Abstand?

Seltsamerweise treten selbst Greenpeace, der WWF oder andere Aktivisten wie Anti-Pelz-Bewegung oder Walretter etc. nicht für eine strikte vegetarische Ernährung ein. Sie kämpfen für verschiedene aussterbende Tierarten, aber Burger-Restaurants, Currywurstbuden oder Metzgertheken im Supermarkt werden als völlig normal hingenommen. Für mich ein endloser Widerspruch!

Häufig erlebe ich, im Bekanntenkreis oder im Restaurant, dass Fisch angeblich ja kein Fleisch wäre und man als Vegetarier doch Fisch essen könne. Abgesehen davon, dass das nicht stimmt (siehe oben) zerstört unser Fischverzehr den gesamten natürlichen Kreislauf der Weltmeere – sie sind so gut wie leer gefischt. Durch Überfischung fehlt den Meeressäugern die Nahrung. Durch die Verdreckung der Meere sowie durch die Klimaerwärmung schaden wir dem Gleichgewicht der Ozeane enorm. Jährlich werden ca. 30 Mio. Tonnen „Beifang" (Delfine, Wale, Seevögel, Krebse, Seesterne etc.) als *Müll* entsorgt, vor allem durch die Thunfischjagd. Darunter ca. 250.000 Meeresschildkröten. Ganz zu schweigen von unserem grässlichen Umgang mit jungen Seerobben.

Die Massentierhaltung hat nicht nur psychische Folgen für die Tiere und enorme Umweltprobleme (Wohin mit den riesigen Gülle-Mengen?) mit sich gebracht, sondern Fleisch zu einem billigen Massenprodukt werden lassen. Während man in Deutschland 1950 für 1 kg Schweinefleisch noch 1,6 % seines Monatsnettoeinkommens zahlen musste, waren es 2002 nur noch 0,28 %. So stieg natürlich auch der „Verbrauch" von 26,2 kg pro Kopf im Jahre 1950, auf 60,7 kg im Jahre 2004 – er hat sich also mehr als verdoppelt! Der Durchschnitt aller Industrieländer liegt sogar bei 88 kg pro Jahr. Gegenüber der Zeit um 1800 hat sich der Fleischverzehr sogar verzwanzigfacht. Man erkennt daran, wie abnormal wir unsere Ernährung seit damals umgestellt haben und somit wäre auch der Anstieg verschiedener Volkskrankheiten damit zu erklären – aus der Überfettung der Bevölkerung.

Spätestens seit 1. Januar 2003 esse ich also absolut kein Fleisch mehr. Seither immer wieder diese Frage: „Warum denn nicht mehr?" Niemand fragt, ob es einem besser oder schlechter geht bzw. wie der Partner damit klar kommt. Nur diese eine Frage. Und von mir immer wieder nur die eine Antwort: *„Ich habe mindestens 20 Gründe dafür."* Sobald ich dann den ersten nenne, wird er gleich in tausend Stücke zerpflückt und es endet in einer unendlichen Diskussion. Nun will ich gerne tatsächlich mal diese 20 Gründe zusammenfassen, sodass man dann über *alle* und nicht nur über einzelne diskutiert. Auch mit dem Lebensgefährten oder Ehepartner ist man ja nicht nur aus einem einzigen Grund zusammen. Die Gründe sind komplex und hier nur umrissen:

Meine 20 Beweggründe für die vegetarische Lebensweise

1. Ethische Gründe: Tiere sind Lebewesen mit eigenem Charakter (=Seele?). Ich möchte sie deswegen nicht mehr aufessen. Also: Ablehnung von Gewalt!

2. Religiöse: Angefangen mit der Bibel („Du sollst nicht töten") und dem „paradiesischem Zustand", über die komplizierten Zubereitungsregeln des Judentums, bis hin zu Hindus, denen Kühe heilig sind und Moslems, die kein Schwein essen sollen: Wenn alle einfach gar kein Fleisch essen würden, wäre es bereits deutlich einfacher!

3. Kulturelle: Wir essen keine Katzen, Hunde, Pferde, Meerschweinchen. Es macht für mich keinen Sinn trotzdem andere Tiere zu essen. Der Ekel ist derselbe.

4. Anthropologische: Der Mensch ist nicht zum Fleischesser geboren. Die Evolution hat die Krallen, Reißzähne und schnellen Beine bei uns vergessen. Wir sind Gemischtköstler, können also völlig ohne Fleischverzehr überleben.

5. Ökologische: Auf der gleichen Fläche, die heutzutage für Tiermast gebraucht wird, könnte die mehrfache Menge Lebensmittel (=Kalorien) aus pflanzlicher Kost hergestellt werden. Es müssten auch keine Wälder für Weiden abgeholzt werden.

6. Sozial-Ökonomische: Tiermast und -zucht benötigt Unmengen an Energie und Wasser. Der gleiche Aufwand könnte sinnvoller für den Menschen eingesetzt werden.

7. Finanzielle: Auch unsere Hauskasse wird plötzlich extrem entlastet. Tiermast erfordert höhere Kosten für Energie und Land und verschlingt hohe Subventionen.

8. Prominente Vorbilder: Einstein, Gandhi, Da Vinci, Nietzsche, Kant, Tolstoi, Thomas Edison, Alexander von Humboldt, Richard Wagner, Albert Schweitzer, Paul McCartney, und viele mehr leben oder lebten vegetarisch... Warum taten sie das?

9. Bekanntenkreis: Vertrauenswürdige und liebenswerte Freunde und Familienmitglieder haben mich überzeugt. Also warum nicht auch ich, dachte ich mir.

10. Tierliebe: Ich mag weder Tiere in Käfigen noch an Leinen und auch nicht wenn man auf ihnen reitet. Warum also sollte ich sie essen, fragte ich mich.

11. Tierschutz: Massentierhaltung ist erst möglich seit dem Massen-Fleischkonsum. Auch Bio-Tiere müssen irgendwann getötet werden um ihr Fleisch zu essen.

12. Lebenserwartung: Schon als Kind habe ich mir vorgenommen 100 Jahre alt zu werden. Die Chance ist als Vegetarier wesentlich größer, Studien zeigen es.

13. Tischnachbarn: Einige Male hatte ich teilweise extreme Tischnachbarn, die sich über Berge von Fleisch hermachten. Auch das hatte mich irgendwie überzeugt.

14. Ich werde satt: Ich bin auch ohne Fleisch satt, warum sollte ich es also essen? Elefanten, Bullen, Nashörner leben vegan. Warum sollte der Mensch das nicht auch?

15. Gesundheit: So lange man sich immer noch ausgewogen ernährt ist es nachweislich gesünder. Man muss sich nur entsprechend über die Alternativen informieren.

16. Tierkadaver: Immer wieder sehe ich angefahrene Tiere (Tierleichen) auf der Straße und Autobahn. Auch dieser Ekel und Schuldgefühl bewegte mich dazu.

17. Sprüche: Die vielen Zitate (am Ende des Kapitels), die ich gesammelt habe, waren beeindruckend und haben überzeugt. Unendlich viele weise Sprüche sind dabei.

18. Ekel: Die meisten Menschen ekeln sich vor toten Tieren oder dem Schlachten. Das gebratene Fleisch essen sie trotzdem. Auch das machte für mich keinen Sinn.

19. Philosophie: Auch aufgrund unzähliger Bücher, die ich gelesen habe, kann ich mir ein spirituelles Leben mit Fleischkonsum nicht mehr vorstellen.

20. BSE, Vogelgrippe, Schweinepest: Ich bin frei von dieser Angst und Mitschuld! Für mich ist es einfach eine der nächsten Entwicklungsstufen für den Menschen...

Wir wollen immer so modern wie möglich sein, doch in Sachen Fleisch verhalten wir uns noch wie die Neandertaler. Wie damals gibt es für uns nichts Schöneres als am offenen Feuer zu sitzen und verbranntes Fleisch zu riechen. Fast so als wäre es ein Ur-Gesetz, dass der Mensch Fleisch essen muss. Dabei sind wir schon anatomisch, also vom Körperbau, nicht als Fleischesser geboren: Haben Sie jemals versucht einen Hasen selber einzufangen, zu töten, zu häuten und auszunehmen? Wir Menschen haben nicht einmal Krallen mit denen wir das Opfer festhalten könnten. Wir haben Mahlzähne und keine Reißzähne (wie wollten wir ein Tier zerkauen, wenn wir kein Besteck hätten?), die Magensäure ist bei Fleischfressern stärker als die des Menschen (Fleisch wird bei uns nur halb verdaut, wandert also lange durch den Darm und neigt dort zu Fäulnisbildung). Der Darm bei Fleischfressern ist kürzer, der menschliche Darm ist lang. In der Natur, ohne unser Gehirn und der Entwicklung von Waffen, wären wir also längst zu Aasfressern geworden, weil wir selbst unfähig wären, unser Essen selbst zu fangen. Der Mensch hat sich deshalb vieles einfallen lassen müssen, wie er dennoch an seine lebende Beute kommt. Die Mehrheit unserer Waffen hatte sogar ihren Ursprung in der Jagd und wurden später eben auch auf Menschen angesetzt.

Was ich bis heute nicht verstehe ist, dass ich immer wieder Tierfreunde, Tierretter, Freiwillige der Tierhilfe oder selbst Greenpeace-Aktivisten treffe, die zwar für die Tiere kämpfen, aber sie trotzdem weiterhin essen. Das ist für mich so ähnlich wie der Widerspruch der Bibel, in dem nach der Rettung der Tiere durch Noah angeblich plötzlich durch Gott das Fleischessen gestattet wurde. Eigenartigerweise hat der gleiche Gott bei Schaffung der Welt (siehe Zitate) uns nur die Körner, das Gemüse und das Obst zur Nahrung frei gegeben. Im Jahr 2008 wurde in Japan z.B. eine von einem Hai verletzte Meeresschildkröte angespült. Eine Bürgerinitiative zur Rettung der Schildkröte rief eine Stiftung ins Leben um ihr ein paar Prothesen zu finanzieren. Zur selben Zeit, als diese Meldung um die Welt ging, wurden nahe der japanischen Hauptstadt Tokio Tausende Delfine massakriert – mit Harpunen, Haken und Messern. Die Bucht von Taiji färbte sich rot. Auch Wale gelten nach wie vor als Delikatesse. Im größten Tierheim Europas, nämlich in Berlin, werden jährlich 12.000 Tiere aufgenommen, betreut und vermittelt. Genauso viele Tiere werden an jedem einzelnen Tag (täglich!) in Berlin in weniger als fünf Stunden zu Currywürstchen, Hamburgern, Schnitzeln und Döner etc. verarbeitet.

Der Widerspruch zieht sich aber durch unsere gesamte Gesellschaft: Wir schauen uns nette Tierfilme im Fernsehen oder Kino an. Wir gehen mit unseren Kindern und Enkeln oder mit dem Kindergarten und der Grundschule in Streichelzoos oder Tierparks und zoologische Gärten, die vordergründig unsere Tierliebe wecken und fördern sollen, für viele sogar die einzige Möglichkeit

Tiere aus nächster Nähe zu sehen. Aber in den jeweiligen Restaurants dieser Parks, findet man dann kein einziges vegetarisches Gericht, sondern stattdessen Schnitzel, Salami-Pizza, Hamburger und Würstchen. Also vor dem Zaun Tiere streicheln und hinterm Zaun schlachten? Morgens sich für den Tierschutz einsetzen und abends kann man dann ruhig wieder Steak essen oder die Wurst aufs Brot schmieren? Ich wollte da nicht mehr mit machen. Die Geschichte zu dem Schnitzel oder der Wurst interessiert niemanden. Wüssten die tierlieben Kinder jedoch die ganze Wahrheit, die zu diesem leckeren Stück Fleisch gehört, hätten sie womöglich kein Interesse mehr daran.

Stellen Sie sich einmal eine Kindersendung im Fernsehen vor, in welcher der gesamte Ablauf von der Geburt des Ferkels oder Kalbes bzw. Lamm bis zum Gericht auf dem Teller dargestellt würde, statt einfach nur die fröhlichen Tiere auf dem Biobauernhof von deren Tod niemand spricht. Fakt ist doch, dass diese Tiere auch von der grünen Wiese unter Angst eingefangen und verladen werden, eine Fahrt im zugigen, dunklen und engen Lkw überstehen müssen und eine unsanfte „Entladung" zu ertragen haben. Dann der Bolzenschuss in den Kopf! Kopf und Gliedmaßen werden abgehackt (auch wenn der Bolzenschuss vielleicht daneben ging und nicht gleich zum Tod geführt hat – keine Zeit für Menschlichkeit!), sie werden an den Haken gehängt, der Bauch wird aufgeschlitzt, die Haut abgezogen, die Innereien werden entnommen, der Körper blutet aus. Nun wird das süße Tier mit den hübschen Knopfaugen in fein saubere Stücke Fleisch geschnitten und in nette Verpackungen, mit lustigen Gesichtern (sogar direkt auf den Wurstscheiben) für die Kinder oder schöner Bauernhofromantik wie im Bilderbuch drauf, aufgeteilt.

Warum all diese Lügen? Wollen wir damit unser schlechtes Gewissen übertünchen? Oder es einfach nur den Kindern und den tierfreundlichen Menschen schmackhaft machen? Schämen wir Erwachsenen uns für die Wahrheit? Warum ist das so? Wenn das alles in Ordnung wäre, könnten wir doch ruhig auch die wahren Bilder auf die Verpackungen aufdrucken und könnten Kindergartenausflüge und Klassenfahrten der Schulen zu den Schlachthöfen durchführen statt zu den Bio-Bauernhöfen in den Bergen. Warum hat man davon noch nicht gehört? Tiere auf dem Bauernhof streicheln ja, aber bloß kein Blut zeigen oder gar vor Angst schreiende Kälber, Lämmer und Schweine? Wir meiden tunlichst Filme über Tierquälerei und Bilder der Massentierhaltung, ein Blick hinter die Kulissen der Fleischerei von nebenan ist undenkbar, man will es den Kindern und sich selbst ersparen.
Kinder sind so sensibel, sie würden wohl kein Fleisch mehr anrühren. Bezeichnenderweise haben wir doch mit der Verarbeitung von Gemüse und Obst keine Probleme oder Gewissensbisse. Spricht da der ethische Kompass in uns? (siehe Kapitel *„Ethik und Spiritualität"*) Was würde die Liebe jetzt tun?

Stolz erzählen wir unseren Kindern aus der Bibel wie Noah mit der Arche die Tiere gerettet hat. Laut Moses 1, Kapitel 6 kam nämlich die Sintflut aufgrund der „Bosheit der Menschen" über uns. „Macht euch die Erde untertan!" steht in der Bibel. Aber isst denn ein Herrscher („Herrscher über die Tiere" laut 1. Moses, 1,28) eines Reiches seine Untertanen auf? Während aber in 1. Moses 1,29 nur von „Pflanzen, Früchten und Samen" als Speise für den Menschen die Rede ist, soll es nach der Rettung der Tiere nun ironischerweise auch erlaubt sein, Tiere zu essen (siehe 1. Moses 9,1-4). Genau die Tiere, die durch Noah liebevoll gerettet wurden! Hat er das wirklich nur getan, um sie aus unerfindlichem Grund hinterher aufzuessen? Jedenfalls finde ich interessant, dass in der Bibel (wie im Koran) davon die Rede ist, dass nur Fleisch *ohne Blut* erlaubt ist, also wenn es vorher geschächtet wurde. Meiner Meinung nach wird es aber niemals gelingen, das Blut völlig aus dem gesamten Körper zu bekommen. Blutkörperchen und Blutzellen sind doch immer und überall, wenn auch in kleinen Partikeln, zu finden. Wie sollten alle Adern und Venen sowie das Muskelgewebe je frei werden von Blutresten?

Die Schlacht, das Schlachten, Abschlachten, der Schlächter: Zwischen Menschen stehen diese Begriffe für das Schrecklichste, was man sich untereinander antun kann – unmenschlich! – z.B. Völkermord an Minderheiten. Beim Tier, welches durch den Menschen getötet wird, ist „das Schlachten" der übliche Begriff, ohne Kritik. Insgesamt wird die Fleischindustrie sehr oft mit dem Krieg und der Schlacht beim Menschen in Verbindung gebracht (siehe Zitate). So erinnerte der Bestseller-Film *„Chicken Run"* [36] daran, dass eine Farm mit Massentierhaltung einem Konzentrationslager des Dritten Reiches gleicht. Die Aufseher sind hier keine SS-Leute sondern das Bauernpaar.

Der ehemalige KZ-Insasse und Dozent für Geschichte in New York, Charles Patterson, hat darüber sogar ein Buch verfasst mit dem Titel *„Für die Tiere ist jeden Tag Treblinka."* mit dem Untertitel *„über die Ursprünge des industrialisierten Tötens."* [35]. Er vergleicht darin unser gesamtes kaltherziges Verhalten gegenüber den Tieren mit den unmenschlichen und allerschrecklichsten Ereignissen der Menschheitsgeschichte im Holocaust.

Rupfen Sie doch mal eine Karotte aus dem Boden, reißen Sie ihr den grünen Hals ab, schneiden sie ihr die Beine ab und hacken den Kopf ab. Nun zerteilen sie die Möhre in kleine Stücke, so wie immer. Im Anschluss machen wir das gleiche noch einmal mit einem Kalb. Fangen Sie es ein, töten Sie es mit dem Messer, köpfen es, trennen die Füße ab, häuten es und nehmen Sie die blutigen Eingeweide heraus. Und nun fragen Sie sich: Spüren Sie nicht auch schon beim Lesen dieser Worte und bei der Vorstellung der Bilder einen Unterschied? Wie kommt das? Mir wird laufend entgegnet: Aber wenn das Tier doch ein schönes

Leben auf der grünen Weide hatte (Bio-Fleisch!), dann kann man es doch ruhigen Gewissens zu sich nehmen. Aber was macht das Töten einer Bio-Kuh besser als das Töten einer Kuh aus der Massentierhaltung? Es wäre so als ob man im Nazireich gesagt hätte, dass ein Jude, der vorher ein schönes Familienleben hatte, besser zu töten ist, als jemand, der die letzte Zeit nur im KZ verbracht hat. Jedenfalls sind doch Tiere (anima = beseelt), anstelle von Pflanzen, beseelte Wesen mit eigenem speziellem Charakter, mit Mutter und Vater sowie Blut in den Adern. Das unterscheidet sie doch ganz gewaltig von den Pflanzen (selbst wenn diese auf äußere Einflüsse reagieren können).

In der Tat scheinen Tiere ein enormes, sensibles Empfinden zu haben, welches sich womöglich auch auf das Fleisch (Angst!) überträgt. Ein Bekannter von mir hat eine Bullenzucht. Er sagt: Jedes Mal, wenn wir morgens kommen, um den Bullen XY zu holen, dann scheint er das vorher zu spüren und verhält sich völlig anders als an anderen, normalen Tagen. Die Angst des Tieres ist förmlich zu fühlen und schlägt sich in Form von Aggression und Unsicherheit nieder. Angeblich sollen ja „schlachtreife" Schweine geistig so weit entwickelt sein, wie ein dreijähriges Menschenkind. Wenn ich überlege, was meine Söhne mit drei Jahren schon alles konnten, wussten und fühlten, dann ist es unglaublich, absolut unmenschlich und unethisch, dass wir ein Lebewesen im gleichen Entwicklungszustand einfach so zur Schlachtbank bringen.

Eine große öffentliche Initiative in Deutschland wirbt für „Fünf am Tag" (5amTag.de), womit rohes Gemüse und Obst gemeint ist. Gleichzeitig steht dort als dringende Empfehlung, dass man maximal ein- bis zweimal Fleisch in der Woche zu sich nehmen sollte. Auch die „Food and Agriculture Organization of the UN" (FAO) sagte: Wenn die US-Amerikaner 10% weniger Fleisch essen würden, könnten 1 Millionen Menschen mehr satt werden auf der Erde. Selbst meine vegetarisch lebende Cousine sagte immer, dass es besser wäre, wenn ALLE Europäer WENIGER Fleisch essen würden, statt nur ein paar gar kein Fleisch mehr. Es wäre immerhin ein Anfang!
Aus Dänemark gibt es eine interessante Geschichte aus dem zweiten Weltkrieg: 1944 herrschte in ganz Europa eine große Hungersnot. Nur die Regierung von Dänemark, das kleine Land im mittleren Norden Europas, war so klug und hat alle seine „Nutztiere" an andere Länder wie das damalige Deutsche Reich verkauft. Von dem Geld konnten sie nicht nur zusätzliches Saatgut einkaufen, sondern vor allem mussten sie aufgrund der fehlenden Rinder, Schweine, Schafe, Hühner etc. nicht mehr drei Viertel der Ernte an diese Tiere verfüttern, sondern es stand 100% für die eigene Bevölkerung zur Verfügung. Dänemark hat damit für die letzten Kriegsjahre eine große Wende eingeleitet und das Hungerproblem gelöst. Allerdings sind sie nach dem Krieg wieder zu den alten

Masttierzuchten zurückgekehrt und gehören heute sogar zu einem der führenden Länder der EU in diesem Bereich, das ist schade. Wäre es also nicht denkbar, mit dieser Idee die ganze Menschheit vom Hunger zu befreien?

Laut Bibel sieht es im Paradies ja so aus, dass Tiere, wilde und zahme, alle friedlich miteinander leben. Ich frage mich: Warum können wir denn diese paradiesischen Zustände nicht schon jetzt schaffen, in der Gegenwart? Laut Tierschutzbericht der deutschen Bundesregierung aus 1995 (CDU und FDP) ist „Fleisch kein notwendiger Bestandteil der menschlichen Nahrung".

Immer wieder staune ich und halte es für einen krassen Widerspruch, dass meine Mitmenschen allgemein Soja für ungesund oder nicht für den Menschen geeignet halten, während sie selbst z.B. Würstchen und Fleisch essen, auf dem nicht mal die Zutaten erwähnt werden, wo aber alles Mögliche in das Tier und das spätere Produkt gepumpt wird. Selbst gentechnisch verändertes Futter der „Nutztiere" muss weder auf Milch noch auf Fleischprodukten gekennzeichnet werden, ist also erlaubt und wird akzeptiert. Kauft man dagegen Bio-Tofu (Tofu ist ein anderes Wort für „Käse", aus der Milch der Sojabohne!), werden alle Zutaten deklariert, und man erhält ein einwandfreies und sauberes Naturprodukt aus Sojamilch (die europäische Milchwirtschaft hat das Wort „Soja-Milch" verbieten lassen, seitdem steht „Soja-Drink" oder „Soja-Trunk" auf der Packung). Tofu wird aus Soja (schon seit den 1920er Jahren z.B. auch in Deutschland angebaut), Salz und Wasser hergestellt und kann wie Käse mit Kräutern gefüllt oder geräuchert werden – Lecker! Weltweit, auch in Deutschland und der EU haben sich findige Unternehmen darauf spezialisiert köstlichste Fleisch-Alternativen aus diesen gesunden Zutaten herzustellen.

Ich selbst habe mich lange gegen eine vegetarische Ernährung gewehrt, weil man es ja nicht anders kannte von zu Hause. Im Nachhinein erscheint mir das lächerlich; wie froh wäre ich gewesen, wenn mir das schon jemand als Kind erklärt und nahe gelegt hätte. Wir leben im Hightech-Zeitalter und dennoch möchte man ein totes Tier auf dem Tisch haben. Das wird für mich immer eigenartiger. Zumal ich jetzt auch seit vielen Jahren weiß (und meine Frau macht das bestens), wie lecker und abwechslungsreich vegetarisch-vegane Kost sein kann – einfach toll! Man wird nichts mehr vermissen…

Zusätzlich kann ich als Argument nur nennen, dass ich satt werde, auch ohne Fleisch. Noch dazu bin ich kerngesund, und nicht einmal die bei anderen so normalen und von Zeit zu Zeit auftretenden Magenverstimmungen (nach fettem Essen oder nach verdorbenem Fleisch) treten bei mir noch auf. Kein Wunder: Kein Tier würde auf die Idee kommen, Fleisch möglichst lange aufzubewahren, sondern es wird immer frisch und roh verspeist; das ist der natürliche Weg als Rohkost. Allerdings nehmen wir über das Fleisch natürlich auch die

Krankheiten des Tieres auf und, noch viel schlimmer, die vielen „modernen" Pharmazeutika (Antibiotikum, Beruhigungstropfen, fiebersenkende Mittel, Magen-Darm-Tabletten etc.) und Vitamin-Zusätze. Sie gelangen über das Fleisch in den Menschen. Erkältungen und Magen-Darm-Probleme haben sich bei mir extrem reduziert, treten also viel seltener (weniger als einmal jährlich) auf. Meine Hausärztin bestätigt mir übrigens Jahr für Jahr, im Rahmen eines freiwilligen Bluttestes, traumhafte Blutwerte – für mich wie ein gutes Zeugnis. Haben Sie schon einmal ein großes Blutbild machen lassen?

Zum Schluss bleibt festzuhalten: Ich bin überzeugt, dass ein ethisch-spirituelles Leben nicht vereinbar ist mit fleischlicher Kost vom Tier. Bob Marley nannte sie unsere Brüder und Schwestern. Mir ist aber auch klar, dass ich noch vor wenigen Jahren das Fleischessen liebte und selbst 25 Jahre benötigte, bis mich die eigene Entwicklung davon abbrachte. Respekt habe ich vor denen, die das schon viel früher schaffen, z.B. im Kindesalter oder als Jugendlicher. Die sich den Normen widersetzen und eigene Wege gehen, Wege wo einen das ethische Gefühl hinträgt. Es ist also ein kultureller Entwicklungssprung auf eine neue Ebene, schließlich sind wir keine Neandertaler mehr.

Man muss sich das mal vorstellen: Der Verzicht auf Fleisch wäre besser für unsere Umwelt, unsere Gesundheit, den Energieverbrauch, den Welthunger, den Trinkwassermangel und vor allem natürlich für die Tiere selbst. Die Abholzung des tropischen Regenwaldes würde gestoppt (für Weiden und Futtermittel, denn fast 70% des weltweiten Getreideanbaus wird als Tierfutter benötigt!) und damit die Klimaerwärmung bekämpft werden. Zusätzlich würden wohl insgesamt die Lebensmittelpreise sinken. Doch die meisten Fleischesser, die ich täglich treffe, wehren sich dagegen mit Händen und Füßen, finden immer neue Gründe, warum sie gerade jetzt nicht auf Fleisch verzichten könnten. In aller Freundlichkeit und Deutlichkeit frage ich deshalb: Wie wichtig und wirklich notwendig ist es tatsächlich? Deswegen lasse ich nun im Abspann des Kapitels die vielen Persönlichkeiten der Geschichte sprechen, was sie dazu zu sagen haben. Vielleicht schenkt ihnen ja jemand Gehör?

Was nun folgt ist eine Liste von Zitaten, die mir im Laufe der Zeit begegnet sind zu diesem Thema. Viele davon haben auch vor einigen Jahren dafür gesorgt, dass ich überzeugt wurde, obwohl ich bis dahin absoluter Fleischesser war. Es sind Gelehrte, Politiker, Mystiker, Naturwissenschaftler, Denker, Dichter, Unternehmer, Künstler, Philosophen, Musiker, Mediziner, Kirchenleute, Menschen aus dem Leben. Menschen, die etwas zu sagen haben und zwar zum Thema „fleischfreie Ernährung". Es ist ein Auszug. Viele weitere bekannte Persönlichkeiten (auch aus Film und Fernsehen) sind Vegetarier.

Hören Sie auf Ihr Herz! Fragen Sie: Was würde die Liebe tun?
Ich finde: Tiere sind kein Essen!

Berühmte Erfinder
Leonardo da Vinci (1452-1519, Universalgenie): „Es wird die Zeit kommen, da das Verbrechen am Tier ebenso geahndet wird wie das Verbrechen am Menschen."

„Wahrlich ist der Mensch der König aller Tiere, denn seine Grausamkeit übertrifft die ihrige. Wir leben vom Tode anderer. Wir sind wandelnde Grabstätten! Erzeugt denn die Natur nicht genug Vegetabilien, mit denen du dich sättigen kannst? Ich habe schon in jüngsten Jahren dem Essen von Fleisch abgeschworen, und die Zeit wird kommen, da die Menschen wie ich die Tiermörder mit gleichen Augen betrachten werden wie jetzt die Menschenmörder."

Thomas Alva Edison (1847-1931, über 2000 Patente): „Ich bin sowohl Vegetarier als auch leidenschaftlicher Anti-Alkoholiker, weil ich so besseren Gebrauch von meinem Gehirn machen kann."

Nikola Tesla (1856-1943) „Körperverfassung und Stärke... Im Blick auf diese Tatsachen sollte jede Anstrengung unternommen werden, das mutwillige und grausame Schlachten von Tieren zu beenden, das unsere moralischen Werte zerstören muss."

Naturwissenschaftler
Albert Einstein (1879-1955, Nobelpreis 1921): „Nichts wird die Chance auf ein Überleben auf der Erde so steigern wie der Schritt zur vegetarischen Ernährung."

„So lebe ich fettlos, fleischlos, fischlos dahin, fühle mich aber ganz wohl dabei. Fast scheint mir, dass der Mensch gar nicht als Raubtier geboren ist."

„Rein durch die physische Wirkung auf das menschliche Temperament würde die vegetarische Lebensweise das Schicksal der Menschheit äußerst positiv beeinflussen."

Alexander von Humboldt (1769-1859): „Auf der Fläche wo ein Jäger jagt und lebt, können zehn Hirten ihre Tiere halten oder aber einhundert Ackerbauern ihre Felder bestellen oder tausend Gärtner für den Eigenbedarf. ... Dieselbe Strecke Landes, welche als Wiese, das heißt als Viehfutter, zehn Menschen durch das Fleisch der darauf gemästeten Tiere aus zweiter Hand ernährt, vermag – mit Hirse, Erbsen, Linsen und Gerste bebaut – hundert Menschen zu erhalten und zu ernähren." „Grausamkeit gegen Tiere kann weder bei wahrer Bildung noch wahrer Gelehrsamkeit bestehen. Sie ist eines der kennzeichnendsten Laster eines niederen und unedlen Volkes."

„Dem Tier gegenüber sind heute alle Völker mehr oder weniger Barbaren. Es ist unwahr und grotesk, wenn sie ihre vermeintliche hohe Kultur bei jeder Gelegenheit betonen und dabei tagtäglich die scheußlichsten Grausamkeiten an Millionen von wehrlosen Geschöpfen begehen oder doch gleichgültig zulassen."

Charles Darwin (1809-1882): „Die Tiere empfinden wie der Mensch Freude und Schmerz, Glück und Unglück."

Große Philosophen
Arthur Schopenhauer (1788-1860): „Jeder dumme Junge kann einen Käfer zertreten. Aber alle Professoren der Welt können keinen herstellen."

„Wer gegen Tiere grausam ist, kann kein guter Mensch sein."

„Ein anderer, nicht wegzuerklärender und seine heillosen Folgen täglich manifestierender Grundfehler des Christentums ist, dass es widernatürlicherweise den Menschen losgerissen hat von der Tierwelt, welcher er doch wesentlich angehört, und ihn nur ganz allein gelten lassen will, die Tiere geradezu als Sachen betrachtend. Die bedeutende Rolle, welche im Brahmanismus und Buddhismus durchweg die Tiere spielen, verglichen mit der totalen Nullität im Christentum, bricht diesem letzteren den Stab; so sehr man auch an solche Absurdität in Europa gewöhnt sein mag."

Immanuel Kant (1724-1804): „Die Grausamkeit gegen die Tiere ist der Pflicht des Menschen gegen sich selbst entgegengesetzt."

Friedrich Nietzsche (1844-1900): „Die Vernunft beginnt bereits in der Küche."
„Alle antike Philosophie war auf Simplizität des Lebens gerichtet und lehrte eine gewisse Bedürfnislosigkeit. In diesem Betracht haben die wenigen phil. Vegetarier mehr für die Menschen geleistet als alle neuen Philosophen, und solange die Philosophen nicht den Mut gewinnen, eine ganz veränderte Lebensweise zu suchen und durch ihr Beispiel aufzuzeigen, ist es nichts mit ihnen."

Jean-Jacques Rousseau (1712-1778, prägte die Forderung «Zurück zur Natur»): „Ein Beweis, dass der Geschmack für Fleischkost dem Menschen nicht natürlich ist, liegt auch darin, dass die Kinder eine Abneigung gegen solche Speisen haben und den pflanzlichen Nahrungsmitteln den Vorzug geben, wie Milchspeisen, Gebäck, Obst und dergleichen. Es ist höchst wichtig, diesen ursprünglichen und natürlichen Geschmack nicht zu verderben und die Kinder nicht zu Fleischessern zu machen. Denn wie man auch die Tatsachen erklären möge, so ist es doch gewiss, dass die starken Fleischesser im Allgemeinen grausamer und wilder sind als andere Menschen."

Ralph Waldo Emerson (1803-1882): „Sie haben soeben zu Mittag gegessen; und wie sorgfältig auch immer das Schlachthaus in einer taktvollen Entfernung von einigen oder vielen Kilometern verborgen sein mag – Sie sind mitschuldig."

Rudolf Steiner (1861-1925, Begründer der Anthroposophie und der Waldorf-Schulen): „Seiner Nahrung aus der Pflanzenwelt verdankt der Mensch, dass er hinaufblicken kann zu den großen Zusammenhängen der Dinge, die aus den engen Grenzen des persönlichen Seins entspringen. ... Überall, wo der Mensch frei und unbekümmert aus den großen Gesichtspunkten heraus Leben und Denken regelt, da verdankt er diesen Überblick seiner Nahrungsbeziehung zur Pflanzenwelt. ... Der Fortschritt wird darin bestehen, sich in der tierischen Nahrung zu beschränken auf dasjenige, was noch nicht von Leidenschaften durchglüht ist, wie Milch. Die Pflanzennahrung wird einen immer weiteren Raum einnehmen in der menschlichen Nahrung."

Rudolf Steiners Entgegnung auf die Frage warum er kein Fleisch isst: „Essen Sie gerne Hunde- oder Katzenfleisch?" „Ganz gewiss nicht." „Sehen Sie und mich ekelt auch das Fleisch von anderen Tieren."

Gelehrte und Schriftsteller

Voltaire (1694-1778): „Gewiss ist, dass dieses scheußliche Blutbad, welches unaufhörlich in unseren Schlachthäusern und Küchen stattfindet, uns nicht mehr als ein Übel erscheint; im Gegenteil betrachten wir diese Scheußlichkeiten... als einen Segen des Herrn und danken ihm in unseren Gebeten für unsere Mördereien. Kann es denn etwas Abscheulicheres geben, als sich beständig von Leichenfleisch zu ernähren?"

Leo (Lew) Tolstoi (1828-1910): „Wenn der Mensch ernstlich und aufrichtig den moralischen Weg sucht, so ist das erste, wovon er sich abwenden muss, die Fleischnahrung. Denn abgesehen von der Aufregung der Leidenschaften, die durch diese Nahrung verursacht wird, ist dieselbe ganz einfach unsittlich, weil sie eine dem sittlichen Gefühl widersprechende Tat, das Morden, erfordert."

„Fleischessen ist ein Überbleibsel der größten Rohheit; der Übergang zum Vegetarismus ist die erste und natürlichste Folge der Aufklärung. ... Vegetarismus gilt als

Kriterium, an welchem wir erkennen können, ob das Streben des Menschen nach moralischer Vollkommenheit echt und ernst gemeint ist."

„Solange es Schlachthäuser gibt, wird es auch Schlachtfelder geben."

„Der Mensch kann leben und gesund sein, ohne dass er zu seiner Ernährung Tiere tötet. Wenn er also Fleisch isst, ist er mitschuldig am Morden von Tieren, nur um seinem Geschmack zu schmeicheln. So zu handeln ist unmoralisch. Das ist so einfach und unzweifelhaft, dass es unmöglich ist, nicht beizustimmen. Aber weil die Mehrzahl noch am Fleischgenuss hängt, halten ihn die Menschen für gerechtfertigt und sagen lachend: Ein Stück Beefsteak ist aber doch eine schöne Sache, und ich werde es heute mit Vergnügen zu Mittag essen."

„Vom Tiermord zum Menschenmord ist nur ein Schritt und damit auch von der Tierquälerei zur Menschenquälerei."

„Wenn Du keinen Menschen töten kannst – gut; kannst Du kein Vieh und keine Vögel töten – noch besser; keine Fische und Insekten – noch besser. Bemüh Dich, soweit wie möglich zu kommen. Grüble nicht, was möglich ist und was nicht – Tu, was Du mit Deinen Kräften zustande bringst – Darauf kommt alles an."

Henry David Thoreau (1817-1862): „Ich hege keinen Zweifel darüber, dass es ein Schicksal des Menschengeschlechts ist, im Verlaufe seiner allmählichen Entwicklung das Essen von Tieren hinter sich zu lassen."

Joseph von Görres (1776-1848): „Wer über das gewöhnliche Leben hinaus will, der scheut blutige Nahrung und wählt nicht den Tod zu seinem Speisemeister."

George Sand (1804-1876): „Es wird ein großer Fortschritt in der Entwicklung der menschlichen Rasse sein, wenn wir Früchteesser werden und die Fleischesser von der Erde verschwinden. Alles wird möglich auf unserem Planeten von dem Augenblick an, wo wir die blutigen Fleischmahle und den Krieg überwinden."

Wilhelm Busch (1832-1908): „Wahre menschliche Kultur gibt es erst, wenn nicht nur die Menschenfresserei, sondern jede Art des Fleischgenusses allgemein als Kannibalismus gilt."

Emile Zola (1840-1902): „Die Sache der Tiere steht höher für mich als die Sorge, mich lächerlich zu machen."

Peter Rosegger (1843-1918): „Das Tier hat ein fühlendes Herz wie du. Das Tier hat Freude und Schmerz wie du. Das Tier hat einen Hang zum Sterben wie du. Das Tier hat ein Recht zu leben wie du."

George Bernard Shaw (1856-1950, Literaturnobelpreisträger 1925): „Tiere sind meine Freunde, und meine Freunde esse ich nicht!"

Christian Morgenstern (1871-1914): „Wenn der Mensch die Tiere, deren er sich als Nahrung bedient, selbst töten müsste, würde die Anzahl der Pflanzenesser ins Unermessliche steigen."

Franz Kafka (1883-1924): „Nun kann ich euch in Frieden betrachten; ich esse euch nicht mehr." (Bemerkung beim Betrachten von Fischen in einem Aquarium)

Eugen Roth (1895-1976): „Es denkt der Mensch, zufrieden froh: / ich bin kein Schlächter, blutig roh; / doch da der Mensch kein Wurstverächter, / so trägt die Mitschuld er am Schlächter."

Isaac Bashevis Singer (1904-1991, Literaturnobelpreisträger 1978): „Es wird oft gesagt, dass die Menschen schon immer Fleisch gegessen hätten, als ob dies eine Rechtfertigung dafür wäre, dies weiterhin zu tun. Gemäß dieser Logik dürften wir nicht versuchen, Menschen daran zu hindern, andere Menschen umzubringen, da dies auch schon seit jeher getan wurde."

„Wir sind alle Gottes Geschöpfe. ... Des Menschen eigenes Verlangen nach Gerechtigkeit bleibt jedoch auf der Strecke, wenn er Tiere tötet, um sie zu essen. Denn der Mensch bittet Gott um Barmherzigkeit, ist aber selbst nicht bereit, sie zu gewähren. Mit welchem Recht erhofft er also Gottes Gnade? Es ist ungerecht und entbehrt jeglicher Konsequenz, etwas zu erwarten, das man selbst nicht gewillt ist zu geben."

„Der Vegetarismus ist meine Weltanschauung. ... Ich bin und bleibe Vegetarier, auch wenn die ganze Welt plötzlich Fleisch essen würde. Dies ist mein Protest gegen den Zustand der Welt. Vegetarier zu sein bedeutet, nicht mitzumachen, sich gegen den aktuellen Lauf der Dinge zu stellen. Atomkraft, Hunger, Grausamkeit – wir müssen protestieren und Stellung beziehen. Der Vegetarismus ist meine Stellungnahme. Und ich halte sie für überzeugend."

Marie-Luise Holzer-Sprenger: „Fleisch ist ein Stück Lebenskraft, solange es lebt."

Luise Rinser (1911-2002): „Heute sehen wir nichts mehr vom qualvollen Leben und Sterben des Schlachtviehs. Eben noch ein Tier, im nächsten Augenblick schon zerteiltes Fleisch: unsre Nahrung. Unsere Art von Kannibalismus."

„Hindus und Buddhisten essen kein Fleisch. Warum nicht? Weil sie wissen, dass auch im Tier „Atman" ist: der göttliche Hauch. Das Tier: eine Manifestation Gottes. ... Es wird lange dauern, bis die Menschheit begriffen hat, dass nicht nur die Völker der Erde ein Volk sind, sondern dass Menschen, Pflanzen und Tiere zusammen das Reich Gottes sind und dass das Schicksal des einen Bereichs auch das Schicksal des andern ist." (aus einem Buch über Buddha)

Alice Walker (*1944): „Als wir eines Tages über Freiheit und Gerechtigkeit sprachen, saßen wir gerade bei Steaks. Ich esse Elend, dachte ich mir, als ich den ersten Bissen zu mir nahm. Und spuckte ihn aus."

Musiker und Komponisten

Richard Wagner (1813-1883): „Ich weiß nicht, wie der Liebe Gott einmal mein Lebenswerk bewerten wird. In den letzten Wochen habe ich über fünfzig Partiturseiten vom Parsifal geschrieben und drei jungen Hunden das Leben gerettet. Warten wir ab, was gewichtiger auf die Waagschale drücken wird."

„Was erwarten wir denn von einer Religion, wenn wir das Mitleid mit den Tieren ausschließen?"

Elly Ney (1882-1968): „Der Vegetarismus ist mir seit Jahrzehnten ein inneres Anliegen, und ich halte ihn für die naturgemäße Lebensweise des Menschen. ... Es ist mir unbegreiflich, dass nicht jeder Tierfreund zugleich Vegetarier ist."

Theodor Adorno (Philosoph, Musiktheoretiker, Komponist): „Auschwitz fängt da an, wo einer im Schlachthof sagt, es sind ja nur Tiere."

Michael Jackson (1958-2009): „Ich besitze selbst viele Tiere und liebe sie über alles, wie könnte ich dann ihr Fleisch essen? Seit ich 20 Jahre alt bin, habe ich keinen Bissen Fleisch mehr angerührt."

Paul McCartney (*1942): „Man darf nicht essen, was ein Gesicht hat. ... Wir essen nichts mehr, was man vorher töten muss."

„Wenn Schlachthäuser gläserne Wände hätten, wären alle Menschen Vegetarier."

Madonna (*1958): „Ich bin gegen Tierquälerei und halte Fleischkonsum für unnötig. Der Mensch kann genügend Proteine aus vegetarischer Nahrung aufnehmen."

Reinhard Mey (*1942): „Die Würde des Schweins ist unantastbar!"
Bob Marley (1945-1981): „Ich esse meine Brüder und Schwestern nicht."

Schauspieler

Désirée Nosbusch (*1965): „Ich trage keine Pelzmäntel, weil ich nicht will, dass meinetwegen Tiere sterben müssen. Also ist es nur konsequent, dass ich auch kein Fleisch esse."

Barbara Rütting (*1927): „Ob fein gehackt im Laden oder im Restaurant gaumenschmeichlerisch zubereitet, heute kann ein Fleischgericht noch so verführerisch gewürzt duften – ich rieche das Blut und die Verwesung und höre die Todesschreie der gemarterten Tiere. Und: Rien ne va plus."

Politiker und Staatsmänner

Bill Clinton (*1946) in einer Fernsehansprache: „Von einem Hektar Land können wir mit einem vegetarischen Speiseplan 10 mal mehr Menschen ernähren als mit euroamerikanischen Fleischmahlzeiten. Würden wir Nord-Amerikaner 10 Prozent weniger Fleisch essen, könnten 60 Millionen Menschen zusätzlich ernährt werden. Und das wäre auch noch gut für die Gesundheit unserer Bürger."

Bertha Freifrau von Suttner (1843-1914, Friedensnobelpreis 1905): „Von Hundert gebildeten und feinfühlenden Menschen, würden schon heute wahrscheinlich neunzig nie mehr Fleisch essen, wenn sie selber das Tier erschlagen oder erstechen müssten, das sie verzehren."

„Meiner Überzeugung nach wird auch einst die Zeit kommen, wo niemand sich wird mit Leichen ernähren wollen, wo niemand mehr sich zum Schlächterhandwerk bereitfinden wird. Wie viele unter uns gibt es schon jetzt, die niemals Fleisch äßen, wenn sie selber das Messer in die Kehle der betreffenden Tiere stoßen müssten."

„Wer die Opfer nicht schreien hören, nicht zucken sehen kann, dem es aber, sobald er außer Seh- und Hörweite ist, gleichgültig ist, dass es schreit und zuckt – der hat wohl Nerven, aber Herz hat er nicht."

August Bebel (1840-1913): „Offenbar tritt in dem Maße, wie die Kultur sich hebt, an die Stelle der Fleischkost die Pflanzenkost."

Mahatma Gandhi (1869-1948, Friedensnobelpreis 1913): „Ich glaube, dass geistiger Fortschritt an einem gewissen Punkt von uns verlangt, dass wir aufhören, unsere Mitlebewesen zur Befriedigung unserer körperlichen Verlangen zu töten."

„Die Größe und den moralischen Fortschritt einer Nation kann man daran messen, wie sie die Tiere behandelt."

„Die Vivisektion ist das schwärzeste aller schwarzen Verbrechen, deren der Mensch sich heute schuldig macht."

„Für mich ist das Leben eines Lamms nicht weniger wertvoll als das Leben eines Menschen. Und ich würde niemals um des menschlichen Körpers willen einem Lamm das Leben nehmen wollen. Je hilfloser ein Lebewesen ist, desto größer ist sein Anspruch auf menschlichen Schutz vor menschlicher Grausamkeit."

Ärzte / Mediziner

Albert Schweitzer (1875-1965, Friedensnobelpreis 1952): „Meine Ansicht ist, dass wir, die für die Schonung der Tiere eintreten, ganz dem Fleischgenuss entsagen und auch gegen ihn reden müssen. So mache ich es selber."

„Ich gebe mir darüber Rechenschaft, dass die Gewohnheit, Fleisch zu essen, nicht mit erhabenen Gefühlen in Übereinstimmung steht."

Er betonte in seinem *„Wort an die Menschen"*, dass seine Ethik *(Ehrfurcht vor dem Leben)*, keinen Unterschied mache zwischen wertvollerem und weniger wertvollem, höherem oder niederem Leben. „Die Konsequenz dieser Unterscheidung ist dann die Ansicht, dass es wertloses Leben gäbe, dessen Vernichtung oder Beeinträchtigung erlaubt sei."

„Ethik ist ins Grenzenlose erweiterte Verantwortung gegenüber allem, was lebt."

„Ich bin Leben, das leben will, inmitten von Leben, das leben will. Ehrfurcht vor dem Leben bedeutet Abscheu vor dem Töten."

In einem Nachruf: „Schweitzer konnte im wahrsten Sinne des Wortes keiner Fliege und keiner Blume etwas zuleide tun. Er wusste, dass zwar jeder achtlose Mensch einen Käfer zertreten, aber alle Professoren der Welt keinen herstellen können."

Max Oskar Bircher-Benner (1867-1939): „Je mehr Raum die Fleischnahrung und die Reizmittel in der Kost einnehmen, desto geringer werden die Leistungen, die Tugend und die physischen Kräfte eines Volkes. In denjenigen Völkern aber, welche an einer ausschließlich oder vorwiegend pflanzlichen Kost festhalten, schlummert eine überraschende Entwicklungskraft."

Bekannte Kirchenmänner

Franz von Assisi (1182-1226, kath. Heiliger; Begründer des Franziskanerordens): „Gott wünscht, dass wir den Tieren beistehen, wenn sie der Hilfe bedürfen. Ein jedes Wesen in Bedrängnis hat gleiches Recht auf Schutz."

„Alle Geschöpfe der Erde fühlen wie wir, alle Geschöpfe streben nach Glück wie wir. Alle Geschöpfe der Erde lieben, leiden und sterben wie wir, also sind sie uns gleichgestellte Werke des allmächtigen Schöpfers: unsere Brüder."

Benedikt von Nursia (um 480-547, Begründer des Benediktinerordens) warnte: „Übertriebener Fleischgenuss macht aus jeder Gesellschaft ein Massenkrankenhaus."

Meister Eckhart (ca. 1260-1328, katholischer Mönch und Mystiker): „Die Seele hat drei mächtige Feinde: Das Fleisch, die Welt und den Teufel."

Bekannte Griechen

Von dem großen Philosophen **Pythagoras** (rund 582-496 v. Chr.) ist Folgendes überliefert: „Wer mit dem Messer die Kehle eines Rindes durchtrennt und beim Brüllen der Angst taub bleibt, wer kaltblütig das schreiende Böcklein abzuschlachten vermag und den Vogel verspeist, dem er selber das Futter gereicht hat – wie weit ist ein solcher noch vom Verbrechen entfernt?"

„Entweiht euren Körper nicht durch unreine Nahrung. Wir haben genug Getreide und Bäume voller Obst. Wir haben köstliche Gemüse und Wurzeln, die leicht gekocht werden können. Auch an Milch und Honig mangelt es uns nicht. Unsere Erde trägt reine und unschädliche Nahrung in Fülle und es ist unnötig, etwas zu sich zu nehmen, wofür Blut vergossen und unschuldiges Leben geopfert werden muss."

„Solange der Mensch Tiere schlachtet, werden die Menschen auch einander töten. ... Wer Mord und Schmerz sät, kann nicht erwarten, Liebe und Freude zu ernten."

Aristoteles (384-322 v. Chr.) führte den Gedanken weiter: „Wie der Mensch in seiner Vollendung das edelste aller Geschöpfe ist, so ist er, losgerissen von Gesetz und Recht, das schlimmste von allen."

Bekannte Römer

Genau wie bei den Griechen gab es auch bei den Römern große Philosophen, die Vegetarier waren, wie etwa Horaz, Ovid und Plutarch. In seiner bemerkenswerten Abhandlung «Über das Fleischessen» schreibt **Plutarch** (45-120 n. Chr.): „Könnt ihr wirklich die Frage stellen, aus welchem Grunde sich Pythagoras des Fleischessens enthielt? Ich für meinen Teil frage mich, unter welchen Umständen und in welchem Geisteszustand es ein Mensch das erste Mal über sich brachte, mit seinem Mund Blut zu berühren, seine Lippen zum Fleisch eines Kadavers zu führen und seinen Tisch mit toten, verwesenden Körpern zu zieren, und es sich dann erlaubt hat, die Teile, die kurz zuvor noch gebrüllt und geschrieen, sich bewegt und gelebt haben, Nahrung zu nennen. ... Um des Fleisches willen rauben wir ihnen die Sonne, das Licht und die Lebensdauer, die ihnen von Geburt an zustehen."

Dann fordert **Plutarch** die Fleischesser offen heraus: „Wenn ihr nun behaupten wollt, dass die Natur solche Nahrung für euch vorgesehen hätte, dann tötet selbst, was ihr zu essen gedenkt – jedoch mit euren naturgegebenen Mitteln, nicht mit Hilfe eines Schlachtmessers, einer Keule oder eines Beils."

Horaz (65-8 v. Chr.): „Wage es, weise zu sein! Höre auf, Tiere zu töten! Wer die Stunde des rechten Lebens hinausschiebt, gleicht nur dem Bauern, der darauf wartet, dass der Fluss versiegt, ehe er ihn überquert."

Ovid (43 v. Chr.-17 n. Chr.): „Das Zeitalter, das wir das Goldene benannt haben, war gesegnet mit den Früchten der Bäume und mit den Kräutern, welche die Erde hervorbringt, und der Mund der Menschen wurde nicht mit Blut befleckt. Damals bewegten die Vögel ihre Schwingen sicher in den Lüften, und der Hase durchstreifte das freie Feld ohne Furcht; damals wurde der Fisch nicht das arglose Opfer des Menschen. Jeder Ort war ohne Verrat, keine Ungerechtigkeit herrschte, und alles war von Frieden erfüllt. In späteren Zeitaltern schmähte und verachtete ein Unheilstifter diese reine, einfache Nahrung und versenkte in seinen gefräßigen Wanst Speisen, die von Leichnamen herrührten. Damit öffnete er zugleich der Schlechtigkeit den Weg."

Andere

Horst Stern (Deutscher Journalist) „Menschlichkeit gewährt der Mensch schon immer nur den Tieren, MIT denen er lebt, nicht den Tieren, VON denen er lebt."

Edgar Kupfer-Koberwitz (Überlebender des Konzentrationslagers Dachau und bekannt durch seine Dachauer Tagebücher): „Der Wurm in seiner Qual windet sich auf dem Haken. Unvorstellbarer Schmerz – grässlicher, langsamer Tod! Wäre er ein Mensch, würde er sicherlich verzweifelt fragen, ob es möglich sei, dass die Gottheit solches geschehen lasse. Der Angler aber sitzt am Wasser, ... lauscht dem Gesang der Vögel und freut sich. ... Ich esse keine Tiere, weil ich mich nicht von dem Leiden und Tode anderer Geschöpfe ernähren will – denn ich habe selbst so viel gelitten, dass ich fremdes Leid empfinden kann, eben vermöge meines eigenen Leides."

Hubertus Mynarek (Theologe und Kirchenkritiker): „Allein schon das Abblasen der Milliarden von Tieren verbrauchenden Tierversuche, wäre eine fühlbare, geradezu „kosmische Erleichterung" für die geschundene Kreatur."

Mark Rowlands (Philosophieprofessor, lebte elf Jahre mit einem Wolf zusammen): „Das vitale Interesse von Tieren, ein elendes Leben und einen grässlichen Tod zu vermeiden, wiegt erheblich schwerer als das recht triviale Interesse von Menschen an ihren Gaumenfreuden."

Sven Hedin (Asienforscher): „Ich habe es nie über mich bringen können, ein Lebenslicht auszulöschen, das aufs Neue anzuzünden mir die Macht fehlt."

Helmut Maucher (ehemaliger Chef von Nestlé): „Der Trend ins Vegetarische ist unaufhaltsam. Vielleicht isst in 200 Jahren kein Mensch mehr Fleisch."

Siddhartha Gautama (Buddha): „Der Seuchen gab es früher drei: Begierde, Hunger, Greisentum; seit aber Tiere geschlachtet werden, entstanden 98 neue Seuchen."

„**Gott**" im Bestseller „Gespräche mit Gott" – Teil 1, Seite 282 [5]: „Sie verspeisen Tiere und Fett und wundern sich wenn diese die Arterien verkalken."

Mohammed: „Das unnötige Schlachten, Töten, Schlagen und grausame Behandeln von Tieren ist eine große Sünde. Wer gegenüber einem Tier Mitleid fühlt, dem wird auch Gott Mitleid schenken."

Mahavira (Gründer des Jainismus) „Der weise Mensch tötet nicht, noch lässt er andere töten, noch lässt er den Mord durch andere zu."

Organisationen

Enquete-Kommission (Untersuchungs-Kommission des Deutschen Bundestages zum Schutz der Erdatmosphäre.): „Bezogen auf die Klimabelastung ergibt sich bei der fleischhaltigen Komponente (z.B. Frikadelle) die 13fache Menge an CO2-Äquivalenten gegenüber der fleischlosen Komponente (z.B. Getreidebratling). ... Durch die Senkung des Fleischkonsums auf ein auch der Gesundheit förderliches Maß könnten ein viertel oder mehr der klimarelevanten Emissionen vermieden werden. Der Übergang zu einer stärker pflanzlich orientierten Ernährung eröffnet somit das mit Abstand größte Einsparpotential (bis zu 100 Mio. t CO2-Äquivalente) im Ernährungssystem. Darüber hinaus würden die volkswirtschaftlichen Folgekosten der ernährungsbedingten Krankheiten (50 Mrd. DM/Jahr) erheblich reduziert."

Quelle: *„Mehr Zukunft für die Erde"*, Economica Verlag, Bonn, 1995, Seite 1329

WorldWatchInstitute: „Der hohe Fleischverbrauch kostet auch Menschenleben. Wer viel Fleisch isst, wird anfälliger für Wohlstandskrankheiten wie Herzinfarkt, Schlaganfall, Krebs."

Aus dem Koran [8]

Sure 2 (Die Kuh), 173: „Verboten hat Er euch nur, tote Tiere zu essen, sowie Blut, Schweinefleisch und Tiere, die anderen Gottheiten außer Gott geweiht wurden. Wer aber in der Not davon isst, ohne zu übertreiben oder eine böse Absicht zu hegen, für den ist es keine Sünde. Gott ist voller Vergebung."

Sure 2, 54 „O mein Volk, du hast dich wahrlich an dir selbst versündigt, als du dir das Kalb nahmest."

Sure 2, 61 „Bitte also deinen Herrn für uns, dass Er für uns hervorbringe von dem, was die Erde wachsen lässt, von ihren Kräutern und ihren Gurken und ihrem Weizen und ihren Linsen und ihren Zwiebeln."

Sure 5 (Der Tisch), 1 „...ist es Pilgern verboten zu jagen und für alle neben Schweinefleisch auch Blut."

Sure 6 (Das Vieh), 151 „...Ihr sollt nicht das Leben töten, dass Allah unverletzlich gemacht hat ..."

Aus der Bibel [1]

1. Moses 1,29 „Und Gott sprach: Sehet da, ich habe euch gegeben alle Pflanzen, die Samen bringen, auf der ganzen Erde, und alle Bäume mit Früchten, die Samen bringen, zu eurer Speise."

2. Moses 20,13 „Du sollst nicht töten / morden." (Eines der 10 Gebote)

Jesaja 66,3 „Das Land wird euch seine Früchte geben, dass ihr euch satt essen könnt. Wer einen Ochsen schlachtet, ist eben als der einen Mann erschlüge; wer ein Schaf opfert, ist als der einem Hund den Hals bräche."

Daniel 1,11-16 „Da sagte Daniel zu dem Mann, den der Oberkämmerer als Aufseher für ihn selbst sowie für Hananja, Mischaël und Asarja eingesetzt hatte: Versuch es doch einmal zehn Tage lang mit deinen Knechten! Lass uns nur pflanzliche Nahrung zu essen und Wasser zu trinken geben! Dann vergleiche unser Aussehen mit dem der jungen Leute, die von den Speisen des Königs essen. Je nachdem, was du dann siehst, verfahr weiter mit deinen Knechten! Der Aufseher nahm ihren Vorschlag an und machte mit ihnen eine zehntägige Probe. Am Ende der zehn Tage sahen sie besser und wohlgenährter aus als all die jungen Leute, die von den Speisen des Königs aßen. Da ließ der Aufseher ihre Speisen und auch den Wein, den sie trinken sollten, beiseite und gab ihnen Pflanzenkost."

Amos 6,4-7 „Zum Essen holt ihr euch Lämmer aus der Herde und Mastkälber aus dem Stall. Ihr grölt zum Klang der Harfe. Ihr trinkt den Wein aus großen Humpen. Darum müssen sie jetzt in die Verbannung, allen Verbannten voran."

Lukas 5,10 „Aber Jesus sagte zu Petrus: „Fürchte dich nicht! Du wirst jetzt keine Fische mehr fangen, sondern Du wirst ein Menschenfischer werden."

Römerbrief 14,21 „Deswegen ist es besser, du isst kein Fleisch, trinkst keinen Wein und vermeidest überhaupt alles, was deinen Bruder zur Sünde verführen könnte."

1. Korintherbrief 8,13 „Darum ist es besser du isst kein Fleisch ...!"

1. Korintherbrief 10,23 „Alles ist erlaubt, aber nicht alles dient zum Guten."

Paradiesische Zustände sehen laut der Bibel übrigens so aus:

Jesaja 11, 6-9 „Dann wohnt der Wolf beim Lamm, der Panther liegt beim Böcklein. Kalb und Löwe weiden zusammen, ein kleiner Knabe kann sie hüten. Kuh und Bärin freunden sich an, ihre Jungen liegen beieinander. Der Löwe frisst Stroh wie das Rind. Der Säugling spielt vor dem Schlupfloch der Natter, das Kind streckt seine Hand in die Höhle der Schlange. Man tut nichts Böses mehr und begeht kein Verbrechen auf meinem ganzen heiligen Berg; denn das Land ist erfüllt von der Erkenntnis des Herrn, so wie das Meer mit Wasser gefüllt ist."

Jesaja 65, 25 „Wolf und Lamm weiden zusammen, der Löwe frisst Stroh wie das Rind ... Man tut nichts Böses mehr und begeht kein Verbrechen auf meinem ganzen heiligen Berg, spricht der Herr."

Wollen wir diese paradiesischen Zustände nicht schon jetzt schaffen? Was hindert uns? Hören wir doch einfach auf unser Herz...

EXKURS MILCH

Noch viel deutlicher als beim Fleisch macht sich das Ost-West-Gefälle beim Milchkonsum bemerkbar. Asiaten kannten bis vor wenigen Jahren faktisch keine Milchprodukte (mein Cousin suchte die letzten Jahre vergeblich danach in den Supermarktregalen Asiens). Bis zum Aufkommen der westlichen Fast-Food-Ketten und ihren Milchshakes, Cheeseburgern und Trinkjoghurts kamen sie völlig ohne Milcherzeugnisse aus. Während der „Westler" also denkt er wird krank ohne diese Produkte, werden Japaner z.B. im Schnitt immer noch wesentlich älter und vor allem gesund alt. So wundern sich die einen über die anderen, wie sie das nur machen...

Fest steht: Der Mensch ist das einzige Säugetier der Welt, welches die Muttermilch eines anderen Säugetieres trinkt, bzw. abzapft. Wir sind auch der einzige Säuger, der Milch noch im Erwachsenenalter zu sich nimmt. Die Kuhmilch ist nicht wie die menschliche Muttermilch auf die besonderen Bedürfnisse des Menschen ausgelegt, sondern die Bestandteile sorgen z.B. bei dem Kalb für ein besonders schnelles Größenwachstum, sie ist genetisch für das Kalb entwickelt. Die Kuh gibt, wie der Mensch, nur Milch, wenn sie ein Kalb (Baby) geworfen hat. Das Kalb muss dem Muttertier weggenommen werden (also geschlachtet werden), um an die Milch zu gelangen.

Als deutlichstes Zeichen für mich, dass das Trinken von Milch nicht natürlich und somit auch höchstwahrscheinlich nicht gesund ist, ist, dass der überwiegende Teil der Menschheit (nämlich etwa 75%) die Laktose der Milch (und deren Produkte) gar nicht verarbeiten kann. Vor allem die Menschen in West- und Nordeuropa haben sich das Trinken von Milch über die Jahrtausende angewöhnt. Doch schon am Mittelmeer kann ein Großteil der Bevölkerung (60-70%) die Laktose nicht vertragen; Durchfall, Magenkrämpfe und einiges mehr sind die Auswirkungen. Desto mehr man nach Süden oder Osten geht, umso stärker ist die Laktose-Unverträglichkeit verbreitet, sie steigt bis auf 99% an (China, Indien, Japan, Thailand, Afghanen, Mongolen Aborigines, Inuit, Afrikaner, Afroamerikaner, Südamerikanische Indios etc.). Sie ist somit keine Krankheit, die bekämpft werden müsste, sondern der Normalfall. Das Trinken von Milch ist unnatürlich und der Körper wehrt sich. Bei den Europäern (und bei den Hellhäutigen in Amerika, Australien, Afrika etc.) ist es nur einer zufälligen Mutation zu verdanken, dass es doch verarbeitet werden kann. Aber selbst in Deutschland und den USA soll die Laktoseintoleranz noch bei ca. 15 Prozent liegen. Neuerdings gibt es deshalb sogar laktosefreie Milch. Wozu? Wenn unser Körper sich mit Händen und Füßen gegen das Trinken von (Kuh)Milch wehrt, warum müssen wir dann mit aller Gewalt Mittel und Wege finden, um sie im Labor dermaßen umzustricken, sodass sie doch noch von unserem Körper akzeptiert wird?

Es muss einen Grund geben, warum drei Viertel der Menschheit bis heute keine Milch verträgt. Zusätzlich sei bedacht, dass die Asiaten die große Häufung von Rücken- und Gelenkproblemen, wie sie bei uns auftritt, nicht kennt. Das große Längen-Wachstum der Milchtrinker-Nationen wie Deutschland, Holland, Schweden oder die USA ist für mich kein Zeichen mehr für Reichtum, sondern eine Folge unserer Massentierhaltung sowie dem extremen und damit unnatürlichen „Schießen" von Milch in die Knochen.

Im Übrigen gilt für die Zuchttiere, die der „Milch-Produktion" dienen, das Gleiche wie für die Masttiere, die nebenan im Stall stehen: Die gleichen Umweltprobleme, Land-, Energie- und Wasserverbrauch (Eine Milchkuh trinkt 20 Liter Wasser pro Stunde), übermäßiger Methan- und CO_2-Ausstoss sowie das Problem der Entsorgung der Gülle, die gleichen unethischen Bedingungen der Massentierhaltung etc. – alles trifft ebenso zu wie beim Fleisch.

Ethisch gilt es aber noch weiteres zu beachten: Allein in Deutschland sind von den 14 Millionen Rindern (USA 98 Mio., China 108 Mio.) 5 Mio. Milchkühe. Diese armen „Mütter" müssen mindestens einmal pro Jahr ein „Kind" zur Welt bringen, damit sie Milch geben (so wie beim Menschen). Das (männliche) Kalb wird der Mutter dann entrissen und zur Schlachtbank geführt, sodass sie ungehindert die Milch dem Menschen geben kann. Hoch gezüchtete Kühe geben 11.000 bis 17.000 kg Milch im Jahr. Man stelle sich diesen Berg oder See mal bildlich vor, oder allein die gleiche Menge in Saatgut, Mais, Hafer etc. Für einen Liter Milch müssen 400 l Blut durch den Euter gepumpt werden, so viel wie bei einem Marathonläufer für die gesamte Strecke eines Marathons. Nach drei Jahren landen dann auch sie, wie ihre Kinder, auf der Schlachtbank. Gäbe es also keine Milch, gäbe es auch kein Kalbfleisch! Ohne Milch also kein Kalbsragout, Kalbshaxen, Kalbsleberwurst, Kalbsspieß (bei uns als Dönerfleisch bekannt), Kalbschnitzel, Kalbsrücken etc. Man erinnere sich, dass das Wort „Kalb" nichts anderes bedeutet als „Baby". Nennen wir das Kind doch ruhig beim Namen! Wo bleibt die Nächstenliebe?

Wir haben unseren „westlichen" Lebensstil über unsere Kinofilme, unsere Werbung und unsere Fast-Food-Ketten nach Asien getragen. So hat sich auch der Milchkonsum in China (immerhin 1,4 Milliarden Menschen!) von 1 Mio. Tonnen im Jahr 1978 auf über 30 Mio. Tonnen Milch p.a. im Jahre 2008 mehr als verdreißigfacht. Eine gute Entwicklung?

Alle großen Säugetiere leben „vegan", also rein pflanzlich, egal ob ein Hengst oder Stier, Giraffe oder Zebra, Hirsche oder Gorilla, ein Büffel oder Bison und sogar Elefant und Nashorn. Diese großen, schnellen und starken Tiere leben absolut natürlich ohne Fleischkonsum und ohne Milchprodukte (und auch Eier, Honig etc.). Es muss uns doch auch möglich sein, oder?

Zumal wir nicht so schnell so stark und so groß werden müssen. Zwar leben auch Grizzlybären überwiegend vegan, doch neben dem Honig essen sie immerhin von Zeit zu Zeit auch Fisch. Ebenso die menschenähnlichen Affen wie Schimpansen, Gorillas und Orang-Utans. Sogar die bisher größten Tiere, die Dinosaurier, waren Pflanzenfresser. Im Notfall essen ja sogar Menschen andere Menschen (man erinnere sich an das abgestürzte Flugzeug mit einer Fußballmannschaft in den Anden) und Dinge, die sie eigentlich ablehnen – der Hunger treibt es rein. Aber leiden wir tatsächlich Hunger?

Die Professorin Dr. med. Michels hat in der bekannten Harvard Universität eine Studie mit Hunderttausenden Probanden durchgeführt. Seit dem Bekanntwerden der Ergebnisse darf in den USA nicht mehr damit geworben werden, dass Milch gesundheitsfördernd ist. So wurde festgestellt, dass der tägliche Konsum von zwei bis drei Gläsern Milch bei Männern das Risiko von Prostata-Krebs um das 2,4-fache und bei Frauen das Brust-Krebs-Risiko um das 2,2-fache erhöht. Kuhmilch wird heute mit Leiden wie Asthma, Neurodermitis, Morbus-Crohn, Akne, Diabetes Typ 2, Blasen- und Nierensteinen, Blähungen, Migräne, Fettleibigkeit, Herzkrankheiten und Osteoporose in Verbindung gebracht. Letzteres ist besonders überraschend, da auch heute noch immer viele Ärzte der Schulmedizin bei Osteoporose zum Milchtrinken raten. Dabei sind Haselnüsse, Sonnenblumenkerne, Broccoli, Roggen, Aprikosen und vieles mehr viel bessere Kalziumquellen als die Milch. Eine hohe Aufnahme von tierischem Eiweiß raubt Erwachsenen sogar Kalzium.

Die Milch der gepressten Soja-Bohne soll der Grund sein, warum die Menschen in Asien viele unserer Zivilisationskrankheiten nicht kennen, so wie die Wechseljahresbeschwerden. Das funktioniert natürlich nur über lange Zeiträume, nicht wenn man erst im Alter damit anfängt. Auch das morgendliche Müsli schmeckt mit Soja-, Hafer- oder Reismilch genau so gut wie mit Kuhmilch. Man gewöhnt sich schnell daran. Versuchen Sie es doch einmal!

Als Kind war ich übrigens vernarrt in meinen täglichen Liter H-Milch; nach meinem heutigen Kenntnisstand eines der schädlichsten Nahrungsmittel, mit denen man seinen Körper strafen kann. Diese ultrahoch-erhitzte Milch ist nicht nur nahezu wertlos für den Körper, sondern zusätzlich schießen die Knochen wohl noch schneller als bei normaler Milch. Versuche an Ratten haben bei H-Milch grausigste Ergebnisse geliefert: Nach wenigen Generationen waren die Knochen der Tiere so verkrüppelt, dass sie nicht mehr lebensfähig waren. Siehe dazu das Buch *„Der Murks mit der Milch"* vom weltweit anerkannten Ernährungswissenschaftler und Bestsellerautor Dr. Max Otto Bruker. Ob man dann noch stolz sein kann, dass man so groß ist?

Informieren Sie sich einfach unverbindlich!

TEIL FÜNF – WEISHEIT AUF DEN PUNKT GEBRACHT

HUNDERT KURZNACHRICHTEN VON MIKE

Als nächstes werde ich Euch die hochinteressanten SMS-Nachrichten von „Mike" vorstellen (er bat mich darum, dass ich seinen richtigen Namen nicht abdrucke!). Ihr könnt sie kritisieren wenn Ihr wollt. Ihr könnt sie kommentieren. Ihr könnt sie einfach nur lesen und innerlich verarbeiten. Ich selbst habe es damit versucht, die vielen wertvollen Bücher, die er mir vorschlug, zu lesen. Danach klingen seine Worte wesentlich schlüssiger. Ein einziges Mal habe ich mit ihm telefoniert, ansonsten lief tatsächlich alles über SMS und später E-Mail. Man würde ihn wohl meinen „Meister" nennen. Aber wir beide haben nie über diesen Begriff gesprochen und mir war auch nie wichtig einen Begriff für ihn zu finden. Doch seine Worte sind wie Gold, ich wollte mehr Menschen daran teilhaben lassen.

Mike, geboren 1951, hatte in einer tiefen Sinnkrise ein Mystisches Erlebnis und arbeitete dann als Taxifahrer in Düsseldorf. Er gehörte keiner Sekte oder Religion an, er war Freigeist. Seine Themen waren: Nahtoderforschung, Thanatologie (Lehre von der Sterblichkeit), Noëtik (Wesensforschung des Bewusstseins), Ontologie (Lehre vom Sein), Philosophie (Liebe zur Weisheit), Metaphysik (was über die sinnliche Natur hinausgeht). Im November 2005 (nachdem wir fünfeinhalb Jahre kommuniziert hatten) ist Mike eines plötzlichen, aber natürlichen Todes im Alter von nur 54 Jahren verstorben. Er wurde in seiner Wohnung aufgefunden, alles war normal und aufgeräumt. Ein Hirnschlag hatte ihn auf der Stelle umgeworfen.

Sein erstes Anschreiben an mich, auf den PM-Leserbrief, lautete so:

> *„... und genau so sehe ich es auch: Alles ist ein großes Ganzes. Im Mikrokosmos, der Ebene von Protonen, Neutronen, Elektronen und Atomen finden sich dieselben Gesetze wieder, wie im Makrokosmos der Galaxien, Fixsterne und Planeten.*
>
> *Albert Einstein hat das einmal so ausgedrückt: „Meine Forschungen haben ergeben, dass hinter all der Welt, mit der wir uns befassen, ein großer Orchesterdirigent sein muss, der alles lenkt und der unser Gutes will. Und diese Erkenntnis gibt mir ein unglaubliches Glücksgefühl." Ein nüchterner, analytischer Physiker, der durch gründliches Nachdenken erkannt hat, dass alles im Kosmos mit einer Handschrift geschrieben ist und dass es deshalb für alles auch nur eine Urkraft geben kann. Welchen Namen wir dieser Urkraft geben, ist dabei vollends bedeutungslos. Du schreibst ja selber: „Gott = Allah = Jehova = TAO usw." Ich denke Du hast Recht. Es ist alles eins! Millionen religiöser Fanatiker haben das noch nicht annährend durchschaut..........Du bist mit Deinen Gedanken völlig auf dem richtigen Weg. Ich freue mich, in Dir einen lebendigen Geist getroffen zu haben!"*
>
> *Mike*

Es folgen die 100 Kurznachrichten von Mike
03.02.2000 bis 11.2005

Die Fragen am Anfang sind diejenigen die ich ihm gestellt habe per SMS. Ansonsten erklärt die Antwort gleichzeitig die Frage.

1. Gibt es Wiedergeburt, Reinkarnation? Ja! Können wir denn Vollkommenheit erreichen in nur einem Erdenleben?
2. Der Körper ist nur unser vergängliches „Erdenkleid". Aber unser Geist, unser Bewusstsein lebt immer weiter! Ohne jedwedes Ende...
3. Nach dem Tod geht es weiter, aber „nur" mit dem Geist. Ist nicht unser Geist und unser Bewusstsein DAS WESENTLICHE an uns?
4. Ja richtig, „hinterm Horizont" (Tod / Licht) geht's tatsächlich weiter. Das irdische Leben ist erst der Anfang!
5. Jesus? ER ist der Beste! Das hab ich erst nach langen, tiefen Umwegen richtig tief verstanden. Wie sehr haben die Menschen seine „Lehre" entstellt. ER IST DER GRÖSSTE!!!
6. Das irdisch-vergängliche ist so winzig klein im Vergleich zu der GIGANTISCHEN ZUKUNFT die wir alle erleben werden.
7. Was ist Gott? Alles ist Gott. Es gibt nichts, was Gott nicht ist. Jedes Atom ist nach seinem Bauplan geschaffen.
8. Ist der Mensch ein Tier? Der Mensch ist halb Tier, halb Engel. Seine Entwicklung geht langfristig nach oben. Und keine Macht der Welt hält das auf! Alles hat Seele auf dem ihm gemäßen Bewusstseinsniveau.
9. Nützt beten? Oder stärkt es nur mein eigenes Bewusstsein? Man ruft in der Not seine eigenen, göttlichen Kräfte ab. Man kann das Beten nennen, Zwiesprache oder wie auch immer.
10. Wir alle sind Teil eines großen Karussells mit Musik. Es dreht sich immer im Kreis. Jeder (jedes Volk) kann sich seine eigene Melodie aussuchen, die er gerne hören will. Aber das Karussell dreht sich trotzdem weiter. Für ALLE gemeinsam.
11. Kann man seine eigene Position in der Hierarchie des Himmels beeinflussen? Jeder wächst geistig in immer lichtere Sphären hinein. Wenn man im Einklang mit Gott ist, kann man wirklich alles.
12. Tiere auch Seele & Bewusstsein? Tiere + Pflanzen sind unsere „jüngeren Geschwister". Auch ihr Bewusstsein reift heran. So unfassbar groß ist das alles angelegt.
13. Warum gibt es Totgeburten und Kinder die sterben? Zu Kindern: Lies die wunderschönen Einsichten von Robert James Lees. Es ist alles auf das Vollkommenste durchdacht vom Großen Weltgeist.
14. Kann man als Tier wiederkehren? Wenn man es unbedingt will, kann man es bestimmt (Freier Wille). Aber die Entwicklung geht langfristig zu Höherem Bewusstsein.
15. Alle Suchenden sind Erwartete. Oh ja, unter den Engeln gibt es eine Hierarchie. Sie richtet sich nach der „Höhe" der Aufgabe.
16. Welche Bedeutung 777 oder 666 hat? Wer an Zahlen glaubt für den haben sie eine Bedeutung und umgekehrt. Alles das ist noch von dieser Welt.
17. Kann man Geister sehen? Verstorbene erscheinen schon mal anderen Menschen. Das gibt es, lieber Martin.

18. All die „Götter" und „Geister" gibt es in dem Maße, in dem die Menschen an sie glauben. Sie bestehen aus Glauben. Glaube Du nur an den EINEN Allumfassenden!
19. Gibt es UFOS? Uninteressant. Achte auf die NICHT sichtbaren Dinge.
20. Beten? Nein, ich bete nicht. Formeln, Förmlichkeiten, Formen, Formalien, all das ist bedeutungslos.
21. Letztendlich sind alle Lebewesen auf dem „richtigen" Weg. Nur eben auf den unterschiedlichsten Bewusstseinsstufen. Alles ist Bestandteil einer unermesslich großen Ordnung. Es ist alles in (dieser) Ordnung!
22. Es gibt einen Übergeist, von dem wir ein Teil sind. So wie ein Ozean aus Myriaden von Tropfen besteht.
23. Immer mehr schlafende Menschen wachen auf: Ein langsamer Prozess, der sich beschleunigen wird.
24. Hass + Liebe, Krieg + Frieden, Mann + Frau, Licht + Schatten. Das ist alles noch Polaritätsdenken. Wir aber sollten die darüber stehende EINHEIT verstehen.
25. Du wirst irgendwann nicht mehr unterscheiden zwischen all den Menschen, Meinungen, Religionen usw. Denn alles das ist in Wahrheit eins.
26. Buddhismus ähnelt dem Christentum sagt Uwe Ochsenknecht? Ich weiß das alles, lieber Martin. Eines Tages werden alle Menschen diese Erfahrung machen. Denn in Wahrheit sind auch wir EINS. Alles ist EINS.
27. Das Göttliche finden wir durch Überwindung jedweder Polarität. Alle Gegensätze sind in Wahrheit EINS. Gott ist nicht Spaltung, sondern EINHEIT.
28. Alle Menschen sind auf dem „richtigen" Weg, die meisten noch völlig unbewusst. Aber Dein Bewusstsein lichtet sich schon. Das wird sich noch immens steigern.
29. Du kannst nicht werden wie Jesus, denn Du bist es ja schon. Es ist Dir nur noch nicht bewusst. Du wirst neugeboren werden im Geiste.
30. Wer war Jesus? Der Meister! Er hat die Wahrheit, nämlich dass wir unsterbliche Wesen sind, vertreten bis in die letzte, bitterste Konsequenz hinein. Können wir es denn immer noch nicht glauben? Welches Siegel brauchen wir denn noch? Was muss ein Wahrheitsbringer denn noch auf sich nehmen? Damit wir es endlich glauben können?! Er hat die Schwingung LIEBE auf die Erde gebracht. Er verbindet hellstes Wissen mit bedingungsloser Liebe. Und beides zusammen ergibt Weisheit.
31. Jesus? Sein Kleid ist rauchloses, weißes Feuer, das zum Himmel empor lodert...!
32. Das Substantiv was ich meine heißt „Kontemplation". Sei nicht träge, schlag selbst nach. Der Tod existiert nur für die trägen, oberflächlichen Menschen.
33. Wenn Du einmal ein Erlebnis wie die „Unio Mystica" erlangst, wirst Du alles viel besser verstehen. Tränen der Freude werden über Deine Wangen laufen und Du wirst Tage brauchen, um Dich wieder aufs irdische Maß einzuschwingen. Und erst hiernach ruf mich an oder schreib mir, wenn Du magst. Wenn Du ein solches Gipfelerlebnis durchlaufen hast, können wir uns auf einem ganz anderen Niveau austauschen. Ist das fair?
34. Den ewig rastlosen Verstand abschalten, Meditieren, Nichtdenken, zur Ruhe kommen, Kontemplativ (weltabgewandt) leben. Finde DEINEN WEG.
35. Das Buch von Robert James Lees scheint gut zu sein? Offenbar Deinem seelischen Reifegrad angemessen! Viele können so viel „Licht" noch gar nicht ertragen. Sie tapsen blind in der „Finsternis" umher.
36. Wir alle sind Lernende und Lehrende zugleich. Auch DU lehrst schon und Du wirst das immer weiter vervollkommnen.

37. Unser Ich sieht die Welt durch ein Fenster. Aber dieses Fenster ist in Wirklichkeit ein Spiegel. Die Welt da draußen reflektiert das, was wir sind.

38. Du sagst: Es sind viele böse Menschen in Deinem Umfeld zurzeit? Vieles läuft schief? Alles Prüfungen Martin! Da kommen noch Tausende „kleine Tode". Du bist nicht zu klein, Du bist noch zu groß! Sei froh um jedes Problem. Daran reifen wir.

39. Du bist wütend auf Deine Nachbarn? Halte still! Aber so etwas ist mir seit über 30 Jahren nicht mehr passiert. Es ist auch eine Frage dessen, was man ausstrahlt. Ganz arme Seelen, so was!

40. Du musst erst mal ruhiger werden? Du wirst „automatisch" ruhiger, je tiefer Du das Sein durchschaust. Bewusstsein, Erkenntnis und die bedingungslose, nicht an eine Person gebundene Liebe; das alles wächst ja schon. Der große Plan ist wirklich genial. Lässt auch mich immer wieder aufs Neue staunen!

41. Erleuchtung? Wenn in Dein Herz, das ungestüme, wilde ein Tropfen fallen soll von jener Himmelsmilde, die das Gewöhnliche zu Reinem erst verklärt, dann wolle nicht, dass Menschen sie Dir geben. Aus dem Gewöhnlichen kann Dich allein erheben der Gott, der reine Liebe Dich gelehrt. Das niederstürzende Licht der goldenen Sonne. Denn wahre Liebe ist so wie die Sonne: Am Himmel ist ihr Platz um ihre Liebeswonne die heilige Himmelsfackel der Liebe herabzuziehen! Hier gibt sie nur ein kleines, schwelend Feuer und Rauch, denn ihre Reinheit musst´ entfliehen.

42. ...dass fast der Himmelskuppel Wölbung sprengt sei Dir ein hohes Bild von jener Liebeswonne, nach der dein ungestümes Herz so drängt. Doch hüte Dich, der Strahlenmantel, der mit Glanz umgibt die Wesen, die sie selbstlos gebend liebt. (Ephides) – Nicht mir wurden die Gedichte übermittelt. Bis später!

43. Es gibt sehr viele erhellende, von Ephides übermittelte Botschaften. Sie sind von hohem Reinheitsgrad.

44. Hat Ephidis gelebt? Ephides ist nicht verkörpert.

45. Kannst Du / Hast Du schon Kontakt mit der anderen Welt aufgenommen? Für Dich ist bedeutungslos, was ich schon kann oder noch nicht. Es würde Dich nur belasten, und das wäre unfair von mir. Eins gebe ich Dir mit: -> Der Mensch kann grundsätzlich ALLES! Wohin Dich Deine Sehnsucht führt, dort wirst Du auch ankommen. Suche nie das Spektakuläre. Suche die Stille. -> Suche die Ruhe, suche die Einsamkeit. Nur der Einsame ist ein Same. Nur allein bist Du mit allem eins, mit dem All eins! – Auch Du säst schon, lieber Martin.

46. Du machst Dir überhaupt keine Vorstellung, lieber Martin, wie tief die Menschheit schläft! Wenn Du „aufgewacht" bist, wirst Du es ganz leicht erkennen.

47. Mir E-Mails der anderen weiterleiten? Nicht nötig. Denn 99,999 % der Menschheit befindet sich noch im „Tiefschlaf", was überhaupt nicht wertend gemeint ist.

48. Wenn jeder Dir „gute Tipps" gibt, dann hör im Zweifel nur auf Deine innere Stimme, Dein Gewissen. Es ist der beste Ratgeber, den Du Dir vorstellen kannst.

49. Was immer Du auch tust, lieber Martin: Verlier Dich nie in den Details. Halte Abstand zu allem. Sieh stets DAS GANZE, denn es ist wunderschön...!

50. Find ich sehr gut, dass Dich die essenziellen Dinge so interessieren. Nur dürfen wir dabei auch nie die irdischen Erfordernisse vernachlässigen. Die Kunst ist, sich in jener Welt genauso gut auszukennen wie in dieser. Ausgewogenheit! Ich glaube Du gehst da schon einen sehr guten Weg.

51. Dieses Leben ist nur ein kleiner, kurzer Traum. Und Du, lieber Martin, bist gerade dabei, aus eigener Kraft aus ihm zu erwachen. Wachet auf! Mein Glückwunsch!

52. Jede Inkarnation ist nur ein Traum. Das Erwachen kann nur innerhalb des Traumes geschehen. – Und es ist GIGANTISCH ...!

53. Du hast ja schon angefangen, die Täuschung dieser Welt zu durchschauen. Du bist ja gerade dabei aufzuwachen. Hab nur Geduld...

54. Richtig, alles ist nur ein Teil EINES GANZEN. Und „Gott" ist DAS GANZE. Alles was Dich umgibt, ist „Gott" – Schwer zu verstehen?

55. Woran ich Dein Aufwachen erkenne? An Deinem Geist! Wir korrespondieren doch...

56. Man kann auch „Natur" und TAO oder sonst was dazu sagen. Worte sind ja nur Verpackungsmittel für die darin beförderten Inhalte. Und nur auf die kommt es an.

57. Du siehst alles noch getrennt und isoliert, lieber Martin. Dabei ist alles ein unermesslich großes GANZES, ganz, heil, unteilbar, raumlos und zeitlos.

58. Wenn ich Dir sagte, dass Du völlig identisch bist mit mir und mit allen Menschen, so wäre das noch zu viel für Dich. Und deswegen sagte ich es Dir nicht.

59. Ja, alle Menschen und überhaupt alles, was uns widerfährt, ist für uns wie ein Spiegel. Es sagt uns etwas über unseren „Reifegrad". Wie innen, so außen.

60. Bibelcode? Der große „Rahmen" ist vorgegeben. Letztendlich führt alles zur Erlösung. Gestalte Dein Leben so rein wie irgend möglich. Alles andere ist unwichtig.

61. Arkanschule und Lucys Trust? Wir sollten keiner Schule, noch Lehre, keinem Führer noch Meister hinterherlaufen. (Höre Dir nur an was sie zu sagen haben und verbinde es) Der von Dir gesuchte Schatz ruht seit langem tief in Dir: Hebe ihn...!

62. Reines Leben? Wir sollten heftige Musik ebenso meiden wie brutale Filme und persönlichen Streit. Keinen Alkohol, keine Genussmittel, Gewürze mäßig, kein Salz, Fleisch selten. Der Körper ist Tempel; nur Reines darf die Schwelle überschreiten.

63. Ein Weinglas am Abend? Alkohol empfehle ich nicht, und wenn, dann extrem wenig. Im Körper wohnt die unsterbliche Seele.

64. Also Streicheleinheiten für Geist und Körper? Jede Menge! Nur bloß keine zwanghafte Askese. Die Dinge reifen langsam. Kann man eine Eiche wachsen sehen? Und dennoch wächst sie...! Martin Sagel: Was bedeutet kontemplativ? ->

65. Ein offenen Herzen schauendes, sinnierendes, nachdenkliches Leben; „die Welt durchgeistigen". Was Du nachts tust, durchläuft morgens eine Amnesie.

66. Alle Menschen, in denen schon die Sehnsucht nach Erlösung entbrannt ist, machen Fortschritte. Hunderttausende kleiner Schritte. Du wächst ja auch schon!

67. Hast Du eine Buchempfehlung für mich zu Nahtod- / Nachtodeserfahrungen? Wenn Dir „Die Antwort der Engel" nichts gegeben hat, dann weiß ich auch nicht...! Such im esoterisch-spirituellen Spektrum nach Engel-Literatur. (M. S.: Ich hatte das Buch noch nicht gelesen und wollte nur zu diesem Thema einen Titel wissen!)

68. Eigentlich gibt es kein Gut und Böse. Wir entwickeln uns ja nur. Dieser „Plan" ist von unfassbarer Weisheit!

69. Tu nie verkrampft „Gutes". Beobachte Dich, nicht urteilend, auch im so genannten „Schlechten". Beides gehört zusammen! So reift man langsam heran.

70. M. S.: Buddha, Mohammed, Jesus, Laotse etc. – die gleiche Seele in anderen Körpern, Kulturen und Zeiten? Mike: JA!!! Du kommst allmählich in die Phase, in der du erkennst: Es ist alles EINS. Langsam lichten sich deine Schleier Martin!

71. M. S.: Ich würde gerne mehr lesen zu diesem Thema etc. aber ich muss auch „den anderen Pflichten und Herren" nachkommen. Was kann man tun? Mike: Immer schön

die Balance halten zwischen dieser und der so genannten „anderen" Welt. Nie einseitig abgleiten, nie verbissen werden. Immer alles hübsch locker!

72. Wichtig zu meditieren? Wie, wo und wann am besten? Meditieren heißt nicht mehr zu denken, heißt, den Geist zur Ruhe zu bringen. Probier es! Mit sehr viel Übung und Disziplin kann man das Lichtbewusstsein erreichen. In diesem Zustand erkennst du schlagartig die Illusion dieser Welt. Man lacht sich tagelang kaputt...!

73. Haben alle äußeren Krankheiten ihren Ursprung im Innern, im Seelischen? Alle Krankheiten sind ein Hinweis, dass wir noch nicht im Gleichgewicht, noch nicht vollkommen sind. Sie sind Warnung, in schweren Fällen aber auch Prüfung. Ich empfehle 2 Bücher von Thorwald Detleffsen: „Krankheit als Weg" und „Schicksal als Chance". – Auch für Gesunde sehr erhellend, also auch für mich.

74. Sind die weiteren Bücher von Gitta Mallasz auch zu empfehlen? Als Ergänzung bestimmt ganz gut. Hab nicht alle gelesen. – Martin, sei bestrebt selbstständiger zu werden. Gerade du hast doch alle Möglichkeiten dieser Welt.

75. M. S.: Ja, ich werde es versuchen! Mike: Wir Menschen müssen insgesamt selbstständiger werden im Denken. In uns muss eine tiefe, leidenschaftliche Sehnsucht entbrennen, ein Durst, der durch nichts anderes mehr gelöscht werden kann, als durch die Verschmelzung mit dem Göttlichen, der –Unio Mystica– Es kommen noch schwere Prüfungen lieber Martin. Unser aller hochgezüchtetes Ego wird zerbrochen werden. Niemand kommt daran vorbei. Erst dahinter wird das Göttliche LICHT für uns erkennbar. Fortan möchten wir nie wieder ohne dies leben. Mach dir aber keine Sorgen, Martin: Es ist ALLES IN ORDNUNG!!!

76. Insgesamt sehe ich dich auf gutem Weg. Auch du wirst Menschen leiten, sobald sich bei dir alles gefestigt hat. (und auch alle anderen die gewachsen sind!)

77. Nichts ist unrein, um Deine Frage zu erwidern, auch wenn wir gewohnt sind, dieses als „rein" und jenes als „unrein" zu sehen. In Wahrheit ist das alles eins. Sexuelle Triebe ausleben? Masturbation? Sexualität ist ein wunderschönes Geschenk Gottes. Leb sie ruhig aus. Sie ist ja die kurzfristige Überwindung der Polarität. Wenn Du sie nicht mehr brauchst wirst Du es schon merken. Andererseits zeugt ein keusches Leben von einem veredelten Bewusstsein. Wähle selbst.

78. Wo alle loben, habt Bedenken. Wo alle spotten, spottet nicht. Wo alle geizen, wagt zu schenken. Wo alles dunkel ist, macht Licht. (Lothar Zenetti).

79. Die von Lees beschriebene Ebene, so unsagbar schön sie auch sein mag, ist auch nur eine vorläufige. Von da aus geht es noch weiter „hinauf".

80. Im Zusammenhang mit den Terroranschlägen auf das World-Trade-Center in New York (11.09.2001) fragte ich Mike, was er davon hält: Nur im Leid kommen Menschen weiter. Alles ist Bestandteil einer vollkommenen Ordnung. Wir sollten uns nicht gefangen nehmen lassen, von dem, was uns unsere Augen vorspiegeln, sonst „erstarren wir zur Salzsäure". Hinter dem Augenschein ist die Wirklichkeit.

81. Du bist auf dem richtigen Weg. Achte bei allem auf das Wesen der Dinge. Die äußere Form ist unwichtig. Sie vergeht. Nur der Wesensgehalt, also der Geist in allem, ist wichtig. An nichts und niemandem festhalten. Loslassen! Alles das, woran sich Menschen klammern und festhalten, sind Äußerlichkeiten, tote Hüllen. Alles das vergeht. Werde immer lebendiger. Das Wesentliche – Dein Leben – hört niemals auf. Geh Deinen Weg weiter und weiter, lieber Martin...

82. Beachte die Mystik. Es gibt wenige gute Bücher, die direkt von Mystikern stammen. Und zwar deswegen, weil DAS UNAUSSPRECHLICHE nicht wirklich mitgeteilt werden kann. Selbst die schönsten, gefühlvollsten Worte über die Mystik sind blass und banal, und unendlich weit von dem entfernt, was sie wirklich auszudrücken bemüht sind. Der unermessliche Ozean des Seins passt nun mal nicht hinein in eine Kaffeetasse. Die wenigen Mystiker aller Kulturen sind die eigentlichen Bergführer der Menschheit. Sie haben das Höchste erreicht – den GIPFEL...!

83. Die wirklich dunklen Seiten des Lebens kommen erst noch auf dich zu. Aber erfreue dich einstweilen am ewig fließenden Jetzt. Das tust du ja ohnehin. Nichts überstürzen; aber auch nicht einschlafen. Die goldene Mitte, du weißt schon. Sei bemüht, stets vollbewusst im Augenblick zu leben, dann machst du nichts verkehrt.

84. Ex oriente lux (aus dem Osten kommt das Licht). Sich ORIENTieren heißt also: Sich nach dem Licht ausrichten. Also nach deinen lichten Wertvorstellungen.

85. „Mach" gar nichts Martin, denn mit dir wird etwas „gemacht". Lass alles geschehen. Freude, Wut und Leid. Alles gehört dazu. Die Konditionierung anderer Menschen hat für den Befreiten keinerlei Bedeutung mehr.

86. Stell sofort das Grübeln ein. Den Kopf abschalten, das Herz einschalten. Entspanne dich in deiner ganzen inneren Haltung. Es gibt nichts zu tun, alles ist getan.

87. Gehe nur aufmerksam durchs Leben. Alles andere folgt daraus. Du besteigst einen Gipfel. Du wirst merken, wenn du angekommen bist. Mit Sicherheit und Freude!

88. Nicht lauwarm sein? Du sollst dich zuförderst und in allererster Linie um das geistige Reich kümmern. Alles andere, alles Irdische, wird dir – als Folge davon – gegeben. Sei, was die geistigen Dinge angeht, nicht halbherzig. Sei nicht lau. – Brenne! Entzünde andere Seelen. Mit deinem Feuer. Mit deiner Liebe. Mit deiner Freude. Mit deinen Strahlen. Mit deinem Erlöstsein. So war das gemeint, und es hat mit dem „über der Polarität stehen" nur sehr bedingt etwas zu tun.

89. Wir dürfen nicht vergessen: Das Physische ist immer nur eine grobe Kopie, also eine Folge, eine Fortwirkung des Geistigen. Das Primärprinzip in allem ist stets der Geist; alles Materielle hingegen immer nur eine Folge davon. Die Ursache für alles, was in der Physischen Welt erscheint, wird immer und ausschließlich im Geist gesetzt. Und dort, also auf der geistigen Ebene, sind wir Schöpfer. Jeden Tag. Jede Sekunde. Tag und Nacht. Deswegen empfiehlt Jesus: Kümmert euch zuerst um das Reich Gottes (das geistige Reich). Dort nämlich, also in unserem Denken, werden die Weichen gestellt für unser Leben. (Jesus meinte stets nur unser WIRKLICHES LEBEN, nicht das irdische hier. Das irdische so genannte „Leben" nämlich ist nur ein kleiner, vorbeiziehender Traum, was dem Meister natürlich voll bewusst war.)

90. Mittelweg finden heißt: Alles voll ausleben, alles voll akzeptieren. Das so genannte „Gute" genauso wie das so genannte „Schlechte". Nicht nur das so genannte „Gute" ist Gottes Bote, sondern das trifft genauso auch für das so genannte „Schlechte" zu. Alles ist göttlich. Ohne Ausnahme! Der kalte Verstand begreift das aber nicht.

91. Alles muss akzeptiert, alles angenommen, alles durchgeistigt werden. Wenn man das vollbewusst leben kann, geht man den goldenen Mittelweg. Sich zwar immer wieder auf die Polarität einlassen, aber dennoch geistig voll darüber stehen. Also jenseits von Gut und Böse sein. Denn Gut und Böse – und überhaupt jedwede Polarität – sind lediglich zwei verschiedene Perspektiven auf ein und dieselbe Medaille.

92. Du bist noch so oft im Verstand gefangen, der doch immer nur zu spalten und zu sezieren vermag, lieber Martin. Komm aus diesem elenden Gefängnis heraus; stehe über der Polarität, dann siehst du klarer. Solange du alles nur nach dem Maß des – immer nur spaltenden – Verstandes misst, verstehst du nicht. Sobald du aber alles nach dem

Maß des Geistes misst, wirst du verstehen. Im Grunde ist alles sehr viel einfacher, als du denkst. Das wirst du dann erkennen, wenn du es dir angewöhnst, alles nach dem unendlichen Maß des Geistes zu messen.

93. Jede Inkarnation ist eine großartige Erfahrung. Bei unserer Rückkehr nach Hause werden wir als „mutige Helden" gefeiert werden. Wir alle sind unendlich geliebt!

94. Ich glaube, du überschätzt mich ein wenig. Auch ich stehe erst am Anfang meines geistigen Entwicklungsweges. Ich stehe am Ufer eines unendlichen Ozeans des Bewusstseins. Je weiter man hinausschwimmt, umso größer wird das Ganze – zumindest wird es einem erst dann bewusst. Alles ist so unsagbar großartig und weise eingerichtet. Wenn die Menschen wüssten... :-)

95. Sorge dich nicht um deine geistige Entwicklung. Sie geschieht sowieso. Du kannst es nicht verhindern. Tu nichts Besonderes; aber tu alles besonders bewusst. Aufmerksamkeit ist der Schlüssel für unser inneres Weiterkommen. Ich danke herzlich für deine Aufmerksamkeit!

96. Du machst dir Gedanken über deine Erleuchtung? Nun, du bist bereits ein Erleuchteter, wie alle Menschen. Es ist dir nur noch nicht bewusst, wie fast allen Menschen. Was dich hindert, das zu erkennen, ist einzig und allein die Illusion Zeit – die es nämlich in Wahrheit gar nicht gibt.

97. Im Zustand der Unio Mystica wird uns klar, wie illusionär alles Illusionäre ist. Alles, was wir uns gewünscht und erstrebt haben, waren wir schon immer, und werden es immer sein. Vergangenheit und Zukunft sind eins. So wie ALLES eins ist. Eins und unteilbar. Jede Trennung beruht auf Täuschung. Jede Grenze ist nur eine Illusion. Alles ist Einheit mit allem. Zeitlose Grüße ;-)

98. Wir müssen das kleinteilige Denken überwinden. Denn das Universelle ist ein so unfassbar großes Ganzes... Pflegen wir gute Gedanken, so wird Gutes sein. Wir haben natürlich jederzeit die Freiheit, es auch umgekehrt zu tun. Es sind unsere eigenen Gedanken, die unsere Zukunft erschaffen. Das kollektive Bewusstsein beginnt bei der Einheit in Gott. Unterhalb dessen hingegen erscheint uns alles getrennt und isoliert. Es lässt sich mit Worten nicht erklären. Der Verstand kann das nicht fassen.

99. Ob wir Zeit nicht als wichtigen Faktor hier auf Erden benötigen um sich zu verabreden? Martin, wir leben hier in einem Raum-Zeit-Kontinuum. Wer wollte das bestreiten? Es ist das Diesseits. Bitte nicht verwechseln...

100. Ob Du zu viel redest lieber Martin? Stille Nacht, Heilige Nacht lieber Martin. Wir alle müssen schweigen lernen. Ein langer Lernprozess, fürwahr. Aber er lohnt sich. Wie schön ist wahres Schweigen! Nicht im Verstand, im Schweigen finden wir die Wahrheit. Alles wartet inwendig in uns...

Als ich die Nachricht über seinen Tod von seiner Mutter im Dezember 2005 erhielt, schoss es mir gleich wie ein Blitz durch den Kopf: So vielen trauernden Menschen hatte ich schon mit meinem Beispiel von dem „Leben als Schule" helfen können. Bei ihm trifft es den Nagel auf den Kopf! Die einen schaffen einen durchschnittlichen Abschluss, manche müssen nachsitzen, weil sie das Klassenziel noch nicht erreicht haben, andere wiederum brechen die Schule einfach ab, ohne an die Folgen für das zukünftige Leben zu denken. Solche wie Mike sind allerdings so weit, dass sie mehrere Klassen überspringen und somit die Schule früher beenden können, um weiter zu kommen...

DIE BERGPREDIGT DES JESUS AUS NAZARETH

Die Seligpreisungen
Als er aber das Volk sah, ging er auf einen Berg und setzte sich;
und seine Jünger traten zu ihm.
Und Jesus tat seinen Mund auf, lehrte sie und sprach:

Selig sind, die da geistig arm sind; denn ihrer ist das Himmelreich.
Selig sind, die da Leid tragen; denn sie sollen getröstet werden.
Selig sind die Sanftmütigen; denn sie werden das Erdreich besitzen.
Selig sind, die da hungert und dürstet nach der Gerechtigkeit;
denn sie sollen satt werden.
Selig sind die Barmherzigen; denn sie werden Barmherzigkeit erlangen.
Selig sind, die reinen Herzens sind; denn sie werden Gott schauen.
Selig sind die Friedfertigen; denn sie werden Gottes Kinder heißen.
Selig sind, die um der Gerechtigkeit willen verfolgt werden;
denn ihrer ist das Himmelreich.
Selig seid ihr, wenn euch die Menschen um meinetwillen schmähen
und verfolgen und reden allerlei Übles gegen euch, wenn sie damit lügen.

Seid fröhlich und getrost; es wird euch im Himmel reichlich belohnt werden.
Denn ebenso haben sie verfolgt die Propheten, die vor euch gewesen sind.
Aus dem Matthäusevangelium der Bibel [1], Kapitel 5

DAS LEBEN IST...

Das Leben ist eine Herausforderung ... begegne ihr!
Das Leben ist ein Geschenk ... nimm´ es an!
Das Leben ist ein Abenteuer ... wage es!
Das Leben ist Kummer ... überwinde ihn!
Das Leben ist Tragödie ... tritt ihr entgegen!
Das Leben ist eine Pflicht ... erfülle sie!
Das Leben ist ein Rätsel ... löse es!
Das Leben ist ein Spiel ... beteilige Dich!
Das Leben ist ein Geheimnis ... lüfte es!
Das Leben ist ein Lied ... singe es!
Das Leben ist ein Kampf ... stelle Dich ihm!
Das Leben ist eine Gelegenheit ... ergreife sie!
Das Leben ist Schönheit ... preise sie!
Das Leben ist eine Reise ... mache sie zu Ende!
Das Leben ist ein Versprechen ... halte es!
Von einem unbekannten Verfasser

SHINJIN-MEI – DAS EINE

Der höchste Weg ist nicht schwer, wenn Du nur aufhörst zu wählen.
Wo weder Liebe noch Hass, ist alles offen und klar.
Aber die kleinste Unterscheidung
bringt eine Distanz wie zwischen Himmel und Erde.
Soll ES sich dir offenbaren, lass Abneigung wie Vorliebe beiseite.
Der Konflikt zwischen Neigung und Abneigung
ist eine Krankheit des Geistes.
Wird diese tiefe Wahrheit nicht verstanden,
versuchst du deine Gedanken vergeblich zu beruhigen.

Der Weg ist vollkommen wie leerer Raum,
ohne Mangel und ohne Überfluss.
Nur wenn du wählst und zurückweist, geht das Sosein verloren.
Jage nicht äußeren Erscheinungen nach,
verharre auch nicht in der Erfahrung der Leerheit.
Bleibe gelassen im Einen, und alle Verwirrung verschwindet von selbst.
Stellst du das Tätigsein ein und kehrst zur Ruhe zurück,
ist dieses Bemühen selbst nur wieder Tätigkeit.
Wie willst du je das Eine erfahren, wenn du in die Zweiheit verstrickt bleibst?
Wer ins Eine nicht vordringt, wird in keinem Bereich daheim sein.
Existenz zu verachten heißt, Existenz zu verlieren.
Der Leerheit zu folgen heißt, sich gegen die Leerheit wenden.

Je mehr Worte und Gedanken, desto weiter entfernt von der Wirklichkeit.
Schneide Worte und Gedanken ab, und ES durchdringt alles.
Kehrst du zur Wurzel zurück, erfasst du die Wahrheit.
Hängst du der Erscheinungswelt nach, verfehlst du das Wesen.
Ein Augenblick innerer Erleuchtung trägt über die erste Leere hinaus.
Veränderungen in dieser relativen Leere sind nichts anderes als Täuschung.

Kein Grund, die Wahrheit zu suchen, lass all deine Meinungen fahren.
Zwiespältigkeit halte nicht fest. Sei achtsam und folge ihr nicht.
Auch nur eine Spur von richtig oder falsch,
und der Geist ist in Wirren verloren.

Weil es das Eine gibt, existieren die Zwei,
doch halt' auch nicht fest an dem Einen.
Wenn der Geist der Einheit nicht entsteht,
sind die zehntausend Dinge nicht schuld.
Wo keine Schuld ist, ist auch kein Ding.

Das Subjekt vergeht mit dem Objekt. Das Objekt vergeht mit dem Subjekt.
Das Objekt ist Objekt wegen des Subjekts.
Und Subjekt ist Subjekt wegen des Objekts.
Willst du beide Ebenen kennen, sie sind ursprünglich die eine Leerheit.
Die eine Leerheit ist die gleiche in beiden.
In gleicher Weise enthalten sie alle Dinge.
Unterscheidest du nicht zwischen fein und grob,
wie kann es dann Vorurteile geben?

Der große Weg ist dem Wesen nach weit.
Nichts ist leicht, nichts ist schwierig. Engherzige Ansicht führt zu Besorgnis.
Je mehr du eilst, umso länger brauchst du.
Hängst du an solchen Ansichten, verlierst du das Maß
und gehst in die Irre. Lass los, und alles ist natürlich.
In der Wesensnatur gibt es kein Kommen und Gehen.
Handle gemäß deiner Natur, und du stimmst mit dem Weg überein,
gehst ihn gelassen und frei ohne Sorge.

Gedanken lenken ab von der Wahrheit.
Aber ein dumpfer Geist bringt es auch nicht.
Wenn du verabscheust, verwirrt sich der Geist.
Was hilft es schon, für oder gegen etwas zu sein?
Wenn du das eine Fahrzeug nehmen willst,
hege keine Abneigung gegen die Welt der Sinne.
In der Tat, wer die Sinneswelt nicht hasst,
ist eins mit der wahren Erleuchtung.

Der Weise hat keine Ziele, die Unwissenden lassen sich fesseln;
denn obwohl es einen Unterschied zwischen den Dingen nicht gibt,
bleiben sie an manchen hängen. Ist das nicht ein gewaltiger Fehler?
Ruhe und Unruhe kommen aus der Illusion,
Erleuchtung kennt weder Vorliebe noch Abneigung.

Alle dualistischen Ansichten kommen aus falschen Schlüssen.
Sie sind Träume, Fantasien und Flecken vor deinen Augen.
Warum versuchst du, sie zu fassen?
Gewinnen und verlieren, richtig oder falsch, lass sie ein für allemal ziehen.

Wenn die Augen nie schlafen, hören die Träume von selbst auf.
Wenn der Geist nicht unterscheidet, sind alle Dinge das eine Sosein.
Das Wesen dieses einen Soseins ist ein Geheimnis:
unbewegt, absolut, alle karmische Bindung vergessend.

Siehst du alle Dinge gleich, kehren sie heim zum natürlichen Sein.
Ursachen verschwinden, und Vergleiche sind nicht möglich.

Bewege dich nicht, und die Bewegung hört auf.
Bringe Ruhe in die Bewegung, und es gibt keine Ruhe.
Wenn beide nicht sind, kann eines dann sein?
Im Absoluten sind keine Regeln.
Der Geist in Einklang mit ihm wird unparteiisch
und hört auf, zu planen und zu streben.
Wenn Zweifel und Argwohn ausgeräumt, ist wahrer Glaube leicht gewonnen.
Alle Dinge sind vergänglich, nicht notwendig, sie sich zu merken.
Leer, klar und selbstleuchtend bemüht der Geist sich nicht.
Das ist der Platz des Nichtdenkens,
schwer auszuloten mit Intellekt und Gefühl.

In der Welt des Soseins ist kein Anderes und kein Ich.
Wenn man dich bittet, es sofort zu erklären
kannst du nur sagen: „Nicht-Zwei".
Wenn „Nicht-Zwei", dann ist alles gleich,
nichts, was nicht eingeschlossen wäre.
Die Weisen der zehn Richtungen sind alle in diese Weisheit eingetreten.

Es ist jenseits von Ausdehnung und Zusammenziehung.
Ein Augenblick der Wahrnehmung ist zehntausend Jahre.
Weder Sein noch Nichtsein, das ganze Universum liegt vor deinen Augen.
Das unendlich Kleine ist gleich dem Großen, Grenzen sind verschwunden.
Das unendlich Breite ist gleich dem Schmalen, keine Teilung ist sichtbar.

Sein ist nichts anderes als Nichtsein, Nichtsein nichts anderes als Sein.
Wenn es für dich nicht so ist, bleib keinesfalls in diesem Bewusstseinsstand.
Alles ist eins, eines ist alles. Wenn du das erfährst,
warum ängstigst du dich dann, Vollendung nicht zu erreichen?

Der Glaubensgeist ist Nicht-Zwei.
Nicht-Zwei ist der Glaubensgeist.
Worte gehen fehl, es zu benennen.
Es ist nicht von der Vergangenheit,
der Zukunft oder Gegenwart.

Klassischer Zen-Text – Verse von Seng-T´san

DIE DHARMA-WORTE

Wollt ihr zur Erleuchtung gelangen, müsst ihr daher vor allem in den Urquell blicken, dem die Gedanken entspringen. Dies Erforschen des eigenen Geistes, das eben ist Zazen. Es ist weit besser, festen Willens in den eigenen Geist zu blicken, als tausend, zehntausend Jahre lang täglich voll Eifer tausend, zehntausend heilige Gebete und Lieder zu lesen und anzustimmen. Solche Bemühungen sind doch nur Äußerlichkeiten und bringen nur auf kurze Zeit Glück und Frieden. Dann erlischt solches Glück und Frieden wieder, und abermals erleidet ihr die Pein der drei bösen Pfade. Da das Erforschen des eigenen Geistes schließlich zur Erleuchtung führt, ist es Anlass – Grund – Ursache, ein Buddha zu werden. Wer durch Erleuchtung erkennt, dass der eigene Geist Buddha ist, befreit sich auf der Stelle vom Rad des Lebens (vom Leiden). Durchdringt einzig und allein forschend den eigenen Geist, den Ursprung dieser Gedanken, bis zum Äußersten. Wisset, dass alles, was in eurem Bewusstsein auftaucht, alles was ihr mit Augen seht, ein Wahngebilde ist ohne jede Wirklichkeit. Am Ende schwindet jede Spur von Bewusstsein eurer selbst, einem klaren Himmel ohne eine einzige Wolke.

Ein alter Zen-Text des Bassuis

DIE WÜNSCHE GOTTES

Sei der Welt ein Licht, und schade ihr nicht.
Trachte danach aufzubauen, nicht zu zerstören.
Bring mein Volk nach Hause. Durch dein leuchtendes Beispiel.

Strebe nur nach Göttlichkeit. Sprich nur in Wahrhaftigkeit.
Handle nur in Liebe. Lebe das Gesetz der Liebe jetzt und immerdar.

Gib alles, brauche und fordere nichts. Meide das Weltliche.
Akzeptiere nicht das Unakzeptable.
Lehre alle, die danach streben, mich kennen zu lernen.
Mach jeden Moment deines Lebens zu einem sprudelnden Quell der Liebe.
Nutze jeden Moment, um den höchsten Gedanken zu denken,
das höchste Wort zu sagen, die höchste Tat zu tun.
Darin verherrliche dein heiliges Selbst, und so verherrliche auch mich.
Bring der Erde Frieden, indem du allen Frieden bringst,
deren Leben du berührst. *Sei* Friede.
Fühle und äußere in jedem Moment deine göttliche Verbindung
mit dem Allem, mit jeder Person, jedem Ort und jedem Ding.

Gott in „Gespräche mit Gott" Band 2, Kapitel 13, Seite 263

TEIL SECHS – EMPFEHLUNGEN

Alle nun folgenden Empfehlungen aus Literatur, Film, Musik und Internet sind meine persönlichen Tipps, die mir als Wegweiser sehr dienlich waren und die ich deswegen weiter empfehlen möchte. Sie sind nicht als Pflichtprogramm zu verstehen, aber mir haben sie geholfen. Alle genannten Titel findet man immer tagesaktuell auf meiner Internetseite unter www.alles-eins.info mit direktem Link zu den jeweiligen Artikeln mit Leserbewertungen etc.

BÜCHER

Meine **„Top 15"**, neben den Basiswerken Bibel, Koran und Bhagavad Gita. Diese Bücher empfehle ich tatsächlich jedem der irgendwie auf der Suche ist:
- „Das unpersönliche Leben" von Joseph S. Benner aus dem Verlag Dem Wahren – Schönen – Guten
- „Jetzt! Die Kraft der Gegenwart", Eckhart Tolle, Verlag Kamphausen
- „Gespräche mit Gott – Ein ungewöhnlicher Dialog Band 1 bis 3" von Neale Donald Walsch aus dem Goldmann Verlag
- „Der Weg zu Gott" und „Das Buch vom Jenseits" von Bô Yin Râ (Josef Anton Schneiderfranken) aus dem Kober Verlag
- „Stille und Ewigkeit" von Meister Eckhart im Verlag Lorber & Turm
- „Die Antwort der Engel" von Gitta Mallasz aus dem Daimon Verlag
- „Reise in die Unsterblichkeit Band 1 bis 3" von Robert James Lees aus dem Drei Eichen Verlag
- „Über den Tod und das Leben danach" von Dr. Elisabeth Kübler-Ross aus dem Verlag Silberschnur
- „Tote sterben nicht" von Willem C. van Damm im Weltbild-Verlag
- „Rückkehr von morgen" von George G. Ritchie aus dem Verlag Francke-Buchhandlung
- „Das Master Key System" (zu Kraft der Gedanken) von Charles F. Haanel aus dem Goldmann Verlag
- „Nein und Amen! – Mein Abschied vom traditionellen Christentum" von Prof. Dr. Uta Ranke-Heinemann im Heyne Verlag
- „Kleines Lexikon biblischer Irrtümer: Von Adam bis zu den Zehn Geboten" von Uwe Bork aus dem Gütersloher Verlagshaus
- „Krankheit als Weg" von Thorwald Dethlefsen und Rüdiger Dahlke im Goldmann Verlag
- „Unsere Nahrung, unser Schicksal" von Dr. Max Otto Bruker aus dem Emu-Verlag
- „Briefe an Vanessa" von Jeremy W. Hayward, Fischer-Krüger Verlag

FILME

Es gibt eine Reihe von Filmen, die ich aus spiritueller oder ethischer Sicht empfehle. Oberflächlich betrachtet sind es teilweise ganz normale amerikanische Spielfilme. Doch in Wahrheit, so denke ich, haben sie tiefgründige Bedeutung mit Sinn und Verstand. Sie bringen einem die Themen Gott, Jenseits, ethische Lebensführung, die Frage nach dem Sinn des Lebens, die Kraft der Gedanken und vieles mehr näher. Als gute Beispiele seien hier erwähnt:

- „Ghost – Nachricht von Sam" Wie fühlt man sich als Geist?
- „Flatliners" Studenten machen den Nahtod-Versuch.
- „Täglich grüßt das Murmeltier" Jeden Tag eine neue Chance.
- „Im Zeichen der Libelle" Was, wenn Deine tote Frau Dir etwas mitteilen möchte und niemand die Zeichen erkennt?
- „Bruce Allmächtig" Was würdest Du tun, wenn Du die ganze Macht Gottes hättest? Ist das überhaupt wünschenswert?
- „Stadt der Engel" Das Leben zwischen Diesseits und Jenseits.
- „Rendezvous mit Joe Black" Schon mal vom Tod persönlich besucht und abgeholt worden? Man sollte vorbereitet sein.
- „Family Man" Stell Dir vor, Du wachst eines Morgens in einer ganz anderen Umgebung auf und musst zurechtkommen.
- „Rendezvous mit einem Engel" Ein schöner Engelfilm.
- „Hinter dem Horizont" So können wir uns das Jenseits vorstellen. Es deckt sich mit den Aussagen, die ich darüber hörte.
- „Trumanshow" Ist unser tägliches Leben evtl. nur eine Illusion?
- „Waking Life" Ein gigantischer Film über luzides Träumen sowie Außerkörperliche Erfahrungen. Für Fortgeschrittene.
- „Jesus – Biografie" Er ist und bleibt der Mann des Friedens und der Nächstenliebe. Fast jeder Jesus-Film ist daher eine Kostbarkeit.
- „Gandhi – Biografie" Was man mit Gewaltlosigkeit (Ahimsa) alles erreichen kann. Ein ganzes Imperium hat er in die Knie gezwungen.
- „We feed the world" Der erschütternde Weg unserer Nahrung vom Hersteller im Entwicklungsland bis auf unsere Müllkippe.
- „Eine unbequeme Wahrheit" Wie lange wollen wir unseren Einfluss auf die Umwelt und das Klima noch leugnen?
- „HOME" Dokumentarfilm über unseren Umgang mit der Erde.
- „What the Bleep Do We (K)now?!" Wissenschaft & Glaube vereint?
- „The Secret – Das Geheimnis" Die Gedankenkraft in der Praxis

MUSIK

Neben den klassischen Stücken von Bach (z.B. **Brandenburger Konzerte**), Mozart, Vivaldi, Tschaikowski und Beethoven etc. möchte ich vor allem Musik empfehlen wie sie z.B. Dan Gibson mit **Solitudes** und Georg Deuter mit **Call of the Unknown** vertont haben. Natur und Klassik vereint. Beruhigend, inspirierend, harmonisch, fröhlich – ein Fest für die Seele! Mittlerweile gibt es natürlich eine ganze Reihe von „Esoterik- und New-Age-Musik", die ähnlich hilfreich für das seelische Wachstum ist. Man wird selber sehen, welche Musik einen am meisten bewegt. Ich bevorzuge besonders „Weltmusik", also Lieder der verschiedenen Kulturen. Jedes Volk hat viel Wertvolles zu bieten.

INTERNETSEITEN

Unter **www.alles-eins.info** findet der Interessierte eine Liste von Internetempfehlungen, z.B. zu **„Urlaub im Kloster"** (nicht nur für gestresste Manager!). Zu den von mir besprochenen Stichworten wie Mystik, Pantheismus, Astralreisen, Jenseits, Vegetarismus, Gedankenkraft etc. findet man Links. Im „Forum" und diversen **„sozialen Netzwerken"** kann diskutiert werden.

Jedem, der intensiver einsteigen möchte, rate ich das derzeit größte und bekannteste **Onlinelexikon „wikipedia.org"** zu befragen. Schlagen Sie einfach die besprochenen Standard-Begriffe nach: Yin Yang, Ethik, Spiritualität, Mystik, Gott, Einheit, Alles Eins, Vegetarismus, Pantheismus/ Panentheismus etc.

Aber auch wer zu der Theorie „Jesus und der Buddhismus" weiter forschen möchte, findet die hervorgehobenen Suchworte dort: Gandhara, Taxila, Graeco-Buddhismus, Griechisch-Baktrisches Reich, Edikte des Ashoka etc.

Wer noch skeptisch ist, findet zu **Astralreisen / Außerkörperliche Erfahrung** das **OBE-Forum** unter **www.paranormal.de**

Absolut seriöse Forschungsgesellschaften zum Thema **Nahtoderlebnisse** mit objektiven Informationsportalen finden Sie z.B. unter:
www.IANDS.org (International Association for Near Death Studies) und
www.NDERF.org (Near Death Experience Research Foundation).
Ein deutsches Forum findet sich unter **www.sterbeforschung.de**

Wer sich weiter über **Vegetarismus** erkundigen möchte, kann dies unter:
www.vegetarierbund.de (seit 1892), **www.ivu.org** (Weltvegetarierunion, seit 1908) oder **www.peta.de** tun. Einkaufstipps findet man unter **www.vegetarisch-einkaufen.de** und die beworbenen Schuhe aus England zum Beispiel unter **www.vegetarian-shoes.com**

TEIL SIEBEN – SCHLUSS

SCHLUSSBEMERKUNGEN & GEBETE

Niklaus von Flüe (Bruder Klaus), Schutzheiliger der Schweiz, betete so:
Mein Herr und mein Gott, nimm alles mir, was mich hindert zu dir.
Mein Herr und mein Gott, gib alles mir, was mich führet zu dir.
Mein Herr und mein Gott, nimm mich mir
und gib mich ganz zu eigen dir.

Vom Heiligen Franziskus von Assisi stammt dieses Gebet:
Herr, mache mich zum Werkzeug deines Friedens.
Dass ich Liebe bringe, wo man sich hasst,
dass ich Versöhnung bringe, wo man sich kränkt,
dass ich Einigkeit bringe, wo Zwietracht ist,
dass ich Glauben bringe, wo Zweifel quält,
dass ich Hoffnung bringe, wo Verzweiflung droht,
dass ich Freude bringe, wo Traurigkeit ist,
dass ich Licht bringe, wo Finsternis waltet.
Oh Meister, hilf mir, dass ich nicht danach verlange
getröstet zu werden, sondern zu trösten,
verstanden zu werden, sondern zu verstehen,
geliebt zu werden, sondern zu lieben.
Denn: Wer gibt der empfängt,
wer verzeiht, dem wird verziehen,
wer stirbt, der wird zum Ewigen Leben geboren.

Schließen möchte ich mit einem der Lieblingsgebete des 14. Dalai Lama:
Möge ich jetzt und immer so sein,
ein Beschützer für die, die niemand beschützt
ein Führer denen die sich verirrt haben
ein Schiff für die, die über die Meere ziehen müssen
eine Brücke für die, die Flüsse überqueren müssen
ein Asyl für die, die in Gefahr sind
eine Lampe für die, die kein Licht haben
eine Zuflucht für die, die ohne Schutz sind
und ein Diener all denen die Hilfe brauchen.

Gott, großer Gott, lass meine Seele zur Reife kommen, ehe sie geerntet wird.
Selma Lagerlöf

Es sollen ein Gebet die Worte nicht allein,
es sollen ein Gebet auch die Gedanken sein. *Friedrich Rückert*

Dieses Buch hier soll ein wertvoller Dünger für unser persönliches spirituelles Wachstum sein – das ist mein Wunsch. Vielleicht hat es Ihnen beim Wachstum bereits geholfen oder wird das in Zukunft tun? Mancher Samen braucht, nachdem er eingesetzt wurde, sehr viel Wasser und Sonnenschein, um heranzuwachsen und später selber Früchte abzuwerfen. Wenn das Buch etwas zum inneren und damit äußeren Frieden beitragen konnte wäre es mir eine große Freude und Ehre.

Ich möchte bemerken, dass ich selber nicht perfekt bin, wie es sicher niemand ist und meine großen Vorbilder der Geschichte, wie Jesus, Buddha, Eckhart, Luther, Tolstoi, Gandhi, Martin Luther King, Mandela, der Dalai Lama oder Tolle, nicht waren. Das Buch wird also auch mir in Zukunft als wertvolle Lektüre dienen, um mich selbst und meine Seele weiter zu ent-wickeln. Es sind hohe ethische Ziele, und ich arbeite selber hart – aber gerne – daran, diese höchsten Ansprüche an mich selbst in den Alltag einzubinden.
Das Buch wird mir ein Leitfaden und Wegweiser sein, der mir dabei hilft.

Durch die Arbeiten an diesem Buch und die Recherche bin ich bereits stark seelisch gewachsen, auch geistig und intellektuell durfte ich dazu lernen.
Zum Ende dieses Buches gebe ich Ihnen noch folgende Zitate mit auf den Weg von Menschen, die hoch entwickelt und weise waren und die es schafften, mit wenigen Worten Großes auszusagen. Ich hoffe, dass auch mir das einigermaßen gelungen ist. Ich habe das Gefühl, dass ich Gott dadurch näher gekommen bin und dass sich meine Seele frei entfalten konnte.

Wenn Sie Anmerkungen, Kritik und Verbesserungsvorschläge haben oder Rechtschreibfehler finden, freue ich mich über die Kontaktaufnahme. Ebenso freue ich mich über die Weiterempfehlung (z.B. den Link zum Buch in sozialen Netzwerken veröffentlichen, hier gibt es auch Gruppen zum Buch) sowie eine Bewertung in den heute bekannten Onlineshops. All das hilft mir weiter, und ich danke sehr dafür! Man kann mir auch direkt seine Lesermeinung oder Bewertung zur Veröffentlichung zusenden.

Drei Jahre der Recherche, Analyse, Notizen, Sortieren, Überdenken, Niederschreiben, Korrigieren usw. gehen nun für mich zu Ende. Jetzt soll es heißen, wie unser selig gesprochener Kerpener Gesellenvater Adolph Kolping sagte:
„Von Kerpen aus in alle Welt!"
Vielen herzlichen Dank für die Aufmerksamkeit!

Freund, es ist auch genug. Im Fall du mehr willst lesen,
so geh und werde selbst die Schrift und selbst das Wesen.
Angelus Silesius

ABSCHLUSSZITATE

Hundert Worte, die den Verstand beeindrucken, wirken nicht so tief,
wie ein einziges Wort, das das Herz berührt. *Thyde Monnier*

Ich möchte lieber mit ein wenig Optimismus Unrecht behalten,
als Recht mit Pessimismus. *Golo Mann*

Strebe danach, Erster zu werden: Erster beim Nicken, Lächeln,
Komplimente-Machen und Vergeben. *AutorIn unbekannt*

Wenn wir eine Sache nur recht wollen, so will sie uns auch. *Philip Otto Rune*

Lernt, Ihr seid gewarnt! *Vergil*

Die Menschen lernen, indem sie lehren. *Seneca*

Wage es, weise zu sein. *Horaz*

Wo kämen wir hin, wenn alle sagten, wo kämen wir hin – und niemand ginge,
um einmal zu schauen, wohin man käme, wenn man ginge... *Hans A. Pestalozzi*

Glaube ist Gewissheit ohne Beweise. *Henri-Frederic Amiel*

Wer Hohes ersteigen will, muss unten beginnen.
Wer Fernes erlaufen will, muss den ersten Schritt tun. *Japanisches Sprichwort*

Es gibt keinen Weg zum Frieden, der Frieden ist der Weg.
Sei selbst die Veränderung, die du dir für diese Welt wünschst. *Mahatma Gandhi*

Du bist dort, wo deine Gedanken sind.
Sieh zu, dass deine Gedanken da sind, wo du sein möchtest. *Rabbi Nachmann*

Jeder Mensch hat die Chance, mindestens einen Teil der Welt zu verbessern,
nämlich sich selbst. *Paul Anton de Lagarde*

Es ist nicht genug zu wissen, man muss auch anwenden; Es ist nicht genug zu wollen, man muss auch tun. *Johann Wolfgang von Goethe*

Wer sich vornimmt Gutes zu wirken, darf nicht erwarten,
dass die Menschen ihm deswegen Steine aus dem Weg räumen.
Viel Kälte ist unter den Menschen, weil wir es nicht wagen,
uns so herzlich zu geben, wie wir sind. *Albert Schweitzer*

Und plötzlich weißt du: Es ist Zeit, etwas Neues zu beginnen
und dem Zauber des Anfangs zu vertrauen. *Meister Eckhart*

Glücklich ist nur wer glücklich macht. *Sprichwort aus Frankreich*

Auf einen Irrtum aufmerksam gemacht, beschönigt ihn der Narr.
Der Schlaue sucht eine Ausrede; der Weise aber geht schweigend in sich.
Verfasser(in) unbekannt

Was es auch Großes zu erstreben gibt: Dem Mitmenschen Freude zu machen,
ist doch das Beste, was man auf der Welt tun kann. *Peter Rosegger*

Die Wahrheit ist nicht immer schön, wohl aber das Verlangen danach.
Nadine Gordimer

Drei Freunde gibt es auf dieser Welt: Mut, Vernunft und Einsicht.
Sprichwort aus Nigeria

Die wahre Lebenskunst besteht darin, im Alltäglichen das Wunderbare zu sehen.
John Sedges

Die Zukunft wird so aussehen, wie wir sie jetzt gestalten. *Jean Fourastié*

Der Mensch lebt nicht so sehr von der Liebe, die er empfängt,
als vielmehr von der, die er schenkt. *Mutter Teresa*

Man soll die Wahrheit mehr lieben als sich selber,
aber seinen Nächsten mehr als die Wahrheit. *Romain Rolland*

Wohin du auch gehst, geh mit deinem ganzen Herzen. *Konfuzius*

Geh deinen Weg und lass die Leute reden. *Dante*

Am Ende stellt sich die Frage: Was hast du aus deinem Leben gemacht?
Was du dann wünschst, getan zu haben, das tue jetzt! *Erasmus von Rotterdam*

Wer kein Ziel hat, kann auch keines erreichen.
Wer sein Ziel kennt, findet den Weg. *Laotse*

Man muss freie, einfache Gedanken des Lichtes täglich wiederholen,
wie die Sonne täglich aufgeht und die Nacht verscheucht. *Berthold Auerbach*

Dankbarkeit gehört zu den Schulden, die jeder Mensch hat,
aber nur die wenigsten tragen sie ab. *Arabisches Sprichwort*

Viele entdecken den lieben Gott erst auf der Flucht vor dem Teufel.
Hans-Horst Skupy

Anfangen, wirklich anfangen, das ist die Hauptsache. Anderen Mut machen,
selber tapfer vorangehen und Gott wird helfen. *Adolph Kolping*

Ein Gramm Beispiel gilt mehr als ein Zentner guter Worte. *Franz von Sales*

Willst du klug sein, musst du lernen, klug zu fragen, aufmerksam zuzuhören, ruhig zu antworten und mit dem Reden aufzuhören, wenn es nichts mehr zu sagen gibt.
Leo Tolstoi

Was immer du auf Erden verschenkst, es wird dich in den Himmel begleiten.
Aus dem Koran

DANKSAGUNG
Ich danke allen, die meine Träume belächelt haben,
sie haben meine Fantasie beflügelt.
Ich danke allen, die mich in ihr Schema pressen wollten,
sie haben mich den Wert der Freiheit gelehrt.
Ich danke allen, die mich belogen haben,
sie haben mir die Kraft der Wahrheit gezeigt.
Ich danke allen, die nicht an mich geglaubt haben,
sie haben mir zugemutet Berge zu versetzen.
Ich danke allen, die mich abgeschrieben haben,
sie haben meinen Mut geweckt.
Ich danke allen, die mich verlassen haben,
sie haben mir Raum gegeben für Neues.
Ich danke allen, die mich verraten und missbraucht haben,
sie haben mich wachsam werden lassen.
Ich danke allen, die mich verletzt haben,
sie haben mich gelehrt, im Schmerz zu wachsen.
Ich danke allen, die meinen Frieden gestört haben,
sie haben mich stark gemacht, dafür einzutreten.
Vor allem aber danke ich allen,
die mich lieben, so wie ich bin,
sie geben mir die Kraft zum Leben.
Unbekannter Verfasser

„Gott" im Bestseller „Gespräche mit Gott – Band 1" [5]
Wenn du nicht nach innen gehst, gehst du leer aus. *Seite 78*

Aus dem 3000 Jahre alten „Tao Te King" von Laotse [13], Kapitel 33
Wer andere kennt, ist klug. Wer sich selber kennt, ist weise.
Wer andere besiegt, hat Kraft. Wer sich selber besiegt, ist stark.
Wer sich durchsetzt, hat Willen. Wer genügsam ist, ist reich.

Aus der Bibel [1]
„Lass ab vom Bösen und tu Gutes; suche Frieden und jage ihm nach!" *Psalm 34,15*
„Was am Ende bleibt ist Glaube, Hoffnung Liebe. Aber die Liebe ist die Größte unter ihnen." *1. Brief des Paulus an die Korinther 13,13*

LITERATURVERZEICHNIS

1. „Die Bibel" Ich habe verschiedenste Übersetzungen verwendet
2. „Der Kalender der Weisheit" von Leo Tolstoi
3. „Die Entstehung der Realität" von Jörg Starkmuth, www.schoepfungsprinzip.de
4. „Die Antwort der Engel" von Gitta Mallasz
5. „Gespräche mit Gott – Band 1, 2 und 3" von Neale Donald Walsch
6. „Wiederkehr der Mystik" / „Suche nach dem Sinn" von Willigis Jäger
7. „Nein und Amen" von Prof. Dr. Uta Ranke Heinemann
8. „Der Koran – vollständige Übersetzung", von Ali Ünal, 4. Auflage 2015, Define
9. „Bhagavad Gita" Übersetzung von Franz Hartmann
10. „Lucy mit C" Prof. Dr. Markolf H. Niemz
11. „Geh den Weg der Mystiker" von Peter Reiter
12. „Lebe deinen Traum" von Martin Sage
13. „Tao Te King" von Laotse (Lao Dszi), ca. 1000 vor Christus
14. „Bestellungen beim Universum" von Bärbel Mohr
15. „The Secret – Das Geheimnis" von Rhonda Byrne
16. „What the Bleep do we (k)now" von W. Arntz, B. Chasse & M. Vicente
17. „Wie erlangt man Erkenntnisse der höheren Welten" von Rudolf Steiner
18. „Hüter der Erde" von Harvey Arden und Steve Wall
19. „Das Ägyptische Totenbuch" Übersetzung von Gregoire Kolpaktchy
20. „Reise in die Unsterblichkeit" von Robert James Lees
21. „Jetzt – Die Kraft der Gegenwart" von Eckhart Tolle
22. „The Master Key System" von Charles F. Haanel
23. „Der Cherubinische Wandersmann" von Angelus Silesius
24. „Der Friede beginnt in dir" vom 14. Dalai Lama
25. „Lob der Disziplin" von Bernhard Bueb
26. „Der große Bildatlas der Weltgeschichte" von Dr. Christian Zentner
27. „Bodhicharyavatara" – Buddhistische Schrift aus dem 8. Jhd.
28. „Die 5 großen Weltreligionen" von Emma Brunner-Traut
29. „Kleines Lexikon der biblischen Irrtümer" von Uwe Bork
30. „Leben und Lehren der Meister im Fernen Osten" von Baird T. Spalding
31. „Der ökologische Jesus" von Franz Alt
32. „Eine unbequeme Wahrheit" Dokumentarfilm von Al Gore
33. „We Feed the World" Dokumentarfilm von Erwin Wagenhofer
34. „Krankheit als Weg" von Rüdiger Dahlke und Thorwald Dethlefsen
35. „Für die Tiere ist jeden Tag Treblinka" von Charles Patterson
36. „Chicken Run – Hennen rennen" von Peter Lord und Nick Park
37. „Unsere Nahrung – unser Schicksal" von Dr. Max Otto Bruker
38. „Lebensbedingt Krankheiten" von Dr. Max Otto Bruker
39. „Tiere Essen" von Jonathan Safran Foer
40. „Die Welt als Wille und Vorstellung" von Arthur Schopenhauer

*Trotz größter Sorgfalt konnte ich nicht alle Rechteinhaber der verschiedenen Grafiken und Textstellen ausfindig machen. Ich bitte um Nachsicht bzw. Information, um selbstverständlich eventuelle Defizite korrigieren zu können. Sollte jemand den Abdruck an dieser Stelle nicht wünschen, so werde ich das gerne für weitere Auflagen berücksichtigen.

Irrgarten, Spirale, Labyrinth
Ein uraltes spirituelles Symbol (von Symbiose)

Der Weg führt entweder nach innen, zu unserer Mitte, zur Seele.
Oder aus uns heraus, in die äußere Welt. Man muss sich entscheiden!

**Ich danke dem Leser für die Aufmerksamkeit und
wünsche viel Erfolg beim seelischen Wachstum.
Es war mir eine Ehre!**

ÜBER DEN AUTOR

Martin Sagel

Martin Sagel, geboren im August 1975, als zweiter von zwei Söhnen. Seit 1980 wohnhaft in Kerpen zwischen Köln, Bonn, Aachen und Düsseldorf. Verheiratet seit 2004, zwei Söhne, geboren 2005 und 2007.

Gelernter und hauptberuflicher Kaufmann in der Grundstücks- und Wohnungswirtschaft. Seit 1998 erfolgreich als freier Handelsvertreter in der Immobilienvermittlung in der Region Köln tätig.

Verschiedene andere berufliche und ehrenamtliche Tätigkeiten, so z.B. Zauberkunst, Schauspielerei und einiges mehr. Seit einer Reise nach Südafrika im Jahre 1995 über 40 Länder und kulturell eigenständige Inseln besucht sowie im Eigenstudium über 150 Bücher spiritueller, religionswissenschaftlicher und philosophischer Art analysiert. Dazu viele HefAusgte und Magazine.

Interreligiöses Forum unter **www.alles-eins.info**, seit 2000
Ehrenamtlicher Redakteur für das **africa-positive.de** Magazin, seit 2002
Besuchsdienst für die Evangelische Kirche in Kerpen, seit 2002
Familienforschung unter **www.sagel.de**, seit 1999

„Fest der Kulturen" Kerpen, seit 2012
„Vater-Kind-Kreis" Kerpen, seit 2009
Tao Tai Chi Chuan, 2000 bis 2011
Bonsaikunst, 1991 bis 2013
Strikter Vegetarier seit 2003
Interesse an Architektur und Denkmalschutz, Jugendarbeit und Integration.
Besuch von Kirchen, Moscheen, Synagogen, christl. und buddh. Klöstern.
Verschiedene Vereinsgründungen und Unterstützung ethischer Initiativen.

Fragen und Anregungen können im Internetforum oder direkt an den Autor unter **www.alles-eins.info** gesendet und besprochen werden.
In diversen namhaften sozialen Netzwerken findet man ihn.
Sie sollten sich den Eintrag in den **Newsletter** nicht entgehen lassen.

„Auch das schlechteste Buch hat seine gute Seite: die letzte!" *John Osborne*

www.Alles-Eins.info
Tragen Sie sich in den Newsletter ein, diskutieren Sie im Forum oder in den diversen sozialen Netzwerken, mit Gruppen zum Buch oder schreiben mir etwas ins Gästebuch und unterstützen mich vielleicht mit einer Bewertung im Internet und der Empfehlung im Bekanntenkreis – jedenfalls wenn Ihnen das Buch gefallen hat… Womöglich dient es ja auch als schönes Geschenk?
Vielen Dank für die Unterstützung!
Martin Sagel